TIYU BAOJIANXUE

全国普通高等学校运动人体科学专业教学用书

体育保健学

全国高等学校体育教学指导委员会／审定

主编　姚鸿恩

人民体育出版社

图书在版编目（CIP）数据

体育保健学 / 全国高等学校体育教学指导委员会审定. -- 北京 : 人民体育出版社, 2001 (2024.8重印)
全国普通高等学校运动人体科学专业教学用书
ISBN 978-7-5009-2047-2

Ⅰ. ①体… Ⅱ. ①全… Ⅲ. ①体育保健学－高等学校－教材 Ⅳ. ①G804.3

中国版本图书馆CIP数据核字(2021)第184106号

体育保健学

全国高等学校体育教学指导委员会审定

主编：姚鸿恩

*

人民体育出版社出版发行
三河兴达印务有限公司印刷
新　华　书　店　经　销

*

787 × 1092　16开本　19.5印张　350千字
2001年6月第1版　2024年8月第23次印刷
印数：84,361—86,360册

*

ISBN 978-7-5009-2047-2
定价：44.00元

社址：北京市东城区体育馆路8号（天坛公园东门）
电话：67151482（发行部）　邮编：100061
传真：67151483　邮购：67118491
网址：www.psphpress.com

编写组成员

主编：姚鸿恩

副主编：黄叔怀　郑隆榆

编写人员（按撰写章节先后为序）：

姚鸿恩教授　（首都体育学院）

黄叔怀教授　（扬州大学）

方　明博士　（扬州大学）

黄元汛副教授　（湖北大学）

喻祝仙副教授　（华中师范大学）

夏云健副教授　（江汉大学）

赵　斌教授　（河北师范大学）

高顺生教授　（湛江师范学院）

邓沛玲教授　（华南师范大学）

郑隆榆教授　（浙江大学）

李　昕讲师　（华南师范大学）

周永平副教授　（浙江大学）

荣湘江副教授　（首都体育学院）

钟兴明讲师　（首都体育学院）

编写说明

原体育保健康复专业建设多年却始终无本专业教学用书，鉴于教材建设长期滞后的情况，全国高等学校体育教学指导委员会于1997年长沙会议期间，委托首都体育学院(前北京体育师范学院)作为体育保健康复专业教学用书《体育保健学》课程教材的召集单位。1997年10月，首都体育学院、扬州大学、浙江大学、华南师范大学、湛江师范学院、华中师范大学、河北师范大学、湖北大学、江汉大学共计九所院校的教授、专家在华中师范大学召开了《体育保健学》教材编写工作会议，会上对本书编写细目进行了认真研讨并明确了编写分工。

1998年7月，新修订的《普通高等学校本科专业目录》由教育部正式颁布实施，原专业目录“体育学类”中的“体育保健康复专业”和“体育生物科学专业”依照科学、规范、拓宽的原则，调整、合并为“运动人体科学专业”。在新形势要求下，编写组对照新专业目录中所规定的运动人体科学专业的业务培养目标、业务培养要求以及学生所应获得的知识和能力的业务规格，以辩证唯物主义思想为指导，理论联系实际，注意加强基本技能的培养，对教材编写初稿内容进行了必要的调整与修订，增补了新内容。在体育教育专业(本科)《体育保健学》课程教材中包括《体育卫生》(含营养卫生)《医务监督》《运动创伤》《按摩》《医疗体育》等几部分内容，本书作为运动人体科学专业教材，由于在该专业教学计划的课程设置中，从专业人才培养的需要出发，另单独开设了“营养学”“按摩学”“体育康复学”等课程，教材各有分工，因此，本书不再重复收入上述三部分的内容。但本书对“体育卫生”“医务监督”“运动创伤”三部分内容的取材上，无论在实用知识宽度上，还是理论阐述的深度上，力求体现专业的特色，都予以了拓宽和掘深，并适当选入了本学科发展的新成果。因此，本书除作为运动人体科学专业的教材外，也可供体育学类其他专业选修课程使用。此外，尚可作为体育保健学教师、高等学校、中等学校体育教师、运动队医师、教练员以及有关医务人员业务进修参考用书。

本书由全国高等学校体育教学指导委员会委员姚鸿恩教授任主编；黄叔怀教授、郑隆榆教授任副主编。本书由全国高等学校体育教学指导委员会秘书长季克异研究员审阅，全国高等学校体育教学指导委员会理论学科组组长邓树勋教授审定。

教育部体育卫生与艺术教育司、全国高等学校体育教学指导委员会、人民体育出版社、首都体育学院、华中师范大学以及参加本书编写工作的各院校，对本书的编写工作给予了热情帮助和大力支持，在此一并致以深切的谢意。限于编者水平，书中不当与错误之处，亟盼读者指正。

运动人体科学专业教学用书

《体育保健学》编写组

2001年1月　北京

目　录

第二篇　医务监督

第三篇　运动创伤

绪 言

“体育保健学”是研究人体在体育运动过程中保健规律与措施的一门综合、应用科学。它是在医疗保健和体育运动相结合的过程中发展起来的一门新兴的综合、交叉学科。学科的本质是研究体育运动对人体各方面的影响以及人体如何对体育运动进行积极性适应的理论与实践。

研究、学习“体育保健学”的目的是运用现代医学保健的知识和方法对体育运动参加者进行医学监督和指导，以达到促进身体生长发育；增进身心健康，增强体质；防治运动性伤病并促进运动能力的提高。

“体育保健学”是运动人体科学专业主干课程之一，学生应在学习了解剖学、生理学、生物化学等专业基础理论课程的基础上学习这门课程。

“体育保健学”的主要任务是运用以上基础理论课程以及卫生学等有关临床医学的基本理论、知识与技能，研究体育运动参加者的身体发育、健康状况和训练水平，为合理安排体育教学、运动训练和比赛提供科学依据，并给予监督和指导；研究影响体育运动参加者身心健康的各种外界环境因素并制定相应的体育卫生措施；研究常见运动性伤病的发生、发展规律以及防治措施；研究伤病后的训练以及多种疾病的体育康复的手段与方法。

“体育保健学”的主要内容包括体育卫生、医务监督、运动性病症、运动损伤以及运动按摩、医疗体育等几个部分。本书由于专业课程分工的原因，就不在此介绍营养卫生、运动按摩与医疗体育三部分内容了。

体育卫生：阐明人体卫生、精神卫生、环境卫生、运动建筑设备卫生以及儿童少年、女子、中老年人体育卫生等；

医务监督：阐明人体形态和机能检查、测定方法、指标与评定；体育教学、训练、比赛的医务监督；比赛期的特殊医学问题；运动性病症的预防和处理；

运动损伤：阐明运动损伤发生的规律、运动损伤的急救、病理与处理以及人体各部位运动损伤的原因、症状、治疗及预防。

学习“体育保健学”的意义在于掌握体育保健学的理论、知识和技能，指导自己在专业学习期间的体育学习和运动训练，以增强体质和提高运动训练水平，以及在今后的专业实践工作中正确地运用“体育保健学”的理论、知识和技能，指导与改进体育教学、训练和比赛。

“体育保健学”的学科建设对我国《全民健身计划纲要》的实施与开展、体育保健康复事业、体育教育事业的发展都具有重要的现实意义。它建立于20世纪80年代初期。本世纪60年代初期，体育院校开设了“运动保健”课程。70年代“文革”期间体育院校复课后，“运动保健”被三合一(运动解剖学、运动生理学、运动保健)课程“运动生理卫生”所取代。文革结束后体育院校开设了“运动医学”课程。80年代初期，教育部对全国普通高等学校体育教育专业（本科）教学计划进行全面修订时，根据课程设置应紧密围绕培养目标的要求而设置了“体育保健学”课程。同时，国务院学位委员会也相应增设了“体育保健学”这门新的二级学科。1989 年，国家教委在审定《普通高等学校本科专业目录》时，在体育学类专业中增设了“体育保健康复”专业，1998 年国家教育部再次修订专业目录时，本着科学、规范、拓宽的原则，将“体育保健康复”专业，修订为“运动人体科学”专业，“体育保健学”也相应成为支撑该专业的一门专业主干课程。在新专业的人才培养中，它将继续发挥着重要的作用。

学习“体育保健学”必须坚持辩证唯物主义的思想、观点和方法。正确树立人体结构与机能之间对立统一的观点，结构与机能二者之间相互依存、相互制约、结构决定功能，反之功能也影响结构，正确运用这一观点去研究、认识人体在体育运动中的保健规律；

正确树立机体局部与整体统一的观点。人体各部分是统一，不可分割相互影响的，体育锻炼是人体各器官、系统协调配合来共同完成的身体活动，这一观点在运动性伤病与医务监督等问题的研究中，得到了深刻的反映；

正确树立机体与外界环境相互统一的观点，只有遵循这一客观规律，运用各种科学的方法与手段，不断改善运动环境，并使机体积极适应外界环境变化和运动负荷对人体的作用，进行科学合理的体育锻炼，才能达到促进身体发育、增进健康、增强体质的目的。

人体的任何一种形式的“运动”都是在中枢神经系统支配下，以骨骼为杠杆，以关节为枢纽，以肌肉收缩为动力所进行的各种位移运动。在运动过程中，机体将产生一系列具有“双向效应”的适应性变化，既可以增强体质，也可以危害人体健康。只有正确运用上述观点，正确分析人体生命活动的基本特征和影响人体生命活动的内、外环境因素之间相互依存、制约的内在联系，才能正确指导人们从事符合其生理规律的体育运动。

此外，在“体育保健学”学习中必须坚持理论联系实际的学风，学以致用，加强实践教学环节，注重学生实际动手能力的培养；贯彻“预防为主”的方针，树立全心全意为人民服务的思想，发扬“救死扶伤的革命人道主义”精神。在实践中注意不断总结经验，为提高体育教学、训练的科学水平，为增强学生体质和增进全民族的健康水平作出贡献。

第一篇 体育卫生

第一章 环境卫生

环境是人类和生物赖以生存的地方，是以人类为中心的所有客观外界条件的总和。它是由自然环境和社会环境两大部分组成，两者紧密联系，相互影响，共同作用于人体。环境和人类是相互对立又相互制约、相互依存又相互转化的，环境既是人类生长发育所必需的物质和能量的来源，又是一切感觉、反射活动的源泉，还是新陈代谢产物和废弃物的净化场所。一方面，人类通过调节自身以适应不断变化的外界环境，同时，人类的生活、生产活动也不断地改造环境，创造有利于自身生存和发展的环境条件。

第一节 运动环境对人体健康及运动能力的影响

一、冷环境对人体健康及运动能力影响

冷环境一般指气温在0℃以下，人们之所以能在寒冷的环境中劳动和生活，除了必要的衣着保护外，更重要的是依赖于自身的调节和适应能力。坚持在冷环境中运动可改善人体对寒冷的适应能力，提高耐寒力，有利于身体各系统机能的进一步加强。

（一）机体对冷环境的适应

一些研究指出，人处在较冷气温中几个星期后，寒颤发生推迟，冷适应的人可以增加非寒颤产热过程以保证产热，使寒颤减轻。非寒颤产热过程主要来自人体棕色脂肪组织产热和运动产热。在朝鲜和日本南部生活的一些妇女，冬季，她们能在约10℃的冰冷海水中潜水作业数小时。有人作过研究，她们的代谢能力要比生活在同一地区的其他妇女高25%左右。

（二）寒冷环境中的运动能力

在寒冷环境中进行体育活动会因外周血管的舒张降低身体对寒冷的绝缘能力，但是，运动中旺盛的新陈代谢率会使体内产热量增加，仍然能够保持与热平衡的相适应。如果是在温度较低的水中游泳或潜水，尽管运动中代谢产热量增加，但仍可能低于身体热量的散失。长距离项目的游泳运动员一般都具有较高的体脂百分比，使得在长时间游泳时的散热

速率减慢。经常在冷环境中锻炼可以加速对寒冷的适应。

(三)在寒冷环境中运动时的疾病预防

如果长时间暴露在寒冷的环境中,低温的刺激会使机体发生损伤。一般分为局部性损伤(或称冻伤)和全身性损伤(或称冻僵)。在冬季或在寒冷地区运动的人应该十分注意机体的保暖,运动前增加热身活动可以提高机体的新陈代谢能力,使机体作好抵御寒冷的准备。

二、热环境对人体健康及运动能力的影响

环境温度对运动能力的影响主要表现在两个相矛盾的方面：一是需要充分的血液供应以保证肌肉代谢所需，而另一方面代谢产生的热又必须尽快通过血液从深部组织传递到皮肤表面散热,这样一来又无法满足收缩中的肌肉对氧的需求。

(一)体温调节与热适应

在高温与热辐射的长期反复作用下，人体会在一定限度内逐渐产生对这种特殊环境的适应,主要表现在体温调节、水盐代谢和心血管机能方面的改善。热适应锻炼所需的时间与锻炼的强度和气候条件有关,一般约 5～7 天。

(二)热环境中运动能力

人体从事体育运动时的最佳体温是 37.2℃,骨骼肌的温度是 38℃。在温度适宜的环境中从事体力工作，体温会因体内产热量增加升高达 40℃，剧烈运动时可能还要高。因此,在高气温、热辐射、高温度的环境条件下长时间剧烈运动(如超长距离跑或马拉松),由于体表散热效率低易形成体内淤热而产生热疾患。

(三)预防运动中的热疾患

人体的热适应有一定的限度，如果超过适应能力的范围，可引起正常生理机能的紊乱,造成运动热疾患的发生。为避免这种情况,热环境中的体育锻炼应尽量选择在早上和傍晚较凉爽的时候进行,并安排有规律的饮水和休息时间。

三、高原环境对人体健康及运动能力的影响

(一)海拔高度和人体的氧运输能力

在高原,人体被迫处于一种低气压、低氧分压的特殊缺氧环境中,大气环境中氧气的密度或氧分压会随海拔高度的上升所导致的大气压下降而下降。一般的人在海拔 2000 米以上时，由于缺氧可能会出现轻微的视觉症状，3000～4000 米以上呼吸频率及心率加快及头痛、眩晕等缺氧症状就表现出来，4000～5000 米以上则必须供氧才能保证安全，7000～8000 米如果不供氧,大部分人将出现异常病理症状,久之甚至会危及生命。

(二)高原适应——人体对缺氧环境的生理适应

与世居高原的人相比，平原人初上高原，经数周或数月的高山适应，机体对特殊环境会产生迅速的调节反应，提高对缺氧的耐受能力，这一过程就是高山或高原适应。

人体对高原环境产生的调节、适应，包括了由环境氧至细胞线粒体的氧运输系统的各个环节。适应中，脑、心和骨骼肌等组织器官和毛细血管网密度增加，肌肉内有氧代谢的供能站——线粒体及有氧代谢酶的活性增加，极大地改善了机体氧的运输和利用能力，从而部分代偿了环境缺氧。

(三)高原环境下的运动能力

即使是在海拔较低的高山地区，机体对缺氧的调节与适应并不能完全代偿环境的缺氧，高原环境下运动时更是如此。适应一周后，人体运动时受最大心率和心脏搏出血量的影响，最大心输出量降低。因此，在高原或高山进行有氧运动，如高山滑雪或越野滑雪，应适当降低运动强度，否则，运动中的能量供应将由无氧酵解形式取代，而极易引起疲劳。

(四)高原运动时应注意的某些医学问题

虽然人体能对缺氧环境产生迅速的应激反应，但多数平原人在上高原的头几天会出现急性高山病，主要症状有精神倦怠、头痛、恶心、呕吐、虚脱、睡眠紊乱和呼吸困难等，有的甚至出现充血性心力衰竭。

对进入高原的体育爱好者，事先应做X射线胸透、心电图、血象和血压等医学检查，异常者以不进入高原为宜。在实施高原运动计划前，有针对性地进行一些适应性锻炼，对尽快适应高原环境无疑是一种积极有效的预防措施。

第二节　运动建筑设备卫生的基本要求

一、运动建筑设备的一般卫生要求

(一)基地的选择及坐落方向

体育建筑的基地选择应避开空气、土质污染和噪音较严重的地区，选择地势稍高，且土质颗粒较大、通透性好的地方。

室内体育建筑要充分利用日照，一般应坐北朝南，或偏向东南、西南，使建筑物的长轴尽量与赤道平行。室外运动场的方位最好是正南北方向，即运动场的长轴与子午线平行，避免阳光的直射眩目。

(二)采光与照明

良好的采光与照明，除了有利于体育活动的进行外，还具有保护体育运动参加者的视力、杀菌、预防疾病和调节室温等积极作用。采光照明可分为自然采光和人工照明两类。

自然采光　利用日光作为光源的称为自然采光，体育馆都应有足够的自然采光。一般以采光系数作为自然采光的评定指标。采光系数即建筑物窗门面积与室内地面积之比，系数越大，光线越好。对运动建筑物来说，系数的标准应为1∶3~1∶5。

$$采光系数 = \frac{窗门面积}{室内地面积} \times 100\%$$

人工照明　人工照明的卫生要求，首先是注意照度充足，照度是指物体被照明的程度，用照度计测量，光照度的计量单位是勒克斯(lX)，室内光照度不能低于50lX。

(三)采暖与降温

室内运动建筑应保持适宜的温度，室内的适宜温度一般应控制在21℃左右。

采暖最常用的方法是蒸气和热水管道采暖。

室内降温的方法有自然通风、人工通风、冰块降温和空气调节等多种方式。

(四)通风

通风是指更新室内的空气，室内运动建筑应有良好的通风设施。通风可分为自然通风和人工通风两种：自然通风是指通过门窗和气流作用，与外界进行的气体交换。人工通风是指使用机械手段促进气体的交换。

二、运动建筑设备卫生

(一)体育馆

体育馆的大小应根据用途和卫生要求来设计。体育馆的地面应平坦、坚固、防滑和不眩目，以木质地板为好。体育馆的墙壁应无明显的棱角和突出部分，空调、暖气设备应尽可能地安装在墙内。

(二)田径场

田径场的跑道应坚固，不怕雨水冲淋，并具有一定的弹性。跑道还应保持一定的湿度，且便于雨水向底层渗透，跑道的表面应平坦，无凹坑、碎石、浮土和其他杂物，不能太滑，以防运动者滑倒摔伤。在炎热的季节里应经常在跑道上洒水等。

跳跃场地的方位安排应合理，在助跑跳跃时，应能避免阳光耀眼，助跑场地应平坦、结实和富有弹性，起跳板与跑道应处于同一平面上。沙坑内沙子应松软，没有砖头、石块等硬物，在干燥的季节里不会起尘土。

投掷区应有明确的划分，铅球和铁饼的练习区应设置保护网，投掷场地的助跑区应平坦，坚实而富有弹性。

田径器械应合乎规格，长度、高度和重量要符合不同年龄对象的需要，练习前应检查器械的安全性能，如跳高架是否结实，标枪杆有无裂纹等。

（三）球场

足球场地应平坦，最好铺有草皮，草地上不应有石子、砖块、碎玻璃、铁钉等硬物。在炎热干燥的季节里，练习前30～40分钟应在场地上洒水。

篮球、排球场地地面应平坦、结实、无碎石和浮土，地面不宜过硬过滑，以减少震动和防止跌倒时摔伤。

（四）游泳池（场）

池水卫生是游泳池（场）卫生的关键，池水卫生要求与饮用水基本相同。

透明度　水质要求清澈透底，无色透明，无臭无异味，不允许有藻类繁殖或肉眼可见的浮游生物。

含菌程度　各地区情况不同，可根据当地卫生防疫标准制定，如对大肠杆菌和杂菌数目应作出限制。

余氯量　池水应保持适当的余氯量，其标准为任何一个采样点的余氯量都必须保持在 $0.2mg \cdot L^{-1} \sim 0.4mg \cdot L^{-1}$ 之间。

pH值　池水的pH值应保持在7.2～8.0。

池水温度　夏季应为22℃～26℃，对外开放的游泳池，池水温度可适当提高。

为了使池水达到以上要求，应经常换水、清洗和消毒泳池，换水的方式一般有全换式、流水式和循环式三种。

（五）冰场

如利用天然冰修建冰场，为确保安全，冰的厚度不得少于25厘米，人工冰场冰的厚度不得少于15厘米，冰场的表面应平坦、光洁、无裂纹。

（六）轮滑场

轮滑场的地面应平坦、光洁并无裂纹，场地表面应保持清洁，无碎石、纸屑和尘土，每次练习前应进行安全检查，以防意外事故的发生。

第二章　传染病的预防

传染病较其他疾病不同之处在于其他传染性，一旦流行，会秧及周围人群的健康。特别是运动员，多为集体生活方式，加之经常外出训练或比赛，身体易疲劳，这些因素导致他们比一般人对传染病的易感性增高，患传染病的可能性更大。一旦传染病在运动队中传播，将影响正常训练和比赛的进行，危害运动员的身体健康。此外，传染病的治疗处理也不同于其他疾病，必须与隔离、消毒、检疫、流行病学调查、卫生宣传教育工作等各项措施结合进行。因此，应特别加强传染病的预防。

为了预防、控制和消除传染病的发生与流行，保障人民健康，我国特别制定了《传染病防治法》，并于 1989 年 9 月 1 日正式颁布施行。

第一节　传染病概述

一、基本概念

传染病　生物性病原体进入人体，破坏了机体平衡，能在人群中传播和引起流行的疾病，称为传染病。

病原体　病原体是一种能致病的微生物，在人体内经过一定时期可以生长繁殖或分泌毒素，使人致病。病原体大致可分三类：动物性寄生虫（如血吸虫等）、细菌（如结核杆菌等）和滤过性病毒（如肝炎病毒等）。

传染源　病原体进入机体后，在体内繁殖，这种被感染的人或动物叫做传染源（如流感病患者、艾滋病病毒携带者等）。传染源有三类：病人、病原携带者和动物传染源。

传播途径　病原体由传染源传播给他人所经过的路线叫传播途径。传播途径有很多，如飞沫传播、空气传播、饮食饮水传播、虫媒传播、接触传播、血和血制品传播、性传播等。各种传染病其传播途径也不尽相同，如流行性感冒、肺结核可通过飞沫、空气等传播；甲肝、细菌性痢疾可通过饮食、饮水等传播；乙肝、艾滋病可通过血、血制品和性生活等传播；狂犬病、流行性出血热可通过动物传播；血吸虫病、流行性乙型脑炎可通过虫媒传播。

抗原和抗体　任何外界侵入人体的特异物质称为抗原。各种传染病原体均属于抗原，如乙肝病毒表面抗原。在抗原的刺激下，人体组织所产生抵抗它的物质叫抗体，如乙肝病毒表面抗体。

免疫与免疫力　由特殊的抗原使人体组织产生抵抗这种抗原的特殊抗体的过程称为免疫。人体的这种自发的或者被动的产生的对某种疾病的抵抗能力叫免疫力。人体的免疫分两类：一类是非特异性免疫，又称先天性免疫，由遗传得来，如皮肤、粘膜屏障、白细胞吞噬作用等。另一类是特异性免疫，又称获得性免疫，是在后天环境中，机体受到外界抗原性异物刺激所产生的免疫力。

二、传染病的发生与流行

传染病的发生有三个因素：病原体、环境和人体。即必须有生物性病原体（细菌、滤过性病毒、动物性寄生虫），并且在一定的时间和空间内（环境），同时或相继使一群人（人体）发生相同的疾病，造成流行，影响健康。

传染病的流行有三个基本环节：传染源、传播途径和易感人群。传染源是传染病流行的根源。传染源是病原体生存繁殖的客体，它能向外界环境排出病原体，从传染源排出的病原体经过一定的传播途径，侵入免疫力差的易感人体后，经过一定时期的繁殖，达到一定的数量时，就会使人患病。传染病的流行与自然因素和社会因素也都有关系。影响传染病流行的自然因素主要指地理环境及气候条件（如水灾等），社会因素主要包括卫生设施、卫生管理、卫生检疫、消毒和卫生宣传教育等。

总之，传染病在人群中的传播必须具备上述三个基本环节，缺少任何一个环节，新的传染就不可能继续发生。

三、传染病的预防

传染病的预防原则是阻断流行过程中的任何一个环节，即控制传染源、切断传播途径、保护易感人群。预防措施包括消毒、药物预防和其他综合预防措施等。

（一）控制传染源

即对传染源加强管理，限制活动范围。包括对传染病人的早发现、早诊断、早隔离、早治疗和早报告（向卫生防疫部门报告疫情）。

（二）切断传播途径

大力开展爱国卫生运动，注意环境卫生（包括运动场地卫生），加强个人卫生，注意保持公共场所、运动场馆、家庭居室内的空气新鲜，加强水源保护及饮食管理，严格遵守食品卫生有关规定，防止“病从口入”。猫犬的饲养应遵循有关规定，病人的粪便、污物应消毒处理。

（三）保护易感人群

易感人群是指对某种疾病缺乏免疫力的人群。传染病的病原体侵入人体后，由于人体免疫力不同，病原体不一定都能在体内致病，只有当人体缺乏免疫力时，才能引起传染病的发生。所以，积极参加体育锻炼、合理营养、建立良好的生活制度、避免过度疲劳，是增强机体对环境的适应能力和抗疾病能力的有效措施。必要时，可对易感人群进行预防接种，提高机体特异性免疫力，使人群的易感性降低，预防传染病的发生与流行。

（四）消毒

消毒的目的是在外界环境内消灭传染病的病原体，切断传播途径，使患者周围的设备及排泄物和被污染物变为无害。通常采用的消毒方法有物理消毒法和化学消毒法。

物理消毒法有机械消毒法（如清扫、洗刷等）、燃烧法（没有经济价值或经得起燃烧的物品）、煮沸法（器皿等）及紫外线照射法（室内环境等）。

化学消毒法是应用化学药品进行消毒。常用消毒药品有25%漂白粉、生石灰、石碳酸、来苏尔、高锰酸钾、新洁尔灭、过氧乙酸等。漂白粉可用于食具、用具、排泄物、饮水等消毒。生石灰可用于粪便、呕吐物、痰液消毒。石碳酸可用于器械、家具、门窗、地板、墙壁消毒。来苏尔可用于手、器械、家具、门窗、地板、墙壁消毒。高锰酸钾可用于茶具、食具、水果消毒。新洁尔灭可用于器械、食具消毒。过氧乙酸可用于对肝炎病人污染区消毒。以上消毒药品经按一定浓度配制后，可分别使用喷洒、拭擦、浸洗和加入等方法进行消毒。

（五）药物预防

传染病流行期间，除及时预防注射外，可采取药物预防。例如，给流脑接触者服用磺胺或呋喃西林液喷喉等。选用中草药煎服对某些传染病的预防也有显著效果。

第二节　常见传染病的预防

一、流行性感冒

流行性感冒，简称流感。临床类型有单纯流感、肺炎型流感、胃肠型流感和中毒型流感。

（一）病因

流感病毒有甲、乙、丙三型，每型中又包括抗原性不同的亚型，流感病毒极异变异，人群对其缺乏免疫力。流感病毒对高温抵抗力弱，加热至56℃数分钟后即丧失致病性，加热至100℃1分钟即可灭活。

（二）流行病学

1. 传染源

流感病患者是本病的传染源。在发病3日内传染性最强。其流行特点是发生突然、蔓延迅速、感染众多，没有明显的季节性（常以冬季多见）。往往沿交通干线传播，先集体、后散居，以学校、运动队、厂矿、机关等发病率最高。其潜伏期很短，约1～3天。

2. 传播途径

流感病毒大量存在于病人的呼吸道粘膜上皮细胞内，随喷嚏、咳嗽、说话、呼吸向外播散。其传播途径主要是通过空气、飞沫，也可通过接触传染。

3. 易感人群

凡免疫能力低下、抗病能力差、营养不良、运动疲劳、对环境适应能力差及身体虚弱者，极易感染发病。

(三)临床表现

1. 单纯型

最多见，表现为头痛、发热、畏寒、乏力、全身酸痛等症状。病程早期可出现鼻塞、流涕、喷嚏、咽痛、干咳等。在全身症状和发热消退时，呼吸道症状常较明显。

2. 肺炎型

流感伴发肺炎时，可出现高热不退、气急、紫绀、阵咳、咯血等症状。病程可延至3～4周。

3. 中毒型

表现为高热不退、神志昏迷，成人常有谵妄，儿童可发生抽搐，并出现脑膜刺激症，如颈项强直、抬腿试验阳性等。

4. 胃肠型

胃肠型流感主要症状为恶心、呕吐及腹泻，病程约2～3日，恢复较快。

(四)治疗

因流感病毒极易变异，目前尚无针对病原的特效疗法。患病后应注意休息，避免剧烈运动和劳动，以免引起病毒性心肌炎。加强营养、补充维生素C、流质饮食，并辅以药物治疗，如病毒灵、板蓝根冲剂、强力银翘等。若合并呼吸道感染可加用抗菌素。对早期畏寒明显者，口服姜糖水有辅助治疗作用。

(五)预防

加强体育锻炼，提高机体对冷热环境的适应能力。科学训练，避免运动性疲劳。合理营养，增强机体抗病能力。讲究卫生，教室、宿舍、室内运动场馆应经常通风换气。在流感流行期间，尽量少去人多的公共场所，室内进行空气消毒，如紫外线照射、食醋煮薰，还可采用中草药预防，如贯众、板蓝根、野菊花等泡茶饮或水煎服。

二、病毒性肝炎

病毒性肝炎，简称肝炎，可分甲型、乙型、非甲非乙型(丙型)肝炎。我国是乙型肝炎高发区，成人患病率较高，甲型肝炎易侵犯学龄儿童和青年。重症肝炎病死率较高，而慢性肝炎对劳动力和运动能力影响较大。运动员肝病患者有时易与运动过度疲劳相混淆而延误诊断，从而发生严重后果，应引起注意。

(一)病因

病毒性肝炎由多种肝炎病毒引起。肝炎病毒存在于病人血液、粪便及分泌物(唾液、精液等)中。肝炎病毒对一般化学消毒剂的抵抗力强。紫外线照射1小时或煮沸30分钟以上可使病毒失去活力,漂白粉有一定灭活作用,过氧乙酸可使肝炎病毒灭活。

(二)流行病学

1. 传染源

肝炎的传染源是肝炎病人和病毒携带者。甲型肝炎潜伏期一般为2~6周,自潜伏期末到发病后一个月左右都有较大的传染性。乙型肝炎患者的血液中可较长时期地携带病毒。

2. 传播途径

肝炎的传播途径主要是通过粪便——口传染、血液传染、垂直传染等。

粪便——口传染　肝炎病毒可随粪便排出体外,通过苍蝇、食物、食具、物品、手和饮水等直接或间接地经口腔传给健康人。水源或食物污染可引起暴发流行。

血液传染　通过采血、输血、预防接种、注射、手术等方式造成传染。

垂直传染　患有肝炎的孕妇,分娩时可直接将病毒传给婴儿。

3. 易感人群

人对肝炎病毒普遍容易感染,患肝炎后可产生一定程度的免疫力,但不很稳定,也不持久,且甲乙两型无交叉免疫,不能防止再感染。甲型肝炎在儿童青少年中发病率较高,且多发生在秋冬季节。乙型肝炎多见于成年人,且四季散发。医务人员、饮食服务员、清洁工人以及过集体生活者发病机会较多。

(三)临床表现

肝炎主要临床表现为食欲减退、恶心、疲乏无力、肝区不适或隐痛,多数患者有肝脏肿大(约右肋下2~3厘米)、压痛、叩击痛,少数患者发热较高。若无黄疸出现,则为无黄疸型。黄疸型肝炎患者起病大多较急,症状似流感,常伴畏寒、发热、全身不适。随着病情的发展,巩膜、皮肤、尿液出现黄染,且日益加深,约1~2周内达高峰,部分患者因黄疸刺激出现皮肤瘙痒。暴发型肝炎(急性肝坏死者)患者,起病急骤、高热持续不退、很快出现黄疸并迅速加深、消化道症状严重、恶心、呕吐频繁持续、皮肤粘膜出血、肝功能显著减退、伴腹水、下肢浮肿、肝浊音界明显缩小(肝萎缩)、伴明显肝臭、蛋白尿等。最后患者烦躁、谵妄、昏迷,多于数日内因肝肾综合征、肝功能衰竭或严重出血而死亡。此型死亡率较高。

一般的肝炎患者多在6周至3个月内恢复正常。若超过半年未见明显好转者则转为迁延型。若超过1年以上未见明显好转者则转为慢性肝炎。慢性肝炎有转发为肝硬化、肝癌的可能。

(四)治疗

病毒性肝炎目前尚缺乏特效治疗方法。治疗原则是休息和营养为主,加上护肝疗法。一般患肝炎的病人应注意休息、减少活动。运动员患肝炎时应停止训练和比赛,必要时住院卧床休息。避免油腻饮食，注意新鲜蔬菜、水果、牛奶的摄取，避免饮酒。配合中西药物进行保肝、护肝、疏肝等治疗，促进肝功能恢复。

(五)预防

发现肝炎病人要早隔离、早治疗，对病人用过的物品应进行消毒。学校、运动队等炊事人员，食堂管理人员，托幼人员要定期检查身体，及时发现病毒携带者和隐性肝炎患者。切断传播途径，对手术器械严格消毒，采用一次性注射器和输液针管，注意个人卫生，做到不与人共用茶具和餐具，养成饭前、便后流水洗手的习惯，防止病从口入。对接触过肝炎患者的人，要密切观察并进行必要的医学检查，保护易感人群。

中药预防可试用茵陈、甘草、山栀煎水服或蒲公英、甘草煎水服，连服 3 天。

注射预防，在流行期间注射丙种球蛋白或胎盘球蛋白对甲型肝炎有一定预防作用，但其预防期分别为 6～8 周和 2～3 周。注射乙型肝炎疫苗可预防乙型肝炎。

三、细菌性痢疾

细菌性痢疾，简称菌痢，是一种急性肠道传染病，以结肠化脓性炎症为主要病变。

(一)病因

细菌性痢疾的病原体是痢疾杆菌。痢疾杆菌侵入肠道后，可引起结肠充血、水肿、溃疡及出血。痢疾杆菌最适宜生存的温度为 37℃，在室温下可存活 10 天左右，阳光直射对其有杀灭作用，加热至 60℃ 10 分钟即可死亡，一般消毒剂能迅速将其杀灭。

(二)流行病学

1. 传染源

痢疾患者和带菌者是本病的传染源。腹泻症状明显的患者传染性最强，有些慢性病人或健康带菌者，是造成菌痢常年发病的重要原因(因其症状不明，容易延误治疗和隔离)。

2. 传播途径

传播方式主要经口腔传染。手也是传播痢疾的媒介，健康人的手接触到被污染的物品，如食具、便盆等，加之未养成饭前便后洗手的卫生习惯，就易感染痢疾。患病后仅产生暂时的不稳定免疫，故重复感染的可能性极大。终年均可发病，以夏秋季节最为多见。

3. 易感人群

无论男、女、老、少均容易感染痢疾，儿童发病率高于成年人。

(三)临床表现

本病潜伏期为数小时至 1 周，多数为 1～2 天。通常可分为急性与慢性两种。病程超过 2 个月以上者可列为慢性。

1. 急性菌痢

主要临床症状有全身中毒症状与肠道症状。起病急、伴畏寒发热、头痛、全身不适，继而出现腹痛、腹泻。腹痛部位主要在下腹部。腹泻次数较频，一日数次或数十次，开始大便质稀或呈水样，继而出现粘液或脓血便。严重者伴恶心、呕吐、大便失禁、明显脱水、四肢冰凉、血压下降、剧烈腹痛等。少数患者出现循环衰竭、呼吸衰竭和精神萎靡或反复惊厥或神志不清等中毒性脑炎症状，称为中毒型菌痢，若抢救不及时，可导致死亡。

2. 慢性菌痢

因急性菌痢治疗不彻底而转为慢性。其临床表现为营养不良、贫血、消瘦、经常腹痛、大便质稀且带脓血，食欲不振，病情时好时坏，病程可长达数年。

（四）治疗

急性菌痢应卧床休息，进流食和半流食。药物治疗可选用庆大霉素、痢特灵，磺胺与甲氧苄氨嘧啶合用效果较好，中药有一定疗效。对慢性菌痢除上述治疗外，选用“马齿苋”食疗也有一定疗效。中毒型菌痢，病情严重多变，应送医院进行抢救治疗。

（五）预防

早期发现病人和带菌者，做到及时隔离和彻底治疗，粪便培养阳性的病人，虽其临床症状不明显，仍应待 3 次粪检阴性后方可撤销隔离。切断传播途径应采取综合措施，如粪便消毒处理、饮水消毒、餐具消毒、防蝇灭蝇、饭前便后洗手、卫生宣传教育等，防止感染和重复感染。

第三章　运动卫生

运动卫生包括个人卫生、精神卫生和运动训练卫生。了解并研究运动卫生的基本内容及其与人体健康、体育锻炼效果之间的相互关系，对保护和增进体育运动参加者的身体健康、更好地指导各类体育运动参加者、尤其是培养青少年具有良好的个人卫生习惯、注意个人精神卫生和选择良好的锻炼环境的能力等方面具有重要意义。

第一节　个人卫生

个人卫生是体育卫生的重要组成部分。体育运动参加者的个人卫生状况，不仅对增进人体健康预防疾病具有重要意义，而且还能促进身体锻炼的效能和对伤害事故的预防。

一、建立合理的生活制度

生活制度是指对一天内[illegible]饮食、工作（或学习）、休息和体育锻炼等各项活动作出基本固定的时间安排。

人体的一切活动都是在大脑皮质的支配下进行的，大脑有关神经细胞建立有规律的活动秩序，这就是大脑皮质活动的“动力定型”。“动力定型”建立后，机体会在一定的时间内，对即将进行的活动在生理上作出准备。例如，有了定时进行体育活动的习惯，到了相应的时间，神经系统的兴奋性会增高，在神经体液的调节下，呼吸、循环系统以及机体的代谢能力也会随即加强，以适应体育活动的需要。

（一）保证充足的睡眠

睡眠是人的一种生理需求，约占人生 1/3 的时间，皮质细胞中由于工作所消耗的能量物质可在睡眠中得到恢复。睡眠不足，可使大脑皮质工作能力下降，长期睡眠不足，可使大脑皮质细胞的功能失调，严重影响身体健康。

人每天应保证一定的睡眠时间，年龄越小，需要睡眠的时间也就越长。一般说，成年人每天应有 8 小时的睡眠，中学生约需 9 小时，小学生则需 10 小时左右。身体活动量较大时，应适当增加睡眠时间。夏季，为补充夜晚睡眠的不足，最好有一定的午睡时间，睡眠时间充足，才能有效地提高人们的学习和工作效率。

（二）养成良好的饮食卫生习惯

良好的饮食卫生习惯，对保证消化系统的正常生理活动和营养物质的吸收具有重要意义。对体育运动参加者来说，还应注意进餐与体育运动之间应有一定的时间间隔。

(三)科学地安排工作(学习)和休息

工作和学习是一天中最重要的活动，对此应作出科学的安排。成人每天的工作学习时间，应为9小时左右，中学生每天的学习时间约以6小时为宜，而小学生则应更少，因为过长的学习时间会对儿童少年的身心健康产生不良影响。因此，在学习和工作中，尤其要注意张弛有度、劳逸结合。

休息可分为安静性休息和活动性休息。安静性休息是指原地站立或坐卧不动的静态休息，活动性休息是指以身体主动运动来替代原来的工作或学习的动态休息，如散步、做操、打太极拳等。

(四)坚持参加体育锻炼

体育锻炼是以增强体质为目的的身体活动过程，通过体育锻炼能促进机体的新陈代谢，增进身体健康。因此，在每天的生活中，应保证有一定的体育锻炼时间。儿童少年正处在生长发育时期，每天安排适当的体育活动，对促进他们的正常生长发育具有重要意义。

(五)经常进行自然力锻炼

自然力锻炼是指利用日光、空气和水等自然条件进行的一种身体锻炼。自然力锻炼对于提高机体对外界自然环境的适应能力和对疾病的抵御力有积极的作用。自然力锻炼还能增强中枢神经系统的调节功能，改善心血管、呼吸、皮肤等器官系统的功能，促进新陈代谢，从而达到增进人体健康的目的。

1. 空气浴

空气浴主要是利用空气的温度、湿度、流速以及离子作用来刺激皮肤，反射性地引起体表血管的收缩和舒张，借以改善体温调节功能。

从事空气浴时，锻炼者应尽量裸露肢体或穿着较单薄的衣服在户外活动，也可与其他项目的锻炼结合起来，如裸露肢体在室外打球、跑步等。

2. 冷水浴

冷水浴主要是利用水的温度、压力和化学作用等进行身体锻炼的一种方式。冷水浴有提高神经系统的兴奋性，使呼吸加快、心脏搏动加强、体表血管收缩及加速人体物质代谢过程等作用。

冷水浴的基本方法有冷水擦身、冲淋和游淋等多种形式。

采用冷水浴要因人而异，且应有一个适应过程，一般经过一段时间的适应后，人在水中的兴奋状态和技术动作、活动能力都会趋向于正常。如果开始出现关节活动灵活性下降或有畏寒感觉时，即应结束冷水浴。

3. 日光浴

日光浴主要是利用日光光谱射线对机体的作用来增进身体健康的一种锻炼方法。紫外线有杀菌和预防佝偻病等作用。

日光浴最好在毗邻江湖、海滨或郊外空气清新的地方进行，时间应根据日光强度来决定。在炎热的夏季，应安排在上午 7～10 时，下午 4～6 时进行，而在寒冷的冬季，则应选择在中午 11～14 时进行。进行日光浴的气温一般应在 18℃～32℃之间。在温暖的季节进行日光浴时，头部和眼睛应避免太阳的直射，身体其他部位应尽量裸露。日光浴后应在阴凉处休息一段时间后再进行冷水浴或其他运动。

二、穿着应清洁、舒适、美观

人的穿着主要有服饰、鞋帽等，它们对人体起着保暖和防止外界不良因素侵害的作用。平时的穿着应提倡舒适、清洁、美观和富有个性。

进行体育运动时，应选择舒适，松柔，透气性好和有利于运动能力发挥的服装。

体育锻炼时的鞋子应轻便、柔软、富有弹性和具有良好的通风透气性能，并符合运动项目的特点。

三、保护好皮肤和牙齿

皮肤除了能保护机体免受外界侵害外，它还是一个感觉器官。皮肤里分布着丰富的神经末梢、大量的汗腺以及皮脂腺。当汗腺和皮脂腺的开口被封堵时，就有可能因细菌的繁殖发生疖肿和毛囊炎，所以，体育锻炼后应洗澡或擦身，以保持皮肤清洁。

牙齿间经常会留有食物残渣，因此餐后要用温水漱口，以保证口腔的卫生。

四、保护视力、预防近视

视力对人们的工作、学习和家庭生活都有重要的影响，注意用眼卫生，保持良好的视力是个人卫生中不可忽视的内容。尤其是重视保护学生的视力，对青少年一代的全面健康成长具有重要意义。

为了保护青少年的视力和预防近视眼的发生，应注意培养他们形成良好的用眼卫生习惯，如应经常参加体育锻炼，全面增强体质。读书写字时，姿势要端正，眼与书本的距离要保持在 30～35 厘米，并尽可能使书本平面与视线成直角。切勿躺着、走路和在摇晃的车厢里看书读报，避免在昏暗和耀眼的光线下学习、阅读和书写，看电视时间不宜过长。实践证明，每天坚持做眼保健操，保持眼睛清洁，是保护视力的有效手段。

五、杜绝不良的生活嗜好

吸烟和饮酒过度，可导致许多疾病的发生，严重影响身体健康。

（一）吸烟对人体的危害

烟草中含有尼古丁（烟碱）、吡啶、烟焦油、一氧化碳等多种有毒物质，对人体健康危害很大。

吸烟对中枢神经系统虽有短暂的兴奋作用,但随后即产生持久性麻痹,扰乱大脑皮层兴奋与抑制过程的动力平衡,引起植物神经系统功能紊乱,久而出现神经过敏、记忆力减退、失眠、多梦等。

吸烟对呼吸道损害很大,烟尘刺激支气管上皮的杯状细胞,使其分泌增加而致多痰,并使气管、支气管纤毛摆动变慢或紊乱,从而破坏上呼吸道的正常防御功能,使呼吸道易感性增加,引起咽喉炎、气管炎、肺气肿、肺癌的发病率增高。

烟草中的烟碱刺激植物神经系统,引起血管痉挛、血流变慢,血压轻度升高,心率加快,甚至出现心律不齐,并能加速动脉粥样硬化的过程。烟草中的一氧化碳可削弱血红蛋白携带氧气的能力,致使组织缺氧,可导致冠状动脉功能不全的人诱发心绞痛。

烟碱能抑制胰酶的活性,减少消化液的分泌,改变胃液的酸碱度,扰乱幽门的正常活动,抑制胃肠蠕动。因此,吸烟者患慢性胃炎、胃和十二指肠溃疡病的比率比不吸烟者高数倍。同时,吸烟可刺激口腔粘膜,引起慢性炎症,甚至在腭、颊粘膜和舌等部发生白斑(烟斑),形成癌前病变式癌变。吸烟可使牙齿发黄、松动和短缺、脱落、舌苔厚腻,味觉减退。

此外,孕妇吸烟将会影响胎儿发育,使婴儿体重、体力、智力等发育水平均低于一般婴儿的平均水平。吸烟还可损害中耳,使听力下降。

综上所述,吸烟对人体健康的危害是多方面的,尤其对儿童、青少年的危害更大。因此,必须教育青少年养成不吸烟的良好习惯。

(二)饮酒对人体的危害

酒中含有会影响人体健康的酒精物质,酒精含量越高对人体的危害就越大。一般白酒的酒精含量为40%～60%,葡萄酒、橘子酒含酒精8%～12%,啤酒含酒精3%～5%。经常饮用高度酒,会对人体的高级神经中枢、消化系统及心血管系统等产生极为不利的影响。

酒精首先对高级神经系统起麻痹作用,使神经抑制能力降低。

酒精对消化系统的不利影响也十分明显,它可直接刺激咽、食道和胃等器官,可引起咽炎及慢性胃炎等疾病,影响消化器官的功能。酒精可降低心肌的收缩力,影响心脏的正常功能。吸收到体内的酒精,90%由肝脏处理,研究发现,肝脏处理相当于一瓶啤酒的酒精需要4小时。

因此,大量饮酒会导致肝脏工作量加大,给肝脏造成沉重负担,并导致运动能力下降。

(研究证明,人体酒精含量达到30～50克后再去登山,运动成绩下降20%,而能量消耗增加14%。)

吸烟和饮酒同时进行,对人体的危害更大,因为溶解在酒精中的烟碱和其他有害物质可以通过胃肠吸收而直接进入血液,影响心血管系统的功能。饮酒后血流速度加快,加快了有毒物质通过循环系统传递到身体各部位的过程。

在日常生活中,应提倡不吸烟,少饮酒,更应避免烟、酒同进。

六、精神卫生教育

(一)儿童期的精神卫生教育

儿童时期应注意三个方面的精神卫生教育:人际关系的正确处理(与伙伴、同学、老师的关系)、学习成绩的问题(德、智、体、美、劳各方面的综合评价)、不良行为的纠正(偷窃、说谎、逃学等)。

(二)少年期的精神卫生教育

少年期是儿童期向青年期过渡的时期,在人的一生之中起着特殊的作用。少年期的精神卫生教育应注意的问题有:开展青春期教育(应在女子月经初潮之前和男子首次遗精之前进行生理卫生知识教育);正确发展独立性(既要充分发展其独立性和自觉性,又要克服其幼稚性、冲动性、依赖性);适应新的学习环境(学习方法的转变、广泛的学习兴趣等);处理好人际关系(与父母、亲友、同学、教师之间的关系)。

(三)青年期的精神卫生教育

青年时期是人的一生中体格最健壮,精力最充沛,思维最敏锐,感情最丰富的时期,应从以下几方面进行精神卫生方面的教育:对性成熟状态要有良好的适应(进行性知识教育);解决好理想与现实的矛盾(既要树立远大理想,又要善于克服现实前进中所遇到的困难与挫折);力戒酗酒、吸烟(加强酗酒、吸烟对身心健康危害的教育)。

中年人承受的心理压力较大,表现在家庭方面(子女管教、升学、就业等),婚姻方面(夫妻生活、婆媳关系、家庭成员之间的关系等),人际关系(同事、亲友等)及其他方面(事业、工作、经济、健康等)。中年人在 36~45 岁阶段紧张程度达到高峰,相应健康水平有所降低,主要反应表现在躯体症状与强迫症。

影响老年人健康水平的因素有:健康问题(丧偶、自己患病、亲友患病),家庭问题(婆媳关系不和),环境问题(环境突然改变,惊骇等)。老年人主要反应多表现为衰老感、孤独感、失落感、求助感。重视中老年人精神卫生工作是卫生保健工作中的一个重要的新问题,应引起全社会的高度重视。

第二节 精神卫生

一个人的健康应包含身体、精神和环境适应三个方面的良好状态。人体是不断与自然环境和社会环境相互作用的精神和身体的复合体。人类为了更好地适应环境,在生活过程中不断地对所感知到的环境刺激作出相适应的心理和生理反应。

精神卫生与人体的生理活动和社会实践有着密切的联系。客观现实的刺激和人所特有的大脑功能所产生的心理活动,如思想、情感、意志和行为等,都会影响机体的某种生理活动过程,进而影响机体的内部平衡和适应环境的能力,即影响人体的健康。现代大量的医学研究和临床实践证明，心理因素对疾病的发生、发展、治疗和预防，都具有一定的作用，故有人将高血压、消化性溃疡、支气管哮喘等与精神因素特别有关的疾病，称之为“精神生理疾患”。

注意个人精神卫生，应加强自身的思想修养，陶冶道德情操，提倡精神文明。在社会活动中应努力做到胸襟开阔，乐观开朗，勤于奋斗，敢于开拓，时时生机勃勃，愉快活泼。在社交活动中，要正确地对待自己和别人，严以律己、宽以待人并乐于助人。

注意个人精神卫生，还必须加强学习，培养自己广泛的兴趣爱好，提高自己对美好事物的欣赏能力，从而使生活丰富多彩，对生活充满信心。

一、精神卫生的概念

精神卫生的本义，即保护精神（心理）健康。

新编大英百科全书认为：“精神卫生就是用以维护精神健康和改进健康的种种措施。”

较完整的精神卫生概念是：“维护和增进个体的精神健康水平，培养健全的人格，完善良好的社会适应能力以及防治心理障碍和心理疾病。”

二、精神健康的标准

按照生物——心理——社会医学模式，躯体健康、心理健康、社会适应良好和道德健康这四方面都健康者，才算是真正的健康。心理因素除受躯体健康制约外，还与社会学、伦理学及行为科学互相渗透，精神健康的基本标准包括：

1. 智力正常　智力是人的观察力、注意力、想像力、思维力和实践活动能力的综合体现，智力正常是人正常生活的最基本的生理条件。

2. 善于协调与控制情绪，保持心境良好　心理健康者能经常保持愉快、开朗、自信和满足之心，善于从生活中寻求乐趣，对生活充满希望。同时，还应具有较好的自我控制力及适应环境的能力。

3. 具有坚强的意志品质　意志是人意识能动性的集中体现，是个性重要的精神支柱。健康的意志有以下特点：目的明确合理、自觉性高，善于分析情况。果断，有毅力，心理承受力强。自制力好，不放纵任性。

4. 人际关系和谐　个体的心理健康状况主要是在与他人交往中表现出来的。具体表现为：乐于与人交往，既有广泛的人际关系，又有知己的朋友。在交往中保持独立而完整的人格，自知之明，不卑不亢。能客观评估别人，取人之长补己之短，宽以待人，友好相处，乐于助人。交往中积极态度多于消极态度。

5. 能动地适应和改造现实环境　有积极的处世态度，对社会现状有较正确的认识，其心理行为能顺应社会文化的进步趋势，勇于改造现实环境，以达到自我实现与奉献的协调统一。

6. 保持人格的完整与健康　人格是个人比较稳定的心理特征的总和。人格完整与健康标志是：第一，以积极进取的人生观作为人格的核心，并以此有效地支配自己的心理行为。第二，具有清醒的自我意识，不产生自我同一性混乱。第三，有相对完整统一的心理特征。第四，人格的各个结构要素不存在明显缺陷与偏差。

7. 行为符合年龄特征　心理健康者应具有与同年龄多数人相符合的心理行为特征。一个人的心理行为如经常偏离其年龄特征，一般都是心理不健康的表现。

第三节　运动训练卫生

为了增进健康、保障安全、提高运动技术水平，应注意以下运动训练基本原则。

一、循序渐进的原则

在学习运动技能时，要由简单到复杂，由易到难，逐步地学会和掌握某项运动技术。在运动量安排上也要由小到大，逐渐增加。每次训练课都要做适当的准备活动和整理活动。

运动技能形成的过程具有一定的生理学规律，所谓运动技能的实质是条件反射的形成，是在大脑皮质建立的一种暂时性神经联系，复杂的有意识的运动需要脑的某部分参与，其形成可分为三个阶段。

第一阶段的特点是兴奋过程广泛扩散。初学某项动作时，强大的内外本体感受性冲动传入中枢神经系统，由于内抑制过程尚未确立，因而在大脑皮层内引起广泛兴奋和抑制区，由于兴奋和抑制的扩散而使动作僵硬，很多不该参与活动的肌群也参与了，而应该收缩的肌肉兴奋强度不够，运动器官与内脏之间还缺乏适应性联系。结果就会妨碍动作的完成，并且消耗过多的热量。这一阶段尚未掌握运动技能。

第二阶段的特点是分化性抑制（又称内抑制）逐渐发生，皮层兴奋和抑制过程在时间和空间上集中起来，确立了分化。由于内抑制的发展，保证了条件反射的精确化和专门化，运动活动变得愈来愈协调。在某些运动模式里，把运动单位中处于活动的以及进行支持性工作的肌肉群集中在一个准确的时间、空间、频率和范围之中。在此阶段，第二信号系统语言起重要作用。此时，要避免形成错误的动力定型。这一阶段已经掌握了运动技能。

第三阶段为稳定阶段，完成动作高度协调，皮层动力定型巩固，机体各系统活动的协调性改善，很多动作的完成达到自动化程度。此时，已熟练掌握了运动技能，一旦程序被“打印”入运动皮层，程度的提取和运转就非常迅速和精确。

综上所述，掌握运动技能及提高机体各系统机能都要有一个过程，在训练中注意遵守这一原则可防止发生过度紧张和创伤等。

此外，在每一次训练课时都要做好准备活动。在运动时神经系统兴奋性提高，心脏血管和呼吸器官活动加强，新陈代谢过程发生改变，但这些变化不是立刻就能实现的，要通过准备活动使身体温热起来以协调各系统机能活动，这有利于动作的完成和发挥应有水平。同时，适当的准备活动还有助于克服赛前不良状态，使兴奋和抑制过程趋于平衡。适当的准备活动还有预防损伤的作用，如肌肉从安静状态突然进入激烈的工作状态可引起肌肉拉伤甚至断裂。研究发现，健康人在没有准备活动的情况下突然进行剧烈的活动后，

60%的人出现心电图ST段及T波的轻度改变及ST段缺血性下移。发生缺血性ST段改变的原因是突然运动使心率加快，收缩压增高，大量交感儿茶酚胺释放，心肌需氧量增加，但此时如冠状动脉不能供应足够的血液，可使心内膜发生缺血。冠状动脉的调节有一迟延时期，如果激烈运动前进行适当的准备活动可避免发生缺血，从而防止心脏受损。

二、系统性原则

运动训练必须经常系统进行，多次重复才能巩固运动技能，达到高度训练水平，才能巩固肌肉和内脏器官之间的协调联系。已巩固建立起来的各种条件反射必须经常强化，否则就会消退。不仅如此，有训练的运动员突然停止训练会引起停训综合征，影响身体健康，为了预防停训综合征，不再集训的运动员不宜突然停止全部训练活动，应逐渐降低强度，减少运动量，以后长期维持一定量的体力活动。

三、全面性原则

指全面发展身体素质，包括速度、力量、耐力和灵敏。全面发展身体素质对掌握和发挥技术有利，是创造优异成绩的重要条件。一般说来，任何一项运动对身体各种素质都会有影响，但某项运动对某一素质有更为突出的作用，全面训练对身体健康有良好影响，对预防运动损伤也起重要作用。

四、个别对待原则

进行运动训练时，必须注意参加者的健康状况、身体素质、技术水平、年龄、性别和心理状态等个人特点，根据这些来制定不同的训练计划。健康状况良好者可进行较大运动量和较复杂的运动，体弱者则要特别注意逐渐增加运动量，而患有某种慢性疾病者更要注意根据具体情况安排体育活动。由于技术水平各有不同，有的训练水平较高者可在全面训练的基础上做专项训练，并不断提高成绩。训练水平较低者应从事基本练习，进行全面身体训练。运动项目和运动量应符合性别及年龄特点。

第四章 运动队医疗保健工作

现代竞技体育的不断发展使各类比赛更加紧张激烈，对运动员的身心健康、各器官系统机能、身体一般素质和专项素质，以及技、战术等方面要求也越来越高。要保证运动员科学、合理地进行训练并保证在良好的竞技状态下参加比赛。因此，运动队医疗保健工作就显得尤为重要，这对运动员的训练和比赛有着重要的保障作用。

第一节 运动队医疗保健工作的任务及内容

运动队主要是训练和培养运动员不断提高运动技术水平和运动能力，在竞赛中创造好的运动成绩。为了帮助和指导运动员达到这一目的，运动队医疗保健工作有以下的任务和内容。

一、运动队医疗保健工作任务

运动队医疗保健工作任务是保护运动员身体健康和安全，提高运动能力，保证训练和比赛正常进行，为增强体质，发挥技术水平和创造优异运动成绩服务。

竞技体育中，运动员的身体健康和安全是运动员从事训练和参加比赛的基本保证，是保障正常训练和不断提高运动能力，使运动员发挥运动技术水平和在竞赛中创造优异运动成绩的前提。由于运动员在训练和比赛中，人体的各器官系统发生了一些变化，某些运动项目在紧张的训练和比赛期间，还可能带来某些不利的影响。因此，这都需要医疗保健工作提供保障训练、竞赛正常进行的医学监督方法和保健指导。

二、运动队医疗保健工作内容

运动队医疗保健工作内容较多，归纳起来一般有六个方面。

（一）体格检查和机能评定

运动员在入队时和训练比赛一个周期后以及赛前进行体格检查和机能评定是非常重要的，主要是为了了解、熟悉和掌握运动员身体健康情况和机能状态，从而为训练和比赛提供资料及依据。

体格检查和机能评定包括物理检查、器械检查、化验检查及运动负荷试验等。常可分为初诊检查、复诊检查、赛前检查和会诊检查四种检查形式。

初诊检查是对新入队的运动员进行检查，除健康和机能评定外，应结合运动员选材要求进行，并建立运动员健康水平和生理机能情况的基础资料档案，为制定训练计划和选择训练方法提供依据。

复诊检查是对集训队运动员按周期训练计划训练后或一般每年进行 2 ~ 3 次的检查，主要是了解运动员健康和机能状况的变化，为掌握和评定训练效果、调整和制定新的训练计划提供依据。

赛前检查是除按专项竞赛要求进行心要的检查外，在重大比赛前均应进行的检查，主要是了解和掌握运动员能否参加比赛和比赛中应注意的问题。

会诊检查是运动员遇有某些特殊或疑难医学问题应请有关专家会诊所进行的检查，主要是对运动员已有的特殊或疑难问题进行确诊，以便查明原因，及时处理。

上述检查的项目及方法颇多，应因人及条件不同而异。一般应尽量检查一般史、运动史、伤病史、体表和肌肉骨骼的检查、人体测量、各系统和器官的检查、心肺机能试验及心电图等。各项具体检查的方法见第九章体格检查。

(二)进行卫生安全宣传教育和指导

在运动队进行卫生安全宣传教育和指导，主要是让教练员、运动员了解和掌握运动训练卫生、个人卫生及运动场地卫生的卫生原则和要求，防止发生过度疲劳，采取措施促进运动性疲劳迅速消除，积极恢复体力，增强防治运动伤病的意识。从而保障运动员增进健康和安全，顺利进行训练和比赛，防止运动伤病，提高运动技术水平。

(三)常见伤病及传染病的治疗和预防

运动员在训练和比赛过程中，常因为训练经验不足、方法不当、缺乏预防伤病意识以及比赛激烈而造成运动伤病发生。运动员和非运动员一样也可能受到各种传染病的侵袭，尤其经常外出参加训练比赛及身体疲劳等原因，有时可能比非运动员对传染病的易感性更高。一旦运动员发生运动伤病和传染病以及传染病在运动队中传播，将影响正常训练和比赛的进行。因此，对运动员的运动伤病及传染病要进行早期诊断和及时治疗，并采取必要的预防措施。

(四)竞赛医学服务

为了保证运动员在竞赛中发挥自己应有的运动水平，并取得最佳的运动成绩，赛前应做好体检、机能评定及伤病防治工作，了解运动员的身体健康情况、机能水平和训练状态。检查运动场地及食宿卫生，加强卫生管理和传染病预防。注意运动员到外地比赛旅行疲劳和时差反应的消除，尽快适应新环境。了解赛区附近医疗单位情况，并与之取得联系，以备必要时转院或请求会诊。用药时要考虑兴奋剂监测问题，勿误用违禁药物。

(五)现场急救

运动员在大强度训练和激烈的竞赛中，有时可能发生诸如窒息、心脏骤停、创伤、出血、中暑及休克等紧急情况，如能及时而正确的处理，部分患者可转危为安，为后续治疗赢得时间。反之会贻误时机，给救治工作带来困难，甚至造成严重后果。因此，对急症的现场急救十分重要，应做好这方面的工作。由于运动项目不同，急救的范围十分广泛，医疗保健工作者也应掌握急救原则和技术。

（六）进行科学研究

运动队日常医疗保健工作应与科学研究相结合，不断总结经验，提高业务水平。尤其应注重对运动队医疗保健工作方法、机能评定、中西医结合治疗软组织损伤、应用中西药消除运动性疲劳、控制体重、心理治疗、营养食品、伤病规律调查等方面进行多层次研究，为运动训练和竞赛服务。

第二节　运动队医疗保健工作的方法

运动队医疗保健工作做得好坏，直接关系和影响到运动员的身心健康、正常训练和比赛，以及运动技术水平和运动成绩的提高。因此，应根据运动队医疗保健工作的任务和内容，做好运动队医疗保健工作，其工作内容有以下六个方面。

一、建立运动员健康档案

按运动队医疗保健工作的内容之一、体格检查和机能评定的要求，对运动员进行初诊检查、复诊检查、赛前检查、会诊检查及不定期检查。将检查结果分类做详细记载，建立健康情况和机能状况等资料档案，并定期作分析。了解和掌握运动员通过训练和比赛后，尤其是大运动量训练和剧烈比赛后，身体各器官系统的反应，以及身体健康状况和身体机能变化情况，并及时向队领导、教练员、运动员通报和解释运动员健康情况和机能状态及医学检查结果，提出在训练和比赛中需注意观察的医学方面问题。为教练员合理安排训练和比赛，运动员从事符合自身身体状况的训练和比赛提供依据，共同完成训练和比赛任务。

二、运动训练的医学评定

现代竞技体育的发展，要求运动员进行系统和大运动量科学训练以获得最大的适应，创造优异的运动成绩。因此，在训练过程中，医疗保健工作要通过医学检查来综合地评定运动员的一般适应能力和专项适应能力、训练状态和机能潜力，并在形态特点、机能状况和心理状态等客观指标的基础上进行评定。对于初参加训练者，可采用较简易的方法和指标，如身高、体重、脉搏、血压、台阶试验或 PWC_{170}、血红蛋白及尿蛋白、体脂、心电图、肌力（背力和握力）、神经反应和肌张力测定等。对于高水平的运动员，可采用较复杂的方法，应用特殊的仪器设备，如用脑电图评定神经系统机能，用超声心动图、心缩间期、心输出量测定、最大吸氧量和无氧阈等判断心肺功能，用肌电图了解肌肉情况等。而在机能评定中，生物化学方法日益受到重视，如乳酸、乳酸脱氢酶、磷酸肌酸激酶、儿茶酚胺和尿素氮等均得到普遍应用。通过以上医学评定，为训练安排提供科学依据，并根据一些评定的科学依据协助和配合教练员合理安排运动量，防止伤害事故，达到通过运动训练提高运动成绩的效果。

三、比赛过程中的医学服务

为保证运动员以良好的竞技状态参加竞赛，并取得较好的运动成绩，以及保证比赛的顺利进行，医疗保健应做好比赛中的医学服务工作。

进行赛前体格检查。通过检查了解运动员身体健康状况和身体健康水平以及训练状态，以便提出运动员在参赛中的注意事项及确定医疗保健重点观察保护对象，其目的是保证运动员在比赛中取得优异运动成绩。

加强卫生检查和管理。检查比赛场地器械和食宿安排是否达到和符合一定的卫生要求，主动向竞赛组织部门反映意见和提出建议，以利改进工作，防止运动伤病。还应加强宿舍环境卫生、饮食卫生及生活制度方面的卫生管理，避免运动员发生过度紧张、过度疲劳及其他运动性疾病，尤其注意传染病和食物中毒的预防。

做好运动伤病及传染病的防治工作。在竞赛过程中常因多种原因而造成运动性伤病，以及运动员因在比赛期间身体疲劳和人群接触较多等原因而对传染病的易感性较高，因此，比赛期间应做好急性运动伤病和传染病的防治工作。赛前要做好现场急救站、急救药箱和急救车等急救准备工作，以便对比赛中发生的急性运动伤病进行及时处理和转运严重伤病者。也应当时刻预防和警惕发生传染病的可能性，并注意早期和正确的诊断，以便早治、早防和制止传染病的扩散。为了防止运动伤病和传染病在比赛期间发生，应加强运动场地卫生、个人防护、个人卫生和环境卫生等防病措施。

做好女运动员经期参加比赛工作。女运动员在月经期参加比赛要因人而异。观察发现，有 29% 的运动员在经期参加比赛并取得最好成绩，63% 成绩无改变，8% 低于过去最好成绩。个别运动员月经期参加奥运会比赛获得金牌。为了避免在月经期比赛，需要采用药物使月经提前或推迟时，应掌握好用药时间，赛前用药，赛中不用，最好在赛前一周来潮。实践证明，口服短效 18 甲避孕药使月经周期提前法最佳。但不能连续 3 个周期用药调整月经，每年最多调整两次，以免引起日后月经不调。月经期参加比赛的女运动员的正常妊娠和分娩一般不受影响。人工调整月经周期有可能引起日后月经不调，故参加一般性比赛时不宜采用。

在做好以上工作的同时，还应做好运动员到外地比赛旅途疲劳的消除和参加国际比赛时时差反应的消除，让运动员尽快适应新的环境。要加强兴奋剂检测和熟悉有关兴奋剂控制的规则，尤其在治疗运动员哮喘、过敏等疾病时，勿用含有兴奋剂成分的违禁药物，以免造成误会，保证运动员公平竞争。

四、经常性的运动医学知识普及和宣传工作

在运动队中可通过一般性讲课、专题讲座、科普读物、发表的专业性文章及咨询等各

种普及和宣传途径，对教练员和运动员进行经常性的运动医学知识普及和宣传，提高他们运动医学知识水平，使他们掌握运动训练卫生原则、运动医务监督常用方法和一些防治运动伤病的常识等，使运动员在教练员的指导和医疗保健工作者的协助下，进行科学、合理的运动训练和比赛。

五、做好运动员科学选材工作

随着现代竞技运动技术水平的不断提高，运动员科学选材问题已越来越引起教练员和医疗保健工作者的广泛关注及重视。因此，医疗保健工作要配合教练员共同搞好运动员科学选材工作。运动员科学选材要在充分研究和认识儿童少年生长发育规律及其遗传特征基础上，根据不同运动项目的特点及要求，综合运用有关学科的知识，采用调查、测试、评价和预测等科学方法，把具有发展前途的天才儿童和少年选拔出来进行科学训练，以达到高水平的运动成绩。如从父母身高预测本人的身高，从父母的运动能力推测本人的运动潜力，从骨龄、体型、最大吸氧量及肌纤维成分等各方面进行分析预测，以及进行心理学检查等。

六、组织科学研究工作

包括协调研究项目、方法、分工、经验交流和科研成果鉴定等。通过科学研究，不断提高科学训练水平，最终达到提高运动成绩的目的。

第三节　运动队医疗保健箱的配置

医疗保健箱是队医随运动队参加训练和比赛时进行现场救治的必备工具，以便对运动员在训练和比赛中突然发生的伤病和急症进行及时处理，防止进一步损伤和急症的进一步加重，解除疼痛和恐惧，为受伤运动员的初期康复和转运治疗创造条件，保护运动员生命安全。因此，医疗保健箱的配置应用是运动队中不可缺少的工作之一。运动队医疗保健箱的配置，一般由医疗器械、敷料和常用药品三部分组成。

一、医疗器械

医疗器械的种类较多，为了携带方便，又能对不同运动项目训练和比赛中可能会发生的伤病和急症及时进行处理，在医疗器械配备方面，一般应配置镊子、剪刀、大别针、止血钳、止血带、开口器、通气管、弯盘、注射器、氧气口罩、缝合包、听诊器和体温计等。此外，可根据现场救治需要准备氧气袋、简易呼吸器和各种夹板等。

二、敷料

敷料主要是对在训练和比赛中发生的开放性和闭合性损伤进行及时处理，它包括常用的消毒纱布、棉球、凡士林纱布、弹力绷带、绷带、棉花、三角巾和粘膏等。

三、常用药品

药品主要是对训练和比赛期间运动员发生伤病和急症对症及时治疗，防治病情加重和争取早日康复。因药品的种类很多，故要根据各种伤病对症治疗的需要和治疗效果配备常用药品。常用药品应有生理盐水、注射用水、氨水、75%酒精、碘酊、红汞、紫药水、1‰新洁尔灭、磺胺粉、创可贴、人丹、十滴水、清凉油、眼药水、滴耳剂、冷镇痛气雾剂等。镇静止痛剂如苯巴比妥钠、吗啡、杜冷丁。呼吸心脏兴奋剂如可拉明、樟脑、苯甲酸钠咖啡因、肾上腺素。止血剂如维生素 C、K、仙鹤草素等注射剂。口服剂可带头孢氨苄、复方新诺明、痢特灵、黄连素、阿斯匹林、安定、复方降压片、可待因、止泻宁、乘晕宁、感冒通速效胶囊、硝酸甘油等。

在进行运动队医疗保健箱配置时，医疗保健箱的内容宜简单、实用及携带方便，也应根据使用者的经验、技术和不同运动项目的需要而从上述医疗器械、敷料和常用药品三个部分中确定。

第五章　儿童少年的体育锻炼

儿童少年正处于生长发育时期，身体尚未发育成熟，与成年人相比，他们在身体的解剖结构与生理机能上都具有其自身的特点。因此，对于他们的体育锻炼，必须要从其身体实际情况出发，做出科学合理的安排，根据身体解剖生理特点提出相应的体育卫生要求，并进行医务监督，才能保证其体育锻炼收到良好的效果并防止运动伤病和意外事故的发生。

本章将着重介绍体育锻炼对儿童少年身体的影响。儿童少年身体生长发育的一般规律。儿童少年身体的解剖生理特点以及在体育锻炼中应注意遵循的有关体育锻炼的要求。

第一节　体育锻炼对儿童少年身体的影响

体育锻炼是贯彻党的教育方针的重要组成部分。体育锻炼是促进儿童少年生长发育、增进健康、增强体质，掌握与提高体育的基本知识、技术与技能，培养共产主义道德品质、集体主义精神的重要手段和途径，是保证儿童少年德、智、体全面发展的重要措施。

儿童少年的体质与健康状况、智力和心理发育水平，不仅直接关系到他们现阶段的学习和生活，并且对于成年后的健康、体质水平、劳动能力和精神风貌也都将产生深远的影响。

儿童少年身体正处于迅速生长发育时期，体内新陈代谢活跃旺盛，身体各组织、器官的结构和功能，智力和心理的发育都具有很大的发展潜力和可塑性。因此，抓住一生中这一重要时期，积极鼓励和指导他们参加体育锻炼，对于儿童少年身体的发育和体质的增强，思想、道德、意志和品质的培养与形成等都具有积极的影响。

体育锻炼对儿童少年身体的影响是多方面的。

一、对运动系统的影响

体育锻炼时，人体加速了周身的血液循环，使正处于造骨时期骨组织的血液供应大大改善，得到更多的营养物质，促进造骨过程进展加快。运动过程中，骨所承受的压力对软骨板的生长能起到良好的刺激作用，可以促进软骨板的增生，加速骨的生长。此外，在室外活动，日光照射促进体内维生素 D 的生成，加速了骨的钙化，使骨质更加坚实。因而，经常参加体育锻炼的儿童少年，其身高往往比一般不进行或较少进行体育锻炼的儿童少年要高一些。

通过 X 线摄片可看到，青少年运动员股骨的密质比一般青少年要增厚 0.5～3 毫米，且骨松质的骨小梁排列整齐，按照骨骼在运动和劳动时承受力的方向，有规则地排列，使其能承受更大的压力和拉力。

运动中，肌肉紧张地工作，为了保证肌肉对氧及营养物质的需要，肌肉开放的毛细血管数量达安静时的 15～30 倍。因此，经常参加体育锻炼，能促使肌肉内毛细血管数量增加。由于肌肉长期供血良好，肌纤维逐渐变粗、体积增大、弹性增加、肌肉工作的能力及耐力也都相应地得到提高。经常参加体育锻炼的人，其肌肉重量可达体重的 50%（一般人占体重的 35% ～40%）。

长期的体育锻炼，还可以使关节韧带变得更加坚韧和结实，关节自身也更加灵活和牢固。

二、对心脏血管系统的影响

儿童少年积极参加体育锻炼，可促进心脏血管系统的发育，提高其机能水平。

运动时，心脏的工作负荷加大，致使心率适当增加，血液流量增大，全身血液循环得到改善。在心肌得到锻炼、冠状动脉循环也得到改善的情况下，心肌获得充足的营养，长此以往就会使心肌发达、心室壁增厚，致使心脏体积增大。据北京医科大学运动医学研究所调查，参加业余体育学校训练一年以上的 14～17 岁少年运动员，心脏体积增大，心脏的横径、宽径和纵径都较一般少年大（表 5－1）。由于心肌发达，心脏的收缩力量就得到增强，心脏的每搏输出量也就随之而增大。在运动过程中，尽管有训练的少年与一般少年的心脏每分输出量基本相同，但每搏输出量却比一般少年要大得多(表 5－2)。这说明，有训练的少年主要是靠增加每搏量来加大心输出量，而一般少年则主要是靠增加心搏频率来加大心输出量的。有训练的少年的心脏在必要时，可能达到的最大心输出量的幅度(心脏的贮备力量)也较一般少年为大。

表 5－1　少年运动员与一般少年心脏的大小

类别 \ 心脏各径	心脏测量(厘米)		
	横　径	宽　径	纵　径
少年运动员	12.16	9.64	13.29
一般少年	11.56	9.04	12.57
差　　数	0.60	0.60	0.72

表 5－2　不同少年最紧张赛跑时心输量的变化

类　　别	每搏量(毫升)	每分量(升)
10～14 岁一般少年	80～120	25～30
12～14 岁少年运动员	150～170	20～30

（雅科甫列夫）

此外，有训练的少年在安静时的脉搏频率和血压也比一般少年低（表 5－3），并且在定量负荷后，脉搏频率增加较少而恢复较快。

表 5-3　参加武术锻炼的儿童少年与对照组(不参加锻炼的)安静时的脉搏血压比较

组别＼性别、项别	男			女		
	脉　搏(次/分)	收缩压(Kpa)	舒张压(Kpa)	脉　搏(次/分)	收缩压(Kpa)	舒张压(Kpa)
武术锻炼组	72.8	12.54	7.53	10.93	91.1	7.25
对　照　组	82.0	13.22	7.98	11.76	96.2	7.55
相　　差	-9.2	-0.68	-0.45	-0.83	-5.1	-0.30

(武汉体育学院)

有研究指出:长期参加体育锻炼,心肌发达增厚。X线摄片上可见心脏面积增大,超过原来面积的10%以上。心肌糖元含量增加30%,心脏摄取血糖能力增加165%,氧化血乳酸能力增加260%,组织呼吸增加37%。另有报告指出,每搏最大输出量:一般男子为140~160毫升,运动员为190~200毫升。一般女子为100~120毫升,运动员为150~160毫升。

三、对呼吸系统的影响

人体在运动时,肌肉活动所产生的二氧化碳能刺激呼吸中枢,使呼吸加快、加深,以促进二氧化碳的排出及氧气的吸入。运动时,一般人的呼吸频率可达40~50次/分(安静时为12~16次/分),深度为安静时的5倍,通气量每分钟可达70~120升(安静时为6~8升)。

儿童少年经常从事体育锻炼,可以促进他们呼吸系统的发育,提高其机能水平。这主要表现在呼吸肌发达、胸围扩大、呼吸差增大、呼吸深度及肺活量增大,以及安静时呼吸频率相应地减慢等方面(表5-4)。少年运动员由于呼吸系统、心脏血管系统的机能水平较高,他们的最大吸氧量也比一般少年为大,这使得他们在剧烈运动中的工作能力比一般少年要强,能承受较大强度的运动训练。此外,经常参加体育锻炼的儿童少年,呼吸系统对各种病菌侵袭的抵抗力明显增加,上呼吸道疾病大大减少。

表 5-4　少年运动员与一般少年的呼吸机能

类别＼指标	胸围(厘米)	呼吸差(厘米)	呼吸频率(次/分钟)	呼吸深度(毫升)	肺通气量(公升/分钟)	肺活量(毫升)
一般少年	74.0	7.4	19	350	3.3	2800
少年运动员	81.5	8.0	16	450	3.6	3400

(武汉体育学院)

四、对神经系统的影响

儿童少年积极参加各种体育锻炼，可以使他们掌握多种运动技能，改善肌肉工作的协调关系，提高他们从事运动的能力和技术水平，促进神经系统机能的改善和发展。这是由于在体育锻炼中，运动器官的每一动作，都以刺激的形式作用于神经系统，使神经系统的兴奋与抑制过程得到增强，神经活动的平衡性与灵活性得到提高，使神经细胞反应迅速、灵活且不易疲劳。实验证实，一般人对光、声刺激的反应潜伏期为0.3～0.5秒，而乒乓球运动员仅需0.1秒，比一般人快3～5倍。通过适当的运动性积极休息，可以把因疲劳而降低的视、听感受能力提高30%，改善大脑的工作状态，恢复精力。因此，运动后人们会感到精神愉快、思维敏捷，可以提高学习和工作效率。此外，睡前适当的放松活动，还可以使原来兴奋的神经细胞得到更好的抑制，使人体休息睡眠得更充分。

体育锻炼对儿童少年身体的积极影响，除表现在以上所述的四个系统外，对消化、泌尿、内分泌等系统也都具有良好的影响。此外，体育锻炼还可以使儿童少年全面增强体质，提高机体的适应能力和抵抗力。因为儿童少年经常在室外进行体育锻炼，除运动本身使他们经常处于机体相对缺氧的状态外，而且还使他们的身体接受到更多的日光、空气和水等自然因素的锻炼，这样可以提高他们对缺氧、寒冷及高温等环境的适应能力，提高对各种疾病的抵抗力，全面地增强他们的体质。

综上所述可以看出，对身体健康的儿童少年进行有计划、有步骤的体育锻炼，有利于促进他们身体的生长发育和体质的增强。但必须同时认识到，儿童少年身体的生长发育、身体素质的发展都有其自身特定的内在生理规律。他们的身体也有其不同于成年人的生理和心理特点。因此，在进行体育教学和训练时，必须以这些规律和特点作为科学依据来指导他们的教学和训练。在教学及训练内容的安排上，在运动量的掌握上以及在运动器械和教学、训练方法手段的选择方面，都要考虑到他们身体的实际情况，与成年人要有所区别，并提出与他们现阶段身体情况相适应的体育锻炼要求，给予科学合理的安排。倘若无视这些规律和特点，采用了不恰当的教学、训练手段和方法，则很容易使儿童少年的身体受到不良的影响，而妨碍其正常的生长发育，甚至会造成严重的伤害，对于这一点必须引起足够的重视和注意。

第二节　儿童少年体育锻炼的特点

儿童少年体育锻炼的特点是由儿童少年身体生长发育、身体素质发展的内在生理规律和他们身体各器官系统发育的特点两个方面所共同决定的。

一、儿童少年生长发育的一般规律

生长和发育是个体成长中相互联系的两个方面。生长是指细胞繁殖、增大和细胞间质的增加，表现为人体各组织器官，各部分的大小、长短及重量的增加，是一个量的渐变过程。发育是指人体各组织、器官和系统不断分化，形态逐渐完善，机能逐渐成熟，其中包括心理及智力方面的改变，亦即一个质的渐变过程。

根据儿少卫生学对生长发育过程的分期方法，将生长发育过程做如下分期：

婴儿期　从出生到1岁。

幼儿前期　1～3岁。

幼儿期　3～6、7岁。

童年期　6、7岁～11、12岁。

青春发育期　10～20岁。

青年期　18～25岁。

为了及时了解正确评价并积极促进儿童少年的生长发育，学校可结合每学年对学生进行健康体检时，进行学生生长发育调查。调查时通常选择一些便于测量的形态指标和机能指标来反映学生的生长发育情况。常用的形态指标有身高、体重、身体的各种围度（胸围、臂围、腿围等）和宽度（肩宽、骨盆宽），常用的机能指标有脉搏频率、血压、肺活量、呼吸频率以及肌力等。与此同时，还可以进行一些必要的体表检查，例如脊柱测定、腿形、足形以及胸廓形态的检查，以便对畸形及时进行预防和矫治。

生长发育的一般规律是指儿童少年在生长发育过程中所共同具有的一般现象。虽然儿童少年在生长发育过程中，可由于生活、环境、营养、体育锻炼、疾病或遗传等因素的影响表现出形态、机能、性成熟等方面的个体差异，但一般规律还是普遍存在的。

（一）生长发育是由量变到质变的复杂过程

人体的生长发育是一个由不易觉察的细小量变逐渐过渡到根本的突然质变的复杂过程。随着形态由小到大、由轻到重的改变，各组织和器官也在不断地分化，其机能也在逐渐地成熟完善。生长与发育、量变与质变二者是经常在同时进行的，彼此互相促进、相互依存、密切相关，但又有一定的缓急阶段。例如，大脑在逐渐增大和变化的过程中，大脑皮层的记忆、思维和分析的功能也在不断地发展完善。性腺（睾丸、卵巢）在形态上由小到大的过程中，机能上也由幼稚而逐渐成熟。其他器官也是如此。所以，儿童不仅身体比成年人小，而且其机能也较成年人简单，不能简单地把儿童当做成人的比例缩影来看待。

（二）生长发育的速度是波浪式的

人体生长发育不是直线上升的，而是波浪式的、快慢交替地发展。在某一个阶段会快一些，而在某一个阶段又会慢一些。以身高、体重为例，从胎儿到成熟时期有两次增长较快的阶段，称为突增期或生长发育高峰。第一次是由胎儿时期开始至出生后的第一年内，身长（高）、体重的增加是一生中最快的阶段。出生后第二年增加的速度较第一年稍慢。此后，身高、体重的增加保持一个相对稳定的速度，至青春发育期，一般由10～12岁开始，生长发育速度又加快，出现了第二次高峰，以后增长速度又减慢下来，直至发育成熟为止。

(三)生长发育是不均衡的,但又是统一协调的

在人体生长发育的全过程中,身体各部分的生长发育是不均衡的。在胎儿时期,身体各部分的发育表现为一个头尾发展规律,即胎儿从一个特大的头颅(约占身体的1/2)、较长的躯干和矮小的双腿,发育成为一个身体各部分较为匀称的婴儿(图5-1)。在出生以后,最迟在7岁以后,人体的生长发育遵循"向心律"的生长发育程序,即下肢发育领先于上肢,四肢发育领先于躯干,长度的发育领先于围度和宽度,身高的发育领先于体重。从出生到成人的生长发育全过程中,下肢增长了4倍,上肢增长了3倍,躯干增长了2倍,而头只增长了1倍(图5-2)。

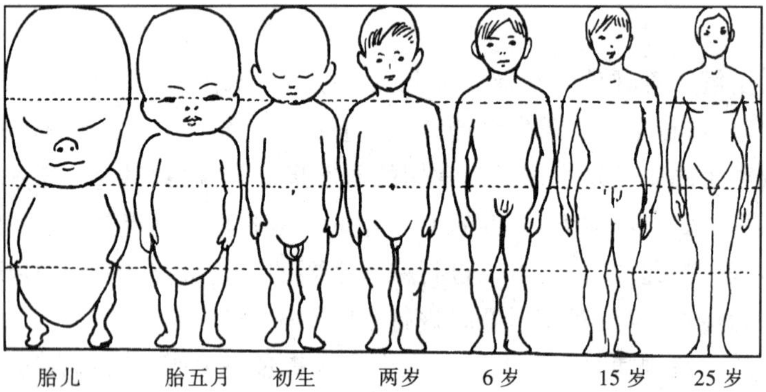

图5-1　由胎儿到成人身体发育的比例

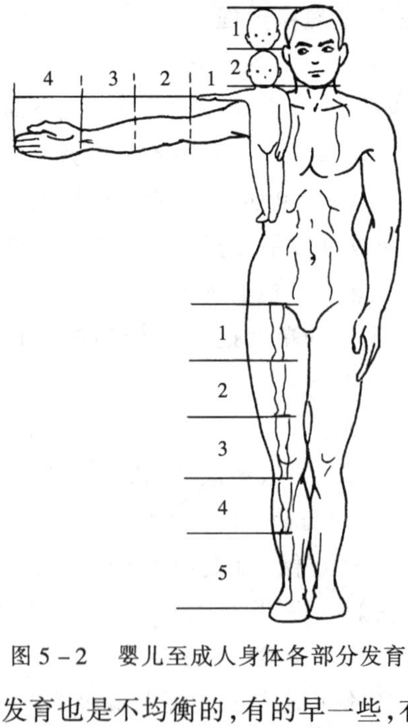

图5-2　婴儿至成人身体各部分发育的比例

身体各器官、系统的发育也是不均衡的,有的早一些,有的晚一些。尽管如此,但由于人体是一个有机的统一整体,各器官、系统的发育不仅与它们自己所担负的机能相适应,同时彼此间密切关联,而且与整体的发育有着一致的关系。如图5-3所示:神经系统是支

配、调节全身各组织、器官活动并实现机体与外环境联系的重要器官，因此，胚胎时期第一个形成的就是神经系统，并且优先发育。新生儿脑重约 380 克，已达成人脑重的 25%，到 6 岁时，脑部的发育已达成人脑部重量的 90%。生殖系统担负繁殖第二代的机能，它的发育较晚，在 10 岁以前，几乎没有什么发展，直至青春发育期才开始迅速发育，因为机体在全身发育尚未达到一定水平时，生殖系统的迅速发育是没有必要的。由于担负的机能不同，淋巴系统的发育与生殖系统的发育情况恰好相反，由于儿童时期，机体对各种疾病的抵抗力弱，需要强有力的淋巴系统来进行保护，所以在 10 岁以前，淋巴系统迅速发育，进入青春发育期后，随着各系统的发育和机体对疾病抵抗力的增强，淋巴系统又逐渐萎缩。至于其他器官、系统，如心脏血管、呼吸、消化和泌尿等系统的发育与身高、体重相平行，呈波浪式发展。此外，任何一器官和系统发育速度的变化，都要求有关器官及系统相应地变化，例如，儿童少年参加体育锻炼后，表面看来似乎仅是促进了骨骼与肌肉的发育，但实际上通过体育锻炼，也同样促进了神经系统、心脏血管系统及呼吸系统的发育。而这些系统的发育和机能的提高，又能更好地为骨骼和肌肉的发育提供有利的条件。

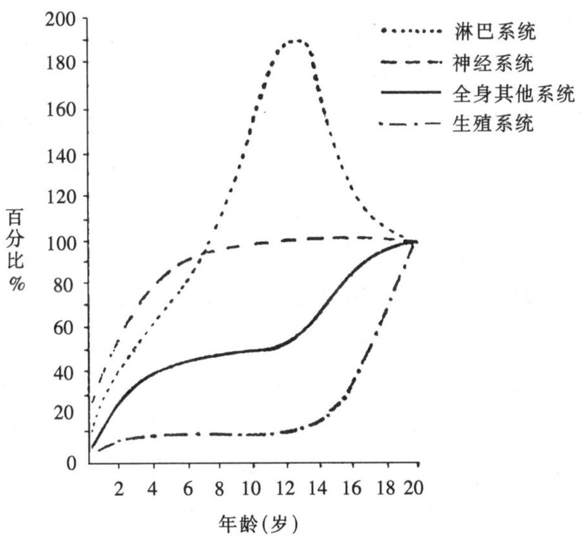

图 5－3　身体各部及器官发育的情况

儿童少年生长发育的一般规律，是安排体育教学和运动训练的重要科学依据之一。由于儿童少年的身体生长发育是一个由量变到质变的复杂过程，在教学和训练中就应在他们生长发育的不同阶段，科学地选择适宜的教学、训练内容和手段，因势利导地促其更好地生长发育；又由于儿童少年身体各部分的生长发育是不均衡的，但又是统一协调的，因此，应从局部到整体，全面地考虑教学、训练中的问题，以达到使他们身体获得全面发展的目的。

二、青春发育期

青春发育期是由儿童发育到成年的过渡时期，是生长发育突飞猛进的阶段，是性发育逐渐成熟的阶段,也是决定人一生的体格、体质、心理和智力发育的关键时刻。这个时期一般定为10~20岁,从10~14岁是生长发育的快速阶段,15~20岁生长发育速度逐渐缓慢下来。

青春发育期的开始年龄、发育速度、成熟年龄以及发育程度,由于性别、种族、环境、营养及体育锻炼等因素的影响,每个人之间都会存在较大的个体差异。女孩一般较男孩的青春发育期开始早两年。性发育成熟,无论男、女都有早熟、平均及晚熟三种类型。

青春发育期的主要特征表现为一系列的形态、生理机能、生化、内分泌及心理、智力和行为的突变。身体各器官、系统在此时期迅速发育,全身发育最晚的生殖系统在这个时期也发育迅速,逐渐达到性成熟。

青春发育期这些广泛、巨大的突变过程是受一系列内分泌变化影响的。

青春发育期,下丘脑和脑下垂体前叶迅速发育,在下丘脑的调节下,使垂体前叶所分泌的促性腺激素、促甲状腺素、生长素及其他激素分泌量增加,生长素可加速骨的生长,对四肢长骨生长作用更明显。由于骨的加长,身高也就增长了。促甲状腺素可以促进甲状腺分泌甲状腺素,甲状腺素有促进人体新陈代谢和促进组织分化、成熟的作用,使人体生长发育加快。促性腺激素作用于人体的性腺,既可促使女性的卵巢发育成熟,开始排卵,出现月经,又可促使男性的睾丸发育成熟,产生精子,出现遗精。在人体性腺迅速发育的过程中,性腺同时还分泌性激素,睾丸分泌的性激素主要为睾丸酮及少量的雌激素。卵巢分泌雌激素、孕激素及少量的雄激素。这些性激素不仅促进了性器官(男性的阴茎、女性的子宫等)的发育,还使人体出现男女性别上的继发性特征,即第二性征,或称为副性征。男女性腺和性器官的不同,是在胚胎时期就存在的,为原发性特征,即第一性征,也是男女的主要性征。第二性征的主要征象是:男性喉结增大突出,声调变粗、低沉,长胡须、多体毛,皮下脂肪少、肌肉发达、强健有力。女性音调变高、乳房逐渐膨起、乳头突出、皮下脂肪丰满、骨盆增宽。随着第二性征的出现,男女之间性别上的差异就更加明显了。

综上所述,人体在青春发育期一系列生长发育特征的出现,是通过下丘脑——脑下垂体——性腺内分泌系统的多种激素协同作用来实现的。当人体生长发育接近成熟时,这些激素对下丘脑和垂体又起反馈作用,使其减少激素的分泌,这时身高、体重增长的速度缓慢下来,最后达到停止阶段。

三、儿童少年各器官、系统的解剖生理特点

(一)运动系统的特点

骨骼、肌肉和关节是使人体躯干和肢体产生运动或整个人体发生位置移动的器官,称为运动器官,他们彼此组成人体的运动系统。

儿童少年的骨骼处于生长发育时期,软骨组织较多。骨组织水分和有机物较多、无机盐较少,二者比例约为5:5。因此,儿童少年的骨弹性、韧性较好,不易骨折,但坚固性差,承受压力和张力的能力不如成人,容易在过大、时间较长的外力作用下发生弯曲或变形。儿童少年随其年龄的增长,骨不断增粗加长,同时骨的成分也随之发生变化,有机物和水分渐少,无机盐成分渐多,逐渐进入骨化过程,一般到20~25岁成年时,骨化完成,身高停

止增长。此时骨内有机物与无机物的成分之比大致为 3∶7。

青春发育期,骨的生长发育速度加快,骨的生长发育有两种形式:一种是膜内成骨,另一种形式是软骨成骨。儿童少年,骨的加长主要是靠软骨成骨,即骨干与骨骺相连的地方有骺软骨,骺软骨不断增长,又不断沉淀钙盐、骨化,使骨的长度不断增加,最后,骺软骨完全骨化并与骨干愈合,变成完整的硬骨,这时骨的长度就不再增加了。人体身高的增长,主要在于下肢长骨的增长,下肢长骨的两端均有骨骺,属于双骨骺长骨,16~17 岁以后,加速骨化。如果在体育运动中,下肢负担过重或过于集中,可促其骨化的早期完成而影响日后的身高。骨的加粗是骨膜内的造骨细胞在骨质外层沉淀钙盐,使骨质得以加厚的结果。主要是通过膜内成骨来实现的。

儿童少年各骨完成骨化的时间并不一致,椎骨完成骨化的时间较晚,脊柱的三个生理弯曲(颈曲、胸曲和腰曲)大约在 20~21 岁时或更晚才完成骨化最后定型。因此,儿童少年在日常生活中或体育活动中,长期不注意养成和保持正确的身体姿势,就会发生脊柱后凸或侧凸等畸形。对于早期从事体操、武术或杂技训练的儿童少年,过多地单纯进行静止用力的脊柱过伸练习也会影响椎体的正常生长发育。

骨盆是由髋骨、骶骨和尾骨共同愈合而成的。儿童少年的骨盆尚未发育定型,髋骨是由髂骨、耻骨与坐骨依靠软骨相连而成的,其骨化约在 19~24 岁时完成,是人体骨骼中骨化完成最迟的部位之一。儿童少年时期,不正确的跳跃,不良姿势或过多地进行由高处跳下的练习,都可能引起骨盆发育的变形。

内分泌的变化对骨骼的骨化与愈合有一定的影响。青春发育期后,女子雌激素分泌增多,促使女子的骨骺愈合较早,因此,女子一般身高较男子矮。由于性激素的影响,一般来讲,性成熟较晚者身高较高,而性早熟者,其身高增长停止得也较早,影响成年后的身高。因此,在对儿童少年进行专项运动选材时,需要考虑性成熟迟、早这一因素。

此外,某些内分泌腺功能异常,例如甲状腺素分泌不足,营养不良,血液中的钙、磷过少也都会影响骨的生长发育,使之生长发育迟缓。

儿童少年的肌肉含水分较多,含蛋白质和无机盐较少,肌纤维之间的间质(结缔组织、脂肪等)相对较多。与成人相比,儿童少年的肌肉较柔软,横断面积较小,肌纤维较细,肌肉收缩的有效成分肌肉收缩蛋白也较少,因此,儿童少年的肌肉收缩力量不及成人。由于儿童少年肌肉中能源物质的储备如肌糖元也较少,肌肉的神经调节尚不完善,所以肌肉工作的耐力及协调性也不及成人,且容易疲劳,但肌肉疲劳的消除也较成人快。

儿童少年由于肌肉含水分较多,肌肉占体重的比例也较少,骨骼中软骨成分也较多,人体比重较小,所以在水中浮力较大,便于学习游泳。

随年龄的增长,15 岁以后,肌肉开始快速生长,肌肉中水分逐渐减少,蛋白质和无机盐含量逐渐增多,肌纤维不断增粗,肌肉的重量也不断增加,肌力日益增长(表 5-5)。

骨骼的快速生长早在青春发育期的早期就已经开始了。这一时期出现了肌肉生长速度落后于骨骼的现象,此时,为了适应骨骼的快速增长,肌肉的生长主要是向长度发展,肌纤维较细,肌肉外形呈细长形,力量和耐力都较差。15 岁以后,骨骼的增长速度减慢下来,由于性激素的分泌增多,肌肉加速生长发育,这时,肌纤维加粗,肌肉向横径发展,于是肌肉的横断面积和力量明显增加。

表 5－5　不同年龄人的肌肉重量比例和肌力

指标 \ 年龄(岁)	8	12	5	18	成人
肌肉占体重(%)	27.2	29.4	32.6	44.2	41.8
握力(公斤)	17.5	25.2	36.4	44.1	49.3
背力(公斤)		25.2	92.0	125.0	155.0

儿童少年全身各部分的肌肉生长发育情况也是不均衡的。身体浅层的大肌肉如胸大肌、背阔肌、肱二头肌和臂大肌等发育较早,生长速度也较快。而深层的一些小肌肉如旋前圆肌、旋前方肌、屈指和趾肌等发育较迟,生长速度也较慢。加上此时神经系统对肌肉运动的调节与支配也不够完善,所以儿童少年的动作还不够协调、精确。他们控制身体的平衡能力,肌肉运动及对肌肉运动的分析能力都较成人为差。

由于儿童少年的骨骼处于生长发育之中,所以,儿童少年构成关节的关节面差度较成人大,关节面的软骨也较厚。儿童少年关节的关节囊和关节内、外的韧带松弛、薄弱,伸展性也较大,关节周围的肌肉细长而薄弱。由于以上的原因,儿童少年关节的灵活性及柔韧性都较成年人好,但是关节的牢固性和稳定性却都不及成年人。在体育运动中如用力不当,则易发生关节的损伤或脱位。通过体育锻炼,增强关节周围的肌肉及韧带力量,就可以提高关节的牢固性和稳定性。在体育教学和训练中还应同时注意发展儿童少年的柔韧性,使关节既牢固又灵活。

(二)心脏血管系统的特点

心脏血管系统是人体内一个重要的系统,是人体内发育完成最晚的系统之一。心脏血管系统的机能是决定人体运动能力的一个重要生理因素。

儿童少年的心脏血管系统正处于发育之中,与成人相比,儿童少年心脏的心肌纤维短而细,弹力纤维分布较少,心脏瓣膜发育尚不完善,心脏的重量及容积都比成人小。由于儿童少年心脏在结构上这些特点,致使心脏收缩力量较弱,心脏的每搏输出量和每分输出量也较成人少,但若按每公斤体重的相对值来说却并不少,而且年龄越小,其相对值越大。从而保证了儿童少年在生长发育过程中,因代谢旺盛所需较多氧气量的供应,并能胜任短时间较紧张的肌肉活动。这反映了儿童少年的心脏发育与人体整体的发育水平相适应(表 5－6)。

由于儿童少年心脏的心输出量较少,加上儿童少年新陈代谢旺盛,交感神经兴奋占优势等方面的原因,所以儿童少年心搏频率就较快。随着年龄的增长,心肌纤维增粗,心脏的重量、容积、收缩力量及输出量增加,迷走神经紧张性提高,心搏频率会逐渐慢下来(表 5－6)。

儿童的血管壁薄、弹性小,但随年龄的增长,血管壁的厚度及弹性都逐渐增加,12 岁时儿童血管的构造已接近成人。

儿童少年血管内径相对较成人宽,血管长度较成人短,因此,血流阻力小,血液循环一周的时间(循环时)也较成人短,加上儿童少年的毛细血管丰富,在单位时间内,各组织、器官的血流量相对地较成人大。这就保证了他们的身体在生长发育过程中能得到更充分的

表 5-6　不同年龄段的心脏几个指标变化

年龄（岁）	心脏重量（克）	心脏相对重量（占体重%）	每搏输出量		心跳频率（每分钟次数）	血压（Kpa）
			绝对值（毫升）	每公斤体重（毫升）		
8	96.0	0.44	25.0	0.98	90	11.31/7.98
13	172.0	0.50	35.7	0.95	80	13.3/8.38
15	200.0	0.48	41.5	0.95	76	13.97/8.65
18	305.3	0.51	60.0	0.88	70	14.50/9.18

氧与营养的供应。

6～7 岁以前，儿童血管的发育超过心脏的发育水平，到青春发育期后，血管的发育又落后于心脏的发育。

儿童少年血压较成年人低，年龄越小、血压越低。原因是年龄越小，血管的发育超过心脏发育的程度越大，导致心收缩力相对较弱，排出的血量少。其次由于动脉内径较大，对心脏的射血冲击力具有较好的缓冲作用，使血管的外周阻力较小，所以血压较低。随其年龄的增长，血压逐渐升高，到青春发育期，心脏的发育速度大大加快，心缩力增强、心输出量增大，此时，血管的发育速度落后于心脏，使血管外周阻力增加，加之内分泌改变的影响，于是血压逐渐升高(表 5-6)。

青春发育期，女性 16 岁，男性 18 岁以后，有些人可能出现高血压症状，称为青年性高血压。这多是由于此期间性腺、甲状腺分泌旺盛，使交感神经对心脏的紧张性影响加强，以及血管发育落后于心脏，致使血管外周阻力增大的结果。

青年性高血压的主要特点是收缩压升高，安静时可达 18.62～19.95Kpa(140～150 毫米汞柱)。随年龄增长，内分泌机能逐步稳定，神经系统对心血管活动的调节逐步完善，血管进一步生长发育，血压会逐渐恢复正常。有青年高血压者，如经常参加体育活动，运动后又无不适反应，可继续活动，但对运动的强度及密度要适当降低，不宜做举重、屏气等力量性练习，并定期观察血压的变化。对一般有青年性高血压者，适当参加一些体育活动有助于血压的恢复正常。

儿童少年在运动中，心血管系统的机能有以下变化。

心率的变化：儿童少年心肌的发育尚未完善，交感神经调节占优势，在进行同样运动时，儿童少年心率的增加大于成人(表 5-7)。反映出儿童少年在运动中，较大程度还是靠提高心率来增加心输出量，以适应肌肉工作的需要。

表 5-7　不同年龄人运动时心搏频率增加表

类别	心搏频率增加的次数(比运动前)		
	越野跑	篮球	体操
12～14 岁少年	+50	+54	+36
20～25 岁青年和成年	+24	+30	+12

血压的变化：儿童少年在运动中，血压的变化趋势与成人基本相同，即收缩压上升、舒张压下降、脉压差增大，与成人的区别是从事同一运动时，儿童收缩压上升的幅度小于成人，而舒张压下降的幅度大于成人，出现舒张压降至“0”者的也较成人为多。这反映了儿童少年的心脏机能不及成人以及神经对血管的调节也还不够完善，可能在肌肉血管舒张的同时，内脏血管不能有效地做代偿性的收缩，使血管外周阻力降低，而致舒张压极度下降。

另外应提及的是，个别生长快、个子高的少年，往往心脏的发育落后于身体，造成心脏的负担相对较重，因此在参加体育运动时，须循序渐进地加强心血管系统的锻炼并定期进行心血管机能检查。

性发育迟缓的学生，心脏的发育也较缓慢，适应能力较低，在安排运动量时，应注意区别对待。

（三）呼吸系统的特点

呼吸系统功能与人体的能量代谢有密切的关系，儿童少年的呼吸系统正处于生长发育之中。

儿童少年的呼吸道，从鼻腔到支气管均比成人狭小，软骨尚未硬固，呼吸道内有柔嫩的粘膜及丰富的血管，粘液分泌不足，纤毛运动较差。由于上述的这些特点，尘埃及病菌容易侵入，引起感染、充血、造成呼吸道的炎症、阻塞及损伤。

儿童少年肺泡的数目少于成人，肺泡壁的弹性较小，呼吸运动幅度也较小，又受到胸廓狭小的限制，致使儿童少年的肺容量小于成人。肺容量小，表现为肺活量也小。随年龄增长，儿童少年的肺活量逐渐增加，16～17岁时，肺活量接近成人水平。

儿童少年由于胸廓比较狭小，肺活量比成年人小，呼吸肌尚未发育，而新陈代谢作用旺盛，对氧的需要量相对较高，再加上儿童少年呼吸中枢兴奋性较高，所以在安静状态下，儿童少年的呼吸频率较快。随年龄的增长，呼吸深度增大，呼吸频率逐渐减慢。

由于儿童少年的呼吸系统和心脏血管系统的机能低于成人，因此，他们的最大肺通气量和最大吸氧量均小于成人，以后随年龄的增大而逐年递增（表5－8）。但儿童少年最大肺通气量和最大吸氧量的相对值（按每公斤体重计算）却并不小于成人，甚至还高于成人。儿童少年运动时，主要是靠加快呼吸、心搏频率来扩大肺通气量和心输出量的，因此，肺通气量和吸氧量的增加比成人少。儿童少年在运动中负氧债的能力也不及成人。

（四）神经系统的特点

神经系统是生命活动的主要调节系统，神经系统与其他系统相比是最先发育的，就其本身而言，结构上的发育完善又比机能上的发育完善要早。神经系统的发育是逐渐完善的。

新生儿的脑重量约380克，1岁时已达950克，此时脑神经元数目已接近成人水平（约140亿个）。7～8岁时，脑重量已达1400克，接近成人脑重量。9～16岁时脑重量增加不多，这一时期，脑主要进行着细胞内部的结构与机能的复杂化过程。

在神经系统结构变化的基础上，儿童少年神经系统机能的主要特点是：

儿童少年大脑皮层神经过程的兴奋和抑制不均衡，兴奋占优势，兴奋过程相对比较

表 5－8　儿童少年的最大肺通气量与最大吸氧量

年龄(岁) \ 指标	最大肺通气量		最大吸氧量(氧极限)	
	升/分	升/体重·分	公斤/分	毫升/公斤体重·分
4～6	30～37	1.95	0.8～0.9	45～47
7～9	43～51	2.04	1.0～1.2	47～50
10～11	52～56	1.94	1.3～1.4	47～54
12～13	56～60	1.92	1.7～2.0	44～53
14～15	62～67	1.90	1.8～2.3	38～51
16～18	70～100	1.80	2.0～3.0	37～53
成　　人	70～120	1.90	2.0～3.0	36～50

强，易扩散，兴奋和抑制转换较快，灵活性高，表现为活泼好动、注意力不易集中，富于模仿性。易建立一些条件反射，学习和掌握新动作较快，但由于兴奋容易扩散，所以做动作时易出现多余动作，动作不够准确、协调。儿童少年建立条件反射较快，消退得也快，但重新恢复也快。

13～14 岁的儿童少年，大脑皮层的抑制过程得到发展，动作的协调性有所提高，但由于分化能力尚不很强，分析综合能力不及成人，又受到小肌肉群发育较迟的制约，致使他们在运动中对距离、时间、速度和力量的判断能力不强，肌肉运动感觉不够精细，所以仍难以掌握复杂精细的技术动作。14～16 岁的少年，由于大脑皮层分化能力得到进一步发展，运动反应潜伏期大大缩短，运动中出现的错误百分率大大减少（表 5－9），能掌握一些较复杂的动作。由于女子分化抑制发展得较早，此年龄阶段的女子能胜任较复杂的高难动作，在体操、花样滑冰和杂技中表现得尤为突出。

儿童少年神经活动中，第一信号系统的活动占主导地位，对于形象具体的信号容易建立条件反射，第二信号系统的活动正在发展中，抽象的语言思维能力较差，分析综合能力发展尚不完善。因此，在体育教学过程中，对他们应多采用直观教学和示范教学手段，选用简单的形象的语言和口诀进行讲解，并注意培养和发展他们的思维能力，促使第二信号系统活动更快地发展。

表 5－9　儿童少年大脑皮层一般机能比较(反应时平均值)

年龄(岁) \ 指标 \ 性别	男			女		
	运动反应潜伏期(毫秒)	出现错误(%)	人数	运动反应潜伏期(毫秒)	出现错误(%)	人数
6～7	485	58.3	81	505	40.2	54
8～9	490	54.2	35	515	39.5	38
10～13	499.5	56.1	36	482	33.3	57
14～16	458	41.3	93	416	28.3	49

（根据北京师范大学体育系《体育卫生学》改编）

儿童少年大脑皮层神经细胞工作能力较低，易产生疲劳，但由于神经细胞的物质代谢旺盛，神经过程的兴奋与抑制转换较快、灵活性高，所以疲劳后消除得也较快。

在青春发育期，由于性腺活动加强，内分泌腺活动发生变化，使神经系统的稳定性受到影响，所以在形成动作技能时，动作的协调性可能暂时下降，这一点在女少年中表现更为明显，但经过一定时间的动作训练，此种情况可以得到克服。

第三节　儿童少年的体育锻炼要求

儿童少年在生长发育过程中，身体的形态结构、各器官系统的功能及心理状况都有自身的特点。因此，在体育锻炼、体育教学和业余运动训练中掌握和了解这些特点，并采取相应的措施，对促进他们身体的生长发育、掌握体育运动技能和提高他们未来的运动能力，都有十分重要的意义。

一、根据儿童少年的运动系统的解剖生理特点，在体育教学和训练中，应注意以下几个方面体育锻炼要求

（一）儿童少年骨骼承受压力和肌肉拉力的能力都不及成人，骨易发生弯曲和变形。为防止他们脊柱、胸廓、骨盆及下肢变形的发生，除在日常学习和生活中要注意使他们养成正确姿势外，在体育教学和训练中，也应注意培养他们养成站、立、跑、跳的正确姿势。当发现有身体姿势不正确或发育缺陷时，应及时在体育作业中加入矫正姿势和克服发育缺陷的练习。

（二）有些运动项目，如乒乓球、羽毛球、投掷运动或跳高、跳远等，肢体的负担是非对称性的，握拍手、投掷臂、踏跳腿负担偏重；又如自行车、射击、速度滑冰等运动项目，要求身体较长时间处于比较固定的一种姿势。长此以往，就易造成肢体发育不均衡和脊柱的变形。因此，在体育教学和运动训练中应注意身体各部分的全面锻炼，尤其是对侧肢体的锻炼。对于基本技术的训练也不要过于集中。

（三）儿童少年脊柱生理弯曲较成人小，缓冲作用较差，故不宜在坚硬的（水泥、沥青等）地面上反复进行跑跳练习。长时期在坚硬地面上练习跑、跳，会对下肢骨的骨化点产生过大和频繁刺激，易引起过早骨化或骺软骨损伤，从而影响骨的正常生长发育。同时要避免过多地从高处向地面跳下的练习，防止造成骨盆发育的变形。

（四）儿童少年的骨正处于生长旺盛时期，对钙、磷的需要较多，膳食中应注意供应较充足的钙、磷，并多安排室外体育活动。

（五）儿童少年不宜过早地从事力量性练习，12～15岁时，肌肉的生长和肌肉力量增长较快，在进行发展儿童少年肌肉力量的练习时，应以动力性力量练习为主，但适宜的静力性力量练习也不必排除。只要安排适当，做一些静力性力量练习，对发展肌肉力量也是有益的。

进行静力性力量练习时，负荷不要太重，持续的时间应有所规定。最好采用动静结合

的方法，无论是动力性练习或静力性练习，组数均不宜过多，练习中应多安排几次休息，练习结束后注意做好放松活动。此外，在进行负重练习时，重量过重、练习次数过多及练习时间过长等有可能影响下肢正常的发育，引起腿的变形、足弓下降（扁平足），甚至会促进下肢骨化早期完成，有碍身高的增长。

（六）由于儿童少年肌肉的生长发育不均衡，在运动训练中，应注意全面身体训练和发展小肌肉群的力量和耐力的训练。例如用踮足小步跑来发展胫骨后肌、屈踇长肌的力量等。

（七）儿童少年神经系统对肌肉运动的调节不够完善，在运动训练中应注意改进儿童少年动作的协调性，帮助他们提高对肌肉运动的感觉，培养运动的节奏感和多做一些使肌肉主动放松的练习。

（八）儿童少年关节活动幅度大、柔韧性好，宜进行柔韧性练习。但在体操、武术运动项目中，如不注意发展腰背肌肉和腹肌力量，单纯过多地进行脊柱过伸的静止用力练习去发展腰部的柔韧性，就易引起椎体的骺软骨损伤。同样，在篮球、排球运动项目中，不注意发展股四头肌力量，过多地练习膝关节半蹲位发力活动，尤其在过硬的场地上过多地用力踏跳，使髌骨与股骨下端经常发生磨擦和撞击，易造成股骨下端骺软骨的损伤以及骺骨软骨损伤。

儿童少年的关节牢固性比较差，容易发生关节韧带的扭伤甚至关节脱位。据首都体育学院对北京市中学生运动损伤调查的报告，中学生体育运动中关节扭伤的发病率高达19.82%，占所调查17种运动伤病发病率的首位。此外，在发展儿童少年关节的柔韧性练习时，应避免使用被动的长时间的用力掰、压等手段，这样易造成关节、韧带损伤和骨的变形。同时，由于过度掰、压的疼痛刺激，也会引起儿童少年的防御反射，不利于训练。

综上所述，在体育教学和训练中，在发展关节柔韧性的同时，应注意发展关节周围肌肉的力量，防止骺软骨病及关节损伤的发生。

二、根据儿童少年心血管系统解剖生理特点，在体育教学和训练中，应注意以下几个方面体育锻炼要求

（一）儿童少年心血管系统和呼吸系统机能在正常情况下，虽与他们的发育水平相适应，并且对逐步加大运动量有较大的机能潜力，但是儿童少年的心肌纤维较细，心脏收缩力量较弱，心容量较小，神经系统对心血管活动的调节还不够完善。因此，在体育锻炼和运动训练中，在运动量的安排方面，应注意适宜与合理。在安排运动量时，强度可以稍大一些，但不应要求过高过急，密度要小一些，间歇次数要多一些，练习时间不宜过长。对一些长时间紧张的运动、负荷过大的力量性练习及消耗过大的耐力性练习则不宜过多采用。13～14岁以后，心血系统机能逐渐接近于成人，可以承受较大的运动量训练，但也应注意遵循循序渐进和个别对待的原则。同年龄少年个子高大的，心脏的负担量相对也大；性成熟迟缓的，心脏发育也较迟缓，在安排运动量时应注意区别对待。

此外，应提及的是儿童少年在运动时，较大程度上依赖心搏频率的增加来加大心输出量。心搏频率过快，心舒张期缩短，营养心脏本身的冠状循环受影响，造成心肌营养不良，

长此下去，会使心肌受损。因此，对儿童少年的体育锻炼或运动训练，如运动量安排不当，不但不能促进其身体的生长发育，增强其体质，反而有损于他们的健康。

（二）儿童少年应避免做过多的屏气动作。屏气时，胸腹腔压力升高，使回心血量减少，从而也降低了心输出量，使心脏本身的血液供应受到影响。屏气后，胸腹腔压力骤减，致使大量血液涌回心脏，使心脏一时过度充盈，不利于心脏工作。倒立、背桥等动作也不宜多做。做这些动作时，人的头部朝向地面，心脏也呈一定的倒置状态，由于血液的重力作用，头部的血回流心脏困难，心房的血流入心室也增加了阻力，加重了心脏的负担。在体操训练中，从事这些练习时，在时间上要予以控制。在练习后更应做些放松和整理活动，以便血液循环得以恢复正常。

三、根据儿童少年呼吸系统解剖生理特点在体育教学和训练中，应注意以下几方面体育锻炼要求

（一）培养儿童少年在运动中，能根据动作的结构、节奏及用力情况，逐步掌握适宜的呼吸方法，并教育他们注意呼吸卫生。一般来说，肢体伸展的动作便于吸气，而肢体屈曲的动作便于呼气。在胸廓肩带需要固定的动作便于腹式呼吸，而腹肌用力和收腹的动作便于胸式呼吸。爆发用力和上下肢做大幅度活动的动作时又必须暂时屏息甚至憋气。周期性的运动项目，如跑、游泳、划船等，呼吸必须有一定的节奏，例如长跑采取两步一呼，或三步一呼、三步一吸等。

（二）强度较大、时间较长的运动项目中，如 800 米、1500 米跑时，运动前做好准备活动，运动中加深呼吸，特别是有意识地加深呼气，这些都可以减轻“极点”的反应，推迟“极点”的出现，促使“第二次呼吸”的提早到来，甚至可以不出现“极点”。体育教师和教练员应对儿童少年介绍有关“极点”和“第二次呼吸”的生理知识，加强儿童少年在运动中的意志锻炼，使他们在运动中主动地有意识地加深呼吸。

（三）儿童少年血液循环和呼吸机能较成人差，在剧烈运动中，最大肺通气量、吸氧量、氧极限水平和最大氧债量均比成年人少，因此，他们对强度较大且持续时间较长运动的适应能力较成人低。在运动训练中，对儿童少年在强度方面不能要求过高过急，突出以强度为主的训练，持续时间不能过长，练习中间应多安排几次休息。

四、根据儿童少年神经系统的解剖生理特点，在体育教学和训练中，应注意以下几个方面体育锻炼要求

（一）儿童少年体育活动的内容和形式要生动活泼和多样化，可穿插一些游戏和小型比赛等。活动过程中，要有适当的间歇。

（二）由于儿童少年第二信号系统功能发育尚不完善，教学过程中应多采用直观教学和示范教学手段，多运用简单、形象的语言进行讲解，多做一些模仿性练习，同时注意培养其思维能力，促进第二信号系统的发展。

（三）由于儿童少年大脑皮层神经细胞分化尚不完善，神经系统分析综合能力较成人

差，小肌肉群发育较迟，因此，不宜要求他们做过于复杂和精细的技术动作。

（四）青春发育期，女少年由于内分泌腺活动的改变，神经系统的稳定性受到影响，在形成动作时，平衡及协调能力有所下降。同时反映在心理特征上表现为对参加体育运动的积极性和兴趣不高，对他们要适当减少要求平衡能力较高的动作，并在教学中注意循循善诱，鼓励、启发她们积极参加体育锻炼的自觉性。这个时期男少年心理特征表现为好胜心强，往往对自己的能力估计过高，故在教学和训练中，应对他们加强防伤观念和组织纪律性的教育。同时，加强保护措施及自我保护能力的培养。

此外，在体育教学中，应对学生进行健康分组，对少数在发育或健康上经常或暂时有显著异常现象的学生，视其情况可暂免体育活动，但不应放弃对体弱或发育缺陷、畸形儿童少年的体育锻炼，因为适宜的体育活动，有促进恢复健康的积极作用，并能使他们逐步树立起恢复健康的信心。

在对儿童少年进行体育教学和训练时，应对他们进行卫生教育，使他们养成良好的卫生习惯，建立合理的生活作息制度。

第四节　青少年早期专项训练问题

近年来世界上许多运动员达到世界优秀水平甚至打破世界纪录的年龄越来越小。不少项目 18～20 岁时就能达到最好成绩，游泳和女子体操出成绩的年龄更早，前民主德国的恩德尔和澳大利的亚米·福特 15 岁就分别打破女子蛙泳 100 米和自由泳 800 米世界纪录，罗马尼亚的科马内奇 14 岁就获得女子体操全能世界冠军的称号。

一般来说，一名运动员从开始训练到达到世界级水平，平均需要 8～10 年时间。这就是说，必须从童年起就进行运动训练，从中选拔人才，进行长期的专门训练，以使他们早出成绩，并较长地保持优异运动成绩的年限。由此可见，早期进行专项训练已成为世界体育运动发展的一种趋势。

一、早期专项训练的生理学基础

（一）儿童少年的身体在结构和机能上具有较大的可塑性和发展潜力

儿童少年的身体尚未发育成熟。各组织器官正处在生长发育之中，从小对儿童少年进行专门的运动训练，只要安排得科学合理，不仅可以促进儿童少年的身体发育，而且还可使其身体在结构和机能上得到改善和提高，使之朝着专项要求的方向发展。儿童少年的身体在结构上的改善与机能上的发展比青年人和成年人具有更大的可塑性和潜力，这是进行早期专项训练的一个有利条件。

（二）身体素质的发展存在着年龄特征

人的身体素质发展存在着年龄特征，这是因为儿童少年各组织器官的发育速度不一样，在一定的年龄阶段有其相应的解剖生理特点，所以各种身体素质发展的情况也不一样。在某一年龄阶段，某种素质的发展较快，而在另一年龄阶段，另一种素质的发展又较快。每种素质的发展几乎都有一个有利的较快时期，或称为“敏感期”。抓住某种素质发展的“敏感期”，因势利导地进行训练，则某种素质的发展就会更快，就可能收到事半功倍的效果。综合各方面的研究认为：儿童少年在10岁以前，体重轻，关节的柔韧性好，是发展柔韧素质的良好时期。10～12岁，神经系统具有较好的灵活性，肌肉在骨上的附着点距关节较近，是发展速度的有利时期。12～13岁，性成熟期开始，骨骼、肌肉的增长加速，是发展力量素质的有利时期。14～15岁，力量进一步增长，内脏器官功能提高，神经过程逐渐趋于均衡，是发展耐力素质的有利时期。总之，抓住身体素质发展的年龄特征，及早开始专项训练，会收到良好的训练效果。

二、早期专项训练的适宜年龄

早期进行专项训练并不意味着年龄越小越好。早期专项训练的适合年龄，应根据项目特点和儿童少年身体发育的情况而定。一般来说对柔韧、灵敏等素质要求较高的项目，开始训练的年龄可早一些。如游泳、武术、体操等，可从5～8岁开始训练。对力量、速度素质有较高要求、动作技术不易简化的项目如球类、跳跃及投掷等项目，开始训练的年龄则应稍大一点，可从10～12岁开始。长跑、举重等对耐力或力量素质有较高要求、体力消耗较大的项目，开始训练的年龄则应更大一点，宜于从15～16岁开始专项训练。不顾儿童少年身体发育特点和专项要求，盲目提倡从小进行专项训练，则不仅无益，反而有损儿童少年的身体健康。例如，7～8岁的儿童，心、肺和神经系统的机能尚未充分发育，机能水平较低，如果让他们过早从事超长跑的训练，则可能使儿童负担过重，造成过度疲劳、局部劳损和心肌损害等伤病。

三、早期专项训练运动量的安排

少年运动员专项运动训练运动量的安排必须充分考虑到儿童少年身体的解剖生理特点以及练习特点，在注意身体全面训练的基础上，利用儿童少年易于建立运动性条件反射的特点，学习好运动项目的基本技术。运动量安排的原则是运动时间不宜过长，强度可稍大，密度要小些，注意间歇休息。运动训练后，要有有效的消除疲劳的措施与手段，其中包括良好的生活作息和饮食制度。

四、早期专项训练中应注意的问题

（一）注重身体全面训练

各种体育运动，对儿童少年身体的影响都有一定的局限性。如果早期专项训练的练习内容很狭窄，不注意全面身体训练，久而久之，不仅不能促进儿童少年的全面发展，反而会导致儿童少年身体发育的不均衡，甚至产生缺陷和畸形。

全面身体训练是指通过各种练习手段，使身体各部位、各器官系统得到全面发展。一般来说，儿童少年的年龄越小，全面身体训练所占比重应越大。采用一些田径项目作为全面身体训练的手段，既能使儿童少年掌握较多的技能，又能全面发展力量、速度及耐力等各种身体素质，对促进儿童少年身体的全面发展，增强其体质有良好的作用。所以，可以把田径运动作为全面身体训练的基本内容。随着年龄的增长，训练水平的提高，全面身体训练所占的比重虽可逐渐减小，但仍不可忽视，必须贯彻于训练的全过程。

（二）不应急于要求出成绩

早期专项训练不在于要求少年时期创造优良成绩，而是着重在于身体全面训练和专项素质的训练。专项素质训练约需 2～3 年的时间，这是为了提高身体各系统的机能，以求各神经中枢及其支配下的内脏器官和功能协调性趋于完善。经过这阶段打好基础后，再要求少年运动员出成绩。否则，易造成少年运动员的“早熟”和“早衰”，以至于到成年时，反而创造不出好成绩来，甚至被迫停止训练或比赛。此外，也不应让他们过多地参加比赛，以免神经系统过于紧张，更不应让儿童少年与成人进行比赛。教学、训练和比赛中，运动器械必须符合儿童少年的身体特点，不要使用成人的运动器械。

第六章 女子体育锻炼

女子经常参加体育锻炼，不仅可以促进身体的生长发育、增进健康、提高身体各器官和系统的功能水平，使之能更好地胜任对身体要求较高的工作任务，而且还可以使身体各部的肌肉得到协调均匀的发展。特别是通过体育锻炼能使腹肌、腰背肌和骨盆底肌的肌肉力量得到增强，这对于女子妊娠期的身体健康和顺利分娩都有很大好处。

10 岁以前，男女儿童的身体机能情况和运动能力基本相同，进入青春发育期后，由于内分泌和生殖系统的迅速发育，使他们身体各方面出现急剧的变化，男女在形态上、生理机能上和心理特征方面都出现较大的性别差异。这个时期女子除心脏、呼吸、骨骼和肌肉等方面的发育和功能与男子的区别越来越显著以外，还出现了月经初潮。因此，对女子进行体育教学和训练时，在运动项目的选择和运动量的安排上，必须考虑到女子的解剖生理特点，并提出相应的体育锻炼要求，同时要注意女子经期的体育卫生。

第一节 女子生长发育与身体解剖生理特点

女子的一生要经历新生儿期、幼儿期、青春期、生育期、更年期和绝经期。这些期间的推进是一个渐进的过程，各时期间并无明显的分界线，期间年龄的变化与遗传、环境等诸多因素有关，但总的趋势是随着社会的文明与进步，月经的初潮有所提前，而停经的年龄有所延后，因而生育期的持续时间延长了。

一、女子生长发育的一般特点

女子进入青春期的时间一般较男子早两年，结束也早两年。9～10 岁以后，女子身高、体重一般都超过尚未进入青春期的同龄男子。12～13 岁以后，男孩开始迅速发育，其身高、体重、肌肉力量和运动能力又迅速赶上并超过同龄女孩，此后，女子除骨盆较宽、皮下脂肪较多及体重占身高比例较大外，其余各项形态和机能指标均落后于同龄男子。

在体型方面，女子肩部较窄、骨盆较宽、下肢较短、躯干相对较长，这种体型的身体重心较低，有利于维持平衡，对完成下肢的平衡动作较为有利，但对跳跃及速度的发挥不利。

女子体内的脂肪约占体重的 28%，男子约占 18%，女子皮下脂肪较多，使身体显得丰满。女子皮下脂肪虽然较厚，但下腹部对冷的刺激很敏感，故在冬季锻炼及月经期时，要注意下腹部的保暖。

女子在青春发育后至绝经期前，每月均有一次月经，同时伴有局部和全身性的变化。

在进行体育教学训练时，应向她们介绍有关女子的生理卫生知识，提高她们锻炼的自觉性和科学性。

二、女子各器官、系统的解剖生理特点

（一）运动系统的特点

女子的骨骼细小，骨密质的厚度较薄，骨骼内水分及脂肪的含量相对较多，无机盐含量较少，女子全身骨骼的重量较男子约轻20%，女子骨骼的抗压弯能力也仅为男子的2/3。

女子的肌肉重量占体重的比例较男子小（女子约35%，男子约40%），而且肌肉所含水分及脂肪较多，含糖量较少，这使得女子的肌肉力量比男子弱（肌肉力量比同龄男子小20% ~25%），且容易疲劳。女子肩带部位和前臂肌肉力量较差，加上肩部较窄，所以做悬垂、支撑及负重等动作较为困难。

女子的脊柱椎间软骨较厚，各关节的关节囊及韧带的弹性及伸展性也较好，因此，女子身体的柔韧性及各关节的灵活性都较男子好，但女子身体的柔韧性也会随年龄的增长而降低，在体育教学和训练中，应注意保持和发展其柔韧性。

（二）心血管系统的特点

女子心脏体积较小，心脏重量较男子少10% ~15%，心脏容积也比男子小，女子心脏容积为455~500毫升，男子为600~700毫升。因此，女子每搏心输出量也较男子少10%左右。

由于女子心肌收缩力量较弱，调节心脏的神经中枢兴奋性较高，所以心搏频率较男子快2~3次/分。运动时，女子主要是靠加快心搏频率来增加心脏每分输出量，因此，她们心脏贮备力量（心输出量的扩大范围）也低于男子。

女子血压较男子低10%左右，运动时升高幅度较小，运动后血压恢复的时间也较长。此外，女子全身血量、血液内的红细胞及血红蛋白含量都低于男子，因此，女子血液运输氧和二氧化碳的能力都不及男子。

（三）呼吸系统的特点

女子胸廓和肺脏的容积都较小，例如，男子肺总容量为3.61~9.41升，而女子仅为2.81~6.81升。加上女子呼吸肌力量较弱，胸廓活动度较小，因此，女子的肺通气功能和换气功能都较低。表现为女子的呼吸频率较快，肺通气量和肺活量小于男子（表6-1）。此外，由于女子的心脏血管系统功能也不及男子，故女子安静时和最大体力负荷时的吸氧量也小于男子。这些都限制了女子在运动中氧的供应能力，从而使她们的运动能力及耐力都不及男子。

表 6－1　男、女呼吸机能的比较

指标 性别	呼吸频率 (次/分)	肺通气量 (升/分)	肺活量 (毫升)	氧吸收量 毫升/分	最大体力负荷时氧吸收量 (升/分)
男	16~18	5~7	3500~4000	180~250	4~5
女	18~20	8~6	2500~3500	150~160	3~4

(四)生殖系统的特点

女子生殖系统分为外生殖器与内生殖器两部分。内生殖器包括阴道、子宫、输卵管和卵巢。内生殖器都位于盆腔内,子宫呈倒置的扁梨状,约 2 寸长,位于小骨盆腔的中央,宫体前倾前屈,子宫颈外口接近坐骨棘水平。子宫的正常位置是依靠子宫韧带、子宫附近的器官和腹腔、盆腔内一定的压力来维持的。由于女子腹腔和盆腔内向下压力的方向与骨盆出口平面几乎垂直,而骨盆底的出口较大,由骨盆底肌(会阴部肌肉)、筋膜及皮肤等封闭,所以骨盆底肌将承受较大的腹压。倘若骨盆底肌不够紧张有力,就会造成子宫位置改变,严重时,有可能影响日后的生育。腹壁肌肉、骨盆底肌和横膈膜三者对保持一定的腹腔、盆腔内压力有重要的作用。体育锻炼可使女子的骨盆底肌与腹肌变得强而有力、弹性好、紧张性正常,可维持和承受足够的腹压,这对于维持子宫及其他生殖器官的正常位置是很重要的。腹肌与骨盆底肌力量的简易而有效的锻炼方法:仰卧举腿、仰卧起坐、前后踢腿、摆腿以及大腿绕环等运动。

第二节　女子体育锻炼的要求

一、女子一般体育锻炼要求

青春发育期后,由于男女少年在身体形态与生理机能及素质方面逐渐出现明显的差别,而且女少年开始有月经来潮,因此,在进行体育教学和运动训练时,必须要考虑到女少年身体的解剖生理特点,并予以区别对待。为此提出以下几个方面的体育锻炼要求。

第一,中学体育课应男女分班(组)进行教学。教学内容与要求,男女应有所区别,对女生的锻炼标准、运动成绩(跑的速度、跳的高度及负重的重量等)的要求应低于男子。女子使用的运动器械应按规定较男子的轻些,并应按国家规定的女子运动项目开展体育运动。

第二,女子心血管、呼吸系统机能较差,运动量较男子要相对地安排得小一些。

第三,女子肩部较窄、臂力较弱,做悬垂、支撑及大幅度摆动动作较为吃力,在学习这些动作时,要注意循序渐进,并给予必要保护。

第四,女子身体重心较低、平衡能力较强、柔韧性较好,适宜进行平衡木及艺术体操等项活动。在教学和训练中,应注意保持和发展其柔韧性,有意识、有步骤地使她们加强肩带肌、腹肌、腰背肌和骨盆底肌的锻炼。

第五，不宜做过多的从高处跳下的练习，地面不可过硬，并注意落地姿势，以免使身体受到过分震动，影响盆腔脏器的正常位置及骨盆的正常发育。

第六，根据青春发育期女子的心理特点，要注意引导和启发她们参加体育锻炼的自觉性和积极性，通过体育锻炼发展她们的力量、速度和耐力等素质，提高她们的健康水平和运动成绩，使她们能在今后的生产劳动和体育运动中作出更大的贡献。

二、女子月经期的体育卫生

(一)月经和月经周期

在垂体、卵巢内分泌周期性变化的影响下，子宫内膜出现周期性的增殖、血管增生和腺体高度分泌。此时，卵细胞若未受精，由于卵巢黄体逐渐萎缩、退化，增生的子宫内膜逐渐坏死、脱落并引起出血，血液及破碎的子宫内膜碎片经阴道排出体外，即为月经。

正常情况下，经期时间约为 2 ~ 7 天，多数为 3 ~ 5 天。经量平均约 50 毫升，少至 10 毫升，多至 100 毫升。一般月经第 2 ~ 3 天出血量多。经血一般为暗红色，呈碱性，除血液外，还夹有子宫内膜碎片。经期部分人可有下腹部及乳房胀感、腰酸等现象，少数人有头痛、失眠、疲倦或嗜睡、情绪波动以及便秘或腹泻等全身反应。这些反应大都与大脑皮层的兴奋性变化有关，仍属于正常生理范围。

第一次月经来潮，称为月经初潮，一般约在 12 ~ 15 岁，初潮年龄一般受遗传、营养、健康与社会环境等因素的影响。对少年女子进行运动员选材时，常根据月经初潮的早晚作为判断其发育“早熟”与“晚熟”的条件之一。通常把月经来潮的第一天到下一次月经来潮的第一天为止，称为一个月经周期。月经周期一般平均为 28 天，各人可能略有差异，即使同一人，其前后各次月经周期的时间长短也不尽相同，一般月经周期在 21 ~ 35 天之内，可视为正常。女子到 45 ~ 50 岁时，卵巢逐渐萎缩，内分泌功能下降，可使月经周期发生紊乱，这个时期称为更年期。以后月经周期停止，即进入绝经期。

月经是一种正常生理现象，女子月经初潮后，由于内分泌机能尚不稳定，月经周期开始显得不规则，约 1 ~ 2 年以后逐渐接近 28 ~ 30 天行经一次。如果月经周期长期不规则，时间过长或过短，经量多或少至闭经，全身反应严重时，应予重视并及时进行检查治疗。

(二)月经期体育锻炼要求

月经是女子正常生理现象，在月经期间，人体一般不出现明显的生理机能变化。因此，月经正常的女子在月经期间，可以参加适当的体育活动。如做广播操，打乒乓球、羽毛球或托排球等活动。通过这些活动，不仅可以改善盆腔的血液循环，减轻盆腔的充血现象，而且运动时腹肌与骨盆底肌的收缩与放松活动对子宫所起的柔和的按摩作用，还有助于经血的排出。此外，丰富多彩的体育活动还可以调节大脑皮层的兴奋和抑制过程，从而减轻全身的不适反应。

月经期进行体育锻炼有以下要求：

1. 由于一般人在月经期间，身体的反应能力、适应能力和肌肉力量会有所降低，神经调节的准确性及灵活性也有所下降，因此，月经期间运动量的安排要适当减少，活动时间不宜过长。月经期间一般不宜参加比赛,因为比赛时,活动强度较大,精神过于紧张,体力及神经系统都不能适应,易导致卵巢功能失调引起经血过多或月经紊乱。对于月经初潮的女少年,由于她们的性腺内分泌周期尚不稳定,运动量的掌握更要慎重,不宜过大,要循序渐进,使她们逐步养成经期锻炼的习惯。

2. 月经期间除应注意经期一般卫生外,还不宜游泳。因为经期子宫内膜脱落后,子宫内形成较大的创面,子宫颈口略为开大,宫腔与阴道口位置对直,此时,人体全身与局部对病菌侵袭的抵抗力下降,游泳时病菌可能侵入内生殖器官,进而引起炎症。此外,月经期间也应避免寒冷刺激,特别是下腹部不应受凉,冷水浴锻炼也应暂停。

3. 月经期间应避免做剧烈的、大强度的或震动大的跑跳动作(如疾跑、跨跳、腾跃、跳高、跳远等),以及使腹内压明显增高的屏气和静力性动作(如推铅球、后倒成桥、收腹、倒立、俯卧撑等),以免子宫受到过大的震动或由于腹内压过于增高而使子宫受压、受推,造成经血过多或引起子宫位置的改变。日常应对少年女子加强腰、腹肌和骨盆底肌的锻炼,这样既可防止在运动中发生子宫位置的变化,又可预防在经期发生疼痛等不适反应,对其成年后的正常分娩也有好处。

4. 对月经紊乱(经量过多、过少或经期不准)以及痛经(经期下腹部疼痛)和患有内生殖器炎症的女生,在经期间应暂停体育活动。

(三)月经周期与运动训练

对于身体健康、月经正常、平日又有一定训练水平的女少年运动员,月经期间可以安排一定量的运动训练。应鼓励她们从小养成经期坚持参加训练的习惯,以便今后在经期能适应训练和比赛。但在开始阶段应减小运动量,使身体逐步适应,运动量的增加要循序渐进,并应加强医务监督。据有关部门调查,女运动员经期约有下列四种不同类型的反应。

1. 正常型:行经期正常,无任何不适的感觉,或只有轻微的腰痛、下腹酸胀等先期征兆。她们在经期体力充沛,运动成绩不下降。此类型的女运动员可照常参加训练。

2. 抑制型:经期有疲劳感,反应迟钝、嗜睡,体温有所下降,脉搏减慢,血压降低,一般工作能力下降。此类型的女运动员也可照常参加训练,但应多做一些准备活动。

3. 兴奋型:经期心烦,脉搏加快,血压有所升高,下腹酸痛坠胀,头晕、睡眠不好、动作僵硬、不易放松,但运动成绩反而有提高。此类型的女运动员一般也可照常训练,但在准备活动中应多做些放松练习。

4. 病理型:经期有全身不适,乏力、恶心、头晕头痛,睡眠不好,经血过多或过少,有明显痛经,或有子宫痉挛。对此类型的女运动员,应根据情况进行减量训练,或只做轻微的活动,或让其休息。

女运动员中,有时出现月经紊乱,其中有人是由于运动量安排过大而引起的,在调整运动量之后,月经就可以恢复正常。有的人是由于训练或比赛环境的改变,中枢神经系统和内分泌系统机能暂时不稳定而造成的,经过一段时间,身体逐步适应以后,往往会自行恢复。如果排除以上因素,月经仍不能恢复正常者,则应及时进行检查治疗。

为了及时了解和掌握女学生、女运动员的月经情况,可建立月经卡片制度,以便合理安排体育课及掌握运动量(表 6-2)。

关于女游泳运动员经期训练和比赛问题,见医务监督篇的有关章节。

表6-2 月经卡片

行经日期	月　日——月　日　(共　天)							
日程	第一天	第二天	第三天	第四天	第五天	第六天	第七天	
血量								血量不多填(+),血量中等填(++),血量多填(+++)
身体情况	(填写腹痛、腰酸、头晕等)							
月经期参加锻炼的情况	(填写是否参加锻炼,参加的运动项目、内容、强度及持续时间)							
月经期参加锻炼后的反应	(填写身体情况,血量的变化等)							
小结	(由教师观察、分析后填写,以备体育教学训练中调整运动量参考)							

第七章　中老年人的体育锻炼

人一生中的生长发育、成熟、渐至衰老的变化，是一个长期的由量变到质变的过程。机体的生长发育过程约在20多岁时完成，此后开始逐渐发生一些潜移默化的衰退变化，这些细微变化经长年积累，一般40岁左右开始显露出来，到60岁后进入老年阶段时，这种衰老变化就更加明显了。但这种变化的进程和程度存在着较大的个体差异，它受着先天遗传因素和多种后天因素的影响。

体育锻炼对增进中老年人的身心健康、延缓衰老和延年益寿有着积极的促进作用，坚持长年的科学体育锻炼是增进体质、延长最佳年龄段的重要手段。

本章从中老年人的解剖生理特点出发，论述中老年人体育锻炼的原则和一些简易方法，以期达到中老年人防病、抗老、康复和健身的目的。

第一节　中年人的体育锻炼

一、中年人的身心特点

人到中年之后，随着年龄的增加，人体的功能储备减少，适应能力减退，抵抗力下降，而各种疾病的发病率增加。中年人的身心特点主要表现在以下方面。

心血管方面：心搏逐渐减弱，心输出量减少，30岁时每分输出量为3.4升，40岁时为3.2升，50岁时为3.0升，60岁时为2.7升。血压因血管弹性下降并随年龄增高，每增长10岁，约升高1.3kpa(10mmHg)，由于脂质斑块沉积在血管壁上，使管腔变窄，因此，血流量和血流速度都减慢。

其他方面：中年人运动时易出现气促、气喘、基础代谢率逐渐下降，体内能量消耗减慢；神经和精神活动减弱；神经传导速度减慢，记忆力下降，中枢神经抑制过程减弱，睡眠时间缩短、不易入睡且易醒；骨质密度开始下降，容易发生腰腿痛、肩周炎和颈椎病等疾患；免疫功能和内分泌功能开始减退，尤其是性腺功能逐渐下降，中年妇女到45岁以后进入更年期，还会出现一系列症状。

从心理发展上看，中年人的观察力日臻完善，看问题比较全面深刻，记忆力也较好，思维活跃，善于独立思考，情绪稳定性好，意志自制力较强，遇事常能理智、冷静思考。

二、中年人的体育锻炼

(一)选择适宜的运动项目

中年人各器官、系统都有不同程度的退行性变化,所以在选择运动方式时应多样化,力求使全身各部位都参与运动,如步行、散步、慢跑、中速跑、长跑、骑自行车、游泳、广播操、健身迪斯科、太极拳、气功、小球类、远足、登山等。

(二)确定适宜的运动强度

运动中要遵循量力而行、循序渐进的原则,锻炼时要根据个人体质状况,以往有无运动习惯等合理地安排和选择运动强度。根据科学锻炼的要求,运动强度应达到最大心率的70%~85%或最大摄氧量的50%~70%为目标心率范围,30~39岁为140~165次/分;40~49岁为123~146次/分;50~59岁为118~139次/分。

(三)合理安排锻炼时间

一般每周安排3~5次,每次20~45分钟。间隔时间过长则达不到健身的目的。

(四)选择适宜的锻炼环境和时间

锻炼应选择在人少、宁静、空气清新的环境,如广场、公园等地方,饥饿或饭后不要参加运动,更不要做剧烈的运动,以免影响消化功能,预防发生消化道疾病,晚上睡前不宜做剧烈运动,以免影响睡眠。

第二节　老年人的体育锻炼

一、老年人的身心特点

老年人的衰老变化最明显的是外形的改变。如头发变白与脱落,皮肤变薄、干脆、松弛、皱纹增多,出现各样的老年斑和老年紫颜瘢,皮下脂肪减少,使身体的御寒功能降低,肌肉萎缩使手的拉力及握力减弱,由于脊柱椎间盘的改变,身躯或多或少都会出现老年性弯曲,身长减短,动作和步履迟缓,上、下颌骨及牙龈萎缩,牙齿容易出现松动和脱落。感觉系统的变化也较明显,瞳孔一般变小,角膜周围出现一圈类脂质沉着不透明的老年环,视力调节功能下降出现老花眼,听力下降,嗅觉减退,痛觉及温觉感降低,对外界刺激反应迟钝。以上这些变化经常伴随着一些内脏功能的减退,主要表现为内脏器官贮备力降低,适应能力和抵抗力减弱。

运动系统方面:由于内分泌和代谢功能的改变,多数老年人发生骨萎缩和骨质疏松,表现为骨密度降低,骨皮质变薄,使骨骼的弹性和韧性进一步降低,骨骼变脆,容易发生骨折。老年人骨密度降低是由于钙质自骨中释放出来的结果，四肢骨及脊柱骨更明显。实验证明，老年人适当增加活动，使四肢骨及脊柱骨有一定负荷，可减少或防止钙质自骨中外逸。老年人肌肉出现萎缩，肌肉重量减少，肌力降低，一般30岁左右男子的肌肉重量约占体重的40%，而到老年则仅占体重的25%。老年人由于关节软骨萎缩，发生纤维性退行性变化，关节面逐渐粗糙变形，又由于关节软骨附近常出现不同程度的骨质增生或肌肉附着部出现骨化以及关节囊僵硬、韧带弹性减弱等原因，造成老年性骨关节的退行性变或出现畸形，如驼背、脊柱侧弯等，因而限制了脊柱活动或由于刺激神经末梢而引起疼痛。

心血管系统方面：主要变化首先在于心脏实质细胞数目减少、脂褐素沉着、心肌纤维化及发生淀粉样变，使心肌萎缩及供应心脏血液的冠状动脉出现粥样硬化，导致心肌收缩力量减弱。其次，老年人血管弹性减退、动脉管壁硬化、管腔变窄，使血管外周阻力增加，动脉血压升高，导致心脏工作负担加重。以上两方面因素共同作用使心血管系统的生理功能削弱，表现为心搏出量和心输出量减少（60岁以上老人的心输出量较25岁的青年减少30%～40%），脉率逐渐下降，血液循环缓慢，使身体各脏器的血流量减少，体力负荷的能力明显减退，进行较剧烈的运动时，心率加快，血压急剧增高，运动后恢复也较慢。因此，老年人的心脏更易于疲劳，且易发生意外。

呼吸系统方面：老年人呼吸功能明显减退，肺泡融合，间隔萎缩，肺组织弹性降低，氧弥散功能下降，呼吸肌力量和韧带弹性减弱，肋软骨钙化，使胸廓的活动度减小，肺脏的通气和换气功能相应降低，肺活量一般从35岁就开始下降，到80岁约下降25%，而残气量却增加了近一倍，使动脉中的血氧含量降低。此外，有的老年人胸廓还会出现各种畸形，如桶状胸等，更加重了呼吸功能的减退。

神经系统方面：老年人由于大量神经细胞发生萎缩和死亡，不仅神经细胞数目减少，而且细胞中的核糖核酸的含量也减少，神经纤维出现退行性改变，大脑的重量从30～70岁减少约10%，大脑皮层的表面积减少了10%左右。老年时期脑的生理学变化以脑血管硬化、脑血流阻力增加、血液循环减慢、脑血流量及耗氧量降低为主。由于以上这些变化，使老年人大脑皮质神经过程的兴奋和抑制转换速度减慢，神经过程的灵活性降低，对各器官、系统活动的调节功能减弱，建立新的条件反射较为困难，记忆力减退，对刺激的反应较迟钝，神经细胞工作耐力差，容易疲劳且恢复体力较慢。

二、老年人的体育锻炼

根据上述生理特点，老年人适合耐力性运动，而不宜进行速度性运动，对力量性运动是否适合老年人还存在不同的意见。有人认为，老年人不宜进行力量性的运动，因为力量性运动时，一般都要在屏气下完成，而屏气对老年人的心血管系统不利。但近些年也有不少学者认为老年人应进行力量性锻炼，其论点是衰老最显著的一个变化是肌力减弱，后者可导致体力和工作能力下降，发生姿势性改变而出现劳损和畸形。所以他们认为首先要通过力量锻炼解决老年人的肌力的减弱，进而才能取得锻炼的效果。

在耐力锻炼项目中，老年人最常采用的有：步行、健身慢跑、游泳、自行车、登山、跳迪斯科，有条件时还可打网球、门球和高尔夫球等。在我国传统体育项目中，可选择气功、太极拳、太极剑等。特别是以下三种锻炼方式更适合老年人。

(一)太极拳

太极拳是中国传统体育项目,有悠久的历史和广泛的群众基础,对骨、关节、肌肉、神经等都有良好的影响。练习时动作要求缓慢,连续不断,配合呼吸,肌肉放松,思想集中。简化太极拳较容易学会,如不能完成全套动作,分节练习也可以。

(二)健身慢跑

现已风靡世界的健身慢跑,是最有效增强心肺功能的运动,它是老年人进行有氧运动中最简易的项目。

健身慢跑对改善人的精神和心理状态也有明显的效果,坚持健身慢跑者,跑后感到全身舒展,头脑清醒,尤其对离退休的老年人,由于失去了紧张工作的节奏和某些社交活动,容易产生孤独、寂寞、情绪压抑等精神和情绪变化。健身慢跑对消除这些变化能够起到良好的作用。

老年人开始健身慢跑时,速度要慢、距离要短,可从每分钟跑 50 ~ 70 米开始,跑走交替,以走作为休息,开始时,每次 5 分钟为宜,1 ~ 2 周后可增加到每分钟 120 米,经过 1 ~ 2 个月锻炼后,跑步时间可逐渐延长到 20 分钟。健身慢跑时可结伴交谈,以避免单调枯燥,每周锻炼 3 ~ 5 次即可。

怎样掌握健身慢跑的运动量呢? 首先要看运动对身体的反应,锻炼合适的反应是:运动后心情舒畅,精神愉快,感到轻度疲劳,但无持久性气短、胸闷和心慌等感觉,食欲有所增加,睡眠质量改善。早晨脉搏数比较稳定,血压正常,原有高血压患者有逐渐下降趋势。体重稍降低或维持不变。如果锻炼后感到头昏、恶心、胸部不适、食欲下降、睡眠变差、厌练,锻炼后第二天晨脉数增加,疲劳感长期不能消失,体重下降过快,则表示运动量过大,应该调整锻炼量或暂停跑步。第二是测量跑后即刻的脉搏,当跑后即刻的脉搏在 180 减去年龄这一数值范围内(180 - 年龄 = 运动后适宜脉搏),而且运动后半小时内脉搏数基本恢复,这说明运动量是合适的。

(三)步行

步行是最为普及的锻炼项目之一,对老年人及体弱者尤为适合。步行时,人体的 60% ~ 70% 的肌群参加活动,对增强下肢肌肉和韧带的力量,保持关节灵活性,促进四肢及内脏器官的血液循环,改善身体有氧能力,调节精神心理状态等均有良好的作用。据国内经验,步行速度以每小时 3000 ~ 4000 米(即每分钟 50 ~ 70 米)为小运动量。开始锻炼的老年人,宜从小运动量做起。每小时步行 5000 米为中运动量。每小时步行 6000 米以上属大运动量,脉搏可达到每分钟 100 ~ 110 次。对 60 岁以上的健康老年人来说,步行速度达到每分钟 100 步,每天步行 40 ~ 50 分钟,就可以达到锻炼目的。

老年人在进行运动锻炼时应注意:锻炼前应作一下全面的身体检查,对自己的健康和体能状况有充分的了解,为合理选择运动项目和适宜的运动量提供依据。锻炼时要掌握循序渐进,不要操之过急,经常对自己的脉搏和血压进行自我监督,一旦确立了运动健身就要认真锻炼持之以恒,每周锻炼 3 ~ 5 次即可。

第八章 慢性病人的体育疗法

现代医学的高速发展使很多的急性及高危病人经过急救处理，虽然脱离了死亡的威胁，但转成慢性病，给患者生理、心理及生活都带来了诸多的影响。实践证明慢性病人靠药物和被动治疗，往往难以达到理想的效果，而采取积极的人生态度，进行科学合理的体育锻炼疗法，则有利于患者机体尽快恢复。

第一节 体疗概述

一、何谓体疗

根据疾病的特点，利用身体的各种功能活动和体育锻炼，以预防和治疗疾病的方法称为体疗。体疗与一般的体育虽有共同之处，但也有许多不同之点。体疗的对象是病人，不论是伤、病患者或残疾人，他们在躯体和心理上都存在不同程度的功能障碍，必须根据他们的特点，有针对性地安排体育活动。

二、体疗适应症

肩关节周围炎、偏瘫、腰痛、四肢痛、糖尿病、高血压、神经官能症、慢性支气管炎、习惯性便泌、肥胖症、更年期综合征、胃肠疾病等慢性病人均宜于进行体育疗法。

三、体疗禁忌症

所有的急性病一般都是禁忌运动的，如急性传染病，感染性疾病，化脓性疾病，急性肾、胃肠、肝、胆、胰疾病，创伤未愈等。此外，严重贫血、月经过多、严重痛经、妊娠期及一些不能控制的代谢性疾病(包括甲状腺机能亢进和糖尿病)等，均应暂时停止运动。

第二节 慢性病人的体疗

慢性病患者中，特别是病情稳定，各系统和器官功能处于代偿阶段，能正常学习、工作和生活的，不仅可以进行体育运动，甚至能参加训练和比赛。由于疾病种类不同，病情轻重不等，患者身体机能状况各异，因此，慢性病患者的运动方式和运动量具有显著的个人特点，安排体育运动时要遵守个别对待的原则，科学地确定运动方式、运动量和运动强度。

一、基本原则

（一）个别对待，突出重点。伤、病或残疾患者各具特点，不但疾病阶段严重程度不同，在年龄、体育素质、生活习惯等方面也有差异。医疗体育必须根据个人具体情况安排。

（二）循序渐进，随时调整。由小运动量开始渐增，并要在治疗过程中根据病人反应，进行调整，以适应患者情况。

（三）全身治疗与局部治疗结合。体疗虽然要针对患病部位重点进行，但亦不应忽视全身的锻炼，体质增强可以大大促进局部功能的恢复。

（四）坚持长期性、系统性。训练必须长期坚持，直到病愈，有些训练甚至应终身进行。

二、体疗方式

体疗方法多种多样，但归纳起来大致可分为医疗体操、有氧训练和民族形式的医疗体育方法三大类。

（一）医疗体操

用于防治疾病的体操运动称为医疗体操。其目的在于提高肌肉力量和耐力，增大关节活动范围，发展肌肉的协调和速度，促进代偿功能。医疗体操的基本形式有徒手操和器械操两种。

1. 基本运动性质

（1）被动运动：患者完全不能活动的肢体由他人或自己健肢推动，使之活动，常用于瘫痪病人。

（2）助力运动：主动活动的能力极弱，必须由他人或自己的健肢协助。一般由患者主动运动至最大限度，再给以辅助力量，使之完成动作。

（3）主动运动：患者完全依靠自己的力量，完成要求的动作。主动运动分等长收缩（即肌肉收缩时，有关的关节不产生运动）、等张收缩（即肌肉收缩的过程中，同时有关节活动）。

（4）抗阻力运动：患者主动运动时给以阻力，以使肌肉收缩力加大，阻力可用人力或器械。

（5）放松运动：用于训练后的放松，以防肌肉痉挛。

2. 特殊训练方法

大致可分为肌力训练、关节活动范围训练、呼吸体操、技巧性训练、矫正性训练、平衡协调训练及生物反馈训练等几个方面。

3. 如何设计医疗体操

首先要了解病情，对患者残存功能作出评价，以明确治疗的目的。然后安排体操内容，坚持循序渐进、全身和局部训练结合的原则。对病情复杂者，体操必须由医务人员安排。

（二）有氧训练法

有氧训练法又称耐力训练法。主要目的在于增强人体氧代谢能力，一般都是采取中等度的活动量，其中常用方法如下：

1. 散步

在空气新鲜、安静的环境中散步，速度及距离一般不限，时间以20~30分钟为宜，过短则运动量不足。

2. 医疗步行

在规定的时间内，完成一定距离的步行，不包括休息时间。开始时间及距离宜短，一般为2000米/30分钟，其后缩短时间，保持原距离，或时间不变，增加距离，也可增加步行难度，如上坡行。医疗步行最高可达4000~5000米/小时，心率不超过静止时心率的20%~30%，即80~90次/分钟。达到此水平后即可过渡到慢跑。

3. 慢跑

慢跑是有氧训练中常用的一种方法，运动量比医疗步行大。运动量取决于跑步速度、距离。开始训练前最好先做心肺功能检查，若医生许可，再做12分钟跑测验。此测验令患者跑步12分钟，不同年龄组，根据其所跑距离，分为优秀、良好、及格、差、很差五级，供制定计划时参考。应用时可参考专业书。跑步计划：可先定距离，每周跑5次。逐步缩短时间，10周后，增大距离，每周2次，保持原距离，每周3次，仍逐渐缩短时间，直至16周。然后再做12分钟跑测验，根据新的水平重新制定16周跑步计划。此训练用于肥胖症、糖尿病、高血压病、神经官能症等。

4. 其他方式

如蹬车、划船、游泳、跳绳、上下楼梯等均可应用。

（三）民族形式的医疗体育方法

常用的民族形式医疗体育方法简介如下：

1. 气功

气功是以静为主的体疗方法，强调“三调”。调身：主要是摆好体位，卧、坐、立位均可，练功期间保持不变。调息：主要是调整呼吸，做到呼吸细、长、静、匀、深，应以腹式呼吸为主。调心：主要是思想集中，排除杂念，以达到入静状态。若调心不好，不易入静，可以用“意守法”集中注意力，一般意守丹田，即把思想集中于丹田部（脐周）有利入静。练功时必须达到身、心、意三者协调，否则不易成功。气功可调节神经系统功能，改善心血管和呼吸功能，促进消化，减少能量消耗，增加能量储备，还可以锻炼自我控制能力。气功分为强壮功、内养功和放松功三类。内养功主要用于调理内脏功能，故常用于高血压、神经官能症、更年期综合征等。

2. 太极拳

太极拳流派很多。练太极拳时要求调身、调息和调心。太极拳是一种以动为主的体疗活动，其动作缓慢、圆活、刚柔相济，自始至终连绵不断。练习时可由简入繁，逐渐增大运动量。练太极拳的要领:(1)松静自然,(2)姿势正确,(3)动作协调,(4)气沉丹田。太极拳的作用与气功类同,不再赘述。

3. 易筋经

28式易筋经对于增加肌力及耐力、增大关节活动范围、促进韧带的弹性很有益,适于中、青年做健身活动。

4. 八段锦

简单易行,适于不同年龄人锻炼,尤以老年为宜。对高血压、骨关节病、胃肠疾病有较好的体疗作用。

5. 五禽戏

仿虎、鹿、熊、猿、鸟五种动物动作,使身体全面活动。经改编后成新五禽戏,内容更为丰富,难度较小。

三、运动量

运动量为一次运动中肌肉做功的总量。运动量是否适宜直接影响体疗效果,运动量过小,达不到治疗和保健作用,过大则损伤身体。运动量大小由运动强度、运动时间和运动频度三个基本因素决定。

(一)运动强度

运动强度是指单位时间内人体所做的功。功率用瓦表示,按功率大小分为:大强度运动(150~200瓦)、中等强度运动(100~150瓦)、小强度运动(50~100瓦)。实际工作中较少应用这种计量方法,更常应用下面几个生理指标。

1. 心率

临床最为常用。可以用功率自行车或跑台测得患者允许达到的最高心率。表8-1是经统计学大面积测量获得结果汇编而成的,以供参考。

表8-1 各年龄组不同运动强度心率对照表

年龄(岁) \ 心率(次/分) \ 运动强度	大	中	小
20~29	165	135	125
30~39	160	135	125
40~49	150	130	115
50~59	145	125	110
60以上	135	125	110

2. **机体耗氧量**

测定个体最大耗氧量，以此为准，相当70% ~80%为大运动强度，50% ~60%为中等,50%以下为小运动量。方法较繁,需在医院测定。

(二)运动时间

指实际运动时间,不包括中间休息时间。运动强度确定后,时间长短对运动量起决定作用,一般由短时间渐增。

(三)运动频度

一般指每周从事体疗的日数，中、小强度每日或隔日一次，大强度隔日一次或每周两次。实际训练中,强度、时间和频度三者同时全面考虑,不可忽视任何一种因素,否则运动量难以掌握,且易出问题。

四、几种常见病的体疗

(一)肩关节周围炎

肩关节周围炎简称肩周炎,多见中老年,多由受风寒、外伤或劳损引起。主要表现是肩痛、肩部活动受限。一般药物治疗效果不大。体疗可以改善血循环,缓解粘连,消除疼痛,恢复功能,增加肌力。体疗原则有二,其一,肩活动时必须保持躯干正直。其二,必须做到伸、屈、内收、外展、内旋、外旋六个方向最大限度活动。

1. **徒手操**

以三维方向动作为主,分别进行。然后进行与日常生活及活动结合的运动(如患肢手自颈前、后触对侧耳廓、梳头、拇指触棘突等)。

2. **棍棒操**

棍长1.2米,双手握棍,距离大于肩膀,做前平举、上举过头、上举落颈后、棍后伸。双手握棍端,于体前健肢向侧外上推患肩活动(外展)或于后背,健肢上拉患肩活动(内收、内旋)。

3. **滑轮操**

滑轮悬在2米高处,穿绳,双手各握一端,以健肢牵拉患肢做患肩各方向活动。

(二)腰痛

原因较多,如腰肌劳损、椎间盘突出、骨关节病、腰背肌肉筋膜炎、棘上及棘间韧带损伤等都可有腰痛症状。增强腰肌力量,保持肌力平衡,可以减轻或消除症状。

体疗操:仰卧位,屈膝90°,挺腰,以头枕支撑,挺胸;俯卧位,双手置腰后,挺胸离床,膝伸直,抬单腿离床,抬双腿离床。肌力增加后,挺胸及抬腿离床同时进行。

(三)肥胖症

一般体重计算方法:身高(厘米) - 100 = 体重(公斤),若超出10% ~20%即为肥胖。

肥胖者易发生动脉硬化、冠心病、糖尿病等。

一般采用有氧训练和医疗体操治疗。前者以医疗步行（每分钟超过100步）或慢跑为主。先做医疗步行，逐渐过渡到慢跑，慢跑前最好做12分钟跑测验，运动时心率不应超过120～130次/分钟。体操则以训练肌力为主，四肢及腰背肌抗阻运动为主，如哑铃操、自行车等。

（四）慢性支气管炎和肺气肿

慢性支气管炎常见于老年人，长期不愈可影响肺部，发展为阻塞性肺气肿。此时肺泡过度充气，弹性减退，残气增多，换气量减少，因而影响肺泡毛细管间气体交换，动脉血内氧分压下降，致使发生肺心病。体疗目的：1. 纠正不合理的呼吸方式，训练平静的腹式呼吸。2. 缓解支气管痉挛，减少残气，增大换气量。3. 改善心脏功能。4. 增强体质。

体疗方法：呼吸操，辅以增强体质的全身运动。具体方法：1. 腹式呼吸训练。坐或立位，全身放松。呼气时腹隆起，吸气时腹凹陷，这样可以提高横膈的运动，增大肺活量。为了加大腹压呼吸范围，呼气时可以手压腹。2. 扩胸及压胸呼吸训练。吸气做两上肢后上举以扩大胸容量，呼气时两上肢抱胸下蹲屈膝，膝部尽量靠紧胸部。

全身活动可以做一般健身操、慢跑或医疗步行。

（五）习惯性便泌

此病是一种肠胃功能障碍病，与缺乏运动和饮食中缺纤维素有关。医疗体育目的是调节神经系统功能，增强肠蠕动能力。

体疗方法：1. 腹式呼吸训练。横膈的升降可以节律性改变腹腔压力，对消化道起轻微的按摩作用，提高胃肠的蠕动能力。2. 腹部按摩。双手重叠按摩手法，自右下腹向右上腹，再水平向左上腹，最后向下至左下腹。

全身锻炼与一般采用方法相同。

第二篇　医务监督

第九章　体格检查

体格检查是体育保健学的重要组成部分。体格检查是了解人体生长发育程度、健康状况及机能水平的重要手段。通过对参加体育锻炼者进行体格检查，确定其能否参加体育锻炼,选择那些合适的运动项目、合理地安排运动量及运动强度等。体格检查也是评定运动员训练水平、训练效果的基本手段,并可早期发现运动性疾病,也有利于运动员的科学选材。

体格检查一般包括:一般史、运动史、伤病史、直立姿势检查、人体测量、各系统检查及机能试验等。

第一节　一般史　运动史　伤病史

一、一般史

一般史包括病史和生活史。要询问现在和过去的健康状况、生活情况,尤其过去曾患过哪些严重疾病,如肺结核、肝炎、肾炎、心脏病以及有无脑震荡史、昏厥史或外伤的后遗症。了解疾病的发病时间、治疗经过、目前状况等。在家族史中要询问直系亲属中有无50岁前发生心肌梗塞者,以排除家族性心脏病,因为剧烈运动可增加其危险性。对女性还要询问月经史,如月经初潮年龄、月经期间身体的反应以及对运动能力的影响。

生活史主要询问工作性质、劳动条件、生活制度、营养状况,有无饮酒、吸烟及偏食习惯等。

二、运动史和伤病史

询问平时是否爱好体育锻炼、锻炼和训练的项目、年限、运动水平（运动成绩或等级）、运动时身体的反应、有无过度训练或运动性伤病史,以及这些伤病的目前情况等。

第二节　体姿检查

体姿又称体态，是人体各部位在空间的相对位置。它涉及人体骨骼、肌肉等力学上的协调和平衡。正确体姿能保持身体处于稳定状态，保证身体各器官的功能正常，减少肌肉和韧带紧张，延缓肌肉疲劳。正确体姿还能反映人的健康状况和精神面貌，给人以优美感觉。体姿不佳，会增加肌肉、韧带的负担，使骨骼、肌肉、内脏器官受到异常力的作用，从而影响了它们的功能，引起体质下降。体姿分动态姿势和静态姿势两种。这里重点介绍静态姿势的直立位姿势。

一、直立位姿势检查

人体直立位的正确姿势：立正时，从后面观，头、颈、躯干和两足跟间应在一垂直线上，两髂嵴应在一水平线上；从侧面观，头顶（其水平延长线上）、耳屏前、肩峰、股骨大转子、腓骨小头和外踝尖各点应在同一直线上；脊柱呈正常生理弯曲（图 9－1）。若不符合上述标准的，说明站立位置不正常。据资料报道，我国中小学生姿势异常者约占 30% ～40% 或更高。

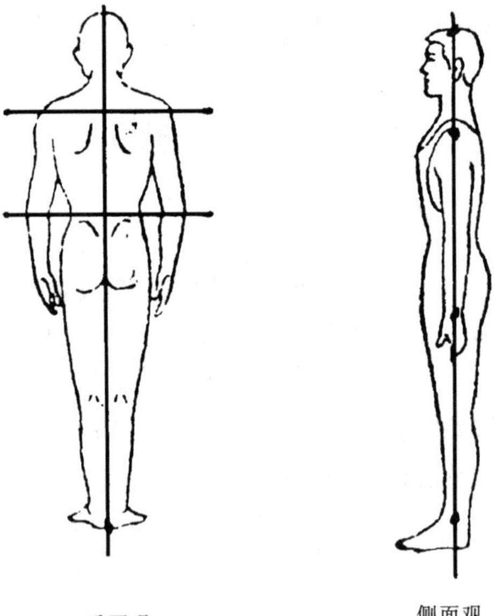

图 9－1　直立位标准姿势

二、脊柱形状检查

检查脊柱形状时，应特别注意脊柱的生理曲线是否正常。所谓脊柱生理曲线是指当人体直立时，从后面正视各个棘突的连线大体上与身体中心线一致（最大偏离不超过 1 厘米）；从侧面看，颈椎、腰椎略向前凸，胸椎和骶尾部向后凸。身体重心线，由耳经肩、髋、膝及踝与地面垂直。这种站立姿势可使身体前、后、左、右的拮抗肌处于最省力的平衡状态。因此，保持脊柱的生理曲线是正确和省力的站立姿势。脊柱形状异常包括脊柱侧弯和生理曲线出现异常，其原因是多方面的，往往因劳动、工作、学习或运动使脊柱长时间处于被迫的姿势所引起。如经常趴着听课、看书、写字容易引起圆背，射击运动员站立过久可能引起脊柱侧弯，有些患脊柱结核、佝偻病、胸廓疾病、类风湿或脊柱受伤等可引起脊柱外形的改变。

脊柱生理曲线检查方法：

(一)脊柱前后弯曲度检查

可采用脊柱测量计进行测量（图 9－2），受测者脱去上衣，背靠测量计立柱，头保持正直，脊柱(胸段)、骶部和足跟部紧靠立柱。检查者站在侧方移动立柱上小棍，使脊柱的棘突与小棍接触，然后测量立柱与小棍移动的最大距离。根据脊柱生理弯曲度，背的形状分四种(图 9－3)：

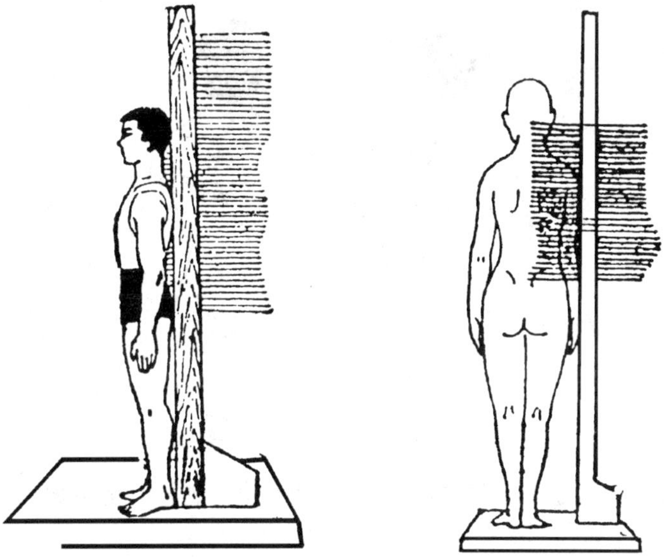

图 9－2　脊柱前后弯曲测量、脊柱侧弯测量

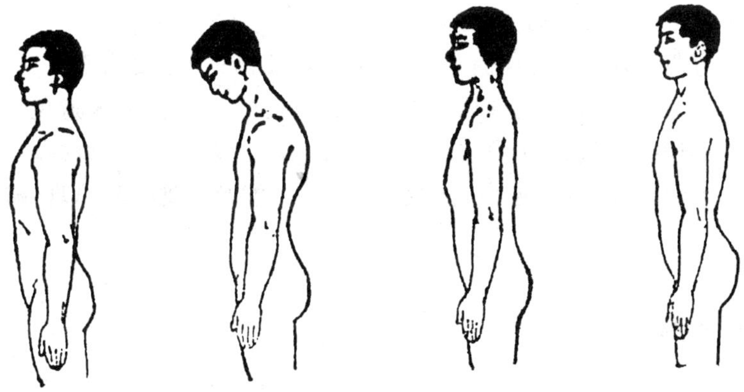

正常背　驼背　平背　鞍背

图 9－3　背的形状

正常背　腰部和颈部前凸分别是 1～2 厘米和 3～4 厘米。

驼背　颈前凸和胸后凸加大。

平背　胸后凸和腰前凸均减少，背部平直。

鞍背　腰前凸大于 5 厘米以上。

（二）脊柱侧弯检查

可用脊柱测量计或重锤检查。用脊柱测量计（见图 9－2），检查方法与前面所述相类似，重锤法是比较常用的简易方法。受检查者在标准直立姿势下充分暴露腰背部，检查者用拇指触摸各个棘突的位置，并作记号。然后用一系着重锤的细绳将线的一端置于枕骨粗隆上便形成一垂线（图 9－4）。测量垂线与棘突尖之间最远的距离，此距离若大于 1 厘米，即为脊柱侧弯。根据脊柱侧弯的形状可分为“C”形和“S”形两种（图 9－4）。按侧弯的程度可分为下列三类：

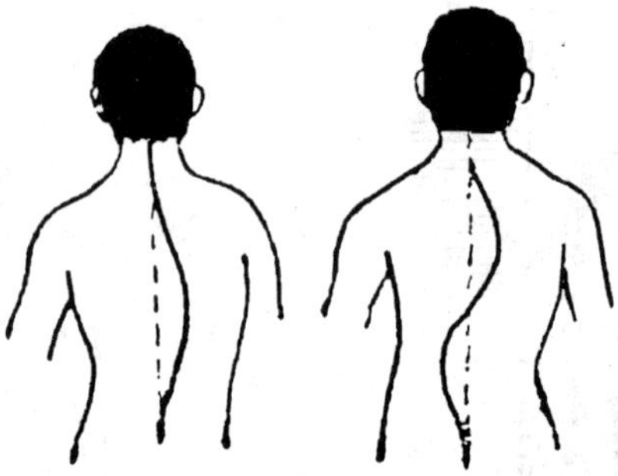

C 形侧凸　　S 形侧凸

图 9－4　脊柱侧弯类型

轻度脊柱侧弯　即习惯性脊柱侧弯，这种侧弯具可逆性。棘突偏离垂线小于 2 厘米，通过矫正体操可使之矫正。

中度脊柱侧弯　侧弯程度在 3～5 厘米，但仍有一定可逆性。

重度脊柱侧弯　侧弯程度在 6 厘米以上为固定性侧弯，属不可逆性，并常伴有胸廓畸形等。通过手术可使不可逆侧弯矫正。

脊柱生理弯曲度改变或脊柱侧弯，都会使两侧腰肌和背肌受力不均匀，容易引起肌肉劳损和疼痛。因此，对容易引起脊柱畸形的项目，如射击、划船等，要避免长时间固定于某一姿势，并加强脊柱周围肌肉力量和柔韧性练习。对已发生习惯性脊柱畸形者，应安排矫正体操练习，对不能矫正畸形者，应注意发展呼吸功能及背肌练习，以防畸形的发展和因劳损而引起疼痛。

三、胸廓形状检查

胸廓形状取决于胸廓前后径和横径的比例。胸廓形状可用测径规或骨盆测量器进行测量。

(一)胸廓前后径及横径测量

前后径　受测者自然站立,平静呼吸,上肢自然下垂。检查者站于侧方。胸廓前点的位置,在第四胸肋关节上缘水平线与前正中线相交点;后点是与前点同一水平的棘突处,测量前后点之间的距离即为前后径。

横径　受测者姿势同前。检查者站在前方。测量与前后径同一水平面的胸廓两侧最宽处之间距离,即为横径。

(二)胸廓形状

根据胸廓前后径及横径的比例,可有以下几种情况:

正常胸　儿童时期胸廓前后径与横径基本相同,随着年龄增大,横径逐渐加宽,成人前后径与横径之比约为3:4。

扁平胸　胸廓成扁平状,前后径与横径之比约为1:2。多见于瘦弱体质或患消耗性疾病患者(如肺结核)。

桶状胸　前后径增大明显,呈桶状。前后径与横径之比接近1:1,多见于肺气肿、慢性支气管哮喘患者和老年人。

鸡胸　胸廓前后径增大,横径缩小,胸骨下部显著前突,似鸡的胸脯,多见于佝偻病患者。

漏斗胸　较少见。胸骨下部剑突处呈显著的凹陷,多见于先天性发育异常者。

不对称胸。多见于一侧肺萎缩、胸膜粘连等,因一侧胸廓呈代偿性扩大,致两侧胸廓不对称。

四、腿形检查

受测者自然站立,两腿并拢。测量者在前面,根据两膝间或两足间的距离,可将腿的形状分为三种类型(图9-5):

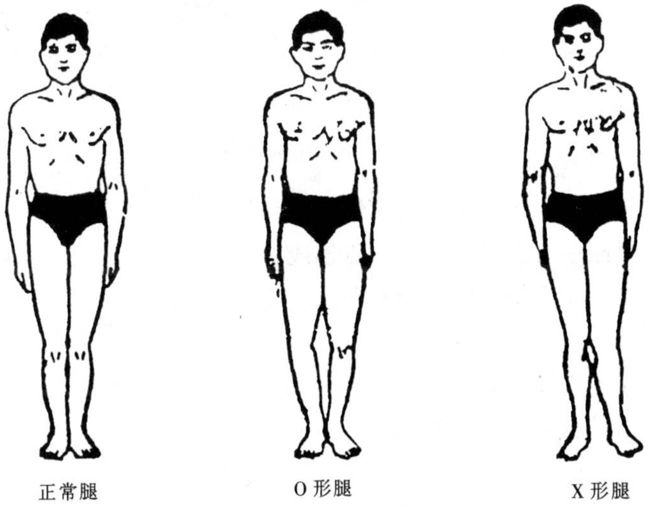

图9-5　腿的形状

正常腿　站立时两膝和两足能并拢或间隙不超过 1.5 厘米。

"O"形腿　站立时两足跟能并拢，但两膝间隙超过 1.5 厘米。

"X"形腿　站立时两膝能并拢，但两足跟间的距离超过 1.5 厘米。

腿形异常与幼年时骨骼生长发育有关，但如后天过多练习某一动作，如足球（脚内侧踢球）、排球（膝内扣）等，也会影响腿的形状。

五、足弓检查

重点检查有无扁平足。扁平足是由于足部肌肉、韧带松弛，致使足弓下陷或消失而导致足的形状改变。儿童少年时期足弓的肌肉、韧带发育尚不完善，如果平时缺乏体育锻炼，长时间站立、行走或负重，容易使足部肌肉韧带疲劳而松弛，足弓下陷。

（一）扁平足检查方法（主要介绍足印画线法）

1. 印足印　取 16 开白纸，用 10% 亚铁氰化钾溶液浸透后晾干备用。再在一方瓷盘内铺上 5～6 层纱布，将 10% 三氯化铁溶液倒入盘内，使纱布完全浸透。受试者坐在椅上，赤脚，双脚同时踩在盘内，待足底全部浸湿后，移去瓷盘，换上前述晾干备用的白纸，双脚分开（与肩同宽），站立在白纸上，纸上即印出清晰的深蓝色足印。

2. 画线法　在足印上画三条线（图 9－6）：

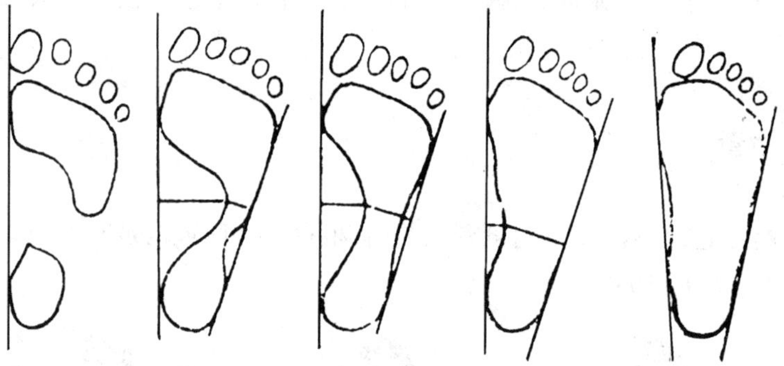

1. 弓形足　2. 正常足弓　3. 轻度扁平　4. 中度扁平　5. 重度扁平

图 9－6　画线比例法评定足形

第一线　从足跟内缘到前脚掌内侧缘作一切线。

第二线　从足跟中心至第三趾中心点连线。

第三线　是第一线和第二线之间夹角的等分线。

3. 评定方法

弓形足　足印不连接。

正常足　足内弓在第二线外侧。

轻度扁平足　内弓越过第二线，但未越过第三线。

中度扁平足　内弓越过第三线，但未越过第一线。

重度扁平足　内弓越过第一线。

轻度扁平足没有症状，一般不妨碍运动。但长期参加长跑、超长跑及举重等项目，会引起扁平足，还易引起跖肌筋膜炎、跟腱炎等。

第三节　体格测量

体格测量是了解人体生长发育情况、评价体质水平的重要手段。它在判断体育锻炼效果、评定运动员训练水平、指导科学选材等方面起到重要作用。体格测量包括体长、体宽、体围的测量。

一、体格测量注意事项

（一）科学性　测量时要严格遵守测量学三属性，即有效性、可靠性和客观性。

（二）统一和标准化　测量方法、要求及使用仪器要统一，测量条件要一致，某一指标的测试应尽量由同一人员测量，以提高测量的准确性。

（三）仪器在测量前应校对，每测量100次左右，应重新校对一次。

（四）测量后要及时核实数据，发现异常数据应找原因或删除。

二、体重

体重是指身体的重量。它是反映人体营养状况和肌肉发达程度的指标。

（一）器材　杠杆式或弹簧式体重计。

（二）方法　受试者赤足站在体重计中央，身体不能与周围物体接触，保持身体平稳。测量者调整砝码并移动游码，直至杠杆平衡后才读数。测量误差不得超过0.1公斤。

（三）注意事项　测量时尽量少穿衣服，测量前半小时排大小便。

三、身高

指人体立正姿势站立时，从头顶最高点至地面的垂直距离。它是反映人体骨骼发育的重要指标。身高受年龄、性别、遗传、种族、地区、生活水平、体育锻炼、疾病等因素影响。其中遗传因素影响最大，占75%～92%。身高在一天内有1～3厘米的变化，早晨起床后最高，傍晚最低。这一变化主要由于一天的活动和体重的压迫，使脊柱生理弯曲度增加、椎间盘变薄、足弓变浅所致。

（一）器材　身高坐高计。

（二）方法　受测者赤足站在身高坐高计上，两足跟并拢，足尖分开成45°角，两臂自然下垂，躯干自然挺直，脊柱（胸段）、骶部和足跟与立柱保持接触。头部要正直，两眼平视，使耳屏上缘与眼的外眦处于一水平线上。测量者站在右侧将水平压板轻轻下滑，直至接触被测者头顶。眼睛与水平压板成水平位，读数。测量误差不得超过 0.5 厘米(图 9－7)。

(三)注意事项　测量身高最好在上午。受测者躯干、下肢要充分伸直，但足跟不能离地。水平压板与头顶接触松紧要适度。头顶有辫结或发夹者要取下。

四、坐高

坐高是指人在坐位时头顶到坐凳面的垂直距离。它是反映躯干长度的指标。与身高相比可以反映躯干与下肢的比例。

(一)器材　身高坐高计(坐板高度成人为 40 厘米，儿童为 25 厘米)。

(二)方法　受测者坐在身高坐高计上，骶部、脊柱(胸段)及头部的位置要求与测身高相同。两腿并拢，大腿与地面平行，小腿与大腿尽可能呈直角。上肢自然下垂，两足踏在底板上(图 9－8)。对测量者的要求和测量误差同身高测量。

(三)注意事项　测量时先请受测者弯腰，使骶部紧靠立柱，然后再把躯干伸直。

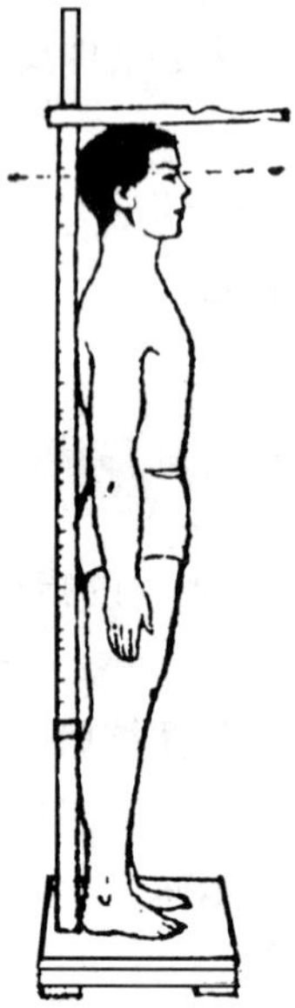

图 9－7　身高测量

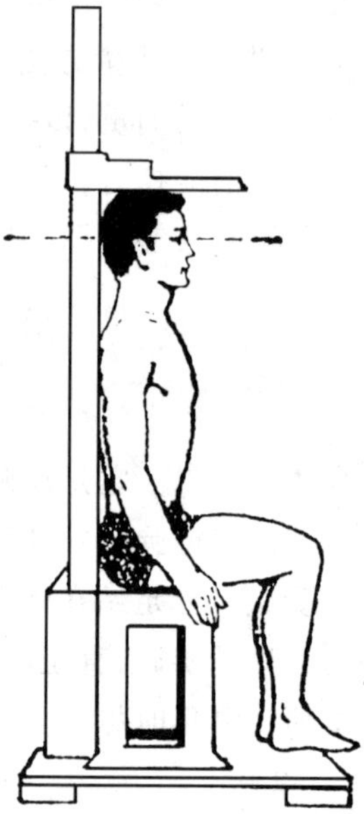

图 9－8　坐高测量

五、四肢长

在身高相同时，上肢或下肢长者在某些运动项目可获得优势(如篮球、排球、投掷等)，对选材有一定意义。

(一)仪器　带游标直钢尺(1 米误差不超过 0.2 厘米)。

(二)方法

1. 上肢长　受测者自然站立，上肢下垂于体侧，上臂、前臂、手掌成一直线。测量者将钢尺的固定齿端对准肩峰外侧缘的中点，移动钢尺的游标，使其抵达中指指尖。误差不超过 0.5 厘米。

2. 下肢长　受测者自然站立，双足分开与肩同宽，测量股骨大转子上缘至地面距离，或测量髂前上棘至地面的距离(用前者测量方法测得的数据略小于下肢实际长度，而后者略大于下肢实际长度)。也可以用身高减去坐高代表下肢长度。

六、肩臂长(指距)

(一)仪器　2 米钢尺。

(二)测量方法　受测者自然站立，两上肢侧平举，掌心朝前，五指并拢，用钢尺测量左右两手中指尖之间距离，也可采用双臂张开胸部贴墙站立，测量指距(图 9－9)。一般人指距与本人身高大致相同。

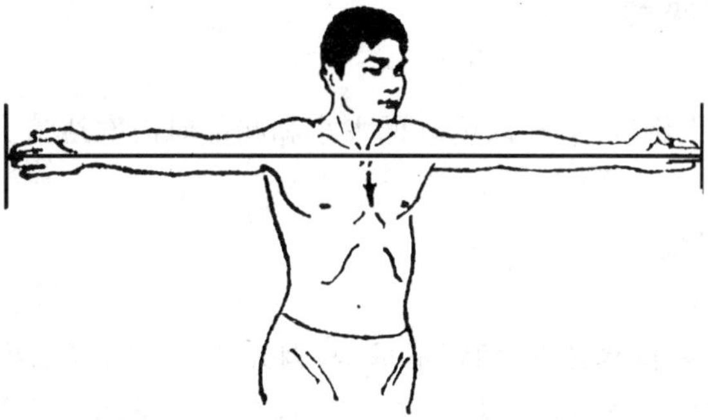

图 9－9　肩臂长测量

七、四肢围度

四肢围度在一定程度上反映四肢肌肉发达程度，但在评定时要注意考虑皮褶厚度的影响。

(一)仪器　刻度为 0.1 厘米的带尺，使用前用钢尺校对，误差不得超过 0.2 厘米。

(二)方法

1. 上臂紧张围和放松围　测量上臂紧张围时，受测者上肢斜平举约 45°角，手掌向上握拳并用力屈肘。测量者在其侧面站立，将带尺在上臂肱二头肌最粗处绕一周，便可测得上臂紧张围。然后保持带尺位置不变，受测者肘关节伸直，并下垂于体侧，再测量上臂放松围(图 9－10)。

2. 前臂围　受测者自然站立，上肢下垂，用带尺测量前臂最粗处的水平围度。

3. 大腿围　受测者自然站立，两脚分开与肩同宽，测量者站在侧面，带尺在臀皱襞下(最低处)水平环绕大腿一周进行测量，误差不得超过 0.5 厘米。

4. 小腿围　受测者姿势及对测量误差的要求均与上同。将带尺绕小腿最粗处一周进行测量。

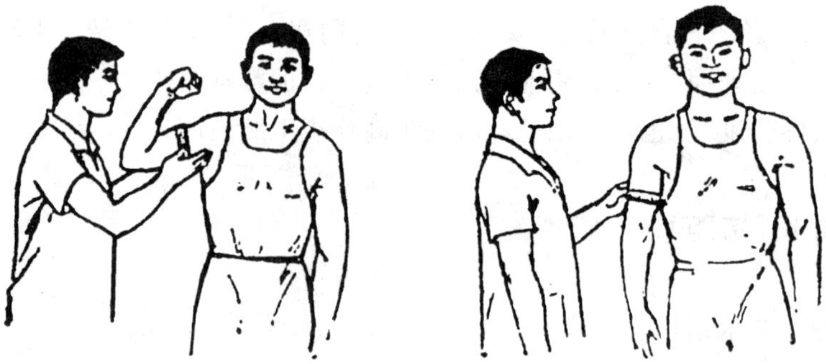

图 9-10　上臂紧张围　　上臂放松围

八、胸围与呼吸差

胸围是胸廓最大围度。它反映胸廓的大小和胸部肌肉发达情况。呼吸差是反映肺功能的指标。

(一)仪器　带尺。

(二)方法

1. 胸围　受测者自然站立,两臂下垂,两脚分开与肩同宽。两测量者分别站在受测者的前面和后面。站在后面的测量者,将带尺上缘分别置于两肩胛骨下角下缘,并保持带尺的位置。站在前面的测量者再将带尺的下缘置于乳头上缘(对乳腺已发育的女性,带尺应放在第四胸肋关节处),受测者平静呼吸,测量者测量其呼气末吸气开始前的胸围。误差不得超过 1 厘米。

2. 呼吸差　指最大吸气和最大呼气时胸围之差。一般人约为 5~7 厘米,经常运动者可达 8~10 厘米,甚至 12 厘米以上。

(三)注意事项　测量过程中要保持带尺合适的松紧度(轻贴皮肤)及防止带尺位置移动。受测者不能低头、耸肩、挺胸等。

九、肩宽和骨盆宽

肩宽是指两肩峰间的直线距离,它是反映肩带骨骼、肌肉发育程度的横向指标。骨盆宽是指两侧髂嵴向外最突出点之间的直线距离,它是反映骨盆发育程度的指标。

(一)仪器　测径规或骨盆测量器。测试前校正刻度,误差不得大于 0.1 厘米。

(二)方法

1. 肩宽　受测者自然站立,两肩放松,测量者站在其后面,用两食指沿受测者左右肩胛冈向外上方触摸至肩峰外侧中点,测量两肩峰点之间距离。误差不得超过 0.3 厘米。

2. 骨盆宽　受测者体位同上。测量者站在其前面,用食指沿受测者两侧髂嵴触摸至髂嵴最宽处的外缘(骨盆最宽处),测量最宽处两点之间的直线距离。误差不超过 0.3 厘米。

第四节　身体成分　体型　骨龄

一、身体成分

身体成分是指机体内各种组织、器官的总成分。它包括脂肪成分和非脂肪成分两大类。脂肪成分称体脂重,它占体重的百分比是体脂率(F%);非脂肪成分又叫瘦体重或去脂体重,它包括内脏、骨骼、肌肉、水分和矿物质等成分的重量。

在身体成分中脂肪和肌肉的可变性较大,它受身体发育、健康、营养、遗传、体育锻炼、性别、年龄等因素影响。一般正常成年人身体脂肪重量占身体总重量的10%~30%,肌肉重量占35%~40%。

身体成分测量方法有水下称重法、皮褶厚度法、阻抗脂率测定法和超声扫描技术等。下面主要介绍皮褶厚度测量法。皮褶是指皮下脂肪的厚度,根据皮下脂肪厚度与体内脂肪量成比例原理,通过回归公式可计算体脂百分比。

(一)皮褶厚度测量部位

1. 肩胛下部　在肩胛下角1~2厘米处,与脊柱呈45°角捏起皮褶。
2. 肱三头肌部　在肩峰顶与鹰嘴突连线的中点,垂直捏起皮褶。
3. 腹部　在脐旁2厘米处,垂直捏起皮褶。
4. 髂嵴上部　在腋前线与髂嵴上相交点,垂直捏起皮褶。
5. 大腿部　在大腿前面,髋和膝关节连线中点,垂直捏起皮褶。受测者足跟稍离地面,使大腿肌肉放松。
6. 小腿后部　受测者取坐位,小腿放松,腘窝下5~6厘米处,垂直捏起。

(二)皮褶厚度测量方法

受测者站立,裸露被测部位,测量者用左手拇指和食指将测量部位皮皱捏起(注意勿将肌肉捏起),右手持皮脂厚度计,在距离捏指1厘米处,用皮脂厚度两接点钳住皮褶,待指针稳定即读数,反复测量三次,求平均值。

(三)人体密度和体脂率推算公式

1. 人体密度推算公式　此仅介绍常用的长岭—铃木公式(表9-1)。
2. 体脂率(F%)推算公式

(1)Brozek 公式:$F\% = (4.570/D_b - 4.142) \times 100$

(2)Siri 公式:$F\% = (4.95/D_b - 4.50) \times 100$

表 9－1　长岭—铃木推算身体密度公式

年龄(岁)	男	女
9～11	D_b＝1.0879－0.00151X	D_b＝1.0794－0.000142X
12～14	D_b＝1.0868－0.00133X	D_b＝1.0888－0.00153X
15～18	D_b＝1.0977－0.00146X	D_b＝1.0931－0.00160X
成　人	D_b＝1.0913－0.00116X	D_b＝1.0897－0.00133X

〔注〕D_b代表身体密度，X 代表肩胛下角及肱三头肌皮褶之和。

二、体型

体型是身体各部位大小比例的形态特征。体型与人的心理因素、个性、行为以及健康状况等都有一定联系。例如内胚层体型的人擅长社交活动，喜爱娱乐和游戏。中胚层体型的人爱好运动，喜欢冒险。外胚层体型的人性格内向，不愿参加集体活动。实践证明，运动员的身体素质和从事的运动项目往往与其体型相适应，否则难以充分发挥运动水平。例如属中胚层体型的运动员，速度、耐力素质比较突出。因此，体型对运动员选材具有重要意义。

体型的分类及评定方法较多，现介绍目前较广泛使用的希思－卡特体型测定法。

（一）仪器

身高计、体重计、皮脂厚度计、镀铬游标卡尺、带尺。

（二）测量项目及测量方法

1. 测量项目　身高(cm)、体重(kg)、三头肌处皮褶(mm)、肩胛下皮褶(mm)、髂嵴上皮褶(mm)、小腿后皮褶(mm)、上臂紧张围(cm)、小腿围(cm)、肱骨远端宽(cm)、股骨远端宽(cm)等。

2. 测量方法　骨径测定法

肱骨远端宽　受测者取坐位，前臂与上臂呈 90°，测试者面对受测者，用游标卡尺轻轻卡住肱骨内、外上髁(即肱骨远端最宽处)。

股骨远端宽　受测者取坐位，小腿与大腿呈 90°，测试者面对受测者，用游标卡尺轻轻卡住股骨内、外上髁。每处测两次取平均值。

其余指标测量方法见本章第三节。

（三）体型分值计算方法

测出上述 10 个指标后，按照下述方法，就可确定内因子(第Ⅰ因子)、中因子(第Ⅱ因子)和外因子(第Ⅲ因子)的分值。

1. 内因子计算方法　首先计算皮下脂肪量 T

T(mm)＝肱三头肌皮褶厚(mm)＋肩胛下皮褶厚(mm)＋髂嵴上皮褶厚(mm)

如果身高超过 170.18(cm)，则需将 T 值进行修正。修正后的 T 值＝上述 T 值×

170.18/身高。确定 T 值后，第Ⅰ因子分值按下面公式计算：

$$\text{第Ⅰ因子(分)} = -0.7182 + 0.1451T - 0.00068T^2 + 0.0000014T^3$$

2. 中因子计算方法　首先计算修正上臂围(cm)和修正小腿围(cm)

修正上臂围(cm) = 上臂紧张围(cm) − 肱三头肌皮褶厚(mm)/10

修正小腿围(cm) = 小腿围(cm) − 小腿后皮褶厚(mm)/10

第Ⅱ因子分值按下述公式计算：

第Ⅱ因子(分) = (0.858 × 肱骨远端宽 + 0.601 × 股骨远端宽 + 0.188 × 修正上臂围 + 0.161 × 修正小腿围) − (0.131 × 身高) + 4.50

3. 外因子计算方法　首先计算身高体重(HWR)指数　身高体重指数 = 身高/ $\sqrt[3]{\text{体重}}$

当 HWR≥40.75 时　第Ⅲ因子(分) = HWR × 0.732 − 28.58

当 38.25 <HWR <40.75 时　第Ⅲ因子(分) = HWR × 0.463 − 17.63

当 HWR≤38.25 时　第Ⅲ因子(分) = (HWR × 0.732 − 28.58) + 0.1

(四)标出个体在体型图上的位置

图 9−11 是一个以二维构造表现的三角形坐标图。个体体型在体型图上的确切位置按下列公式计算：

x = 第Ⅲ因子(分) − 第Ⅰ因子(分)

y = 2 × 第Ⅱ因子(分) − [第Ⅰ因子(分) + 第Ⅲ因子(分)]

按照上述算法(3,3,3)、(4,4,4)都位于 x−y 坐标的原点，即(0,0)。三个顶点(7−1−1)、(1−7−1)、(1−1−7)的 x,y 坐标分别是(−6,−6)、(0,12)、(6,−6)。每一个体型，用

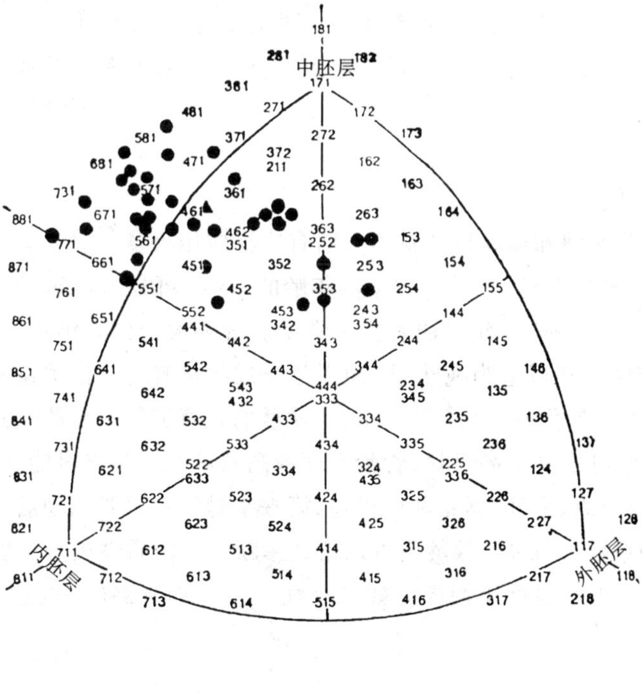

图 9−11　希思−卡特定量分析群体体型分布图

上述方法可算出它的 x,y 坐标,从而可确定在体型图上的位置。个体在体型图上的位置越靠近这三个顶点中的一个,他就越偏向这种体型。例如体型分别为 2－6－1, 5－3－3 和 2－3－4,则他们的体型分别为中胚型、内胚型和外胚型。

三、骨龄

骨龄全称是骨骼年龄。一般来说,与生长发育有关的年龄有两种,一种是指出生后开始计算的计时年龄称日历年龄 (生活年龄), 另一种是指人体出生后不同阶段的骨骼生长发育情况以判断个体发育的生物年龄即骨龄。

青春期骨骼发育能充分反映人体的发育状况,将婴儿期、儿童期及青春期骨的发育状况联系起来,可制定骨龄标准。

(一)骨龄评定部位

目前多采用手腕骨(包括手骨和尺桡骨远端)。手腕骨发育成熟顺序是:腕骨→远节指骨→掌骨→近节指骨→中节指骨→尺桡骨。

(二)拍骨龄 X 线片的要求

拍不利手正位片。拍片范围应包括所有指骨、掌骨、腕骨和尺桡骨远端。

(三)骨龄的评定

首先要阅 X 线片。阅片时重点观察骨化中心的出现、籽骨的出现和骨骺封合情况等。在评定骨龄时,为了快速地进行标定,首先观察已拍腕骨的 X 线照片,了解腕部骨化中心出现与骨骺封合情况,并与表 9－2 进行对照,这样可大致判断骨龄范围。然后再对照标准骨龄片进行评定。

(四)骨龄应用价值

骨龄在临床、少儿保健和运动员选材等方面有广泛应用价值。研究表明,根据骨龄可正确地判断个体发育成熟程度,按骨龄和生活年龄的差值,可分为早熟、正常和晚熟三种类型的骨龄。两者差值在 ±1.0 年以内者为正常型。骨龄大于生活年龄一年以上为早熟型。骨龄小于生活年龄一年以上为晚熟型。由于骨骼成熟早晚与身高关系密切(相关系数为 0.5),因此,可利用骨龄预测身高。骨龄小、身材矮的儿童成年后可能达到正常身高;骨龄小、身材较高的儿童可发展为高身材;骨龄大而身高矮的儿童最终可能为矮身材。这对运动员选材具有实用价值。另外,据张国栋报道,第一掌骨远端籽骨出现后 10 个月才出现月经初潮,两者相关系数为 0.93,骨龄还可以帮助诊断生长障碍性内分泌疾病,骨龄过小是先天性甲状腺功能低下的重要特征。如呆小症儿童平均骨龄较平均生活年龄小 4.8 岁。

表 9－2　手腕部骨化中心出现与骨骺闭合年龄表

部位	项　目	骨骺出现和闭合年龄	
		男	女
尺桡骨远端	桡骨远端骨骺出现	7 月～8 岁	7 月～3 岁
	桡骨远端骨骺闭合	17～20 岁	17～20 岁
	尺骨远端骨骺出现	6～11 岁	7～8 岁
	尺骨远端骨骺闭合	18～20 岁	16～20 岁
腕骨	头骨出现	初生～1 岁	初生～1 岁
	钩骨出现	初生～1 岁	初生～1 岁
	三角骨出现	2～6 岁	2～4 岁
	月骨出现	3～7 岁	2～5 岁
	舟状骨出现	5～7 岁	3～5 岁
	大多角骨出现	4～7 岁	3～5 岁
	小多角骨出现	4～10 岁	3～5 岁
	豆骨出现	10～16 岁	9～14 岁
掌指骨	掌指骨近端骨骺出现	1～7 岁	7 月～3 岁
	掌指骨近端骨骺闭合	15～20 岁	14～16 岁
	掌指骨远端骨骺出现	1～6 岁	7 月～2 岁
	掌指骨远端骨骺闭合	15～20 岁	14～16 岁

第五节　评价心血管功能的常用指标

心血管系统功能可以反映人体内脏器官发育水平、体质强弱和训练水平。心血管功能测量一般分为安静状态和运动负荷状态(在第六节另述)。

一、心脏形态

用叩诊法可检查心脏的大小。正常心脏相对浊音界，右界在 2～3 肋间处距前正中线约 2～3 厘米，在第四肋间处距前正中线 3～4 厘米。左界在第二肋间处几乎与胸骨左缘相合，在第五肋间处距前正中线约 7～9 厘米(在锁骨中线内)。通过 X 线摄片或超声心动图检查能更确切地确定心脏的大小。

在运动训练中常以心脏的大小来评价体育锻炼效果。由于长期运动训练所致的心脏增大，称为运动性心脏增大，它是对运动适应的结果。运动性心脏增大与病理性心脏增大有本质上的区别，运动性心脏增大除心脏重量增大外，还伴有一系列良好的心血管系统功能。如安静时心动徐缓，每搏输出量和每分输出量增加，安静时血压下降，最大吸氧量增加，运动负荷试验反应良好等。而病理性心脏增大，是由于心血管系统疾病所致，除有心脏体积增大之外，还伴有心功能不全表现，如安静时心率加快(或减慢)，心律不齐，出现病理性心脏杂音，运动负荷试验反应不良等。因此，当发现运动员心脏增大时，应与病理性心脏增大加以区别，尤其要注意两者在心脏组织学方面的差异。

二、心率

心率是指每分钟心脏搏动的次数。随着年龄的增长心率逐渐减少，至青春期时接近成人的水平。一般女性心率比男性稍快，安静时健康成年人的心率为 60～80 次/分。成年人每分钟心率在 60 次以下者为心动过缓，每分钟 110 次以上者为心动过速。

(一)测量安静心率方法

测量前让受试者静坐(或卧床)10 分钟以上，保持情绪安定，周围环境清静。测试者坐在受试者前面，将听诊器胸端置于受试者心前区或心尖部进行听诊，计算 1 分钟的心搏次数。

(二)运动后即时心率

指测量运动后即刻的心率。常用方法是测量 10 秒心搏次数乘以 6 换算成心率。由于剧烈运动后心搏极快，上述方法测量误差较大，因而目前较多采用测量运动后 30 次心搏所需要的时间来计算心率。计算公式为 $HR = 180/t_{30}$，HR 代表心率(次/分)，t_{30} 代表 30 次心搏所需时间。例如，某人 $t_{30} = 12$ 秒，运动后即时心率为 150 次。

心率的快慢可反映体内耗氧水平，并可间接反映机体的生理适宜负荷量。目前我国中学生体育课适宜负荷量的平均心率标准为 120～140 次/分，或 130～150 次/分。

国内外学者研究认为，用心率控制运动强度是可行的，尤其用心率控制耐力强度最为普遍。如德国的克莱斯提出耐力负荷适宜强度公式是：(本人最高心率－运动前安静心率)÷2＋运动前心率。一般估计最高心率可用 220 减去年龄。成年人健身跑一般可用 170 减去年龄数来控制运动强度。

三、脉率

心脏搏动所引起的压力变化，使主动脉管壁发生振动，振动沿着动脉管壁向外周传递，形成动脉脉搏。每分钟脉搏称脉率。脉率随年龄增长而逐渐下降，19 岁左右基本稳定。

(一)安静脉率

测量方法是受试者坐于测试者右侧，右前臂放在桌面上，掌心向上，测试者的食指、中指和无名指触摸受试者腕部桡侧的桡动脉。正式计算脉率前，应连续测量三个 10 秒的脉搏数，以判断受测者是否处于安静状态。当三次值相同或其中两次值相同并与另一次相差不超过一次时，可认为受测者是处于相对安静状态，否则，应令受测者休息直到符合上述要求时再测量。

（二）基础脉搏

基础脉搏是指清晨起床之前的安静脉搏。在正常情况下，基础脉搏是相当稳定的，我国健康成年人为 60～70 次/分，其测量方法及要求与测量安静脉搏相同。

基础脉搏可用来衡量机体健康状况。身体健康、功能状况良好时，基础脉率稳定，并随着训练水平、健康状况提高而日趋平衡下降。如果每分钟晨脉比平时增加 12 次以上，表示身体状况不良，运动量过大、过度疲劳或感染疾病等，应注意寻找原因。

四、动脉血压

动脉血压是指心脏收缩，血液流经血管时管壁所产生的压力。

（一）安静时血压

健康人安静时动脉血压比较稳定，波动范围较小。收缩压和舒张压随着年龄增长而逐渐增高，男性的血压比女性略高。收缩压和舒张压持续超过 18.66/12KPa(140/90mmHg) 为临界高血压，持续高于 21.33/12.66KPa(160/95mmHg) 为高血压。收缩压和舒张压低于 12/6.66KPa(90/50mmHg) 为低血压。在正常情况下，随着训练程度的提高，安静血压略有降低。如果早晨安静时血压波动比同年龄儿童高 2～2.66KPa(15～20mmHg)，持续一段时间不复原，又无其他引致血压升高的诱因，可能是由于运动负荷过大引起。如果早晨安静时血压持续比平时高出 20% 以上，可能是过度疲劳的先兆。

测量血压时，受测者坐在测量者对面右侧，右臂伸直平放在桌面上。血压计放置高度与受测者右臂、右心房处于同一水平线上（即坐位时与第四肋同高，卧位时与腋中线持平）。将袖带缠于上臂，袖带下缘距肘窝约 2 厘米。用手指扪触肱动脉搏动后将听诊器胸端置于该处，另一手握橡皮球打气加压，使水银柱上升，直到听不到肱动脉的搏动音，再使压力升高 2.66KPa(20mmHg)，然后慢慢排气。当第一次听到搏动音时，在压力表上所指示的血压为收缩压，继续排气至声音突然变弱时，压力表所指示的压力为舒张压变音点，再继续减压，搏动音消失瞬间的水银柱高度为舒张压消音点。

（二）运动时的血压

运动中，心输出量增大，使动脉压升高。一般情况下，在运动中血压的变化是收缩压和舒张压都有上升，但较长时间、全身性、动力性运动，由于骨骼肌中大量血管扩张，外周阻力下降，常出现收缩压升高而舒张压却变化不大（如果大强度运动甚至舒张压下降）。在力量训练中的等长练习时，因大面积和最大限度地增加肌肉的张力，使肌肉内血管受挤压，

〔注〕临床用于人体血压测量单位的换算公式：1mmHg = 0.1333KPa。

从而增大动脉血流的外围阻力，同时也增加静脉的回流，所以收缩压和舒张压都显著增高。因此，常导致力量型运动员心肌肥厚。若运动时收缩压升高不明显甚至不变，而舒张压升高或不变，这可能由于过度训练、病后未愈或机能状况不良所引起。

五、心律失常

心律失常是由于各种原因导致心脏冲动的形成或冲动的传导发生障碍，使整个或部分心脏的活动频率过快或过慢，节律不规则而形成心律失常。心律失常是常见的临床现象，可发生在健康人，但更多发生于病人。

(一)窦性心动过速

由窦房结发出的激动超过100次/分为窦性心动过速。心电图表现为窦性P波有规律发生，频率在100次/分以上，P－R间期在0.12～0.20s。主要因交感神经兴奋性增强或迷走神经紧张性降低所致。安静时出现心动过速多属病理性改变，如贫血、感染、发热、甲状腺机能亢进、心功能不全、心肌炎等。窦性心动过速亦可见于生理性反应，如情绪激动、饮酒、喝咖啡或从事体力劳动和运动等。

(二)窦性心动过缓

自窦房结发出的激动低于60次/分称为窦性心动过缓。心电图表现为窦性P波呈锥形，频率低于60次/分，P－P间隔相差 ＜0.12s，P－R间隔 ＜0.12s，P－R间隔 ＞ 0.12s。运动员安静时发生心动过缓率较高，占50%以上，尤其多见于从事耐力训练的运动员。国内报道安静时心率最慢为33次/分。国外文献报道在睡眠中最低心率为21次/分。窦性心动过缓是长期运动训练(或体力劳动)引起心功能改善及交感神经张力降低、迷走神经张力占优势的结果。由于安静时心率慢，心肌耗氧量降低，心肌出现能量节省化。但运动时心脏动员快，心率可达到高水平，运动后恢复也快，这是运动员心脏储备能力高的表现。

(三)呼吸性窦性心律不齐

由窦房结发出激动不匀齐。心电图主要表现为P波间隔不匀齐，P－P间隔在同一导联中相差达0.12s以上，P－R间期为0.12～0.20s。

呼吸性窦性心律不齐多见于正常儿童、青年和部分老年人，这是正常现象。因呼吸时迷走神经紧张度改变而影响窦房结产生冲动的频率改变。其特点是：吸气时迷走神经张力降低，使心率加快。呼气时迷走神经张力增强，使心率变慢。深呼吸时窦性心律不齐加重。暂停呼吸则窦性心律不齐消失。

(四)室性过早搏动(期前收缩)

自窦房结以外的异位节律点提前出现的搏动称为过早搏动。早搏可分为房性、房室性和室性三种，其中以室性早搏最常见。室性早搏的心电图特点是：提前出现的QRS波群，之前没有异位 P 波。提前出现的 QRS 波群形态呈增宽畸形,其时限常大于 0.12s。过早搏动后多有完全性代偿间歇，一般人早搏发生率为 3.6% ~5% 。国内运动员早搏发生率为 3.83% 。早搏也可发生于健康人,多为功能性,常见于情绪激动、精神紧张、过度疲劳、消化不良,特别是吸烟、饮酒、喝浓茶过多时都可出现早搏。运动员出现早搏的常见原因是过度疲劳、感染、情绪激动等。如果是功能性引起的早搏,往往在运动中或运动后早搏立即消失或出现次数减少。否则,应慎重对待,可能是器质性心脏病引起。

六、心脏杂音

心脏杂音是心音以外持续较长的声音,它可以与心音分开,亦可以与心音相连续。心脏杂音的临床意义取决于杂音产生的时期、响度、性质、长短、部位和传导等,从而可区别是生理性杂音或是病理性杂音。

(一)生理性杂音

生理性杂音是指非心脏病变所产生的杂音。这种杂音可能是由于在收缩早期左右心室同其各自出入大血管之间存在的压力梯度（压力差/压力差两点间距离）形成。即使在心输出量正常情况下,收缩早期的血流量和血流流速也最大,此时杂音也最强,因此,在健康人中都可听到 1 ~ 2 级性质柔和的收缩期杂音。贫血、甲亢、体育活动和妊娠等都会使心脏输出量增加,可使心室和其各自出入大血管之间正常的压力梯度增加更明显,使杂音增强。心脏杂音的强度可分为 6 级,若杂音难听到为 1 级,容易听到但强度很弱为 2 级,若杂音伴有震颤出现为 4 级以上,听诊器不接触胸壁即能听到杂音为 6 级。收缩期杂音的响度在 2 级以内,性质柔和、时限较短、局限而不传导的杂音,多属生理性杂音,这种杂音在肺动脉瓣区和心尖部较容易听到。

(二)病理性杂音

病理性杂音是由于心脏的瓣膜发生器质性病变或心脏及其附近的大血管有先天或后天的变异所产生的杂音。3 级或 3 级以上性质粗糙、占据整个收缩期，传导范围广的收缩期杂音和舒张期杂音都属病理性杂音,应引起注意并及时到医院诊治。

附:心电图简介

心电图是诊断心血管疾病和评定运动员心脏机能的一种重要的辅助检查手段。心脏周围的组织和体液都有导电性。心电图是通过心电图机将心肌发生的电活动记录下来,再结合临床其他资料,可对心血管功能进行分析。

心脏是一个结构复杂的器官,兴奋波的传导有一定空间顺序,心脏各部分的传导速度也有很大区别，并且在体表用双极引导，所以心电图的波形非常复杂，从不同导联上描记出来的心电图波形各有特点，一次心搏周期，可分为如下波形（图 9 – 12）。下面介绍正常心电图各波及其正常值范围。

P 波　P 波表示左右心房兴奋除极化时所产生的电变化。I、II、aVF 导联 P 波直立,时

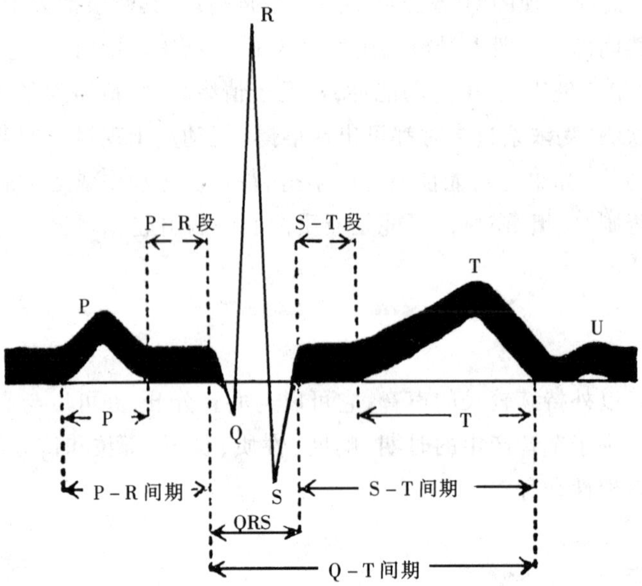

图 9－12　典型心电图图解

间(宽度)成人不超过 0. 11s,16 岁以下儿童不超过 0. 09s,其振幅平均为 0. 05～0. 25mV。

P－R 间期　表示心房除极化开始到心室除极化开始所需时间。正常成年人 P－R 间期为 0. 12～0. 20s,婴儿及心跳较快者 P－R 间期可较短。

QRS 波群　QRS 波群代表左右心室先后兴奋除极化时电压的变化。成年人 QRS 波群时间为 0. 06～0. 10s。儿童 0. 04～0. 08s。

S－T 段　这段表示心室除极化完毕,复极尚未开始,各部位之间无电位差(在零电位线上)所占的时间。在心电图中,S－T 段向下偏移不超过 0. 05mV,向上不超过 0. 10mV,但在 V_1、V_2 导联中,向上偏移可达 0. 3mV。

T 波　T 波表示心室复极化过程中的电变化。在 I、II 导联中 T 波几乎都是直立的。在心前导联中 T 波可高达 1. 2～1. 5mV,但 V_1 的 T 波一般不超过 0. 4mV。

Q－T 间期　表示心室开始兴奋除极化到全部复极化所需时间。Q－T 间期与心动周期 R－R 的平方根呈一定比例,$\frac{Q-T}{\sqrt{R-R}}$为一常数,这常数平均为 0. 39。

U 波　U 波是在 T 波后 0. 02～0. 04s 出现的一个小波, U 波时间约为 0. 1～0. 3s, 方向与 T 波一致,振幅一般不超过 0. 1mV。在一些正常人或运动员中有时可见 U 波增高。U 波倒置可见于心肌梗塞、心绞痛、高血压等。

运动员在运动训练时, 由于心脏负荷增加, 心脏结构、植物神经功能和激素水平都发生适应性变化,这些都会影响心肌的电活动。根据国内外对运动员心电图研究资料,运动员心电图可出现下列变化: 安静心电图 QRS 高电压、心脏早复极 (表现为 S－T 段抬高),心室复极异常(T 波异常)等。运动员心电图的改变,多属心脏对运动训练产生适应性反应的表现,但有时不易与病理性改变区别,运动员中也有少数为病理性变化。因此,在判断运动员心电图意义时,必须结合运动员全面综合的检查结果加以考虑。

第六节　心肺功能负荷试验

心肺功能可反映人体的身体发育水平、体质的强弱和运动训练水平的高低。

评定人体心肺功能的主要方法是通过定量负荷试验。因为人体在安静时心率、呼吸频率较慢，肺泡面积仅开放约 1/20 等。如果单纯测量安静时的心肺功能不足以说明心肺功能的潜力。但当给机体以定量负荷时，心搏量、肺通气量、吸氧量等需要将增加几倍或几十倍，这样才容易表现出心肺功能的水平。

一、心血管机能试验

（一）一次负荷试验

1. 30 秒钟 20 次蹲起　此试验负荷量较小，适用于初参加体育锻炼者及儿少。

试验方法　让受测者静坐 10 分钟，测量安静时心率和血压，然后令其 30 秒钟匀速蹲起 20 次。下蹲时足跟不离地，两膝要深屈，两上肢前平举，起立时恢复站立时姿势。蹲起至 20 次结束后立即测 10 秒钟的脉搏，紧接着在后 50 秒内测血压。如此连续测 3 分钟。

评定　负荷后脉搏上升不多，血压中等升高，3 分钟内血压、脉率基本恢复到安静时水平者，评机能良好。负荷后脉搏明显上升，血压上升不明显或明显，3 分钟内脉搏和血压均未恢复到安静时水平者，评机能较差。

2. 30 秒钟 30 次蹲起　此试验负荷量较大，适用于运动员。

试验方法　(1)让受测者静坐 10 分钟，测 15 秒钟的脉搏数。将所得数乘 4 为安静脉率(P_1 代表)。(2)受测者 30 秒钟内做 30 次蹲起(要求同上)，之后测即时脉率(P_2 代表)。(3)休息 1 分钟后，再测 15 秒钟脉率，将该数乘以 4 为恢复期脉率(P_3 代表)。(4)计算心功指数：

$$心功指数\ K=\frac{P_1+P_2+P_3-200}{10}$$

评价　K 小于或等于 0，心功能为最好；K = 0 ~ 5 为很好；K = 6 ~ 10 为一般；K = 11 ~ 15 为较差；K 大于 16 为很差。以上评价标准适用于运动员。

根据以上方法还可以计算负荷后脉搏上升的百分比，制定评价标准：

$$负荷后脉搏上升\% = \frac{P_2-P_1}{P_1}\times 100\%$$

脉率上升在 70% 以内为正常，上升比例越小表示心功能越好。

3. 原地 15 秒快跑　测定受试者安静时脉搏和血压，然后令其以 100 米赛跑的速度原地跑 15 秒钟后，立即测 10 秒钟的脉搏，紧接着在后 50 秒内测血压。如此连续共测 4 分钟。

评定　根据负荷后心率和血压升降幅度及其恢复时间进行评定。一般有五种反应类型：

正常反应　负荷后脉搏和收缩压适度增加，舒张压轻度下降或保持不变。脉率和血压在负荷后3～5分钟内恢复到安静水平，说明机能良好。

紧张性增高反应　负荷后脉搏明显加快，收缩压明显升高，可达24KPa，舒张压增加，幅度超过2.7KPa，恢复时间延长。这种反应见于高血压和训练水平低的运动员，青少年中出现此种情况多因心血管系统发育不完善、兴奋性较高所引起。

梯形反应　负荷后收缩压不是在第一分钟达到最高，而是第二或第三分钟出现最高值，或为梯形上升。脉率明显上升，舒张压上升或不变，恢复时间明显延长。多数学者认为这是心血管系统机能不良出现的惰性现象。多见于过度训练早期，病后身体机能未恢复以及对速度负荷不适应者。

紧张性不全反应　此型分为两种类型。一种是负荷后舒张压为零，并持续在2分钟以上，收缩压上升不明显，脉率明显上升，恢复时间延长。这是因血管张力明显下降，调节血管张力的神经中枢发生改变(由于疲劳、酸性代谢产物刺激等)引起的，是机能不良或过度训练早期征象。另一种是舒张压为零持续时间少于2分钟，脉率快，收缩压较高，恢复快。这多见于高水平运动员进行剧烈运动之后。

无力性反应　负荷后脉搏明显加快，收缩压升高不明显(少于2KPa)或不升高，舒张压升高或不变，恢复时间延长，这表明每搏输出量减少，心脏收缩无力，多见于明显疲劳的运动员。

应该指出，该试验结果的评定要通过多次重复测定才能作出结论。在技巧或力量性项目的运动员可能出现身体状况和运动成绩与机能试验结果不符合，甚至出现矛盾现象，对这种情况必须作具体分析。

(二)联合机能试验

联合机能试验是由30秒20次蹲起、15秒快跑和原地高抬腿跑三部分组成。由于负荷强度大，试验时间长，故适用于运动员。

试验步骤如下：先按一次负荷试验的方法，测量安静时的心率和血压，接着按顺序做三个一次负荷试验。

1. 30秒20次蹲起　做完后测量恢复期的心率和血压，共测3分钟。

2. 15秒原地快跑　要求以百米赛跑进行，跑后测量恢复期心率和血压，共测4分钟。

3. 原地慢跑3分钟(男)或2分钟(女)速度为每分钟180步，高抬腿跑。跑后测量5分钟恢复期心率和血压。

在上述恢复期内，每分钟前10秒测脉搏，后50秒测血压。

评定　参照15秒快跑一次负荷试验的五种反应类型评定心血管机能水平。联合机能试验中20次蹲起对训练有素者可视为准备活动，原地快跑代表速度负荷，原地慢跑代表耐力负荷。所以该试验结果可反映心血管对速度和耐力的适应能力。

(三)布兰奇心功指数(BI)

试验步骤如下：

1. 让受试者安静坐15分钟后，测量1分钟心率及血压。

2. 计算布兰奇心功指数(BI)：

$$BI = \frac{心率(次/分) \times [收缩压(mmHg) + 舒张压(mmHg)]}{100}$$

评定标准　BI 在 110～160 范围内为心血管功能正常（平均值是 140）。如果超过 200,应做心血管功能进一步检查。

试验在评定心率的同时还考虑了血压因素，因而能较全面地反映心脏和血管的功能。

(四)哈佛台阶试验

哈佛(Harvard)台阶试验广泛用于判断人体心血管功能。试验时要求受试者在 50.8 厘米高(女子 42 厘米)的台阶上每分钟登台阶(上下)30 次,连续运动 5 分钟。登台阶时,腿要伸直。负荷后测定第 2、3、5 分钟的前 30 秒脉搏数,然后应用下面公式求台阶指数：

$$台阶指数 = \frac{登台阶持续运动时间(秒)}{2 \times (恢复期 2、3、5 分钟前 30 秒脉搏之和)} \times 100$$

评定　指数越大，心功能越好。指数小于 55 为劣；55～64 为中；65～79 为中上；80～89 为良好,大于 90 为优。

二、呼吸系统机能试验

(一) 肺活量　肺活量是人体尽量深吸气后再尽力呼出气体的总量。它是反映人体通气指标之一。测量时,受试者面对肺活量计站立,先做一两次深呼吸,再吸一口气后将气尽量呼出,直到不能再呼气为止。测量 3 次,取最大值。呼气时要保持身体直立,不许弯腰和换气。测量肺活量用的吹嘴要消毒,一个吹嘴只能允许一人使用。我国男子肺活量正常值约为 3500～4000 毫升,女子约为 3000～3500 毫升。

(二)5 次肺活量试验　连续 5 次肺活量,每次间隔 15 秒钟(包括吹气时间在内),记录各次结果。各次肺活量值基本相同或逐次增加者为呼吸机能良好。5 次结果逐渐下降,尤其是最后两次明显下降者为机能不良(如机体疲劳、有病等)。

(三) 肺活量运动负荷试验　先测安静时肺活量，然后作定量负荷（如 30 秒 20 次蹲起、1 分钟台阶试验或 3 分钟原地高抬腿跑等)，运动后立即测肺活量，每分钟一次，共测 5次,记录结果。负荷后的 5 次肺活量结果逐渐增大或保持安静时水平为机能良好,如果运动后的 5 次结果逐渐下降,到第 5 分钟仍未恢复到负荷前水平,说明机能不良。

(四) 屏气试验　是指测量受测者深吸气(或深呼气)后的屏气时间的试验。试验前先令受测者安静休息,自然呼吸,当听到“开始”的口令,受测者作一次深吸气(或深呼气)后立即屏气(为防止漏气可用手捏住鼻子),同时开秒表计时,直至不能再屏气为止,此时随即停秒表,记录时间。深吸气的屏气时间,我国一般健康男子为 35～45s,女子为 25～35s。

深呼气后的屏气时间，一般健康男子为 20～30s，女子为 15～25s。屏气时间越长，对缺氧的耐受能力和碱储备水平就越高。体育锻炼水平高者，深吸气后的屏气时间可达 60s 以上，深呼气后的屏气时间也可在 40s 以上。

（五）重复屏气试验　是指连续测量受测者 3 次屏气时间，每次间隔 45 秒钟。若重复测量的屏气时间逐次延长，表示呼吸循环系统的机能水平好。延长的时间越长，表示机能水平越好，否则，机能水平差。

三、PWC_{170} 机能试验

PWC_{170}（Physical Work Capacity）机能试验是一种定量负荷试验。它是指受试者在运动负荷中心率达到每分钟 170 次稳定状态下，单位时间内身体所做的功（即功率）。心率和功率在一定范围内（相当于心率处于 120～180 次/分）呈直线相关，根据这个原理可制定 PWC_{170} 试验的间接测定法。

间接测定 PWC_{170} 的方法是让受试者完成两个功率不同的负荷，根据两次负荷后的心率，代入下面公式，便可算出 PWC_{170} 功率 W_{170}：

$$W_{170} = N_1 + (N_2 - N_1) \cdot \frac{170 - f_1}{f_2 - f_1} \qquad (1)$$

式中 N_1、N_2 分别是第一、第二次负荷功率（Kg · m/min），f_1、f_2 分别是第一、第二负荷后即时心率（次/分）。第二次负荷时的心率尽可能接近 170 次/分。下面仅介绍 PWC_{170} 台阶试验法。

一般台阶高度有 15 厘米、30 厘米、40 厘米三种。根据不同对象，选择不同高度的台阶。例如，第一次负荷选高度为 15 厘米的台阶，第二次负荷选高度为 40 厘米的台阶，上下频率可分每分钟 20～30 次，每次 5 分钟，中间休息 3 分钟。每次负荷后立即测定 10 秒钟的脉搏次数，并换算成次/分，即测出 f_1 和 f_2。而两次登台阶的功率 N_1、N_2 可按下述方法计算：

$$\text{上台阶功率} = \frac{Phnt}{t} = Phn$$

式中 P 为体重（kg），h 为台阶高度（m），n 为登台阶频率（次/分），t 为上下台阶时间（分），nt 表示上台阶总次数。下台阶功率约为上台阶功率的 1/3，即 1/3Phn。

上下台阶功率 = Phn + 1/3Phn = 4/3Phn。如果每次负荷上下频率均为 n，则

$N_1 = 4/3phn \qquad N_2 = 4/3phn$

式中 h_1、h_2 分别是第一、第二次负荷台阶的高度。知道 f_1、f_2 及 N_1、N_2 后，据公式（1）便可算出 W_{170}。下面用例子说明。

例：某受试者体重 P 为 50kg，第一次负荷时台阶高度 h_1 为 15 厘米，第二次负荷时台阶高度 h_2 为 40 厘米，上下频率 n 均为 30 次/分，并测到第一次负荷心率 f_1 为 110 次/分，第二次负荷心率 f_2 为 160 次/分，试求其 W_{170}。

首先计算 N_1、N_2，根据给出的数据知：

$$N_1 = 4/3 \times 50 \times 0.15 \times 30 = 300(kg \cdot m/min)$$

$$N_2 = 4/3 \times 50 \times 0.4 \times 30 = 800(kg \cdot m/min)$$

将 f_1、f_2 及算出的 N_1、N_2 数值代入公式(1)，便可得到

$$W_{170} = 300 + (800 - 300) \times \frac{170 - 110}{160 - 110} = 900(kg \cdot m/min)$$

评定　功率越大，身体机能越好。根据卡尔普曼的资料，女运动员 W_{170} 平均为 780kg·m/min，男运动员为 1520kg·m/min。一般成年人女子为 580kg·m/min，男子为 1060kg·m/min。

四、最大吸氧量($\dot{V}O_2max$)

最大吸氧量是反映人体在极量运动负荷时心肺功能水平高低的重要指标，也是估计运动员或体力劳动者身体工作能力的重要依据，在运动医学中被广泛应用。

最大吸氧量($\dot{V}O_2max$)的测定有直接测定法及间接测定法两类。直接测定法比较复杂，而且要求受测者进行极限运动，故不便广泛应用。下面介绍几种常用的间接推算方法。

(一)Astrand 和 Rhyming 列线图法

这是国内外较广泛应用的一种间接测定法（图 9－13）。列线图法适用于 9～46 岁的一般人和运动等级较低的受试者。对优秀运动员用此法推算获得的数值常常与实测值有较大的误差。

用台阶负荷确定最大吸氧量($\dot{V}O_2max$)时，台阶高度男性为 40 厘米，女性为 33 厘米，登台阶的频率为 22.5 次/分，持续登台阶 5 分钟，测定运动后即刻 10 秒心率，乘 6 换算成一分钟的心率。例如，受测者女性，61 公斤，在 33 厘米高的台阶试验后心率为 26 次/10 秒，即心率 156 次/分。在列线图上标出心率和体重值的两点，两点连线通过最大吸氧量轴所在点的值为 2.4L/分，即为受试者的$\dot{V}O_2max$ 估计值。另一例男性在自行车测功计上负荷 200w(1200kg·m/min)，运动后即时心率为 166 次/分，连结上述两点，从图上可估计该男性的最大吸氧量为 3.6L/min。

(二)福克斯(FOX)推算法

测定时要求受试者在功率自行车上负荷 150W(900kg·m/min) 运动 5 分钟，取运动第 5 分钟的心率来推算最大吸氧量，其方程为：$\dot{V}O_2max(ml/min) = 6300 - 19.26x$(式中 x 为第 5 分钟的心率)。本法适用于 17～27 岁成年男性。

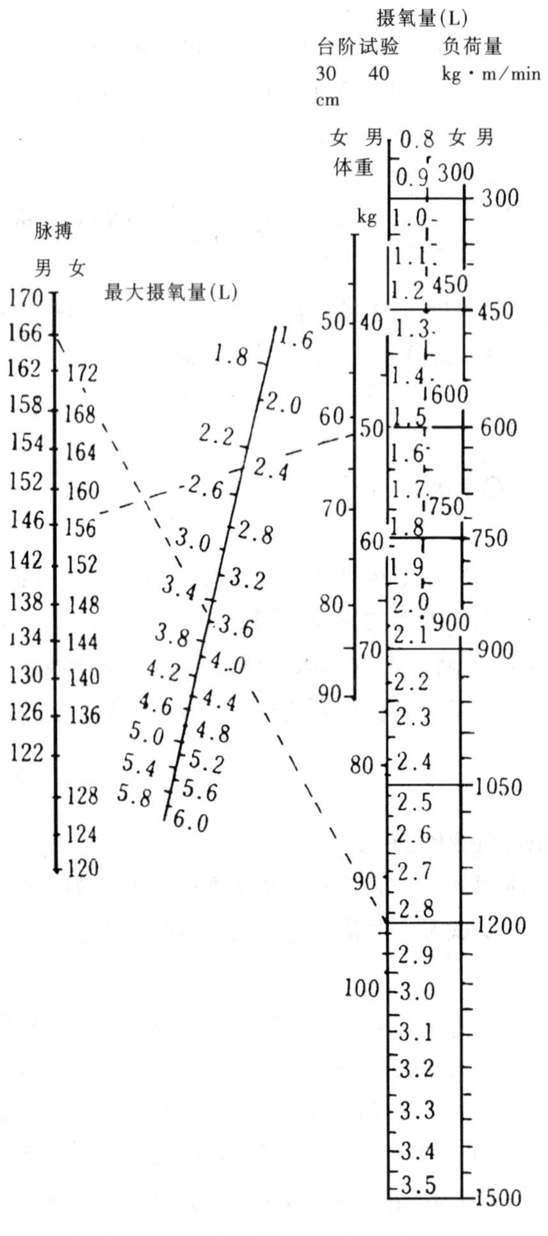

图 9-13　从脉搏和摄氧量来推算最大摄氧量数值 (Astrand 和 Ryhming)

(三)PWC_{170} **值间接推算法**

研究证明 PWC_{170} 与最大吸氧量密切相关。卡尔普曼提出用 PWC_{170} 值(kg·m/min)推算最大吸氧量的公式:

$$对运动员\dot{V}O_2max(ml/min)=2.2PWC_{170}+1070$$

$$对一般人\dot{V}O_2max(ml/min)=1.7PWC_{170}+1240$$

第七节　植物神经和运动神经机能检查

一、植物神经机能检查

人体对各种应激原的应激适应能力在很大程度上取决于中枢神经(尤其是交感和副交感神经)的兴奋性和调节功能。

植物神经检查可根据脉搏、血压、呼吸、出汗以及专门的试验和反射来评定植物神经系统的功能。

(一)直立试验

受试者卧床休息2～3分钟后,测1分钟脉率,然后缓慢站起来,再数脉搏1分钟。正常反应为脉搏增加12～18次/分。超过此数时表示交感神经兴奋性增强。若增加不足6次者说明交感神经兴奋性减弱。

(二)卧倒试验

方法与上相反。先让受试者站立,测定安静时1分钟脉搏数,然后令其缓慢躺下,隔15秒钟后再测1分钟脉搏数。如每分钟脉搏次数减少6～14次,属副交感神经兴奋性正常。如超过以上范围,说明副交感神经兴奋性增强。

(三)皮肤划痕试验

用钝头针在胸部皮肤上划痕3～5条,以刺激皮肤血管的植物神经末梢,再观察出现的反应。如划痕后出现明显白色痕纹,持续30秒钟以上,表示交感神经兴奋性增高。如划痕后出现红色痕纹,持续20分钟以上,表示副交感神经兴奋性增高。如出现显著红色痕纹,且略浮肿突出,并持续30秒钟以上,表示副交感神经兴奋性显著增高。

(四)鸡皮疙瘩反应试验

利用寒冷(冰水或冰袋)刺激颈或腋窝部,刺激2～3秒钟后若出现鸡皮疙瘩(立毛肌收缩),并持续20～30秒钟以上,提示交感神经紧张度增加。

(五)阿氏(Aschner)眼球压迫法

受试者仰卧、闭眼,检查者以手指在上眼睑上以中等强度压迫一侧(或双侧)眼球,观察是否出现徐脉现象。因为压迫眼球刺激了三叉神经末梢,反射性引起迷走神经兴奋,使心跳减慢。减慢程度越明显,提示副交感神经越敏感。标准为:脉搏减少10～19次/分(+),减少20～29次/分(++),减少30次以上(+++),出现短暂脉搏停止,伴嗳气、呕吐等症状(++++)。

随着科学技术的发展,衡量植物神经功能的新方法陆续出现,如欧美各国现已使用皮肤电测量仪来反映人的紧张情绪。因为人的皮肤中分布丰富的植物神经,当紧张应激时,这些神经细胞活动改变引起皮肤电位很大波动,其信号通过传感器转变成电讯号而被显示和记录。

二、运动神经机能检查

目前常用反应时测定人体运动神经的机能。机体的一切生理过程都受神经系统的支配与调节。人体在运动时,通过神经的传导支配骨骼肌产生相应的动作。反应时是指从对感受器施加刺激起到肌肉产生收缩的一段时间。中枢神经系统兴奋水平的高低影响反应时快慢,当大脑皮层处于良好状态时,神经传导速度快,反应时短。因此,根据运动员反应时的变化,可评定运动员的机体状况,判断神经系统疲劳程度。

(一)测试方法

受试者坐下,用手指握住反应装置的开关按钮,等待刺激信号(灯光或声音)。测试者首先发出"预备"口令后,经过 2~4 秒给予刺激(关上刺激控制的开关)。受试者接到信号后尽快打开反应器开关,计时器便停止。测试者记录其时间,将计时器复"零"。以同样方法再测反应时。每次间隔时间为 20~30 秒。同一受试者测声和光刺激各 10 次,并记录每次测定的反应时值。

(二)评定

计算受试者声和光反应时的均值(认为实属失败的反应时值可去掉)。反应时值越短,表示灵活性高,神经系统机能状况良好。运动员的反应能力见表 9-3。

表 9-3　运动员的反应能力(ms)

男子					女子				
眼手	眼脚	耳手	耳脚	四种方式平均值	眼手	眼脚	耳手	耳脚	四种方式平均值
160±10	210±10	135±5	190±5	175±10	165±10	220±10	135±5	195±10	180±10

(三)注意事项

测试室内要保持绝对安静。对初次受试者应向其讲解示范操作方法及要求,待受试者情绪稳定后练习 3 次再正式计时。测试者的操作要在受试者视野范围之外。

第十章 运动性疲劳

运动持续一段时间之后，人体的工作能力及身体机能就会产生暂时降低的现象，这种现象称为运动性疲劳。1982年第五届国际运动生物化学会议上将运动性疲劳最后定为"机体生理过程不能持续其机能在一个特定水平上或不能维持预定的运动强度"。运动性疲劳使人体的工作能力及身体机能下降，经过一段时间休息和及时采取消除疲劳的有效措施，人体的工作能力及身体机能就能很快得到恢复。所以，运动性疲劳是一种暂时的生理现象，对人体是一种保护性抑制。运动性疲劳出现后，只要不使疲劳积累而产生过度疲劳，它并不会损害人体的身体健康和影响运动训练，反而通过疲劳的产生及恢复和不断强化的训练，使人体的身体机能及运动能力达到超量恢复，更有利于运动员训练水平和运动成绩的不断提高。

第一节 运动性疲劳概述

一、运动性疲劳发生的部位

根据运动性疲劳发生的部位可分为中枢疲劳和外周疲劳两大类。中枢疲劳是自脑至脊髓所产生的疲劳，即由于运动神经中枢紊乱，造成运动兴奋性下降。外周疲劳是运动神经以下部位所产生的疲劳，即主要表现为肌肉疲劳、肌力下降等。

二、运动性疲劳产生的原因

对运动性疲劳产生原因的生理机制的研究自19世纪80年代开始，至今已有一百多年的历史。学者在不同时期为阐明运动性疲劳提出过不同的理论，如80年代"突变理论"就是在大量的研究成果上提出的。因此，比过去仅从能源物质的耗竭和代谢产物的堆积等某一方面来解释运动性疲劳进了一步，但都还停留在假说的阶段。归纳起来，各国学者共提出过五种假说。

1. 衰竭学说

长时间运动使血糖浓度下降，补充糖后工作能力有一定程度的提高。因此，认为运动性疲劳产生的原因是体内能源物质的耗尽。

2. 堵塞学说

认为运动性疲劳的产生是由于某些产物在肌肉组织中堆积造成的，即乳酸、二氧化碳和酮酸在体内积累过多，其中主要是乳酸堆积。

3. 内环境稳定性失调学说

运动到一定程度时，人体内血液 pH 值下降、细胞外液水分及离子浓度发生变化、血浆渗透压改变等，造成机体内环境稳定性失调，从而产生运动性疲劳。

4. 保护性抑制学说

认为运动时大量冲动使皮质相应的细胞、神经细胞长期兴奋，导致“消耗”增多。为了避免进一步消耗，当消耗到一定程度时便产生保护性抑制。

5. 突变学说

认为运动性疲劳的发展，一般是在能量消耗和兴奋性明显衰减过程中所存在的一个急骤的能力下降阶段，以避免能量储备进一步下降，保护机体免于衰竭，以疲劳的形式表现出来。这一学说将兴奋性和能量消耗综合在一起看疲劳的发展，是最近提出的一种新的运动性疲劳学说。

三、运动性疲劳的恢复过程

运动性疲劳的恢复过程目前有超量恢复学说和应激学说两种。

1. 超量恢复学说

运动时和运动后供能物质量的变化是消耗和恢复过程保持平衡的结果。运动时以消耗过程为主，恢复过程跟不上消耗过程，表现为能源物质数量下降；运动后休息期，以恢复过程为主，消耗过程下降，因此，能源物质逐渐恢复，达到或超过原来水平。这主要是从运动时能源物质的消耗和结构蛋白的变化和恢复过程的规律说明运动能力提高的机理。所以，超量恢复学说为大运动量训练、训练的节奏性、系统性等提供了理论基础。

2. 应激学说

运动训练最主要的目的之一是提高运动能力。因为运动成绩与完成专项比赛有关的各系统机能能力的协调性、合理性、及时获得最大功率的表现力密切相关。应激和运动训练所引起的身体变化、恢复和适应过程的规律有一致性，故为应激学说。应激学说在运动训练中的应用主要是针对不同专项、不同性质的激烈超负荷运动时机体产生的应激反应，并以垂体——肾上腺皮质激素调节为核心，从机体的能源储备和动员能力、代谢和机能调节能力、身体防御能力三个主要方面研究运动训练对身体的生理、心理适应和提高过程的规律，同样为超负荷的大运动量训练、训练期适应和运动能力提高提供理论指导。所以，应用应激学说的基本原理来掌握训练强度、恢复过程和机能适应，已成为运动训练的一个重要理论问题。

以上两种学说从不同角度说明运动负荷要适当地达到最大，安排适宜的休息间歇，掌握好大、中、小运动负荷节奏，运用最有效的恢复手段，使身体不断适应强烈的负荷应激。

第二节　判断运动性疲劳的简易方法

判断运动性疲劳的出现及其程度，对科学地锻炼身体，增强体质和合理地安排体育教学、运动训练及提高运动成绩都有着重要的意义。由于运动性疲劳产生的原因是复杂的，是受多方面因素的影响，所以判断和评定运动性疲劳的方法很多，但一般可根据以下三个方面来进行综合判断和评定。

一、根据学生或运动员的主观感觉判断运动性疲劳。如疲劳时出现疲乏、头晕、心悸、恶心、面色苍白、眼神无光、呼吸表浅、反应迟钝、注意力不集中、运动能力下降等。

二、根据人体各器官系统的生理、生化指标变化判断运动性疲劳。人体疲劳时心率增快；心电图 S—T 段下降，T 波可能倒置；肌力下降(用握力计、背力计等进行测定)；5 次肺活量测验，其肺活量值逐渐下降；血压体位反射测定，其血压明显下降，并且恢复减慢；视觉闪光融合阈值降低；反射时减慢；尿蛋白含量增加等。

三、根据运动医学检查判断运动性疲劳。安静时和运动前后进行各种机能测验，如台阶试验、联合机能试验、PWC_{170} 试验、最大吸氧量测定等。疲劳时心血管系统和呼吸系统的调节机能下降。

在学校体育教学和运动训练中，还可以采用比较简易的方法来判断疲劳程度（表 10—1）。

表 10－1　疲劳程度的标志

内　容	轻度疲劳	中度疲劳	重度疲劳
自我感觉	无任何不适	疲乏、腿痛、心悸	除疲乏、腿痛、心悸外，还有头痛、胸痛、恶心，甚至呕吐等征象。有些征象存在时间较长
面　色	稍　红	相当红	十分红或苍白，有时呈紫蓝色
排 汗 量	不　多	稍多，特别是肩带部分	非常多，尤其是整个躯干部分。在颞部及汗衫和衬衣上可出现白色盐迹
呼　吸	中等度加快	显著加快	显著加快，并且表浅(其中有少数深呼吸出现)，有时呼吸节奏紊乱
动　作	步伐轻稳	步伐摇摆不稳	摇摆现象显著，在行进时掉队，出现不协调动作
注 意 力	比较好，能正确执行指示	执行口令不准确，改变方向时有时发生错误	执行口令缓慢，只有大声口令才能接受

第三节 消除运动性疲劳的常用措施

为了使运动中所消耗物质和各器官系统下降了的机能尽快恢复，以及运动中所产生的代谢产物尽快消除，不致使疲劳积累而造成过度疲劳，一般可采用下述消除运动性疲劳的方法。

一、整理活动

整理活动是消除疲劳、促进体力恢复的一种有效措施。运动后做整理活动，可使心血管系统、呼吸系统仍保持在较高水平，有利于偿还运动时所欠的氧债和使生理机能水平逐渐平缓及逐渐下降到一定的水平上。

整理活动包括慢跑、呼吸体操及各肌群的伸展练习。尤其运动后做伸展练习，可消除肌肉痉挛，改善肌肉血液循环，减轻肌肉酸胀和僵硬程度，消除局部疲劳。

二、睡眠

睡眠是消除疲劳、恢复体力的最好方法之一。睡眠时大脑皮层的兴奋过程降低，体内分解代谢处于最低水平，而合成代谢过程则相对较高，有利于体内能量的蓄积。因此，运动员每天应保证充足的睡眠时间，一般每天不少于 8～9 小时。大运动量训练和比赛期间，睡眠时间应适当延长。青少年运动员的睡眠时间应比成年运动员长，必须保证每天有 10 小时睡眠。同时运动员也应安排一定时间的午睡(1.5～2 小时)。

三、营养

运动时所消耗的物质要靠饮食中的营养物质来补充，运动训练和比赛后，合理营养有助于运动员体力恢复和运动性疲劳的消除。因此，运动后应根据运动项目的特点补充足够的糖、蛋白质、维生素(维生素 B_1、B_6、C、E)、无机盐(钠、磷、铁)和水等。

四、按摩

按摩是消除运动性疲劳的重要手段。它可改善局部或全身血液循环的状况，促进代谢产物的消除，减轻肌肉的酸痛和僵硬，提高肌肉的收缩力，改善关节的灵活性。按摩有人工按摩、机械按摩、水力按摩和气压按摩四种，其中人工手法按摩是最受运动员喜欢的消除疲劳手段，有着良好的效果。可根据运动员承受运动负荷部位，进行局部或全身手法按摩。有条件的运动员也可采用有振动的机械按摩和脉冲水力按摩及气压按摩，这对放松肌肉、消除肌肉酸痛和恢复体力也有较好作用。

五、物理疗法

物理疗法消除运动性疲劳的种类较多。训练和比赛后采用局部热敷和温水浴是一种最简单易行的消除疲劳手段，它能促进血液循环，加强新陈代谢，减少肌肉中酸性代谢产物的堆积，放松肌肉和消除肌肉僵硬、紧张及酸痛。热敷的温度以 47℃ ~48℃ 为宜，时间约 10 分钟左右。温水浴的水温一般以 40℃ 为宜，每次时间控制在 15 ~ 20 分钟。还可根据运动性疲劳的程度和条件，采用光疗、蜡疗、电疗、蒸气浴、干燥空气浴等恢复手段，这些手段也可促进血液循环，加速疲劳的消除和机能恢复。

六、氧气及负氧离子吸入法

运动员训练和比赛后，肌肉和血液中有大量酸性代谢产物。利用高压氧舱在 2 ~ 2.5 个标准大气压下，吸入高压氧可使血氧含量增加，血液二氧化碳浓度下降，pH 值上升，提高组织氧的储备量，有利于氧债的偿还，对训练和比赛引起的极度疲劳，即肌肉酸痛、僵硬、酸碱平衡失调等有明显效果。特别对拳击、摔跤、柔道等头部受到撞击的运动员，有减轻头痛、头晕，改善睡眠的作用，对消除无氧训练后的疲劳更为有效。

负氧离子有提高神经系统的兴奋性，加速组织氧化还原过程，改善心肺功能，提高血红蛋白浓度等作用，有助于机体运动后运动性疲劳的消除。

七、药物

为了加速运动性疲劳的消除，运动后可适当服用一些药物，如中药黄芪、刺五加、参三七、维生素 C、B_1 等。这些药物都有调整中枢神经系统功能，扩张冠状动脉，补气壮筋等作用，对促进疲劳的消除有一定的效果。另外，也可适当服用蜂王浆、人参、鹿茸等，也有养血补气、增强体力、消除疲劳的作用。

八、心理恢复法

运动性疲劳在人体中除了有躯体性疲劳外，还有心理性疲劳。因此，运动性疲劳后采用心理调整、自我暗示、放松训练和气功等心理恢复手段，能调节大脑皮层的机能，减轻紧张情绪，放松肌肉等，对消除运动性疲劳有良好效果。

第十一章 体育教学的医务监督

体育教学的医务监督是运用体育保健学的内容和方法，帮助和指导青少年学生合理地进行体育锻炼、训练和比赛，以促进身体发育、增进健康、预防运动性伤病和提高运动技术水平。定期或有针对性的对体育教学课或训练课进行医学观察，通过观察以及测定课的生理负担量和一些客观生理指标，了解学生的训练水平和对运动负荷的适应情况，以评定体育教学课或训练课的运动量和运动强度安排是否合理，以及运动负荷对学生机体的影响程度，可为合理安排运动量，改进体育教学和训练工作提供依据。本章着重讲述体育教学的健康分组和体育课生理负担量测量及评定。

第一节 体育课的健康分组

对体育教学课进行医务监督，能更有效地运用体育的手段促进青少年的生长发育和增进健康，避免不合理的体育活动给身体健康造成的不良影响。一般大、中、小学学生和参加群体活动的其他城乡居民，在体育锻炼时都必须进行健康分组。

一、健康分组的依据

（一）年龄和性别

不同年龄阶段的人各有不同的解剖生理特点，但同一年级的学生年龄差距不大，可不必再分年龄组。青春期开始后，男、女学生在身体形态、各器官系统功能和身体素质的发展等方面都存在着显著的性别差异，因此，男、女学生应分班或分组上体育课。

（二）健康状况

根据既往患病史和对身体的全面医学材料的分析，得出健康状况正常或存在某些缺陷的结论。对某系统或器官的病变及其严重程度作出诊断和评价，并估计体育活动对病变康复的影响，有利于确定体育活动的项目和掌握适宜的运动量。

（三）发育状况

根据体格检查的结果，综合评定身体发育程度，并得出发育正常或较差的结论。体格检查的指标较多，每个指标只反映身体发育的某一方面的情况，但人体是一个统一的整体，身体发育的各项指标之间存在着一定的相关联系，必须把几项指标结合在一起来评定人体的发育状况。

(四)功能状况

主要是心脏血管系统检查,并对其功能水平作出正确评价。由于安静时人体心血管系统功能变化的差异不易明显表现出来,因此,一般常用定量负荷试验,比较负荷前后心血管功能指标(如心率、血压等)的变化情况,对心血管功能状况作出恰当判断。定量负荷的大小应根据不同年龄、性别、健康状况和训练水平进行选择。此外,根据需要也可作其他器官系统的功能检查。

(五)身体素质和基本运动能力

通过了解运动史和身体素质测试,掌握学生的力量、速度、耐力、柔韧、灵敏等身体素质发展情况,以及了解跑、跳、投、悬垂、支撑、负重等运动能力,并得出相应结论。

在进行健康分组时,切忌只凭某一方面的材料分组,而应综合考虑以上各项材料,由医生和体育教师协商解决。

二、健康分组的组别

(一)基本组

基本组由健康、发育良好、功能正常或发育与健康状况虽有轻微异常,但功能检查结果良好,且有一定锻炼基础的人组成。对该组学生按规定的教学大纲进行教学,在一定的时间内,要求他们通过体育锻炼标准,在全面锻炼的基础上,鼓励他们参加学校体育代表队和参加比赛。

(二)准备组

准备组由身体发育和健康状况有轻微异常,平时较少参加体育活动且身体素质较差的学生组成。此组学生可按体育教学大纲的要求进行锻炼,但进度应放慢,活动强度和运动负荷也要减少,不宜参加运动训练和激烈的运动竞赛。

(三)医疗体育组

医疗体育组由发育或健康状况有明显异常(如脊柱畸形、小儿麻痹后遗症、先天性心脏病等)和伤病初愈后体质较弱的学生组成。他们应按特殊的体育教学大纲进行体育教学或学习大纲中的个别项目或进行医疗体育。

三、健康分组的步骤和注意事项

体育课的健康分组应在入学时做体格初查后进行。经过一段时间有计划的体育活动后,学生的身体发育和健康状况都可得到提高或改善,原有的疾病逐渐好转,就可以把原属医疗体育组和准备组的学生,分别转入准备组或基本组;如果原属基本组和准备组的学生,由于各种原因引起健康状况下降,就应分别转入准备组或医疗组,转组手续通常在每年体格复查后进行。若遇到特殊情况(如发生伤病)时,也可在体格补查后提前转组。如若难于确定组别,可先分入较低的一组,经过 3~6 个月的观察,并根据主观感觉和客观检查结果,再确定组别。月经初潮的女学生,若经期身体反应较大者可列入医疗体育组。要加强医务监督，观察和检查健康分组是否恰当，尤其是医疗体育组或刚转入较高一组的学生，更应加强医务监督。

四、几种常见病患者的健康分组

(一)心脏异常

器质性心脏病患者，由于血液动力学的异常，其运动能力一般均降低，分组时应从严掌握。若功能检查结果正常,心脏亦不扩大,平时又经常运动者,应列入准备组。若功能检查尚属正常,但平时很少运动者,应列入医疗体育组。若功能检查结果未能肯定者,则应暂不分组。

对心脏杂音的问题,首先应区别杂音是病理性的还是生理性的,对病理性杂音则应按器质性心脏病的要求处理。若收缩期生理性杂音,在运动后消失或无变化,功能试验正常,发育情况良好,平时又经常参加运动者可列入基本组。若运动后杂音加强,平时少运动者,可列入准备组。若运动后杂音不变或加强,功能试验异常者,可列入医疗体育组。

(二)高血压

首先应注意分析是否受精神因素的影响。其次应从病史中分析血压增高的原因。对原发性高血压患者,若无自觉症状,心脏外形无变化,功能试验良好,过去常运动者,可列入基本组。若心脏外形已有轻度变化,虽然平时常运动,功能试验亦正常者,也要避免激烈运动,特别要避免用力憋气和低头旋转头颈等动作,一般不参加体操、举重等力量练习,也不能参加比赛,因此,应列入准备组,若血压甚高(169~170/100mmHg),虽无自觉症状,心脏外形亦无变化,且功能试验正常者,也应暂时列入医疗体育组。

(三)肺结核

对肺结核患者的分组必须十分慎重，因为体育运动可使呼吸、循环、内分泌及代谢等各种功能亢进。由于呼吸急促可使肺内结核病灶不稳定,又由于血液和淋巴循环加速,对病灶区的结缔组织增生也有妨碍,且可促使结核杆菌及其毒素向血流扩散。进行分组时,除考虑病变的类型及现阶段的发展情况外,还要从功能试验(如肺活量、心血管系统的功能检查等)和自觉症状(如体温、食欲,睡眠和体重等)两方面的观察了解其代偿功能。局灶型肺结核,若病变已硬化,无自觉症状,功能试验正常,过去经常运动者,可列入基本组。若过去不常运动者,可先列入准备组。原为浸润型肺结核转入局灶型不久,并且过去很少参加运动者,虽功能试验正常,亦应列入医疗体育组。

(四)骨关节病

骨折已完全愈合、无畸形或有轻微畸形但不影响运动功能者,应列入基本组。若有畸形而对运动功能有一定影响者，列入准备组。若骨折处于初愈阶段，则应列入医疗体育组。若关节无改变，关节疼痛较轻，且与运动及天气变化关系不显著，可按功能试验结果及训练程度，列入基本组或准备组。

第二节　体育课生理负担量的测量与评定

通过体育课生理负担量的测量，可以了解运动量的大小，观察机体对体育课的反映和评定学生身体功能水平，为改进体育课教学提供依据。

一、测量生理负担量的方法

传统的方法是将受测者安静时、准备活动结束时、基本部分结束时、整理活动结束时和课后 10 分钟的脉率绘成曲线图，根据曲线图的变化，分析体育课的负担量是否合理。

例如，某次体育课中各部分的时间和脉率测定情况如下：

安静时脉率(课前)为 80 次/分。

开始部分占时 3 分钟，包括集队、讲解、脉率为 86 次/分。

准备部分占时 12 分钟，共测 4 次脉率，分别为 94、120、127、140 次/分。

基本部分占时 25 分钟，共测 9 次脉率，分别为 116、154、142、160、104、174、110、130、120 次/分。

结束部分占时 5 分钟，下课时的脉率为 86 次/分。

按照上述顺序绘出的脉率曲线图（图 11－1）是一条不规则的曲线图。从图中难以分析该次体育课的生理负担量是否恰当，因为既不能以某一次脉率，如 94 次/分而断定本次课的生理负担量不大，也不能以某一次脉率，如 174 次/分而断定本次课的生理负担量过大，因此，必须对测定的数据再作进一步的加工、整理与分析。

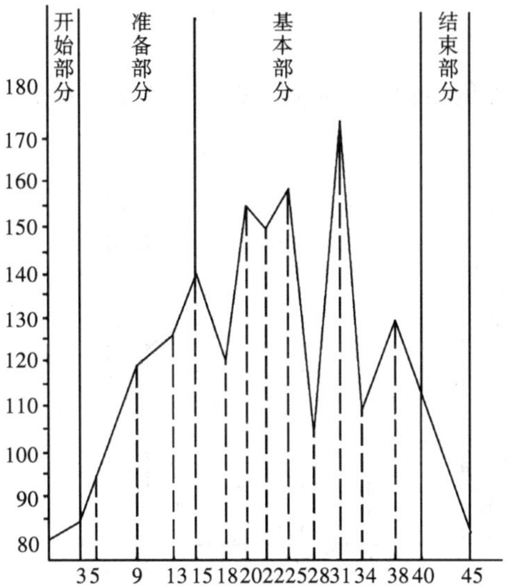

图 11－1　一次体育课中脉率变化曲线图

首先，将图中各点（脉率数）与横坐标之间作一垂线，这样就把这次体育课分割为15个小区，然后用下列分式计算各小区的生理负担量：

$$\sum X_n = Nt \times \frac{2}{1} dt$$

其中$\sum X_n$表示各个小区的生理负担总量，N表示各个小区中的最低脉率，t表示各小区所占的时间(分)，d表示各小区中最高脉率之差。根据以上分式计算结果为：

$$\sum X_1 = 80 \times 3 + \frac{6}{2} \times 3 = 249$$

$$\sum X_2 = 86 \times 2 + \frac{8}{2} \times 2 = 180$$

$$\sum X_3 = 94 \times 4 + \frac{26}{2} \times 4 = 428$$

依次计算为$\sum X_4 = 494$、$\sum X_5 = 267$、$\sum X_6 = 384$、$\sum X_7 = 270$、$\sum X_8 = 296$、$\sum X_9 = 453$、$\sum X_{10} = 396$、$\sum X_{11} = 417$、$\sum X_{12} = 426$、$\sum X_{13} = 480$、$\sum X_{14} = 250$、$\sum X_{15} = 515$

其次，根据教材的内容、性质和连续性，以及整个教学的过程，适当地把上述15个小区加以合并与扩大。即把这次体育课中的第2、3、4、5和6、7、8及9、10、11和12、13、14等小区分别合并为四个大区，并计算出各大区的平均生理负担量：

$$\sum X_{2、3、4、5} = \frac{180 + 428 + 494 + 267}{2 + 4 + 4 + 2} = 114$$

$$\sum X_{6、7、8} = \frac{384 + 270 + 296}{3 + 2 + 2} = 136$$

$$\sum X_{9、10、11} = \frac{453 + 396 + 417}{3 + 3 + 3} = 141$$

$$\sum X_{12、13、14} = \frac{426 + 480 + 250}{3 + 4 + 2} = 128$$

把各个大区的平均生理负担量绘制成图，如图11－2所示。

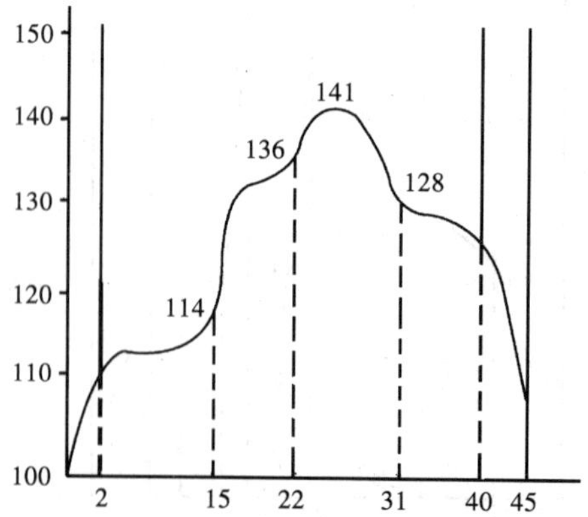

图11－2　一次体育课中脉率变化的修正曲线图

最后，计算平均生理负担量和生理负担量等级。

该次体育课的平均生理负担量为：

$$\frac{\sum X_1 + \sum X_2 + \sum X_3 + \sum X_4 + \sum X_5 + \cdots\cdots + \sum X_{15}}{t}$$

$$= \frac{5505}{45} = 122 \text{ 次/分}$$

生理负担量等级评定传统采用指数法，其计算公式为：

$$\text{生理负担量指数} = \frac{\text{平均生理负担量}}{\text{课前安静时的脉率}}$$

已知这次体育课前安静时的脉率是 80 次/分，所以生理负担量指数为：

$$\frac{122}{80} = 1.5$$

然后查表 11－1 可知，该次课的生理负担量等级属中等。

表 11－1　运动量指数评定表

运动量指数	运动量等级
2.0～1.8	最大
1.8～1.6	大
1.6～1.4	中等
1.4～1.2	小
1.2～1.0	最小

根据库柏报道，对心肺功能锻炼的最佳运动强度是在心脏每搏输出量最大的范围内。这个范围的心率，多数报道在 140～150 次/分之间。实验证明，脉率超过 180 次/分，运动时间达 20 分以上，T 细胞免疫功能即下降，约需 12 小时才能恢复。因此，一般学校体育课中的最高脉率以不超过 180 次/分为宜。而体育课的密度一般在 25%～35%之间(大者可达 40%～45%)。因此，有人提出对一般大、中学校体育课的生理负担量等级的确定，可用百分法(k%)来计算。即：

$$k\% = \frac{\text{体育课平均脉率} - \text{课前安静时脉率}}{\text{体育课最高脉率} - \text{课前安静时脉率}} \times 100$$

若按此方法计算，这次体育课的 k 值为：

$$k\% = \frac{122 - 80}{180 - 80} \times 100 = 42\%$$

查表 11－2 可知，这次体育课的生理负担量也为中等。

在计算生理负担量指数时，要特别注意课前安静时的脉率，尽量设法排除课前影响脉率的各种外界因素，否则，计算出来的生理负担量指数可因安静时脉率的上升而偏低。

生理负担量等级评定方法是体育理论、运动生理和体育保健等学科共同关心的课题，上述方法可为评定生理负担量等级时选用。

表 11－2　体育课生理负担量等级表

k%	生理负担量等级
1～20	最小
20～40	小
40～60	中等
60～70	大
70～80	最大

二、生理负担量测量结果的评定

体育课的生理负担量应该根据人体生理和功能活动变化的规律逐渐加大运动量，到体育课结束前要逐渐减少运动量。按一次体育课的结构来看，生理负担量的高峰，应控制在基本部分的中期偏后为宜。准备部分的生理负担量不宜太大，以免体力消耗过多。结束部分的生理负担量应明显下降。以上述体育课为例，从脉率变化的曲线上看，生理负担量是逐渐增大，然后又逐渐下降的，可以认为这次体育课的生理负担量的安排是合理的。

附：早锻炼、课间操和课外活动的医务监督

早锻炼可以迅速消除睡眠抑制的影响，活跃各器官系统的功能，把人体的新陈代谢提高到一定的水平，以充沛的精力迎接一天的工作和学习。早锻炼的项目应根据不同的年龄、性别、健康状况及季节而定。活动内容有徒手操、器械操、打拳、慢跑和球类活动等，以身体得到全面锻炼为原则。活动时间控制在 20～30 分钟内，一般说，运动量不宜太大。

课间操有助于消除学生在学习中产生的疲劳，提高学习或工作的效力。课间操的活动内容一般是做广播操，可做徒手操或轻器械体操，要求姿势正确，达到有效的动作幅度。课间不宜进行大强度的体育活动。

课外体育活动是提高身体素质和锻炼心肺功能的主要活动时间。从体育保健学角度来看，课外活动的时间最好与体育课交替安排，每次锻炼的持续时间以一小时左右为宜，运动强度因人而异，运动前要做好充分的准备活动，注意运动伤病的预防。

第十二章 运动训练与比赛的医务监督

医务监督是运用医学方法，指导人们合理进行体育教学、训练和比赛，以促进运动参加者的身体发育，增进健康，积极预防运动性疾病和运动创伤，提高运动技术水平。运动训练和比赛期的医务监督是指对参加运动训练和比赛的运动员进行医学检查，以确定其是否能参加运动训练和比赛，以及为制定运动训练计划提供依据。定期进行生理功能指标的检测，以评定运动员的功能状况和训练水平，为合理安排训练和比赛提供依据。对运动性伤病提出预防措施，同时安排伤病恢复期的运动训练。对比赛期的几个特殊医学问题，如：兴奋剂问题、女运动员经期参加比赛问题、减轻或控制体重问题以及时差适应问题提出指导性意见。本章还就运动员选材的内容和方法进行了论述。

第一节 自我监督

自我监督是体育运动参加者在锻炼或训练过程中，运用简单的医学方法，对自己的健康状况和身体功能状况进行观察的一种方法。它是全面身体检查的补充。

从事运动训练过程中，选择的锻炼内容是否合理，方法是否正确，运动是否合适，身体健康状况和功能水平有何变化，都可以从自我监督的各种指标中反映出来。这些指标对分析训练情况，预防和早期发现运动性伤病都具有积极意义。另外，经常进行自我监督，还能使个体对自我身体健康状况有个大致的了解，并对养成良好的个人卫生习惯有促进作用。

自我监督的内容和方法包括主观感觉和客观检查两个方面。每天的自我监督内容可填写在自我监督表中(表 12 - 1)，也可用训练日记的形式记录。

一、主观感觉

主要内容包括精神状态、运动心情、不良感觉、睡眠、食欲和排汗量等(表 12 - 1)。

(一)精神状态

有的学者将人对精神状态自我感受称做人的一般感觉。经常参加运动者一般总是精神饱满、心情愉快。但亦不排除过度训练或患病等状态下会出现精神不振、身体倦怠和情绪异常兴奋的情况。在填写自我监督的表格时，应客观地对自我的精神状态加以记录。根据不同的精神状态，可分别记做“良好”“一般”和“不好”。如精力充沛、情绪稳定、心情愉快，可记为“良好”。若精神不振、身体疲乏、情绪易于激动、浑身乏力，则可记为“不好”。如

表 12-1　自我监督表

姓名　　　　　　　　年龄　　　　　　　　性别

自我监督内容 \ 情况记录 \ 星期 \ 日期		月 日 一	月 日 二	月 日 三	月 日 四	月 日 五	月 日 六	月 日 日
主观感觉	精神状态							
	运动心情							
	不良感觉							
	睡　眠							
	食　欲							
	排汗量							
客观检查	脉　率							
	体　重							
	运动成绩							
其他指标								

介于两者之间，则可说为“一般”。

（二）运动心情

一个人在训练或比赛前，如果心情愉快，适度兴奋，有较强的参加运动的愿望，即为健康的表现。反之，如无疾病、情绪刺激等其他干扰因素，在运动前对运动缺乏兴趣和欲望，态度冷漠，甚至厌烦时，则可能是训练方法、运动量安排不当的表现，或者是过度训练和过度疲劳的早期征象。在填写自我监督表时，可根据个人的实际情况，填写“很想训练”“愿意训练”和“不想训练”等。

（三）不良感觉

参加体育运动后，由于体内的一系列的生化代谢产物的产生，可使机体疲劳，一般的症状为肌肉酸胀、四肢乏力或关节疼痛等，特别是在大运动量的训练后，大部分的人都会产生一些这样的主观感觉。若运动量安排适宜，这些不良感觉可以通过一些积极性的休息手段加以排除，一般说，身体训练水平越高，这些现象消除的速度就越快。如在休息和营养都能得到保证的情况下，上述现象仍持续较长时间不能消除，则可能是过度疲劳的表现。此外，如果运动时或运动后除上述不良感觉外，还有心悸、头晕、头痛、气喘、恶心甚至呕吐、胸闷和上腹部疼痛等症状，其原因大多与体育锻炼的内容、方法和运动量的安排不当有关。自我监督除应对上述不良感觉作好具体的记录外，还要到医务部门进行检查，采取相应的措施以防止运动性伤痛的发生。在填写不良感觉时，可根据自身的状况，填写“肌肉酸痛”“头晕”“心悸”或“其他”等内容。

(四)睡眠

睡眠对于消除运动后的机体疲劳具有重要的意义。良好的睡眠表现为入睡快、睡得熟、少梦或无梦，醒后精力充沛。如果运动员出现失眠、睡眠不好的现象，大多是对运动量不适应或是过度训练的早期反应。记录时应填写睡眠的时间长短以及睡眠状况，如良好、一般、不好或失眠、多梦、易醒等。

(五)食欲

经常参加体育运动的人，机体的新陈代谢旺盛，所以食欲一般较好，但不良的卫生习惯如运动后立即进食，吃过多的零食，或吃过热或过冷的食物则可能引起食欲下降。正常情况下，若出现食欲不佳，并伴有口渴等现象，则可能与过度疲劳和健康状况不良有关。记录时，可填写“良好”“一般”“不佳”或“厌食”等。一旦发现消化系统异常症状，如恶心、胃痛、小腹痛等，亦应在表中注明，并及时就医。

(六)排汗量

运动时人体排汗量的多少与运动量、气温、湿度、风速、训练水平、情绪、衣着量、饮水量以及汗腺数目等因素有关。如果其他因素相同，人体的排汗量随运动量的加大而增多，随运动水平的提高而减少。如果在适宜的外界条件和运动量下，出现大量排汗，甚至发生夜间盗汗等反常现象，则可能是运动量过大或身体功能状况不良，健康状况下降的反应。记录时，根据排汗情况填写汗量较多、一般、不多或其他(大量盗汗等)。

二、客观检查

(一)脉率

脉搏的快慢称为脉率，脉率在一定程度上反映人体心脏的功能状况。脉率除受性别、年龄、体温等因素的影响外，还与运动员的训练水平和运动量的大小有关，经常从事体育锻炼的人安静时的脉率较低，做等量负荷时，脉率上升幅度较小。在自我医务监督中，常用清晨卧位脉率来评定训练水平和身体状况。据调查，清晨卧位脉率若逐渐下降或不变，即说明功能反应良好，训练有潜力。若每分钟增加 12 次以上，说明机体反应不良，如无疾病等原因，就与近期运动量过大、过度训练有关。若出现心律不齐，在运动后经过适当的休息便消失则属正常的生理现象，若不消失或反而加剧则是功能反应不良的表现，除减轻运动量外，还应进行医务检查。在自我监督时，对晨脉的次数应认真记录，如伴有心律不齐等现象应注明。

(二)体重

儿童少年时期体重随年龄的增长而增长,成年人体重一般比较稳定。刚开始参加体育锻炼的人,体重变化有一定的规律。一般在锻炼初期,由于体内储存脂肪和水分的消耗,体重可下降 2 ~ 3 公斤,经过一段时间的锻炼,由于肌肉纤维生理横断面的加大,肌肉粗壮、结实,体重可有所增加。

过度疲劳、营养不良以及患有慢性消耗性疾病时,由于体内脂肪、肌蛋白被大量消耗,可造成体重的持续下降。在进行自我监督时,可定期测量体重,一般每周 1 ~ 2 次,最好每次都在清晨或其他固定的时间内进行。此外,还可测量每次运动前和运动后的体重,以作为观察运动对体重影响的参考指标。

(三)运动成绩

科学合理的运动训练和适宜的运动量,可使得运动训练者的成绩不断提高,或维持在一个较高的水平。如训练过度造成慢性疲劳和身体功能不良等,会使运动成绩下降。由此可见,运动成绩对于观察机体的健康水平和运动训练状况是一个良好的客观监督指标。因此,无论是平时的测验、对抗赛、热身赛或正式比赛的运动成绩,都应认真地加以记录、整理和统计,以对运动参加者的综合身体状况作一评价。

另外,除上述的主观感觉和客观检查的指标外,还可以根据实际情况和需要,选用一些指标,如握力、肺活量、血压等来进行监测。女运动员除以上自我监督表填写的内容外,还应填写月经卡片,对月经周期、月经期参加运动的情况和运动后的反应作一记录,并加以小结,以备运动训练调整运动量时参考(详见《女子体育卫生》)。

第二节　大运动量训练的医务监督

运动训练作为一种专门组织的教育过程,有着不以人的主观意志为转移的客观规律,如一般、专项训练相结合的原则,合理安排运动负荷原则等。我国从 60 年代以来,根据以往运动训练的实践经验,提出"三从一大"的训练要求,即从难、从严、从实践需要出发和大运动量训练,取得了不小的成就。为增进健康、保障安全和提高运动技术水平,应注意以下训练的医务监督的内容。

一、运动训练中的几个原则

一般训练和专项训练相结合　一般训练是指在运动训练中,以多种身体练习、训练方法和手段,全面提高运动员各器官系统的机能,发展运动素质。专项训练是指以专项运动本身的动作以及与专项运动动作相似的练习,提高专项运动水平所需要的机体的机能。一般与专项相结合是指在运动训练过程中,要根据项目的特点,运动员的水平和不同训练时间、阶段的任务恰当地安排两者的训练比重。

对儿童少年运动员来说，在基础训练阶段，要重视一般训练，特别是那些体能类和技能类同场直接对抗性项目，不要过早地强化专项训练，防止影响儿童少年的身体健康和未来的发展。对高水平运动员来说，同样也要注重一般训练，从而保持高水平的运动成绩和延长运动寿命。一般来说，运动员的年龄越小，训练水平越低、一般训练的比重越大，而水平越高，一般训练的比重则较小。就项目而言，需要消耗巨大体能的一些项目，一般训练的比重较大。可在早操、训练课的准备部分或结束部分安排一般训练，亦可将一般训练的内容串编成套反复练习。

系统的不间断性原则　指在训练初期到出现优异运动成绩的长期训练过程中，应按照一定的顺序持续不断地训练。让运动员从事较大的运动量，一定注意要在运动员机体产生一系列适应性良好变化时，这样才能使得运动员的训练水平逐步提高，这就需要科学地安排间歇和调整，以保证训练系统的不间断进行。要使训练过程的每次课，每个小周期，每个大周期与上一运动训练过程有机地结合。

合理安排中小学业余运动队、业余体校、省市运动队直至国家队之间的训练，使得各级、各层次的运动员的训练能有一个良好的衔接。训练过程中，采取有力措施防止运动员的运动创伤，以免影响运动员训练的系统性和连续性。对于大运动量训练伤病后停训的运动员和面临退役的运动员，要安排合理的运动以预防停训综合症的出现，要逐渐降低强度，减少运动量，以后长期维持一定量的体力活动，这样才能消除由大运动量训练而带来的负面效应。

周期性的训练　指运动训练过程以周而复始、循环往复的方式进行，后一个循环在前一循环的基础上，不断提高训练的要求，从而逐步提高运动员的训练水平和运动成绩。进行全年训练时，在过渡期运动量要小，准备期加大，基本期才能达到最大的运动量，以后又进入中小运动量的过渡期，训练量安排应呈波浪式，注意运动与休息结合。多年训练的运动量逐年增加，这对青少年运动员尤其重要。

合理安排运动负荷　运动负荷的大小一定要以训练任务、训练对象的水平的不同逐步有节奏地加大运动负荷，直至最大限度。一般如想加大运动量，都要由小到大，经由加大→适应→再加大→再适应的过程，逐步加大机体对负荷的适应能力。只有在运动员承担一定的负荷后，有一定的恢复时间，才能承担新的更大的负荷，切忌盲目加大运动量。

运动员所能承受的运动负荷没有固定的、适用于不同运动员的统一标准，要根据其训练水平和训练过程的具体情况而定。负荷安排不当是造成运动损伤、过度疲劳的主要原因之一。因此，要加强医务监督，尤其是监测负荷所产生的效应很重要。不管是教练员，还是运动员，都要尽可能地掌握一些有关负荷，自我监督方面的知识，使负荷的安排符合运动员所能承担的水平。一般采取测量运动时的心率和对运动员的面容表情的观察等方面来掌握运动员是否对当前的运动量的适应，并早期预防运动伤病的发生。另外，运动训练，特别是大运动量训练后的恢复手段也是必不可少的。

个别对待　运动训练时必须注意运动参加者的健康状况，以及身体素质、技术水平、年龄、性别和心理状态等特点。健康状况良好的可进行较大运动量和复杂的运动。体弱者，要注意渐增运动量。伤病后恢复训练的运动员，要合理安排恢复训练的内容和量。对于晚熟和月经期的女运动员，一定要做到了解情况，因势利导，否则就会出现与教练员主观愿望相反的结果。

二、功能评定

运动训练过程中，在加强自我监督的同时，应定期进行形态和功能指标的测试。运动员身体功能评定的各种参数，可以从安静状态时、实验室定量负荷时和运动现场等方面取得。

（一）训练前后的动态观察

每次训练前，尤其是大运动量训练前要记录当天的睡眠情况和自我感觉，测量安静时的脉率、血压、肺活量、握力、臂力、体重、闪烁值等指标。训练后再重复测量上述各项指标，并记录训练后的自我感觉。这样，可以初步了解大运动量训练时机体的一般反应及其恢复情况，据此，对训练作出一定的评价。

（二）一周内身体变化的动态观察

将某些在同样情况下测得的简易指标列成表格与一周内身体功能变化的情况进行比较，并作出评价。

（三）每周一次清晨定时检查

整个训练期间（如冬训），每个休息日和休息后的第一天清晨起床前，定期检查血压、脉搏并记录自我感觉。若发现有异常变化，应作进一步的身体检查。

（四）比赛前后的动态观察

比赛前后，特别是公开比赛与内部比赛前后的比较，对全面评定运动员的功能情况，更有实际的意义。

综上所述，运动员机体功能状况的医学评定，是通过安静状态、运动过程、比赛过程、恢复过程和阶段性的动态观察等措施进行的。目的是为了了解运动员对训练或比赛的适应能力，分析和判断继续增加运动负荷及提高运动成绩的可能性，为合理进行训练和安排比赛提供科学依据。

三、几种项目训练的医务监督

（一）田径运动的医务监督

根据田径运动的生理特点，从保健的角度出发，必须注意加强运动员的自我监督、生理指标的测量、定期进行运动员的功能检查与评定，尤其是耐力项目的运动员，更需要经常地对心血管系统功能状况作出判断。对 17～19 岁或年龄更小者参加长距离或超长距离训练时，由于他们的身体发育尚未完全成熟，若不按照青少年的解剖生理特点循序渐进地进行训练，就会造成心脏负担过重，使心脏功能失调，以致影响青少年的健康和缩短运动寿命。因此，要特别注意合理安排运动强度与运动量。

认真检查运动场地设备，做好运动伤病的防治工作，例如跑、跳项目训练开始阶段易发生胫骨疼痛；短跑、跳远及跨栏运动中易发生股后肌群的拉伤；长跑和超长距离赛跑中的腹痛等，运动前都要采取相应措施。田径运动与外界气象条件的关系非常密切，室内训练时要注意调节室内的气温、湿度和通风等，夏天要预防中暑，冬天要预防冻伤。

（二）球类运动的医务监督

篮球运动是对抗性强、体力消耗较大的运动，因此，对运动员必须进行定期体格检查和心血管系统的功能评定、合理安排膳食、加强运动场地的安全与卫生检查、遵守比赛规则和发扬良好的体育道德作风，这是保证运动员身体健康和预防运动伤病的重要措施。

排球运动中既有跑、跳，又有滚翻、扣杀动作，对身体素质的要求较全面，体力消耗较大。据报道，在大运动量训练时，最高脉率可达 212.4 次/分，训练后尿蛋白的发生率达 80%。因此，除合理安排运动量、定期进行体格检查外，要特别注意加强基本技术训练和指导，预防因传接球时手形不正确而引起的手指关节扭伤和半蹲位下反复扭转、起跳引起的膝部损伤等。

足球运动是一项对抗性强、争夺非常激烈并常在恶劣气候条件下进行训练或比赛的项目。据国外资料报道，一场 90 分钟的足球比赛，运动员大约跑程为 5000 米并完成 160 个技术动作。国内有关资料报道，一场足球比赛，运动员的平均跑程为 8085 米，快跑后心率为 190 次/分，消耗能量达 6277.5kJ。因此，要加强运动员身体素质的全面训练，合理安排营养，定期进行体格检查和心血管系统的功能评定，并切实做好运动性伤病的预防。

（三）体操运动的医务监督

体操运动能全面发展身体素质和平衡协调的能力，但它空间动作较多，动作连贯复杂，发生技术动作错误或失误后跌下的机会较多。因此，在教学训练中，除了必须遵守教学、训练原则、生活制度和做好营养调配外，要特别注意加强基本技术教学和安全教育，加强保护与自我保护，做好运动场地、器械、个人服装及防护用具的检查。

（四）游泳运动的医务监督

有心脏病、高血压、活动性肺结核、传染性皮肤病、中耳炎、癫痫和一切发热病人，以及女子月经期均不宜参加游泳。

下水前做好准备活动。若水温较低时，先用冷水泼身，以提高机体对水温的适应能力。在水中停留的时间也不宜过长或停止不动，由于水温低，机体体温低、散热多，能量消耗也较大，因此，要防止肌肉痉挛和过度劳累，或因失热过多而产生寒颤，此时应立即上岸，并做一些轻缓的活动以加强产热过程，防止发生感冒。此外，训练时要戴游泳帽和防护眼镜，注意预防游泳性眼结膜炎及中耳炎。

（五）冰雪运动的医务监督

遵守训练原则，根据不同运动员的身体状况和训练水平合理安排运动量。训练初期每日锻炼时间和滑行距离不能太长，通常每小时滑行 8～9 公里，每日的滑行总距离以不超过 60～70 公里为宜，中途要安排适当的间隔时间。

冰雪运动由于气温低，易引起冻伤，因此，运动时要选择合适的衣着，既要保暖，又要便于运动，冰鞋和滑雪器材要符合体育卫生要求。训练和比赛时，冰雪场地应有医务人员值班，做好随时急救伤病员的准备。在进行超长距离或多日比赛时，沿线应适当设置急救站。

（六）武术的医务监督

武术是我国传统体育项目，练习中常因动作难度的不断加大，或对打时的失误而造成损伤。例如，常因压腿、正踢腿和劈叉时用力过猛，或因局部负担量过大而引起股后群或内收肌群拉伤；跳起落地不稳、场地不平和动作错误等引起踝、膝和腰部的扭伤等。因此，教学要循序渐进，合理安排运动量，做好运动场地和器械的检查。双人对打时双方动作要密切配合，使用的器械不能锋利，以切实作好运动损伤的预防。

第三节　比赛期的医务监督

运动员在比赛期间，神经系统处于高度紧张状态，心血管、呼吸系统和内分泌系统等均处于较高的水平。因此，比赛期间要做好运动员的保健工作，使运动员处于最佳状态参加比赛。比赛后必须落实有关的保健措施。

一、中小学田径运动会的医务监督

（一）赛前体检

运动会前，要对参加比赛的学生进行健康检查，检查合格者方可参加，特别是中长跑的学生。检查的重点是心血管系统，如测心率、血压、心脏听诊等，必要时还应做功能试验。凡属准备组和医疗体育组的学生或伤病者一律不许参加比赛。

（二）组织管理

应按体育保健的要求做好比赛期间的组织管理工作，包括确定竞赛项目和制定合理的比赛程序，检查比赛场地和设备器材的安全、卫生状况，检查比赛期间的伙食管理和膳食供应。

（三）现场救护

认真组织和实施比赛现场的救护工作。设立现场急救站，配备必要的救护人员和药物器材，以保证比赛的顺利进行。若无专业医务人员，也应指定专人负责，一旦发生伤病事故，应立即送医院处理。此外，还应加强比赛中的安全、卫生以及文明新风的宣传教育工作。

(四)做好赛前的准备活动

准备活动是调整赛前状态和预防运动损伤的重要手段。准备活动的内容应包括一般准备活动和专项准备活动,强度和时间应根据不同的项目特点、运动员的赛前状态及气候等因素而定。

二、单项比赛的医务监督

(一)赛前医务监督

赛前医务监督的意义是消除运动员赛前紧张情绪，使其在各方面处于最佳状态时参加比赛。因此,赛前医务监督的要求及措施包括以下几方面:

做好赛前的体格检查,如有感冒、发烧、过度疲劳、心电图异常、心脏病理性杂音、心动过速或外伤未愈者,不能参加比赛;根据各方面的因素制定好比赛计划和日程;做好充分的准备活动,包括一般准备活动和专项准备活动;对运动场地、器材、服装进行认真的安全卫生检查;根据各运动项目的营养卫生要求,保证有必需的营养供应。

(二)赛中医务监督

比赛时,运动员的神经系统处于高度紧张状态,心血管系统和呼吸系统以及内分泌系统都处于较高的水平,运动员的体力及能量消耗也比较大。由于竞争的激烈及动作难度的加大,易发生伤害事故,因此,赛中医务监督包括以下几方面:

预防伤害事故的发生,及时作好伤病的急救、处理工作;保持稳定情绪,使运动员处于最佳竞技状态;进行一些必要的机能检查,观察比赛中的机能变化,如遥测心率等;做好比赛中的饮料供应工作及营养调配工作。

(三)赛后医务监督

通过赛后的医务监督工作可以及时了解机体的生理功能状况和疲劳程度，为安排下一阶段的训练和比赛提供依据。

做好赛后体检工作,根据需要测定某些机能指标,如脉搏、血压、体重、血红蛋白、心电图、机能试验等,以观察机体、机能状况。

安排好赛后营养。赛后应补充丰富的营养,食物的发热量要高,维生素及蛋白质要丰富。

采用必要的赛后恢复措施,尽快消除疲劳,促进体力恢复。

第四节 比赛期的特殊医学问题

一、兴奋剂问题

兴奋剂是指运动员为了提高运动能力,通过不正常的手段和方法,应用非正常剂量的生理物质，企图人为地在比赛中提高运动成绩的不正常做法（服用兴奋剂后，机体中发挥出超越其正常可能性的力量，但这是运动工作能力一时性的提高）。所以，兴奋剂的定义，已由原来的单纯使用某些对健康有害的药物发展到今天一些正常的生理物质、手段、方法的非正常使用的广义概念了。

兴奋剂的分类如下：

兴奋剂包括：刺激剂、麻醉镇痛剂、合成代谢类药物、利尿剂、肽激素和糖蛋白激素及其类似物。

兴奋剂手段包括：血液兴奋剂，药理学、化学和物理学的手段。

部分受限的药物分类包括：酒精，大麻，局部麻醉剂，皮质类固醇，β－阻滞剂。

（一）刺激剂

包括各类能增加机体活性、降低疲劳程度、增强对抗情绪和提高竞技状态的物质。它们的使用同样会降低运动员的判断力，从而导致运动中伤及他人的事故。安非他明及相关的化合物是运动中引起伤害事故最大的药物。在大运动量情况下，一些运动员即使是服用正常剂量的该类药物也会导致死亡。

一类刺激剂是指拟交感神经胺，如麻黄素、拟麻黄碱。大剂量服用这类化合物可产生精神刺激，加速血液流动。有害作用包括使血压升高、头痛、心率增加、心律紊乱以及焦虑和震颤。这些药物常用来治疗感冒和花粉热，它们能在药店买到，有时甚至无需医生处方便能在零售商店买到。另一类刺激剂是指β－2促效剂。这类药物是特殊的一类，因为兴奋剂分类既把它划为刺激剂，也把它划为合成代谢类药物，当口服或注射该药物后就会发生刺激作用和合成代谢作用。

部分刺激剂举例：可卡因、安非他明、咖啡因、麻黄碱及有关类似物质。

（二）麻醉镇痛剂

吗啡和同类的其他化合物具有强有力的镇痛作用，主要在剧烈疼痛时使用。这类物质具有较大的副作用，包括呼吸减弱，并有生理、心理依赖性的巨大危险。因此，国际奥委会医务委员会颁布不得使用该类药的禁令。

部分麻醉镇痛剂举例：双醋吗啡、吗啡、哌嗜啶、类沙酮及有关类似物质。

（三）合成代谢类药物

合成代谢类药物包括合成雄性激素类固醇（AAS）和β－2促效药。AAS包括睾丸素以及在结构的活性方面与之有关的物质。它们在运动中被滥用以提高肌肉的力量和体积，并被用来增加运动员的进攻性。使用AAS会对肝脏、皮肤、心血管系统及内分泌系统产生副作用。对男性使用者来说，AAS会减小睾丸体积和减少精子生成；对女性使用者来说，会导致男性化特征出现、乳房组织消失、月经减退；少年儿童使用者将使发育受阻。

部分AAS举例：去氢甲睾酮、若龙、康力龙、氟甲睾酮、氧雄龙、睾丸素以及有关类似物质。

(四)利尿剂

在一定病理和血压升高的情况下，对于排除组织中过剩的组织液具有重要的医疗效果。运动员滥用利尿剂有两个主要原因,即:在某些按体重级别进行比赛的项目中,快速减体重;通过稀释尿液来降低药物浓度。快速减体重从医学上能证明其正当性,同时滥用这些药物时可能产生副作用而有生命危险。此外,企图通过减体重的方法参加较轻级别的比赛或稀释尿液也构成了不道德行为。

部分利尿剂举例:乙酰唑胺、氯噻酮、安体舒通、双氢克尿噻以及有关类似物质。

(五)肽激素和糖蛋白激素及其类似物

1. 绒毛膜促性腺激素(HCG – 人绒毛膜促性腺激素)。众所周知,男子服用 HCG 及有关类似活性的化合物后,会导致内源性雄性类固醇比值的增加,可以认为这相当于服用外源性的睾丸素。2. 促肾上腺皮质激素(ACTH)。ACTH 被滥用以提高血液中的内源性皮质类固醇的含量，以获得皮质类固醇所产生的欣快作用，使用 ACTH 现被视为相当于口服、肌注或静脉注射皮质类固醇。3. 生长激素(HGH)。运动中滥用 HGH 被认为是不道德的危险行为,因为在长期大剂量服用时,它具有多种有害作用,如心血管疾病、高血压、糖尿病和肢端肥大症。

(六)血液兴奋剂

指运动员输入血液、红细胞或有关的血液成分,这个过程通常是从运动员身上抽出血液,运动员在循环血量减少的情况下继续训练。这种手段违背了体育和医学的道德准则。并且在输入血液和有关血液成分时也有危险,包括过敏反应的形成(如皮疹、发热等);如果使用不正确的血型,还将发生溶血反应,使肾脏受到损害;同时输血反应会导致发热、传播疾病(肝炎及艾滋病)、超负荷的血液循环以及代谢性休克。

(七)药理学、化学和物理学手段

国际奥委会医务委员会禁止使用某种物质或有关手段来改变用于兴奋剂检测的尿样的完整性和有效性。此类被禁止的兴奋剂手段的例子有导管插入术、尿样的更换或改动、利用丙磺舒及有关的化合物以抑制肾分泌。

二、女运动员经期比赛问题

应根据运动员经期的不同表现类型区别对待。正常型运动员(经期自我感觉正常,成绩稳定)月经期可以参加比赛;抑制型(经期体力降低、身体反应明显、脉搏减慢、血压降低等)和兴奋型(经期各生理指标都趋于增高,出现异常激动,脉搏快、呼吸频率增加、血压升高等)运动员可参加比赛;病理型(经期出现病理反应,如头晕、乏力、食欲不振、心率加快等)运动员不应参加训练和比赛。但不论哪一种类型的运动员,经期训练时都应缩短运动时间,减小运动强度和运动量。为了参加重要比赛,可以采取改变周期的办法,推迟或提前月经期,以错开赛期的月经,这种方法称为“人工月经周期”。推迟月经周期一般用黄体酮或18－甲基炔诺酮，提前行经期一般用复方甲地孕酮片。女运动员应建立月经卡，以便合理安排训练节奏、运动量和比赛。游泳、跳水等水上项目的女运动员，在经期下水训练和比赛时，为避免水对机体可能带来的不利影响，可采用两种方法：一是使用体腔内卫生带，二是采用“人工月经周期”来调整月经周期。“人工月经周期”由于是人为地改变正常的月经周期，可能会给女子的机体造成不利影响，所以不宜经常采用。

三、运动员减轻与控制体重的医学问题

举重、摔跤、拳击、柔道以及其他按不同体重级别进行比赛的项目，运动员在赛前采取传统的减体重方法（如饥饿、半饥饿、发汗、加大运动量等），尤其以年龄小、体重轻的运动员所减轻的体重数值占其原有体重的百分数更大。多数教练员认为，在平时训练时以一种较重的或正常体重进行，到比赛前快速减轻体重，参加低于其本人正常体重的级别，对比赛有利，但此种观点尚缺少科学数据的支持。而减轻体重只有在规定所需要的靶体重切合实际、减体重速率合理及减体重期膳食营养保证的前提下，方能取得效果。快速减体重的方法，如饥饿、部分饥饿、发汗、限制水分、加大运动量，甚至采用利尿药或泻药等，即使是短期的，也会损害健康和运动能力。

另一类运动如体操、跳水、芭蕾舞、花样滑冰、长跑等运动员经常长期控制或间歇地减轻体重。这样做的目的如下：1. 在需要举起或移动身体的运动中，较小的体重具有生物力学的有利因素。2. 期望获得单位体重的最大肌肉力量比。3. 减少运动中耗氧量和能量的消耗。4. 保持体型细长。

控制体重，特别是控制体脂处于较低的水平可取得好成绩。但长期控制体重必须注意所采取的措施，若有不当，便会损害健康和运动能力。

运动员采用的减体重方法归纳起来有两个方面：一是限制进食量（限制部分饮食或半饥饿或全饥饿），同时还限制水分摄取量（部分或全部限制）；另一方面是增加消耗量，常采用增加运动量的方法。此外，运动员采用脱水方法（包括穿不透气的尼龙服促进大量出汗，服用利尿药以大量排尿来减少体内水分），甚至服用泻药、自我催吐以及服用食欲抑制剂等。

长期控制体重的医学问题　过度控制饮食造成的不良影响如下：生长发育延缓、月经紊乱、营养不良、精神负担过重、便秘、自我感觉无力，进而降低运动员的运动能力。因此，在控制体重的问题上，无论是教练员、运动员，还是营养师，都要引起重视，没有专业知识切勿自行任意大幅度降低体重，以免影响运动员身体健康。另外，通过快速降体重来参赛，也可能违反奥林匹克精神和公平竞争的原则，需要引起注意。

四、时差适应

运动员在出国比赛时，往往会遇到时差问题。能否适应时差变化是关系到运动员在重大的国际比赛中能否发挥本人正常水平的问题。

时差反应　科学研究发现，时差在3小时以内对人体影响不明显，超过3小时就会对

人体产生明显影响。时差变化越大,机体反应也越强烈。时差所引起的机体不适感主要表现有:疲倦乏力,精神萎靡不振,食欲不佳,睡眠不良,情绪容易激动,注意力不易集中,运动员往往感到心烦意乱。总之,整个机体的生理功能和运动能力都会受到影响。

时差的适应　适应时差可以从以下几方面着手:首先,对于时差反应要有充分的精神准备,不要过分紧张和恐惧。其次,根据时差的大小提前若干天到达比赛地点,以适应时差。第三,为了尽早适应时差,应按当地的时间安排就餐、休息等。第四,到达当地的前3天,不进行大强度训练,而作为调整期,4天后可加大运动量,过渡到正规训练,做赛前准备。

第五节　运动员的科学选材

随着现代竞技水平的提高,某些项目创造优异成绩的年龄的提前,运动员科学选材的问题,已越来越引起广大体育工作者和教练员的关注。尤其现在国际上对一些竞技项目,如女子体操的参赛年龄加以了严格限制,这对体育科学工作者提出了新的课题和挑战,即如何在一个相对固定的时间内,训练出高水平的竞技运动员来。就我国已有的运动员选材的手段来看,还没有一个相当科学和完善的方法来指导选材工作,许多项目仍处在研究和探索阶段。

一、选材概念及研究对象

所谓选材,是指直接或间接地将被选者的运动才能的天赋因素测定出来,并根据测试结果分析预测其未来的竞技能力。运动员选材一般可分为科学选材、经验选材和综合选材三种,但其核心均是预测。

科学选材涉及到生物学、人类学、遗传学、解剖学、生理学、医学、教育学、心理学、行为学、数学、测量学和统计学等众多学科领域。而人体生长发育规律、人类遗传学原理和人类生存环境则构成运动选材学的主要理论基础。占首要地位的是儿童少年的生长发育规律,这是儿少运动员选材的立足性依据。其次是遗传,它决定人体性状(尤其是难控和不可控性状)及其发展潜力。第三是环境,它对可控性状的发展具有决定性的作用。

运动选材学研究的主要对象是天赋运动才能的形成因素及其发展变化规律,这是科学预测的基础。具体包括:1. 儿少运动员的选材,目的是早期定向培养,这是运动员选材的重要组成部分。2. 集体项目组队选材,目的是为集体项目组队,依据项目的特点和要求选拔运动员。3. 比赛选材,目的是为重大比赛物色选手,以期取得比赛的胜利。

历史上,运动员选材的发展大体上历经了自然选材阶段、经验选材阶段和多学科综合选材阶段。科学选材已成为当代竞技体育的发展需要,只有坚持科学选材,才能充分利用和挖掘人类的天赋运动才能,提高成材率,这不仅对更快更多地培养出世界级的运动员具有重大的意义,同时,亦有巨大的经济效益和社会效益。

二、运动员选材研究的具体内容

(一)体型　指人的体表性状及其特征,一般由体长、体宽、体围和身体的充实度等因素构成。它研究的具体内容:1. 体型的分类及其与运动能力的关系。2. 体型的形成因素及其预测方法。3. 体型选材常用的指标及其测量方法。

(二)生理机能状态　指人体各器官的机能水平及其发展趋势和潜力。它研究的具体内容:1. 人体生理机能状态的形成因素及其与运动能力的关系。2. 研究与人体运动能力关系密切的主要器官,如心肺、中枢神经系统、视听器官、运动器官的机能水平及其在体育运动作用下发展的倾向和可能达到的最高水平。3. 生理机能选材常用的指标与测试方法。

(三) 生化特征　主要指人体物质代谢和能量代谢的个性特征。它研究的具体内容:1. 个体生化特征的形成因素及其与运动能力的关系。2. 研究与人体运动能力关系密切的主要生化指标,如血乳酸、血红蛋白、肌红蛋白、磷酸肌酸和三磷酸腺苷等代谢水平、特征及其可能达到的最高水平。3. 生化选材常用指标及测试方法。

(四)身体素质　是指人体肌肉活动时表现出来的各种机能能力,如力量、速度、耐力、灵敏性和柔韧性等,分为一般素质和专项素质两种。身体素质选材的具体内容:1. 身体素质的形成因素及其与运动能力的关系。2. 身体素质的生理、生化基础。3. 身体素质选材的测试指标与方法。

(五) 心理、智力与个性　心理素质是指外显心理功能所对应的内部心理过程的特征。个性是指个人具有的、比较稳定的、可以预测的性格特征。智力是指人认识主客观事物和运用知识的能力。心理素质、个性和智力选材的具体内容:1. 三者的形成因素及其与人体运动能力的关系。2. 三者的心理生理学基础。3. 三者选材常用的指标与方法。

(六) 运动技术与战术意识　运动技术是指能充分发挥运动员机体能力的合理的、有效的专门动作,一般分为基本技术和高难技术两种。战术意识是指在比赛中,对克敌制胜的策略方法的认识及其运用能力。运动技术与战术意识选材的具体内容:1. 运动技术、战术意识的形成因素及其与竞技体育水平的关系。2. 运动技术、战术意识的身体素质和心理素质基础。3. 运动技术、战术意识考核的基本内容与测试方法。

(七)运动项群　运动项群指运动性质和运动形式相对的运动项目类群。运动项群选材研究的具体内容:1. 竞技运动项群的分类、意义与特点。2. 体能类项群选材法。3. 技能类项群选材法。

(八)科学选材计划与管理　它研究的主要内容:1. 科学选材的基本原则、程序、层次和阶段。2. 科学选材中的数据处理。3. 科学选材的计划与组织。4. 科学选材效果的评价。

上述八个方面为“运动选材学”的基本内容。实际选材时,应根据运动项目的要求确定适当的选材内容、指标和检测方法。

三、运动员的科学选材

(一)生长发育与选材

运动员科学选材的核心问题之一,就是认识与掌握儿童少年生长发育的规律,以及在不同生长发育阶段上的各种特征,并准确而科学地鉴别发育程度、发育类型等。虽然儿童少年在发育过程中,由于生活、环境、营养、体育锻炼、遗传等因素而出现个体差异,但仍有共同的规律。

1. 儿少生长发育的连续性和阶段性　生长发育是具有阶段性的,每一个阶段都有它独有的特点来区别于其他阶段,并且,每一个阶段与它的前后阶段彼此很有规律地交替着、衔接着。前一个阶段为后一阶段的发育打下必要的基础。任何一个阶段的发育受到阻碍,都会对后一阶段的发育起着不良影响。

2. 生长发育的波浪性　人体的生长发育不是直线上升的,而是呈波浪式的,是不等速的,有时快些,有时慢些,快慢相互交替进行。如由胎儿到成熟期的身高、体重有两次突增阶段。第一次突增由胎儿时期开始,第二次的突增,一般由 10 ~ 12 岁开始。如以出生为界,也可以说在胎儿时期身高、体重的发育速度达到第一个高峰,而出生后,速度是在降低的,直到第二次突增开始。

3. 生长发育的不平衡性与统一性　儿童少年的身体各器官、系统生长发育的速度是不平衡的,有的较快,有的较慢,但又是相互联系与影响,具有统一性。如神经系统的发育较其他系统的发育早而快。与神经系统相反,生殖系统的发育迟而缓慢,在第一个十年内,生殖系统几乎没有什么发展,而在全身第二次发育突增开始后才迅速发育。

此外,即使是同一系统、身体各部位发育程序也不一样,例如肌肉的发育,大块肌肉发育比小块肌肉快,躯干肌肉比四肢肌肉发育快,屈肌发育比伸肌快,上肢肌肉发育比下肢肌肉快。虽然身体各系统的发育速度和时间不同,但人体是一个统一的整体,各系统的发育是彼此密切相关的。如内脏的一般器官(呼吸、消化器官、心脏、血管、肾、脾等)的发育,在正常的情况下,总是与身高、体重的发育相适应,具有一致性。

4. 儿少生长发育程度的鉴别　不同的儿童少年,其生长发育的程度是不同的,存在着不同类型。在评价儿童少年的生长发育时,往往用到生活年龄和生物年龄,而后者则常用发育程度来表示。实践证明,用日历年龄来进行儿少选材者,往往会被一些假象所迷惑,以致于耽误真正有前途的儿少运动员的前途。所以,只有区别了儿童少年运动员的发育程度,才能对儿童少年形态、机能、素质、心理、技术、成绩作出客观而准确的评价。

评价发育指标的方法有三种:其一,用骨龄评价发育程度,这是国内外普遍采用的方法。国外主要采用的有 TW_1 标准、TW_2 标准和 G—P 标准。国内主要采用 CHN 标准(尚未推广)。统一拍摄全部手骨、腕骨和桡、尺骨远侧端后前位 X 线片,根据骨化中心出现的时间与数量,骨骺与骨干愈合的时间、程序评出骨龄,作为评价发育程度的依据。其二,用第二性征出现顺序评价发育程度。由于第二性征的出现个体差异较大,因此,只能评价出一个范围,供选材时参考。其三,用阴毛、睾丸、乳房分度法推测骨龄,评价发育程度。该方法有一定准确性,特别是对男性儿童少年,准确性更大。而对女性儿童少年用乳房分度法推测，其准确性尚待进一步研究。

青春发育开始时间，男少年一般在 12～14 岁，女少年要比男少年早 1～2 年，一般在 10～12 岁。由于遗传、营养、环境和疾病等因素的影响，青春发育高潮期到来的时间存在着明显的个体差异。一般来说，开始发育时男少年的骨龄为 13 岁，女少年为 11 岁，并同时出现拇指籽骨骨化中心，乳房开始发育，第一次出现乳节。根据这些标志出现的早晚，可将开始发育的时间分为三种类型。

提早开始发育类型：男少年 10～11 岁、女少年 8～9 岁（或更早）开始出现以上的标志。

正常开始发育类型：男少年在 13～14 岁，女少年在 11～12 岁开始出现以上的标志。

推迟开始发育类型：男少年在 15～16 岁，女少年在 13～14 岁（或更晚）出现以上的标志。

青春发育高潮的持续时间　进入青春发育高潮到发育趋于稳定，中国人一般历时三个日历年龄，但存在着个体差异。目前常用骨发育标准（简称 G—P 标准）来评定骨龄。

据研究，我国少年发育期高潮持续时间长短呈现三种类型：

青春发育期高潮持续时间缩短型：指在两个日历年龄跨过四个骨龄年。

青春发育期高潮持续时间正常型：指在三个日历年龄跨过四个骨龄年。

青春发育高潮持续时间延长型：指在四个日历年龄跨过四个骨龄年。

儿少发育程度分型。可以根据儿童少年开始发育的早晚和发育高潮持续时间的长短这两个因素，将在青春发育期中的儿童少年分九种不同的发育类型（表 12－2）。

表 12－2　儿少生长发育程度分型

分型 发育开始时间 / 青春期高潮期持续时间	提早开始发育 男：10～11 岁 女：8～9 岁	正常开始发育 男：13～14 岁 女：11～12 岁	推迟开始发育 男：15～16 岁 女：13～14 岁
缩短型（两个日历年龄跨过四个骨龄年）	提早开始发育缩短型	正常开始发育缩短型	推迟开始发育缩短型
正常型（三个日历年龄跨过四个骨龄年）	提早开始发育正常型	正常开始发育正常型	推迟开始发育正常型
延长型（四个日历年龄跨过四个骨龄年）	提早开始发育延长型	正常开始发育延长型	推迟开始发育延长型

九种发育类型与成才率的关系可以参见表 12－3。

表 12－3　青春期发育类型与成才率

生长发育的类型		成才率（%）
提早开始发育	缩短型	0
	正常型	1
	延长型	8
正常开始发育	缩短型	10
	正常型	15
	延长型	65
推迟开始发育	缩短型	3
	正常型	2
	延长型	1

我们的目的是选出那些生活年龄与生物年龄一致(或略小)而形态、机能、素质、心理、技术成绩等确是某一生物年龄中水平高者,因为从表 12－3 可见,正常开始发育的成才率总计为 90%,其中正常开始发育延长型为 65%,因此,可以认为,青春期开始早期对成才的影响固然重要,但更重要的是青春发育期高潮持续时间长短。凡最终能成才者,大多数是那些在正常年龄开始发育,并且发育高潮持续时间延长,达到 G—P 骨龄标准而推迟成熟者。

(二)遗传与选材

实验研究结果和训练实践证明,适合人体运动的一整套运动能力是由遗传因素和其他因素共同决定的。运动能力的遗传是普遍存在的。

运动能力的遗传规律:运动能力的遗传以多基因遗传方式为主,具有性状遗传的三大特性,即连续性、相关性和阶段性。除此之外,运动能力还有变异的可能。

由于遗传,人类能保证子代与亲代的相似,维持人种的稳定。同样,由于变异,人类才能不断地进化与发展。因此,遗传与变异是一对矛盾,是辩证的统一。遗传是相对的,而变异则是绝对的。

运动能力的遗传度:遗传学的观点认为,一切人体的外在表现都是遗传基因和环境因素相互作用的结果。人类只有少数性状,一经形成就不再受环境的影响。但多数性状,在不同程度上均受环境的影响而发生变异。有的性状以遗传因素为主,有的以环境因素为主,有的两者作用几乎相等。为了估计遗传和环境对某一性状表现所起作用的相对比重,就要计算这个性状的遗传度。遗传度,是指某一特定性状的总的变异中,有多大比例归于遗传因素,有多大比例归于环境因素,一般用百分比(%)表示。凡性状以遗传因素为主的,其遗传度数值大。凡以环境因素为主的,其遗传度数值就小。在选材时,应特别重视那些遗传度高而且是专项主要因素的指标,并且按照生长发育的规律,在生长发育敏感期的训练中着重优先诱导与发展,使其充分表现。对遗传度低的性状,在选材时可以适当从宽。但在该性状发展最快的敏感期时,应适当从严。因为在该性状发展的敏感期,遗传因素作用最明显,该性状应能充分表现。如这时在环境和训练的作用下还不能充分表现性状,必须从严审定。

了解与认识不同性状的遗传度,将有利于科学选材。现将有关各类指标的遗传度资料汇总如下,供选材时参考。

1. 主要形态指标的遗传度:人体形态特征,在遗传学上称为体表性状。它受多基因遗传控制,其形成同样受多种因素的影响。其中,遗传因素是最主要的。但反映人体形态特征的长、围、宽、厚度的不同体表性状,受遗传因素影响的大小各异,男女之间也有明显差别(表 12－4)。

在主要形态指标的遗传度中,除肺面积、体重、胸围、臂围、腿围受后天环境影响较大外,其他指标在很大程度上受先天遗传因素制约。在选择那些与专项特点关系密切的主要形态特征指标时,尤其要对遗传度大的指标给予高度重视。

2. 几项生理指标的遗传度:在选材过程中,对影响专项运动能力的生理机能指标的遗传度,也必须给予充分重视,并且在选材开始直至成才过程中,通过定期的测试,才能最

表 12－4　主要形态指标遗传度

指标	男(%)	女(%)	指标	男(%)	女(%)
身高	75	92	胸　围	54	55
坐高	85	85	臂　围	65	60
臂长	80	87	腿　围	60	65
腿长	77	92	体　重	63	42
足长	82	82	瘦体重	87	78
头宽	95	76	心脏形态	82	82
肩宽	77	70	肺面积	52	52
腰宽	79	63	胸廓形态	90	90
盆宽	75	85	膈肌形态	83	83
头围	90	72			

后作出判断。

表 12－5 几种生理指标的遗传度中，中枢神经系统的功能是先天遗传的，后天环境很难改变。最大摄氧量，直接关系运动员摄氧水平的高低。它的遗传度在 79% ～93.6% 之间，平均为 86.3% 。最大心率遗传度达 85.9% 。说明后天环境和训练的因素对其影响较小，很难通过后天改变。因此，在对耐力项目运动员选材时，这些指标有着特殊意义，必须从严要求。

表 12－5　几项生理指标遗传度

指　标	遗传度(%)
安静心率	33
最大心率	85.9
肺通气量	73
最大摄氧量	79～93.5
CNS 功能	90
月经初潮时间	90
血型	100
血压	42

3. 几项生化指标的遗传度：人体生化过程与代谢特征，必然会直接影响到人体生理机能、运动素质的表现。代谢能力的高低与代谢特征的形成，主要是由遗传决定的。

表 12－6　几项生化指标的遗传度

指　　标	遗传度(%)
CP、ATP	67～89
线粒体数量	70～92
肌红蛋白含量	60～85
血红蛋白含量	81～99
血乳酸最大浓度	60～81
乳酸脱氢酶活性	65～87
红白肌纤维比例	80

从表 12－6 几项生化指标的遗传度不难看出，它们的遗传度都较高，说明先天遗传占主要地位。ATP 和 CP 含量，均受遗传控制。一般认为，肌肉中 CP 的含量是人体速度素质的物质基础。

血红蛋白含量高低，直接关系到人体物质代谢与能量代谢水平。因此，它和肌红蛋白一样，与人的耐力水平有一定关系。

4. 几项运动素质的遗传度：运动素质的各种性状是受多基因遗传控制的。在它形成的过程中同样还要受环境、训练等因素的影响。因此，在选材与育材过程中，对各素质遗传度的了解具有重要意义，在评价时应特别注意遗传的相关性原则(表 12－7)。

表 12－7　几项运动素质的遗传度

指	标	遗传度(%)
速度	反应速度	75
	动作速度	50
	频　　率	30
	反应时	86
力量	绝对力量	35
	相对力量	64
耐力	无氧耐力	86
	有氧耐力	70
柔韧	柔 韧 性	70

5. 智力与个性特征的遗传度：运动员的智力与个性特征主要受遗传因素的影响。一旦形成就相当稳定，很难改变。

有关文献对智力遗传度的报道不一，分别为 65%、75% 和 85%，一般人均在 70% 左右(表 12－8)。

表 12－8 几项个性特征的遗传度

个性指标（GO）	遗传度（%）	个性指标（N、F、G）	遗传度（%）
基本情绪	75	动作速度	93
		判断果断性	96
活　力	79	对反对的抵抗	95
		柔顺性	91
思考能力	72	运动冲动	90
		好奇心	87
心理状态	60	冲动协调	86
		意志坚韧性	83
意志坚韧	77	对矛盾的反应	80
		运动制约	65

（三）环境与选材

环境选材法是根据多基因数量性状遗传在环境因素影响下产生变异的原理进行选材的方法。从遗传学的角度出发，遗传是相对的，而变异是绝对的，所以，应在重视被选儿少的先天因素的前提条件下，注意那些主要由环境决定的性状分析与研究，全面、认真地研究人体运动能力各性状的遗传与变异情形及未来可能达到的水平，科学地选拔运动员。

（四）体型选材

体型是人体形态的外在特征，构成体型的主要因素包括体长、体宽、体围、身体充实度和各种派生指数。

1. 身高预测方法

从骨龄预测身高是目前最准确的预测方法。具体方法是给受测者双手拍X线片，并准确测量受测者现时身高，然后在骨龄和最后身高百分比中，查出他的骨龄发育百分比，再利用公式预测其最后身高。公式：成年身高＝现时身高/骨龄发育百分比。

从父母身高推算其身高。捷克的哈弗利采克将子女和父母的身高关系总结为下列公式：

$$\text{儿子的身高}=\frac{(\text{父身高}+\text{母身高})\times 1.08}{2}$$

$$\text{女儿的身高}=\frac{\text{父身高}\times 0.923+\text{母身高}}{2}$$

据资料统计，我国子女与父母身高关系系数为111%～112%与94.8%～98%之间。

根据自己的身高推算。鉴于身高具有较大的发展稳定性，不少人运用统计学方法从中找出规律，总结出一些根据自身身高推算未来身高的方法。现介绍一种常用的卡帕林氏和坦纳氏预测法（表12－9），计算方法是将测试对象的现有身高，除以按年龄查表所得的百分比。例如：一个 8 岁男孩子现在身高为 130 厘米，查表中的百分比为 72%（卡帕林氏），则该男孩子将来成人后的身高为 130 ÷ 72% ≈180.56 厘米。

表 12－9　卡帕林氏和坦纳氏身高预测百分比表

年龄（岁）	男				女			
	卡帕林氏		坦纳氏		卡帕林氏		坦纳氏	
	%	误差（厘米）	%	误差（厘米）	%	误差（厘米）	%	误差厘米
3	54.6	3.7	53.5	1.3	58.0	4.0	57.2	1.2
4	58.3	3.7	57.7	1.4	12.0	4.0	61.8	1.5
5	62.0	3.4	61.6	1.5	65.0	4.0	66.2	1.5
6	65.4	3.4	65.3	1.6	70.0	3.7	70.3	1.6
7	68.8	3.2	69.1	1.6	73.7	3.4	74.3	1.6
8	72.0	3.2	72.4	1.7	77.7	3.4	77.6	1.9
9	75.2	2.8	75.6	1.7	80.4	3.1	81.2	2.0
10	78.0	2.6	78.4	1.8	83.5	3.1	84.8	2.4
11	80.6	2.3	81.3	1.9	86.6	3.6	88.7	2.9
12	82.9	3.1	84.0	2.2	90.2	3.7	92.6	3.3
13	86.0	3.7	87.3	3.0	93.9	2.4	96.0	2.2
14	89.7	3.7	91.0	4.0	96.3	1.9	98.3	1.2
15	93.4	3.2	94.6	3.7	98.2	0.9	99.3	0.7
16	96.9	1.7	97.1	2.7	99.1	0.6	99.6	0.4
17	98.3	1.1	98.8	1.4	99.7	0.3	99.9	0.3
18	99.4	0.6	99.6	0.6	100.0		100.0	

2. 体围预测方法

表 12－10 可预测成年时的胸围、大腿围、小腿围和上臂紧张围度。预测公式：未来围度 =（当年围度／预测%）×100

表 12－10　胸围、大小腿围和上臂紧张围度百分表

预测年龄（岁）\ 指标 性别	胸　围		大腿围		小腿围		上　臂紧张围	
	男（%）	女（%）	男（%）	女（%）	男（%）	女（%）	男（%）	女（%）
10	73.1	79.2	75.5	76.5	76.5	78.8		73.1
11	75.6	83.1	79.6	78.4	79.4	84.7		76.2
12	78.6	88.3	81.6	84.3	85.3	87.8		80.0
13	82.1	93.5	85.7	90.2	88.2	90.9	72.4	84.6
14	85.7	96.1	89.8	92.2	91.2	93.9	79.3	88.5
15	90.4	98.7	93.8	96.1	94.1	96.9	82.7	92.3
16	92.4		95.9	98.0	97.5	98.5	86.2	95.4
17	95.2		97.9	99.1	98.5	99.1	89.6	96.9
18							93.1	98.5
19							96.6	99.2

3. 体宽预测方法

预测少年儿童成年后的肩宽或骨盆宽 =（当年肩宽或骨盆宽/预测%）×100(表 12－11)。

表 12－11 肩宽、骨盆宽百分比预测表

年龄(岁) \ 预测 \ 性别 \ 指标	骨盆宽 男(%)	骨盆宽 女(%)	肩宽 男(%)	肩宽 女(%)
10	76.4	78.7	71.8	84.1
11	78.9	82.6	74.4	86.9
12	80.0	90.5	79.5	89.5
13	85.1	94.4	82.1	92.8
14	89.0	95.7	87.2	95.6
15	92.7	98.4	92.3	98.5
16	94.5	99.2	93.6	99.1
17	96.4	99.6	94.9	99.5

四、选材的方法与步骤

(一)家系调查

在选材时,对被选者的家系进行调查,运用遗传学的观点、方法去分析、判断和观察其运动能力的发展趋势,可提高预测判断的准确性。调查的内容有父母、祖父母、外祖父母和兄弟姐妹的形态特征、健康水平、运动能力、兴趣爱好等。

(二)一般体格检查

内容包括肌肉系统、骨骼系统、心血管系统、呼吸系统等,目的是了解被选者的健康状况和有无影响运动能力发展的各类疾病和身体缺陷。

(三)鉴别发育程度与分型

方法是拍摄骨龄，用第二性征出现顺序评价发育程度和对青春期发育高潮持续时间长短进行鉴别与分型。

(四)测试

通过对被选者各种选材指标的实际测试，是获得有关被选者运动能力现实状态各种信息的必不可少的手段。

(五)对测试的结果综合评价

对测试结果进行综合评价,并结合家族调查,一般检查和发育程度鉴别结果进行综合分析、判断,以作出最后对被选者入选与否的结论。

第十三章 运动性疾病

运动性疾病，一般是指机体对运动不适应造成体内调节平衡的功能紊乱而出现的一类疾病、综合征或功能异常。常见的有：过度紧张、过度训练、运动性尿异常、心律失常、病毒性心肌炎、运动性贫血、运动性中暑、停训综合征等。本章主要介绍几种常见的运动性疾病的发生原因与发病机理、症状与体征、诊断与鉴别诊断、处理方法及预防措施。

第一节 过度紧张

过度紧张，系指运动者在比赛或训练时，运动负荷超过了机体的承受能力而引起的生理功能紊乱或病理现象，常在训练或比赛后即刻发生。过度紧张的类型很多，轻重程度差异较大，可涉及某一系统或几个系统。多发生在中长跑、马拉松、自行车、足球、篮球、拳击、短跑和举重等运动项目中。

一、原因与机理

过度紧张多发生在训练水平低、经验较少的新手身上，因伤病长期中断运动训练的运动员，突然进行剧烈的运动或比赛时也会发生，有时也发生在受巨大精神刺激后的高水平运动员身上。为一种急性的运动性疾病。

过度紧张的发病机理很复杂，目前尚在进一步探讨中，一般认为昏厥型的产生是脑缺血造成的，是由于供血量的减少或脑血管痉挛而引起。如举重时，胸腔及肺内压骤然剧增，造成回心血量减少，致使心排出量锐减，造成短暂的脑供血不足。又如田径运动员疾跑后突然中止活动时，肌肉的收缩活动骤然停止，血液淤滞于下肢，造成循环血量明显减少，血压下降，引起脑缺血，即保加利亚生理学家首先报道的重力性休克。脑血管痉挛型发病机理可能与某些脑血管先天畸形或运动时脑部供血障碍有关。急性胃肠道综合征的病理机制可以用胃局部血液循环障碍来解释。因激烈运动和情绪紧张时交感神经占优势，胃肠血管收缩，循环血量大大减少，导致胃粘膜出血性糜烂或溃疡。或者运动员原患某些消化道慢性疾病，因运动诱发应激出血。急性心功能不全和心肌损伤发病者，可能因胸部受到直接打击（可见于拳击、足球、摔跤等有身体接触的运动项目），血管运动神经反射作用引起心脏循环系统休克。也可能是原患有某些心脏病（马凡氏综合征、风湿性心脏病、病毒性心肌炎、肥厚性心脏病、冠状动脉先天发育畸形等）。还有的认为是运动直接引起心肌出血、水肿、炎症、心脏急性扩张等变化而导致心肌缺血、心肌梗塞、急性心力衰竭。

二、症状与体征

(一)昏厥型。主要表现为一时性意识丧失。昏倒前,常伴有头晕、耳鸣、眼前发黑、乏力、面色苍白、出冷汗等。昏倒后,意识丧失、手足发凉、脉率增快或正常、血压下降或正常、呼吸减慢或加快。清醒后,全身无力、精神不佳,常伴有头痛、头晕、恶心、呕吐等。

(二)脑血管痉挛型。表现为运动员在运动中或运动后即刻出现一侧肢体麻木、动作不灵活,常伴有剧烈的头痛、恶心、呕吐。

(三)急性胃肠道综合征。表现为剧烈运动后即刻或不久出现面色苍白、恶心、呕吐、上腹痛、头痛、头晕,较重者可呕吐咖啡样物,大便化验潜血试验阳性。

(四)急性心功能不全和心肌损伤。表现为运动中或运动后不久,出现头晕、眼花、步态不稳、面色苍白、发绀、呼吸困难、极度衰弱、恶心、呕吐、咳嗽、咯血、胸痛、右季肋部痛,甚至意识丧失。检查时心律不齐、脉率快而弱、血压下降等。

三、处理

出现过度紧张均应中止运动,病情较轻者,让其平卧,注意保暖,进食易消化的食物。发生急性胃肠道综合征者尤其发生胃出血后应休息观察,进流质、半流饮食或软饮食,必要时可用止血药。出现急性心功能不全者,应立即采取半卧位,现场给予吸氧,伴昏迷者,针刺或点掐人中、百会、涌泉等穴。伴呼吸、心跳停止者,立即进行人工呼吸和心脏叩击或胸外心脏挤压,并同时呼救、转送医院进一步抢救。

四、预防

预防的关键是:1. 做好身体检查。当运动员集训或参加激烈比赛前,应做全面的体格检查,以排除某些潜在性疾病(如心血管系统、消化系统等)。2. 遵守科学训练和比赛的原则。3. 加强训练或比赛时的医学观察。

第二节　过度训练

过度训练这一术语在各国体育界已广泛采用,但目前对其确切的、公认的定义尚未取得一致的看法。其他国家采用了多种术语,如过度训练综合征,过度劳累,运动过度,肌肉过度紧张等。我国沿用的是前苏联文献中广泛应用的术语,称为过度训练。

一、原因与发病机理

(一)训练安排不当

在教学和训练中未遵守循序渐进性、全面性和系统性训练原则，持续进行大运动量负荷训练，训练内容单一，缺乏全面身体素质和心理素质的训练，缺乏根据个人特点、机体状况、季节、地理环境进行训练计划的适当调整。

（二）比赛安排不当

连续比赛缺乏调整、缺少足够的休息，赛后体力未完全恢复就进行大运动量负荷训练，伤病后过早参加比赛等。

（三）其他原因

生活制度遭到破坏、精神创伤、心理压力、营养不良、环境不良等。

过度训练的发病机理目前尚待研究中，有的学者认为，连续疲劳使大脑皮层兴奋过程与抑制过程之间的均衡性遭到破坏，造成过度兴奋或过度抑制，破坏了原有动力定型，皮层下功能发生紊乱，引起各器官系统功能失调，是一种神经官能症。有的学者认为过度训练，不仅仅是神经系统功能紊乱，而强调过度疲劳是过度训练的前提，在过度疲劳的基础上出现机体的内脏器官、内分泌系统、运动系统的形态和机能的改变。还有的认为，过度训练是体能下降的慢性负适应综合征。

二、症状与体征

前苏联运动医学专家曾把过度训练的症状分为三个时相：神经症状、内分泌症状、内脏症状时相。德国的 Hollmam 和匈牙利的 Kereszty 等则把过度训练分为交感型和副交感型。我国著名运动医学学者浦钧宗等将过度训练主要症状归纳如下：

（一）神经精神症状

睡眠障碍、头痛、头晕、记忆力下降、情绪改变（烦躁、易怒、无训练欲望）等类似神经官能症症状，称为“特殊神经官能症”。

（二）消化系统症状

食欲下降、纳差、恶心、呕吐、肝区疼痛、腹泻或便秘、腹痛、腹胀等胃肠功能紊乱，个别运动员可以出现消化道出血症状。

（三）心血管系统症状

主要表现有心悸、胸闷、心前区不适、心律失常。严重者出现明显的收缩期杂音、心电图检查往往出现异常改变（P—R 间期延长、QRS 间期延长、ST 段下移、T 波方向改变等），脉率一般增快（也有的减慢），血压常常升高（也有的异常降低），心血管系统联合机能试验出现脉搏、血压恢复过程缓慢和不良反应，血液化验检查少数人血红蛋白降低、血细胞总数增高等。

（四）运动系统症状

常表现为肌肉持续酸痛、压痛、肌肉僵硬、肌肉痉挛、肌肉微细损伤、下肢疲劳性骨膜炎、跟腱、髌腱周围炎等。

（五）其他症状

体重持续下降、运动成绩下降、运动后尿异常（蛋白尿、血尿、管型尿等）、免疫力下降。女运动员还会引起月经紊乱，男运动员可引起血浆睾酮水平降低。

三、诊断与鉴别诊断

目前对过度训练还没有一种特异的、灵敏的、简便的诊断方法。需根据运动员的主诉、运动史、各种体力试验、心理测试、心血管系统联合机能试验、心电图运动试验、尿化验等协助诊断。

鉴别诊断时首先要排除其他原因或疾病引起的疲劳和能力的下降，如神经衰弱。

四、处理

处理的基本原则是消除病因、调整训练、加强各种恢复措施、对症治疗。

（一）调整训练

对轻度的过度训练者，主要是调整训练内容和改变训练方法，如减少运动量、控制训练强度、减少力量性练习等。一般经过两周左右的时间即可基本消除，恢复正常训练。

对比较严重的过度训练者，除减少运动量外，宜避免大强度、大力量性训练，暂停专项练习，做一般小强度的身体训练，持续几周到几个月。

对严重过度训练者，须完全中止训练，并改换环境进行一段时间的疗养和药物治疗。

（二）各种恢复措施

一般包括营养物质的补充，如高能量物质、高糖、各种微量元素和维生素、动物性蛋白质等。

（三）对症治疗

主要是改善睡眠，服用镇静药如眠尔通或安眠药如水合氯醛，高效施尔康（含多种微量元素和多种维生素），和中成药（如人参、刺五加等）。减轻神经、精神负担，辅以放松性练习、文艺欣赏、温水浴、按摩和从事医疗体育等。在医务人员监督下，还可酌情采用小剂量激素治疗。多数过度训练者经过治疗后可以恢复健康。

五、预防

预防的关键应根据运动员的性别、年龄、身体发育状况、训练水平、训练状态等具体情况,制定合理的科学的训练计划,即逐渐增加训练量、节奏明显。对青少年运动员应加强全面训练，特别是身体素质的基本训练。对优秀运动员训练量的安排应注意节奏性，即大、中、小运动量有机配合。加强医务监督,做到早发现、早诊断、早调整、早治疗,避免不可逆变的发生。

第三节　运动性心律失常

正常的心脏以一定范围的频率不停地、规律地搏动。促使心脏活动的冲动起源于窦房结,冲动以一定的程序传播于心房和心室。任何由于心脏内冲动的形成和传导的不正常,使心脏活动的规律发生紊乱都会形成心律失常。心律失常是一种常见的临床现象,多发生于病人(如心脏病、内分泌疾病、电解质紊乱、药物中毒、手术麻醉等),也可发生在健康人中,运动员中出现心律失常的机会比病人少,但比健康人多。

一、原因与发病机理

各种心律失常按其发病机理可分为两大类:冲动起源异常和冲动传导异常。

(一)冲动起源异常

1. 窦性心律不齐

指窦性心律快慢显著不整齐者,即窦房结发出激动不匀齐。窦性心律不齐有呼吸性和非呼吸性两种。呼吸性心律不齐常见于正常儿童及青少年,心律不齐与呼吸有关,吸气时快,呼气时慢。非呼吸性心律不齐与呼吸无关,心率时快时慢,多见于心脏病患者。心电图表现 p－p 间隔相互差异超过 0.20 秒时,称为显著的窦性心律不齐。运动员中常见窦性心律不齐,特别多见于青少年运动员,多是正常现象。运动员中出现显著的窦性心律不齐时,可能与过度疲劳有关。

2. 窦性心动过缓

自窦房结发出激动的频率低于 60 次/分,称为窦性心动过缓。运动员中安静时窦性心动过缓发生率较高,国内报道占 50% 以上,安静时最慢心率为 33 次/分。国外文献报道睡眠中最慢心率为 21 次/分。浦钧宗等报道窦性心动过缓多见于从事耐力训练(马拉松、公路自行车等)的运动员。运动员窦性心动过缓是心脏长期体力训练产生的适应性反应,长期体力活动引起心功能改善及交感神经张力降低,迷走神经张力占优势。由于安静时心率减慢,心肌耗氧量降低,心肌出现能量节省化。但运动时心脏动员得快,心率可以达到极限水平,运动后恢复也快,这是运动员心脏储备能力高的表现。运动员心动过缓也可伴有其他心律失常，当有症状时应结合临床表现与病理性相鉴别。

3. 窦性心动过速

自窦房结发出的激动超过100次/分为窦性心动过速。运动员安静时出现窦性心动过速者极少见，运动时则几乎都曾出现过。安静时心动过速者多属异常，要注意排除甲状腺机能亢进症、感染和过度疲劳。

4. 房室交界性逸搏

当窦房结发出激动过于缓慢或不能传入心室时，常由房室结起搏点发出激动，代替窦房结的激动而控制心室，这种个别的激动叫交界性逸搏。交界性逸搏是一种生理性保护机能，常发生在心动过缓、传导阻滞较长的心动周期内，引起一次异位心搏，以免心脏停搏过久。

5. 房室交界性心律

房室交界逸搏连续出现三个以上时称为房室交界心律。运动员出现房室交界性心律可发生在正常训练状态和机能状态不良时，很少发现运动员伴有病理性心脏异常，应结合训练史和心血管检查资料考虑。此外房室交界性心律常出现于麻醉过程中，亦可见于毛地黄、奎尼丁等类药物中毒、冠状动脉粥样硬化性心脏病和各种原因的心肌炎中。

6. 过早搏动

自窦房结以外的异位节奏点提前的搏动称为过早搏动，亦称期前收缩、期外收缩或额外收缩，是由异位起搏点过早地发出冲动引起的心脏搏动。过早搏动常见于心脏神经官能症与器质性心脏病患者，情绪激动、神经紧张、疲劳、消化不良、过度吸烟、饮酒或喝浓茶、毛地黄类等药物的毒性作用、缺钾等都可引起发作。器质性心脏病中冠状动脉粥样硬化性心脏病、晚期二尖瓣病变、心肌炎、甲状腺机能亢进性心脏病等容易发生过早搏动。运动员中过早搏动常见的原因是过度疲劳，有的和感染、情绪因素有关，也曾见到运动员中早搏为严重疾病的表现，如马凡氏综合征。

7. 阵发性心动过速

是一种阵发性、不规则而快速的异位心律，心律常在160～220次/分，每次发作持续数分钟至数小时或数天。多见于各种病因的心脏病患者，尤常见于冠状动脉硬化性心脏病，特别是发生急性心肌梗塞时。运动员中出现的阵发性心动过速以室上性者较多见，多属功能性改变，一般无重大影响。但发作时间较长，且心率在200次/分以上者一般均不能进行正常训练。

8. 心房颤动

是仅次于过早搏动的常见心律失常，此时心房失去整体收缩的能力，各部分发生极快而细的乱颤，每分钟达400～600次，心室只能响应部分由心房传下的冲动，搏动快而不规则，心率常在120～160次/分。大多数发生于器质性心脏病患者。年轻运动员中少见，中老年教练员中稍多。过度疲劳和过度紧张可引起一过性心房颤动。

（二）冲动传导异常

1. 窦房传导阻滞

窦房结产生的冲动不能传到心房。是一种罕见的心律失常。主要由于迷走神经张力增高和毛地黄类药物作用等引起。运动员窦房传导阻滞是迷走神经张力占优势引起，有时机体疲劳时也可出现，常为暂时性。

2. **房室传导阻滞**

指冲动从心房到心室的传导过程发生障碍，使冲动部分或全部不能通过。多因各种原因的心脏病或毛地黄药物毒性反应或通过迷走神经反射性刺激引起的传导组织的机能障碍。运动员中出现的Ⅰ°房室传导阻滞少数由病理因素引起，如急性心肌炎、电解质紊乱等，应暂停训练和比赛。运动员中Ⅱ°房室传导阻滞最常见的原因是迷走神经张力占优势，常出现在夜间，卧位或闭气试验时。国内外多数学者认为Ⅱ°房室传导阻滞是运动训练使迷走神经作用占优势引起，属生理现象。Ⅲ°房室传导阻滞又称完全性心脏传导阻滞，心房的激动完全阻滞，不能下传到心室，可分为先天性和后天性，多属病理性。

3. **心室传导阻滞**

包括所有在房室束分叉以下的传导阻滞。左束支传导阻滞多见于冠状动脉粥样硬化性心脏病及高血压性心脏病，往往提示心肌有弥漫性损害。右束支传导阻滞多见于风湿性心脏病及先天性房间隔缺损，不完全性右束支传导阻滞可见于无心脏病的健康人中。运动员中不完全性右束支传导阻滞发生率较无训练的人高，有报告在马拉松和竞走运动员中为51.11%。而永久性不完全性右束支传导阻滞不能排除过度训练和心脏病变的存在。

二、症状与体征

心律失常短暂的发作或偶然发作大多无明显症状，频发者或有心前区不适、胸闷、心悸、心率增快或减慢，或头部、颈部发胀跳动感觉，或乏力、头晕、恶心呕吐、甚至引起昏厥或心力衰竭(面色苍白、脉搏细弱、血压下降、出冷汗、气急、肝肿大、皮下水肿等)。心电图检查有异常。

三、处理

窦性心律不齐一般不需特殊治疗。窦性心动过缓其本身多不需治疗，如患者有头晕等症状，对症治疗可用阿托品、麻黄素。窦性心动过速其本身多不需特殊治疗，如患者有心悸不适，对症处理可用镇静剂。房室交界性心律短暂发作多无重要性，用阿托品治疗可能有效。持久的发作提示心肌损害，需用药物治疗。过早搏动无器质性心脏病，大多无需特殊治疗，但必须向病人解释清楚，消除顾虑，与烟、酒、茶、疲劳及消化不良有关者应予以纠正。情绪紧张或伴有自觉症状显著者，可试用小剂量镇静剂。发作频繁、症状显著者或伴有器质性心脏病者，可用药物治疗。室上性、阵发性心动过速急性发作时，可先试用刺激迷走神经的各种机械方法(即患者深吸气后屏住气用力做呼气运动，刺激咽喉引起恶心、呕吐，患者闭眼向下看，用手指轻压眼球上部等)。还可用药物治疗如洋地黄、地高辛等。心室性心动过速，需要紧张处理，尤其是并发于急性心肌梗塞等严重的心脏病等，往往是致命的心室颤动的前奏。可用利多卡因等药物治疗，阵发性心房颤动，如发作短暂，心率不太快，无显著症状者毋须特殊治疗。心率快而显著症状者应选用控制心室率、中止心房颤动发作的药物和方法。如果心律失常与过度训练、过度疲劳有关，要注意调整运动量，不宜参加剧烈的运动训练，特别是竞赛性体育活动。

四、预防

科学选材，排除心脏病发病的危险因素。科学训练，避免过度训练、过度疲劳。培养良好的个人卫生习惯、禁止吸烟、酗酒。加强医务监督和健康检查，早发现、早诊断、早治疗，避免发生运动猝死。

第四节　运动性高血压

高血压是指体循环动脉血压高于正常，是一个常见的临床表现。高血压分为原发性高血压和继发性高血压(症状性高血压)。前者是以血压增高为其主要临床表现的一种疾病，后者则指在某些疾病中作为症状之一而出现的高血压(如肾脏、内分泌、血管疾病等)。运动性高血压为症状性高血压。高血压与运动员特有的运动条件有直接的关连，多数人高血压持续几周到几个月，有的可持续多年。

一、原因与发病机理

各学者报道常见病因不完全一致。有学者提出过度紧张引起、体检时的暂时反应、少年高血压、高血压病早期状态等。我国浦钧宗等提出以下常见病因：

(一)过度训练或过度紧张所致高血压

这些高血压的运动员都有较明显的过度训练或过度紧张的运动史和有关症状。一般收缩压和舒张压均升高，多数人的血压比正常人偏高 1. 33 ~ 2. 66kPa(10 ~ 20mmHg)。

(二)专项运动训练所致高血压

运动员从事力量性运动项目(举重、投掷、健美等)或其他项目的力量练习较多而引起的高血压，它可表现收缩压和舒张压均升高，尤其以舒张压升高多见，可高达 13. 3 ~ 14. 7kPa(100 ~ 110mmHg)。力量训练较多引起高血压的发病机理正在进一步研究中，可能与胸内压升高、等长收缩引起压力反射、收缩肌肉的机械压迫、肌群参加活动多少有关。

此外，在运动员高血压常见原因中还有少年性高血压、反应增高者、高动力状态、原发性高血压病、肾炎所致高血压病。

少年性高血压　指年龄在 18 岁以下，体格发育好、个子高，多数参加篮球、排球运动的那些少年中见到的高血压而言。常表现为收缩压升高，可达 20 ~ 21. 3kPa(150 ~ 160mmHg)，一般舒张压不高。无不良主诉或仅在运动量较大时有些头昏、头痛。这种高血压被认为与性成熟期神经和内分泌的变化有关。

反应增高者　其特点是在某种刺激下，引起运动员暂时性血压高于正常，而在这种刺激下，一般健康人常不引起血压增高。

高动力状态　为一种以心输出量慢性升高，而各种检查均未见异常的临床征象，多见于年轻人，可表现为血压升高，伴有心脏收缩期杂音，心肌肥厚等特征。

原发性高血压　一般有家族高血压史，血压间歇性高于正常，与运动锻炼无明显关系，有时可见眼底血管相应的变化，多数运动员在紧张、劳累时血压才偏高，脂肪饮食增加、吸烟也常诱发。此类除血压增高外，全身情况良好。

肾炎所致高血压　运动员中少见。对于年轻运动员，血压骤然升高(特别是舒张压)要排除恶性高血压的可能。近年来，肾血管性高血压引起人们的注意，在运动员高血压鉴别诊断时应考虑到这种可能性。

高血压病的发病机理比较复杂，有些环节尚在研究中，一般认为高级神经中枢功能失调在发病中占主导地位，血管舒缩中枢的长期兴奋使全身各部细、小动脉长时间痉挛引起周围阻力增高是导致血压增高的主要病理变化，而肾脏、内分泌系统、电解质等则参与了发病的过程。肾脏缺血时肾小球旁细胞分泌的肾素增多，肾素与肝脏中的 α_2 球蛋白(即血管紧张素原)一起作用，形成肾素—血管紧张素系统，血管紧张素能使全身细小动脉痉挛，又刺激肾上腺皮质使醛固酮分泌增加和钠潴留，导致血压升高。在内分泌系统方面，肾上腺髓质因交感神经的兴奋而增加肾上腺素和去甲肾上腺素的分泌，前者通过增加心排出量，后者通过使细、小动脉痉挛而致血压增高。

二、症状与体征

早期患者往往多年无症状，仅在体格检查时发现高血压，少数患者甚至在突然发生脑溢血时才被发现。患者血压增高开始时波动性很大，在精神紧张、情绪波动或劳累后增高，休息后可降低到正常，如不治疗则以后血压逐渐增高而趋固定。早期症状主要有头痛、头昏、失眠、记忆力减退、注意力不集中、烦闷、乏力、心悸等。后期的临床表现主要决定于心、脑、肾的病变情况。由于高血压可以促使动脉粥样硬化，部分患者可合并冠状动脉粥样硬化性心脏病，发生心绞痛、心肌梗塞等。高血压还可引起脑血管意外，包括脑血管间歇性痉挛、脑溢血和脑血栓形成等。此时可表现出头痛、眩晕、眼花、肢体麻木，亦可有暂时性的瘫痪、失语、失明、呕吐、大小便失禁、反射消失、抽搐、昏迷甚至死亡等。肾功能开始减退时可有多尿与夜尿，尿液检查可发现少量蛋白、红细胞与管型，尿比重下降等。眼底检查，早期可见视网膜动脉痉挛、动脉变细、硬化，晚期可见视神经乳头水肿。

三、诊断与鉴别诊断

(一)详细询问病史和运动史，尤其要询问高血压与运动训练的关系，有无过度训练或过度紧张史，为进一步检查提供线索。

(二)作血、尿、胸透、眼底检查，对可疑为运动性高血压患者应作安静及运动后心电图检查，一般可作出初步诊断。

(三)必要时进一步检查肾功能等。

(四)随诊观察血压在不同时间和不同状态时的波动情况,运动时血压的变化,将有助于确诊。

鉴别诊断时首先要区别是原发性高血压,还是症状性高血压(包括运动性高血压)。在多数情况下鉴别有一定困难,经过详细的检查和随诊后方能区别。这里特别提出的是,运动后可出现一过性蛋白尿,此时若并发高血压,在多数病例中可能两者均为运动所致,但应排除肾小球肾炎的可能,要注意运动性蛋白尿、运动性高血压与肾炎性蛋白尿和肾性高血压的鉴别,以便及时给予适当处理。

四、处理

(一)对过度训练或过度紧张所致高血压者主要是调整运动量。

(二)对专项训练所致高血压者,要适当调整力量训练的比例,增加一些放松性练习,避免急于求成。

(三)对少年高血压者一般不必禁止运动,但要适当控制运动的强度、密度,训练和比赛的次数,控制力量性练习。

(四)一般治疗　注意饮食,选用低盐、低脂肪和较低热量饮食,避免进食富含胆固醇的食物(蛋黄、奶油、鱼籽、肝等)。

(五)治疗措施的选择　症状不明显者,可进行医疗体育、太极拳和气功练习,不一定用药物治疗。症状明显者可在医嘱下选用镇静剂、中草药或针刺治疗或降压药、利尿剂治疗,并针对其原发病因进行治疗。

五、预防

科学选材,排除有关病因。制定科学的训练计划,避免过度训练、过度紧张的发生。注意饮食,戒烟戒酒,注意劳逸结合,加强医务监督。

第五节　病毒性心肌炎

病毒性心肌炎是由病毒引起的心肌中局限性或弥漫性病变。近年来发现成人,尤其青壮年中发病率增高,运动员中发生病毒性心肌炎者也占一定的比例。

一、原因与发病机理

病毒性心肌炎在近年来研究较多,受到高度重视,多种病毒性疾病(流行性感冒、脊髓灰质炎、麻疹、水痘、腮腺炎、流行性出血热、柯萨奇病毒等)均可引起心肌炎,但其中以引起上呼吸道感染的流感病毒、柯萨奇B病毒感染最多见。

病毒性心肌炎的发病一般是由病毒直接侵犯心肌和免疫功能的改变。

许多学者认为,运动员增加了受病毒感染的危险性,因为运动员多数是过集体生活,这增加了彼此间交叉感染的危险，另一方面，运动员经常遇到各种形式的应激，如体力的、精神的、心理的应激。特别是处在大强度负荷的急剧应激状态中，可能改变了机体的免疫功能，增加了对病毒的易感性。免疫反应表现在病毒性心肌炎起病约一周后心肌内再找不到病毒，但心肌病变仍在继续，有些患者的心肌中可发现抗原抗体复合体等。实验结果还表明病毒性心肌炎有细胞免疫机制存在。临床上为病毒性心肌炎患者作免疫功能检查发现其免疫功能低下。这些都表明病毒性心肌炎发病机理中存在免疫机制。

二、症状与体征

临床症状的轻重差别很大，轻者几无症状，重者可致猝死，常取决于心肌病变的广泛程度。多数患者在发病前有发热、心前区隐痛、心悸、软弱乏力，有时有恶心、头痛、食欲减退等。部分患者可有心律不齐、昏厥。个别可发生急性心源性休克或心衰猝死。体检时发现心脏暂时性增大（原发病恢复后绝大多数能自行恢复正常大小），或心脏扩大很显著（说明心肌炎的病变较广泛而严重）。心脏听诊心尖区第一心音可减弱，心音可呈胎心样，可在心尖区听到收缩期吹风样杂音，杂音响度多不超过三级，在心肌炎好转后逐渐消失。心率增速与体温升高不相称，常为心肌炎存在的可疑征象。心动过缓也可见于心肌炎，但较为少见，应考虑有否合并房室传导阻滞的可能。实验检查，白细胞计数可升高，急性期红细胞沉降率可增速。心电图检查，ST 段与 T 波改变，尤以 T 波减低或倒置常见，异位心律（早搏或心动过速等），QT 间期延长，传导阻滞等。

三、诊断

目前临床上病毒性心肌炎的诊断主要以临床表现、心电图检查、实验室检查为主要依据：凡在临床上有心脏扩大、心律失常或心力衰竭而缺乏心瓣膜病、心包疾病、高血压、冠状动脉粥样硬化、慢性肺部疾患、甲状腺病等病因者，如同时伴有急性传染病的表现或在不久前有急性感染史，更须考虑心肌炎的诊断。若能从咽或粪便中分离到病毒，则更有助于诊断。

四、处理

病毒性心肌炎的治疗主要针对两方面：原发感染和心肌病变。患者应卧床休息，进易于消化富含维生素和蛋白质的食物。心力衰竭应及时控制，应在医嘱下慎用强心药。促进心脏代谢的药物如三磷酸腺苷、辅酶 A 等在治疗中有辅助作用。若出现严重心律失常，应针对不同心律失常进行抢救。

五、预防

（一）积极治疗原发疾病

病毒性心肌炎常发生在上呼吸道感染和过度疲劳的基础上，因此预防病毒性心肌炎首先要治愈引起本病的原发病,愈后才能参加运动。运动员中特别要重视感冒的预防、治疗和感冒后的训练安排。有学者曾提出,病毒性感染症状完全消失后,若无其他异常,如极度乏力、肌肉疼痛或淋巴结肿大,则一个月后才能恢复全部训练。

(二)积极治疗和消除体内的感染病灶

运动医学者认为,体内存在感染病灶,如扁桃体炎、鼻窦炎、胆囊炎、慢性阑尾炎等,有可能在运动时发生心肌病变,因此应对其积极治疗。

(三)监测运动员中出现的心血管系统变化

医务人员对运动员应定期进行体格检查,对运动员中出现的心血管系统异常者(包括形态、机能、心电图等),应追踪监测,这对预防病毒性心肌炎有重要作用。

(四)严格遵守训练的科学原则

病愈后参加训练或恢复训练时,一定要严格遵守循序渐进性的原则和个别对待的原则。

第六节 运动性贫血

循环血液的红细胞计数(RBC)或血红蛋白浓度(Hb)低于正常时称为贫血。红细胞数临床检测参考值:成年男子为400~550万/mm^3,女子为380~500万/mm^3。血红蛋白:男子为120~160g/L,女子为110~150g/L。一般血红蛋白的降低常伴有红细胞的减少或红细胞压积Hct的减少,但有时也不一致,如个别轻型地中海贫血可仅有血红蛋白量的降低而无红细胞数量或压积的减少。贫血通常是一种征状,而不是具体的疾病。但许多原因不同的贫血常有类似的特殊临床表现和血细胞形态学方面的变化,所以也可以归纳为一种综合病征,例如缺铁性贫血、再生障碍性贫血、运动性贫血等。

运动性贫血,系指直接由运动训练所造成的血红蛋白量低于正常值的贫血。新近国内对运动员也采用世界卫生组织(WHO)的贫血临界值,即男子Hb <130g/L,女子Hb <120g/L作为诊断运动性贫血的参考标准。此外,国内外学者还采用亚理想Hb用于诊断运动员的血红蛋白值低于氧运所需的理想水平者。国外的理想Hb标准为:男 <160g/L,女 <140g/L。国内的理想Hb标准(暂定)为:男 <140g/L,女 <120g/L。

一、原因与发病机理

引起运动性贫血的原因及机理复杂,尚待进一步研究中。基本上有造血不良、红细胞过度破坏以及急、慢性失血等。多数学者认为与下述因素有密切关系。

(一)血红蛋白合成减少

血红蛋白合成需要足量的铁、蛋白质、维生素 B_{12} 和叶酸等。大强度负荷运动时,运动员体内的无机盐、蛋白质、维生素消耗增加,丢失增多,特别是汗液、尿液、大便中铁的丢失。此时运动员对蛋白质、铁、维生素 B_{12} 和叶酸等营养素的需求量增加,若供给量不足,则血红蛋白合成原料不足。在造血活跃的骨髓内,造红细胞组织约占 20% ~30% 。原红细胞为最幼稚的红细胞,不断进行脱氧核糖核酸的合成,经 3 ~5 次核丝状分裂,直至细胞核变为固缩,无法进行核蛋白合成为止。维生素 B_{12} 和叶酸是脱氧核糖核酸合成的主要辅酶。脱氧核糖核酸的合成则是核分裂期前必需的步骤,所以维生素 B_{12} 和叶酸的缺乏都会导致核发育障碍及丝状分裂的迟缓乃至停顿。在幼红细胞不断增殖的过程中,细胞浆也在成熟。幼红细胞吸取铁并与原卟啉合成正铁血红素,正铁血红素与珠蛋白合成血红蛋白分子。不论铁或珠蛋白的缺乏,都可导致血红蛋白合成减少,周围血液中遂出现大量的细胞浆不足(幼红细胞)及血红蛋白含量减少(低血色素)的成熟红细胞,即称为低血色素性贫血。有资料表明,运动员的贫血,约半数为幼红细胞低血色素性的缺铁性贫血。

(二)红细胞破坏增加

剧烈运动时,由于肌肉的极度收缩,挤压或牵伸造成相应部位微细血管的溶血或红细胞的破坏增多。剧烈运动时,由于脾脏收缩释放较多溶血卵磷脂,使红细胞破坏增多。另外,剧烈运动时,血酸度增加,儿茶酚胺分泌增多等,可引起红细胞膜滤过性和变形性改变等,加速了网状内皮系统对红细胞的破坏,因此红细胞寿命缩短。

随着医学理论和技术的发展,推动了人们从自由基方面来认识和研究运动性疾病等重要的医学问题。自由基是含有一个或一个以上不配对电子的原子、分子、离子或基团。据陈中伟介绍国内外研究报道,人体剧烈运动后,可引起体内氧自由基产生增加,同时由于酸性代谢产物的增多,抑制了清除自由基酶的活性,使清除氧自由基能力下降,造成氧自由基在体内集聚过多,增加了红细胞膜脂质过氧化,使红细胞脆性增加,红细胞易于破裂、溶血,血中游离的血红蛋白过多,由肾脏排出,出现运动性贫血和血红蛋白尿。

(三)运动项目

许多学者在这方面作了大量的调研工作,国内的研究结果表明,田径,尤其长距离径赛运动员,马拉松运动员出现贫血的百分率大大高于其他项目。体操运动员也多见贫血,这可能与他们控制摄入量、维持较轻体重有关。

(四)失血

剧烈运动时,若引起胃肠道出血、血尿、血红蛋白尿、痔疮、组织或内脏损伤、女运动员月经过多等都会造成不同程度的急、慢性失血。

二、症状与体征

运动性贫血与其他类型的贫血都有共同的临床表现,其病理生理学基础是血液携氧能力的减低，器官组织因缺氧而发生变化。首先体内产生相应的代偿作用，这种代偿作用主要通过心脏和呼吸运动的加强而取得。运动员贫血症状的轻重取决于贫血产生的速度、贫血的原因和血红蛋白浓度降低的程度。一般来说，运动员心血管系统代偿能力较强，所以，当运动员患轻度贫血时，在安静状态或中小运动量时不出现症状或症状不明显，仅在大运动量时才出现某些症状。中度和重度贫血时，由于血红蛋白浓度明显降低，可出现一系列症状：

（一）一般表现：皮肤苍白、面色无华（这是由于毛细血管缺血所致。一般以观察指甲、口唇粘膜和睑结膜等较为可靠）、疲倦、乏力、头晕、耳鸣、记忆力衰退、注意力不集中等。

（二）心肺系统：贫血造成血氧减少，运动时易出现气促、心跳加快，运动后出现心悸，严重者，心尖部可听到收缩期吹风样杂音。可以发生浮肿。

（三）神经系统：可出现头痛、头昏、失眠、反应能力降低等症状。

（四）内分泌系统：女运动员可出现月经紊乱或闭经。

三、诊断与鉴别诊断

运动性贫血可依据前面所述的诊断标准、引起原因、临床表现等诊断，但需与其他类型的贫血相鉴别。如骨髓性贫血（指骨髓经异常组织浸润后所伴发的贫血，骨骼疼痛较为突出，肝、脾及淋巴结肿大都很常见，并可有出血倾向）、再生障碍性贫血（系由于红骨髓显著减少所致，造血功能障碍、出血和感染是本病的三大特点）等。

四、处理

（一）饮食疗法

传统治疗贫血的方法是饮食治疗，通过补充铁、蛋白质、维生素等造血原料纠正贫血。

（二）合理安排运动量

当女运动员血红蛋白 <90g/L，男运动员血红蛋白 <100g/L 时，应停止大、中强度的训练，以治疗为主，待血红蛋白值上升后，再逐渐恢复运动强度。当女运动员血红蛋白在 90～110g/L，男运动员血红蛋白在 100～120g/L 时，可边治疗边训练，但在训练中要减少训练强度，避免长距离跑等。

（三）药物治疗

常用治疗贫血的药物有硫酸亚铁、富血铁、叶酸、维生素 B_{12} 等。另外，我国还设计了“生血 1 号”治疗运动性贫血。生血 1 号的成分含党参 30g、红枣 10 枚、生地黄 30g、地骨皮 1.5g、白芍 12.5g、乌梅 5 枚、鸡血藤 30g、地榆 30g、仙茅 10g、硫酸亚铁 2.05g。目前一批新的补血剂（如红桃 K、健脾补血剂等）治疗贫血也有较好的疗效。

五、预防

(一)平衡膳食

运动员应供给平衡膳食。平衡膳食应包括七大类食物，即谷类、食用脂肪类、肉蛋鱼类、根茎薯类、奶类、水果类、蔬菜类。各类食物的数量及质量，应考虑到运动员的年龄、运动强度、运动项目以及气候、季节等因素，特别应供给充足的蛋白质、铁、维生素C、维生素B_{12}、叶酸等。运动员应克服偏食和挑食的不良习惯。

(二)定期监测

定期监测运动员的血红蛋白和血清铁蛋白。做到早发现、早预防。特别是运动员在剧烈运动初期(集训1～3周)、耐力运动员、女青年运动员应定期检查。

第七节　运动性蛋白尿

运动性蛋白尿系指健康人在运动后出现的一过性蛋白尿。发生率较高，其成分与白浆蛋白相似，以白蛋白为主(可见运铁蛋白、珠蛋白、球蛋白等)。运动性蛋白尿的机制，目前尚无定论，运动医学临床上一般将它归入功能性蛋白尿(或良性蛋白尿)一类。蛋白尿的测定是运动员全面体格检查项目中重要的一项，可用作评定负荷量和运动强度的大小，观察运动员机体负荷量的适应能力，反映运动员的训练水平。但国内外学者都强调，利用尿蛋白作为评定指标时，难以在不同人比较其负荷量、训练水平、机能状况，而在同一个体，则尿蛋白指标较灵敏。值得一提的是，运动性蛋白尿的检出率、检出量、检出成分等受多种因素的影响，如个体差异、运动项目、负荷量、运动强度、情绪，内分泌因素、机能状态、年龄、运动时的自然环境等。

一、原因与发病机理

运动性蛋白尿发生机理的研究正在逐步深入，目前主要有以下几种看法：

(一)外伤

由于运动时肾脏受挤压、牵扯甚或打击，可造成肾组织和血管的微细外伤。这时可出现血尿伴随蛋白尿。典型的运动项目为拳击、橄榄球等。

(二)肾血流量减少

运动时肾上腺素和去甲肾上腺素分泌增加，造成肾血流量减少，可减少55%～60%，甚至75%，造成肾缺血、缺氧，血管壁的营养发生障碍，血浆蛋白通过肾小球膜进入得以较多地排出。

(三)肾小球通透性增加和肾小管重吸收功能降低

剧烈运动时增加了血浆蛋白的排出，同时剧烈运动时血浆肾素活动增加。有人认为，一方面为肾小球对蛋白的渗透性增加，另一方面为肾小管对蛋白质的重吸收达“极限”。提出尤其在短时间剧烈运动时产生的运动性蛋白尿属混合型——肾小球通透性增加和部分肾小管抑制某些蛋白质的重吸收。

二、诊断与鉴别诊断

健康者在安静时尿无异常，在运动后尿内出现蛋白质，而不伴随其他特异性症状和体征，并在数小时至 24 小时内蛋白尿基本消失者，应考虑“运动性蛋白尿”的可能，但应与病理性蛋白尿和直立性蛋白尿相鉴别。

(一)病理性蛋白尿

目前运动性蛋白尿都归属于功能性或良性蛋白尿这一范畴，不存在持久的病理变化基础，因此与肾炎、肾病综合征、糖尿病患者在运动后出现的蛋白尿是不应该混淆的。后者有明显的疾病，运动前一般尿化验检查已有蛋白尿、血尿、管型等，并在运动后加重，且持续、长久，伴随其他特异症状和体征。

(二)直立性蛋白尿

单纯直立性蛋白尿与运动性蛋白尿一样，多为良性、无症状性蛋白尿。直立性蛋白尿是在一定姿势下(主要是直立前凸位)持续较长时间后出现的蛋白尿，其运动后不一定出现蛋白尿。专门的体位试验有助于直立性蛋白尿的诊断。

三、症状与体征

运动性蛋白尿仅在运动后短时间内出现蛋白尿，可伴血尿，无其他特异症状和体征，往往在体格检查和医务监督时发现，一般在数小时至 24 小时内基本消失。

四、处理

运动员在正常训练过程中出现运动性蛋白尿，大多数情况下是机体对负荷量的一种暂时性反应，一般无需特殊治疗处理，经休息、调整负荷量或身体逐渐适应后尿蛋白的排出量可明显减少，甚至消失。若小运动量后出现大量蛋白尿，则应排除适应能力差和器质性疾病的可能，严密观察。

第八节　运动性血尿

正常人尿液中无红细胞或偶有个别红细胞。若镜检时，每高倍视野内有 2 个或 2 个以上的红细胞，则称为血尿。健康人在运动后出现的一过性血尿，经详细检查，未发现其他原因的血尿称为运动性血尿。运动性血尿仅为运动后血尿的一部分，两者的概念不同。运动后血尿多因器质性疾病引起，运动只是诱发血尿的因素。而运动性血尿是指直接与运动有关，经详细检查，未发现其他原因(或病灶)。运动性血尿在文献上还称为“运动员肾”“运动性假性肾炎”等。运动性血尿，男性多于女性，常见于长跑、三级跳、足球、篮球、拳击等运动项目中。可表现为肉眼血尿和镜下血尿，镜下血尿易忽视，往往肉眼血尿求诊者多见。运动性血尿发生率有较大差异，受多种因素的影响，如运动项目、负荷量和训练强度、身体适应能力、外界环境因素等。

运动项目　虽然各项运动都可以见到运动性血尿，但最常见的运动项目有长跑、三级跳、拳击、足球等以及跳跃训练(蛙跳、单足跳、蹲跳、纵跳)。

负荷量及训练强度　许多学者指出，运动性血尿的发生与身体负荷量或训练强度的加大过快有直接关系，所以运动性血尿多见于运动新手突然加大负荷量和训练强度后，常见于运动比赛季节和冬训开始阶段。运动强度为重要的诱发因素。

身体适应能力　当运动员身体适应能力下降时，完成原先不大的负荷量时也易诱发血尿，所以有的学者强调指出，运动性血尿可能为运动员发生过度训练的一个症状。

外界环境因素　在寒冷(冬泳后)或高原条件下训练，运动员易出现血尿。可能与寒冷、低氧环境对身体和肾脏的刺激有关。

一、原因与发病机理

运动性血尿的真正发生原因和机理迄今尚不完全清楚。多数学者认为与下列因素有关：

(一)泌尿系统损伤

运动时肾脏受打击、挤压或牵扯、震动(如三级跳、蛙跳、拳击、自行车)都可造成肾组织和血管的微细损伤，从而引起血尿。拳击、三级跳等运动员出现的运动性血尿多属此类原因。有的研究表明，男子长跑运动员在跑程中因膀胱后壁受反复撞击(当膀胱内尿液充盈不足时，加上地面对身体产生的震动)，导致膀胱壁出血，引起血尿。

(二)肾脏缺血、缺氧

剧烈运动时全身血液再分配，大量血液流向心肺系统和运动系统，肾脏血流量减少，加之肾上腺素和去甲肾上腺素分泌增加，肾血管收缩，肾缺血、缺氧，肾小球通透性增加，出现红细胞外溢，形成运动性血尿。

（三）肾静脉压增高

运动员在直立位下连续长时间的蹬地动作，加之肾周围脂肪较少（如长跑运动员），使肾脏位置下移，肾静脉与下腔静脉之间的角度变锐，可发生两静脉交叉处的扭曲，引起肾静脉压增加，红细胞溢出，出现血尿。

二、症状与体征

浦钧宗等报道，多数运动性血尿者除血尿症状外，无任何其他主诉，95%左右的血尿持续时间不超过3天，未见到1例超过7天。部分运动性血尿者可表现为全身乏力、头晕、肢体沉重感，偶感腰部不适。这些伴随症状常常发生在镜下血尿的运动员身上，他们因出现上述症状前去医院诊治，才被确诊为运动性血尿。

三、诊断与鉴别诊断

北京运动医学研究所提出的诊断运动性血尿的6个临床特点，已为国内外学者重视和赞赏。

（一）正在训练的运动员或健康人在运动后骤然出现血尿，血尿的明显程度多数与负荷量大小有密切关系。

（二）除血尿症状外，不伴随全身或局部特异性症状体征。

（三）男运动员多见，尤以跑、跳项目和球类项目运动员多见。

（四）各项肾功能检查、血液检查和X线检查等均正常。

（五）绝大多数人的血尿持续时间不超过3天。

（六）血尿可在多年内反复出现，但预后一般良好。

运动员出现血尿后，首先要排除常见的病理性血尿。由于运动员均为年轻人，而引起年轻人血尿的病因多为泌尿系感染、泌尿系结石、泌尿系结核、肾炎（肾小球肾炎）等。

泌尿系感染　多见膀胱炎、尿道炎、肾盂肾炎，为细菌感染，常伴畏寒发热，膀胱刺激症状明显（尿频、尿急、尿痛），尿常规检查除红细胞外可见白细胞或脓细胞等。

泌尿系结石　如膀胱结石、输尿管结石、肾结石（肾盂、肾盏内结石），特别是输尿管和肾结石，往往发作于运动、骑马、劳动之后。由于震动使结石移动擦伤肾盂或输尿管的粘膜而引起血尿，除血尿外，X线拍片和“B超”可发现结石病灶。另外，结石病患者发作时伴阵发性的绞痛、恶心、呕吐等，较易鉴别。

泌尿系结核　如膀胱结核、肾结核。可见原发病灶（如肺结核）。除血尿外，尿频、尿急、脓尿和尿痛是常见症状（因易感染结核性膀胱炎所致）。此外，也伴有低热、盗汗、消瘦、厌食等全身症状。肉眼血尿的出现与运动性血尿有别，血尿来自膀胱者多在排尿终了时出现，称为终末血尿。来自肾脏者则是均匀的，整个尿程都是血尿，称为全血尿。

肾小球肾炎　肾小球肾炎含急性肾炎、慢性肾炎、局灶性肾炎（病变常局限于肾小球的一部分）。急性肾炎是一种由感染后变态反应引起两侧肾脏弥漫性肾小球损害为主的疾病。临床上以浮肿、高血压、血尿和蛋白尿为主要表现。慢性肾炎的病因迄今尚未完全阐明。本病病期冗长，临床表现颇多变异，尿常规检查以蛋白尿、管型、红细胞为主要表现，常伴有浮肿、高血压等症状和不同程度的肾功能损害。以上两者引起的血尿较易鉴别，而局灶性肾炎引起的血尿与运动性血尿鉴别较困难。局灶性肾炎临床表现为血尿(间歇性或持续性血尿)，常无其他症状与体征，需经肾脏穿刺活组织检查有助诊断和鉴别诊断。由于种种原因，运动员中进行肾穿刺活检者未见报道，因此难以作出判断，但两者的鉴别对运动员甚为重要，因为处理和预后截然不同。据北京运动医学研究所资料报道，在诊治的112例运动员血尿中，泌尿系结石、肾小球肾炎(含局灶性肾炎12例)、泌尿系感染共47例，占诊治比例的41.9%。由此可见运动性血尿与上述三个方面的鉴别诊断至为重要。

四、处理

对运动员运动后出现肉眼血尿者，不论其有无主诉，均应暂时停止剧烈运动，一般血尿可消失。对镜下血尿者，可合理调整运动量，进行观察，一般血尿可消失。除合理安排运动训练外，可试用一般止血药。对特发性肾出血者国内采用车前子加红糖治疗，取得了满意效果。由于运动性血尿病因机理还不完全清楚，故药物治疗均为对症性或试验性的。

五、预防

遵守运动训练的科学原则，避免骤然加大负荷和训练强度，避免过度训练，在剧烈运动过程中适当补充水分，做好全身及腰部的准备活动，赛前体检等是预防运动性血尿的主要措施。

第九节　运动性腹痛

腹痛是一种症状。运动员训练和比赛时常出现胃肠道各种症状如恶心、呕吐、腹痛、腹泻、便秘和出血。运动性腹痛是胃肠道主要症状之一，系由运动引起或诱发的腹部疼痛。中长跑、马拉松、自行车、篮球、排球、体操运动项目发生率较高。北京运动医学研究所曾对我国627名运动员进行了调研，运动性腹痛的发生率占15%左右，男女之间差异不显著。但个别项目，如体操、篮球运动员，男女腹痛发生率差异显著，长距离耐力项目较技巧项目运动性腹痛的发生率明显为高，篮球、排球运动员腹痛的发生率也较高，体育院校运动员腹痛发生率高于省、市、国家队优秀运动员。

一、病因与发病机理

(一)腹内疾病

肝炎、胃炎、胆囊炎、泌尿系结石、阑尾炎、胆道蛔虫、肠道蛔虫等腹内的某些急、慢性疾病，由于运动时内脏血管的收缩、缺氧、新陈代谢产物的刺激，被膜炎症、胆道平滑肌的痉挛性收缩，腔道过度膨胀以及炎症或出血的刺激等因素引起腹部疼痛。特别是有肝胆疾病者，在剧烈运动时更容易出现腹痛。

（二）腹外疾病

常见有右下肺炎、胸膜炎等腹外疾病引起反射性或牵扯性腹痛（临床上不典型心绞痛的表现常为腹痛）。

（三）胃肠功能紊乱

运动时体内血流量重新分配，胃肠道血流量相对减少（约为安静时的30%～40%），运动前饮食不当（如过饥、过饱或产气食物、含纤维素过多食物、过量冷饮），运动时腹部受凉等均可引起胃肠道蠕动紊乱，使胃壁、肠壁和肠系膜神经受到牵扯，胃肠道平滑肌发生痉挛，因而引起腹痛。

（四）腹部挫伤

拳击、足踢、冲撞（人与人或人与器械）等钝性暴力作用于腹部，造成单纯腹壁挫伤（腹壁深浅血管破裂）而出现腹痛和腹肌强直等。或因损伤的程度相当严重，同时累及腹部脏器，合并腹腔内脏损伤，如胃穿孔、肠穿孔和实质脏器破裂（肝、脾破裂）。腹腔脏器穿破时，胃肠道内容物进入腹腔，引起腹膜炎，出现局部持续性腹痛。实质脏器破裂时，内出血引起腹膜刺激征而腹痛（以上两者均伴全身症状）。

（五）其他

据文献资料报道，运动性腹痛中约有30%的人原因不明，在这些原因不明的运动员中，某些诱因如运动时呼吸节奏不好、速度突然加得过快、宿便等也会引起运动性腹痛。

二、症状与体征

运动性腹痛的主要症状是腹痛。但腹痛的程度、腹痛的部位、腹痛的性质可因运动负荷大小、病变脏器所在部位、引起腹痛的原因不同而表现各异。

（一）腹痛程度

与运动负荷和运动强度及运动损伤程度密切相关。大多数运动员在小运动负荷和慢速度运动时腹痛不明显，随着运动负荷和运动强度的增加，腹痛也逐渐加剧。单纯腹壁挫伤的程度较轻微，但合并腹腔内脏损伤者腹痛程度严重。

（二）腹痛性质

可分别表现为胀痛或钝痛或牵扯痛（肝、脾痛），痉挛性疼痛或绞痛（胃、肠痉挛、结石病），持续性疼痛（损伤所致），持续性胀痛阵发性加剧（胆道蛔虫、肠道蛔虫），转移性疼痛、固定性疼痛（阑尾炎），反跳痛（阑尾炎、腹腔脏器损伤）等。

（三）腹痛部位

按腹部体表画线将腹部分为 9 个区，腹痛可分别发生在右季肋部（肝、胆）、左季肋部（脾）、中上腹部（胃）、中腹部（肠）、右下腹（阑尾炎）、左下腹（肠、宿便）等部位及腹部肌肉处。

三、诊断与鉴别诊断

在诊断运动性腹痛时，首先要了解腹痛的性质、腹痛的部位、腹痛的出现与运动强度的关系，区别是腹内还是腹外疾病引起的腹痛，是否有外伤史。一般物理诊断可采用听诊、触诊、叩诊、腹部穿刺等。

腹部听诊　听肠鸣音是否亢进，是否有“气过水声”。若有，一般可提示胃肠蠕动增强、痉挛等。

腹部触诊　腹部是否柔软或“板状腹”。板状腹多提示腹膜炎、内脏穿孔、破裂、出血等。触诊腹部是否有包块（肠蛔虫、梗阻、宿便、腹肌血肿），是否肝、脾肿大，是否压痛。

腹部叩诊　腹部叩诊是否“鼓音”（腹胀），是否有“移动性浊音”（腹内出血等）。

腹部穿刺　腹部穿刺是否抽出血液（内出血）。

必要时进行腹透、B 超、肝功能化验、血化验检查等有助于诊断和鉴别诊断。

四、处理

（一）对因腹内、外疾病所致的腹痛，主要对原发疾病进行治疗（药物、手术、理疗等）。

（二）对仅在运动时加快速度后才出现腹痛的运动员，可适当减慢跑速，调整呼吸和运动节奏，用手按压疼痛部位，常常有助于缓解疼痛。若无效，疼痛剧烈时应停止运动，服用阿托品等解痉止痛药，或针刺（指针）内关、足三里等穴位，疗效较好。

五、预防

遵守训练的科学原则，合理安排进餐与运动的时间、赛前进餐的质量“三少一高”（体积少、含产气食物少、含粗纤维少、高热量）。运动前做好充分的准备活动，运动中注意呼吸节奏，避免腹部损伤。长跑或自行车跑程或骑程中注意合理分配力量和速度。加强全面身体素质训练，提高机体的适应能力。

第十节　运动性中暑

运动性中暑是近年来提出的运动性疾病之一，属于一种急性的物理病因疾病。是由外界环境中的物理因素（高温）影响人体器官和系统的机能活动而引起的急性疾病。多见于年轻的体育锻炼者、铁人三项运动员、马拉松运动员以及在炎热季节进行长时间训练和比赛者。

一、原因与发病机理

健康人的体温经常保持在37℃左右，受体温调节中枢控制。人体的热源有二：内源是机体代谢生热，肌肉活动多，生热也多；外源来自环境，人体与外界环境间通过传导、辐射、对流和蒸发几种方式不断地进行热交换，即吸热和散热。周围环境的温度越高，人体通过辐射散热的作用越少，当气温达到35℃或35℃以上时，人体即不可能利用辐射和对流散热，蒸发出汗是惟一的散热途径。蒸发的快慢又与空气的湿度及流动的速度有直接关系，在温度相对高的条件下，仅有的蒸发散热方式也大受影响，这时如果运动量很大，体内产热较多，热量积累的结果使体温明显升高，有时可升至41℃～42℃，从而影响人体生理活动。体温调节功能失调、汗腺功能衰竭致汗闭，发生热射病。高温环境下运动时日光直接照射头部，阳光中的射线长时间作用头部，可穿透颅骨引起脑膜充血、水肿而发生日射病。剧烈运动时，出汗过多，水盐代谢紊乱，血中氯化钠浓度降低，引起肌肉兴奋性增高，导致肌肉痉挛。在这种情况下，如果未及时补充水盐饮料，继续出汗，可导致脱水、血液浓缩，血液粘稠度增高，血容量不足，引起周围循环衰竭而发生中暑。

二、症状与体征

中暑的临床表现可分为下列各综合征：

（一）中暑痉挛（热痉挛）

四肢肌肉、腹肌等发生痉挛，血及尿中的氯化物减少。

（二）中暑衰竭

明显脱水表现，皮肤苍白、出冷汗、软弱无力，脉细速、呼吸表浅急促、血压下降，意识模糊或昏迷，常同时伴发热痉挛。

（三）热射病（中暑性高热）

轻症有疲乏、头昏、头痛、口渴、多汗等，伴体温升高、脉搏和呼吸增快。重症时，上述症状恶化，或发病很急，皮肤灼热而无汗，体温可高达40℃～42℃。意识模糊，以致完全昏迷，周围循环衰竭，血压下降，瞳孔缩小、对光反射迟钝。晚期瞳孔散大，对光反射消失。若不及时抢救，有死亡危险。

（四）日射病

轻症者头痛、头昏、恶心、呕吐等。重症者，也可出现昏迷。体温不高，或仅有轻度升高。

三、诊断与鉴别诊断

运动性中暑较容易诊断。在炎热天气下剧烈或长时间运动，原健康者骤然出现虚脱，首先应想到运动性中暑。约 20% 患者可能持续几分钟或几小时的先兆症状：头昏、无力、恶心、头痛、头沉、定向力障碍等，基本上可诊断为运动性中暑，当然要鉴别于癫痫、癔症、脑炎、脑血管意外、脑膜炎、药物中毒等。

四、处理

各种类型的中暑患者，按临床表现轻重可分为轻症和重症。轻症患者，经过休息和一般对症处理即可好转。重症患者应立即离开中暑的环境进行积极抢救。场地急救要保持呼吸道通畅、测量脉搏、血压、直肠温度。各种综合征的处治分述如下：

(一) 中暑痉挛与中暑衰竭者

纠正水盐代谢紊乱，静脉注射生理盐水或 5% 葡萄糖盐液。神智清醒者可口服含氯化钠饮料，神智昏迷者可针刺（指针）人中、涌泉等穴，肌肉痉挛者可牵伸痉挛的肌肉使之缓解，在四肢做向心重推摩。可能时送医院。

(二) 热射病者

采用迅速有效的全身降温。积极使用物理降温和药物降温方法。物理降温可用冷水（冰水）浴（温度保持在 10℃左右）、冰帽、酒精擦浴（50% 酒精溶液，擦洗全身较大动脉行走部位、面部、胸部、腹部、外生殖器不宜擦浴）等。药物降温可选用复方氨基比林。严重者可转送医院，采用盐酸氯丙嗪 25mg 与生理盐水 300ml 配伍静脉滴注等。对呼吸困难者应给氧，昏迷者可针刺（指针）人中、涌泉等穴。

(三) 日射病者

患者取头高足低位，头侧向一边。头部用冰袋或冷水湿敷。

经上述处理后，较轻的中暑痉挛、中暑衰竭、日射病的预后良好。严重的热射病患者，若抢救不及时，有死亡的危险。体温超过 42℃或昏迷的患者，死亡率亦高。

五、预防

(一) 作息时间

高温季节应合理安排训练和比赛的时间，特别是耐力性运动宜安排在上午 9:00 以前和下午 4:00 以后。

（二）运动服装

高温季节，运动服装和保护装置穿着过多，会妨碍散热。在比赛规则允许范围内以及训练时，应穿有利于排汗散热的浅色、薄型、透气的丝、棉织品，有些运动项目可以戴通风遮阳帽。

（三）防暑降温饮料

高温季节，运动场、馆应放置防暑降温饮料（低渗含糖盐饮料）。有的运动项目，如马拉松跑、公路自行车等，可在训练或比赛中每隔 20 分钟左右供给 100～200ml 的低渗含糖盐饮料。运动中大量出汗者，运动结束后也应注意补充适量的糖盐水。

（四）热适应性训练

适应性是指机体对内、外环境变化产生适当的反应，克服这种变化造成的危害的特性以保持自身的生存。热适应能改善人体的内循环和排汗功能，增强散热能力，防止体温过高。在高温条件下，进行 4～8 天循序渐进性的练习，能产生对热的适应。热适应训练一般在正式训练或比赛前一周左右进行。热适应训练时应着装短裤、背心，开始运动时强度不大，练习时间约 1 小时。以后，运动量逐日增加，练习时间逐日延长（逐日延长 10～20 分钟）。训练时，每运动 20 分钟，应休息 5～10 分钟。

（五）普及中暑知识

让运动员了解中暑的早期（先兆）症状，如口渴、大量出汗或皮肤干燥、汗毛竖起、头部血管跳动明显、注意力不集中、四肢乏力、步态不稳、头昏眼花等，使其能够酌情终止运动。

（六）医务监督

高温季节应加强医务监督，身体欠佳、饥饿、疲劳、肥胖者，不宜在高热环境中进行剧烈运动。

第十一节　停训综合征

骤然停训或明显减量训练可引起体内一些系统和器官的功能紊乱，这种紊乱症状称为停训综合征。

一、病因与发病机理

停训综合征多发生在高水平运动员和长期系统训练者身上。多因运动员急性伤、病住院治疗或较长时间卧床被迫突然停止训练，或因为了减轻运动员某些体力和精神上的压力而采取明显减量训练而引起。运动员由于长时期的运动训练，加上某些有目的的适应性训练(如高原适应性训练,冷、热适应训练等),机体产生了运动训练的生理适应性改变,具体表现在形态、功能、素质(力量、耐力、速度)、运动技术、运动战术、心理品质的改善与提高。目前对心脏血管系统和骨骼肌代谢对运动训练的功能适应性改变研究较多,资料表明,有氧运动训练引起的心血管系统和骨骼肌系统的适应并非永久性的。当骤然停止训练或明显减量训练一段时间后,心血管系统的功能和骨骼肌代谢能力会明显下降。这种训练适应性的丧失常伴随亚极量运动能力和最大运动能力的丧失,伴随着心血管系统、消化系统、神经系统等功能紊乱而发生停训综合征。

二、症状与体征

停训综合征的表现有很大的个体差异,常出现各系统功能紊乱。

(一)心血管系统:常见症状为胸闷、气憋、心前区不适、隐痛、心律不齐(早搏等)。

(二)消化系统:常见症状为食欲下降、腹胀、胃部不适、便秘等。

(三)神经精神系统:常见症状为烦躁不安、乏力、头痛、失眠、易激怒、自主力失控等。个别运动员可出现神经性尿频、尿急、脱发、消瘦、皮肤干燥不出汗等症状。

三、诊断

根据询问运动史,结合上述症状,停训综合征不难诊断。

四、处理

对已出现各种停训综合征的运动员应进行对症治疗和药物治疗。

(一)心理放松措施:自我暗示放松、催眠放松、音乐放松、生物反馈、气功调治等。

(二)药物治疗措施:刺五加、谷维素、维生素 B_1、维生素 C、维生素 E 等。

五、预防

预防运动员停训综合征,关键的措施是尽量采取逐渐减少运动负荷量的办法。急性伤病需住院或卧床者,应在可能范围内让未伤的肢体或无疾病的脏器系统进行适当的运动。有必要减量训练时,应注意逐渐减少每周训练次数,逐渐缩短每次训练持续的时间,逐步减小每次训练的强度,使机体对停训或减量训练产生新的适应。

第三篇　运动创伤

第十四章　运动创伤概述

体育运动过程中所发生的一切创伤，统称为运动创伤。研究与总结运动创伤的发生原因、发病规律、预防措施、治疗方法和康复手段等，有利于改善运动条件，改进体育教学和运动训练的方法，提高运动成绩，更好地起到增强体质、增进健康的效果。

第一节　运动创伤的分类和发病规律

一、运动创伤的分类

运动创伤的分类方法很多，常用的有以下几种：

（一）按损伤组织的种类分类

如肌肉肌腱拉伤及断裂、关节韧带扭伤及断裂、挫伤、骨折、关节脱位、内脏损伤、脑震荡、神经损伤等。

（二）按损伤的轻重程度分类

伤后未丧失工作能力的为轻伤。伤后失去工作能力 24 小时以上，而需要在门诊治疗的为中等伤。伤后需住院治疗的为重伤。这种分类法适用于了解工矿、机关、学校、街道和农村等开展群众体育活动中的创伤情况。

（三）按运动能力丧失的程度分类

伤后仍能按照教学训练计划进行体育锻炼或训练的为轻伤。伤后不能按照教学训练计划进行体育锻炼或训练而需要减少或停止患部活动的为中等伤。伤后完全不能运动的为重伤。这种分类法适用于集训队、业余体校和体育院系。采用此种分类法能正确地估计创伤后果和提出预防措施。

（四）按有无创口与外界相通分类

若伤部的皮肤或粘膜破裂，创口与外界相通，有组织液渗出或血液自创口流出，称为开放性创伤，如擦伤、刺伤等。伤部的皮肤或粘膜完整，无创口与外界相通，伤后的出血积聚在组织内，称为闭合性创伤，如肌肉拉伤、关节韧带扭伤等。

（五）按发病的缓急分类

遭受一次直接或间接暴力而造成的损伤，称为急性损伤，特点是发病急，病程短，症状骤起。局部长期负担过度，由微细损伤积累而造成的损伤称为慢性损伤或过劳伤，特点是发病缓慢，病程较长，症状渐起。

二、运动创伤的发病规律

由于各项运动都具有各自的技术要求和人体某些部位的解剖生理特点，因而不同的运动项目各有不同的易伤部位和专项多发病(图 14－1 图 14－2)，了解和掌握运动创伤的发病规律，对预防、诊断和治疗都具有重要意义。

（一）体操

易伤腰、肩、膝和腕部。如腰部肌肉筋膜炎、腰椎棘突骨膜炎及椎板骨折、肩袖损伤、肱二头肌长头肌腱腱鞘炎、髌骨劳损、半月板损伤和指屈（伸）肌腱腱鞘炎等。

（二）田径

投掷手榴弹和标枪时，易伤肩、肘和腰部，引起肩袖损伤、肘内侧副韧带损伤、急性腰扭伤及腰部肌肉筋膜炎等。铁饼运动员易伤膝，发生髌骨劳损。短跑和跨栏时易发生股后

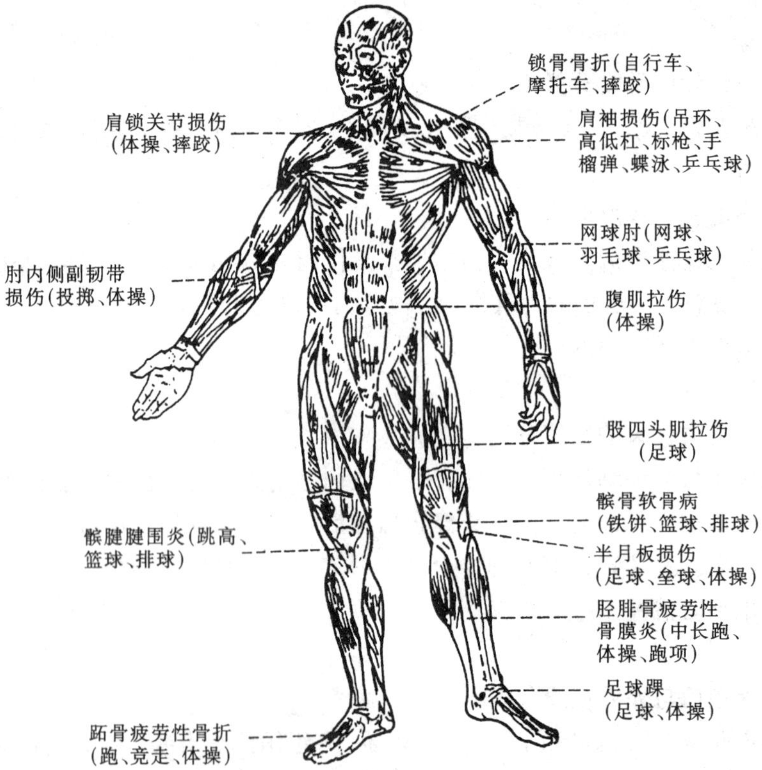

图 14－1　常见运动损伤及其发病规律（腹侧）

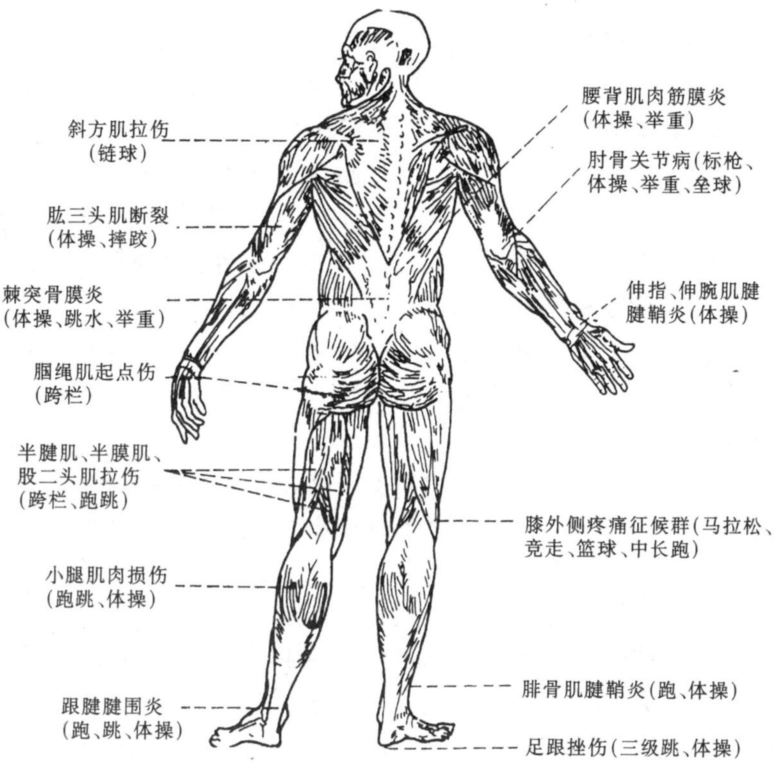

图 14－2　常见运动损伤及其发病规律（背侧）

肌群拉伤。中长跑易发生胫腓骨疲劳性骨膜炎和膝外侧疼痛征候群等。

（三）球类

篮球运动员易伤膝、踝关节和手指，发生髌骨劳损、半月板损伤、踝关节韧带损伤和手指扭挫伤等。排球运动员易伤肩、指、膝和腰，引起肩袖损伤、肱二头肌长头肌腱腱鞘炎、手指扭挫伤、髌骨劳损、腰部肌肉筋膜炎等。足球运动员易伤踝、大腿和膝部，如踝关节扭伤、足球踝、大腿肌肉拉伤及挫伤、膝关节韧带和半月板损伤等。此外，网球、羽毛球和乒乓球运动员易发生网球肘。

第二节　运动创伤的原因和预防

一、运动创伤的原因

造成运动创伤的原因较多，归纳起来可分为直接原因（基本原因）和诱因两大方面。

（一）直接原因

1. 思想上不够重视　运动创伤的发生，常与体育教师、教练员和体育锻炼者对预防运动创伤的意义认识不足或麻痹大意有关。他们多存在着某些片面认识，平时不重视安全教育，在体育教学、运动训练和比赛中没有积极采取各种有效的预防措施。发生运动创伤后，亦不认真分析原因，吸取教训，使伤害事故不断发生。

2. 缺乏合理的准备活动　准备活动的目的是进一步提高中枢神经系统的兴奋性，增强各器官系统的功能活动，使人体从相对的静止状态过渡到紧张的活动状态。据国内有关调查资料分析，缺乏准备活动或准备活动不合理，是造成运动创伤的首位或第二位的原因。在准备活动问题上常存在的缺点是：

(1) 不做准备活动或准备活动不充分　在神经系统和其他各器官系统的功能活动没有充分动员起来的情况下，就投入紧张的运动。由于肌肉的力量、弹性和伸展性较差，身体缺乏必要的协调性，因而易发生创伤。

(2) 准备活动的内容与运动的内容结合得不好或缺乏专项准备活动，运动中负担较重部位的功能没有得到充分地改善，因休息而消退的条件反射性联系尚未恢复。

(3) 准备活动的量过大　身体已经出现疲劳，参加运动时，身体的功能水平不是处于最佳状态而是有所下降，此时参加剧烈运动就容易受伤。

(4) 准备活动的强度安排不当　开始做准备活动时，用力过猛，速度过快，违反了循序渐进的原则和功能活动的规律，易引起肌肉拉伤和关节扭伤。

(5) 准备活动距正式运动的时间过长　准备活动所产生的生理作用已经减弱或消失。就等于准备活动不充分或未做准备活动。

3. 技术上的错误　技术动作的错误，违反了人体结构功能的特点及运动时的力学原理而造成创伤，这是初参加运动训练的人或学习新动作时发生损伤的主要原因。例如，做前滚翻时，因头部不正而引起颈部扭伤。排球传接球时，因手形不正确而引起手指扭挫伤。投掷手榴弹时，在上臂外展90°、屈肘90°(甚至肘低于肩)的错误姿势下出手，引起肩臂肌肉拉伤，甚至发生肱骨投掷骨折等。

4. 运动负荷(尤其是局部负担量)过大　安排运动负荷时，没有充分考虑到锻炼者的生理特点，运动负荷超过了锻炼者可以承受的生理负担量，尤其是局部负担过大，引起微细损伤的积累而发生劳损，这是专项训练中造成运动创伤的主要原因。

在大、中学校的体育课或学校体育代表队的训练中，也同样存在着局部负担量过大的问题。若一节体育课的几项内容搭配不合理，它们都对人体某一部位有较大的负担量时，或在运动训练时急于求成，训练方法单一，都会引起局部负担量过大而造成创伤。

5. 身体功能和心理状态不良　在睡眠或休息不好、患病受伤或伤病初愈阶段，以及疲劳时肌肉力量、动作的准确性和身体的协调性显著下降，警觉性和注意力减退，反应较迟钝，此时参加剧烈运动或练习较难的动作，就可能发生创伤。

锻炼者的心理状态与运动创伤的发生有着一定的关系，如心情不好、情绪低落或急躁、缺乏锻炼的积极性或急于求成、胆怯犹豫等，都可成为运动创伤的发生原因。某些青少年，缺乏锻炼知识和经验，好奇心大，好胜心强，不顾主观和客观条件，盲目地或冒失地参加运动，也容易发生运动创伤。

6. 组织方法不当　在教学训练中，未遵守循序渐进、系统性和个别对待的原则，以及比赛的年龄分组原则；在组织方法方面，如果学生过多，教师又缺乏正确的示范和耐心细致的教导、缺乏保护和自我保护、在非投掷区练习投掷或任意穿越投掷区、组织性纪律性较差，以及比赛日程安排不当、比赛场地和时间任意更动，允许有病或身体不合格的人参加比赛等，这些都可成为受伤的原因。

7. 动作粗野或违反规则　比赛中未遵守比赛规则，或在教学训练中相互逗闹，动作粗野，故意犯规等，这是篮球、足球运动中发生创伤的重要原因。

8. 场地设备的缺点　运动场地不平，有小碎石或杂物。跑道太硬或太滑。沙坑没掘松或有小石头，坑沿高出地面，踏跳板与地面不平齐。器械维护不良或年久失修，表面不光滑或有裂缝。器械安装不牢固或放置位置不妥当。器械的高低、大小或重量不符合锻炼者的年龄、性别特点，缺乏必要的防护用具(如护腕、护踝、护腰等)。运动时的服装和鞋袜不符合运动卫生要求等。

9. 不良气象的影响　气温过高易引起疲劳和中暑，气温过低易发生冻伤，或因肌肉僵硬，身体协调性降低而引起肌肉韧带损伤。潮湿高热易引起大量出汗，发生肌肉痉挛或虚脱。光线不足，能见度差，影响视力，使兴奋性降低和反应迟钝而导致受伤。

室外运动适宜温度可见表 14－1。

表 14－1　室外运动适宜温度表

气温	无风天		风天、雨天、雪天	
	夏天	冬天	夏天	冬天
最高温	+33℃	高于 0℃	+35℃	0℃
正常温	+20℃	－10℃	+20℃	－10℃
最低温	+5℃	－20℃	+10℃	－15℃

注：表 14－1 引自科特夫和杰申

(二)诱因

诱因即诱发因素，它必须在局部负担量过大、技术错误等直接原因的同时作用下，才可成为致伤因素。

1. 各项运动的技术特点。各项运动都有它自己的技术动作特点，使身体各部位所承受的负担量不同，若训练方法不当，容易引起负担较大部位的受伤，如篮球运动的技术特点是滑步防守和进攻、急停、上篮等，膝关节经常处于半蹲位发力或扭转活动，易引起髌骨劳损。投掷时，肩关节发生急剧旋转，容易引起肩袖和肱二头肌长头肌腱损伤等。

2. 局部解剖生理特点。某些组织所处的特殊解剖位置，在运动时可与周围组织发生挤压和摩擦，如肩袖肌腱。局部组织较脆弱，抗拉或抗折能力较弱，在一定外力作用下易造成损伤，如骺板。有的关节在一定的屈曲角度时，稳定性下降，关节面间易出现“不合槽”运动而引起捻错与摩擦，如膝关节半蹲位下发力等。

由于各项运动都有各自的技术要求，再加解剖生理上的特点，在直接原因的作用下，使各项运动中发生的损伤都具有一定的特点和规律。

二、运动创伤的预防

(一)预防运动创伤的意义

参加体育锻炼是为了增强体质，增进身心健康，促进德、智、体全面发展，更好地为建设和保卫社会主义祖国服务。如果在体育锻炼时，不重视运动创伤的预防工作，没有采取积极的预防措施，就可能发生各类伤害事故，轻者影响学习和工作，重者可造成残疾甚至危及生命，对国家和个人带来不应有的损失，亦严重地妨碍运动技术水平的提高，并造成不良的心理影响。因此，积极预防运动创伤对广泛开展群众性体育运动、体育教学和运动训练都有重要的意义，从而对增强人民群众的身体素质和迅速提高我国的运动技术水平都具有积极的作用。

(二)运动创伤的预防原则

1. 加强思想教育　平时要加强安全教育，在体育教学、运动训练和比赛中，克服麻痹思想，认真贯彻以预防为主的方针，发扬良好的体育道德风貌。

2. 合理安排教学、训练和比赛　教师要根据学生的年龄、性别、健康状况和运动技术水平，认真研究教材，估计哪些动作不易掌握和哪些技术动作容易发生损伤，做到心中有数，事先采取相应的预防措施。加强全面训练和基本技术教学，在学校体育工作中，要运用各种形式的身体练习方法，全面提高学生的身体素质。加强基本技术教学，使学生正确掌握跑、跳、投掷、攀登、爬越等动作要领，发展学生的活动能力，即使是运动成绩较好的儿童少年，也应在全面训练的基础上结合专项训练，不宜过早地或片面地进行专项训练，也不要过早地要求他们出成绩。合理安排运动负荷，尤其要注意运动器官的局部负担量和伤后体育活动安排，要避免单一的训练方法，防止引起局部负担量过大。儿童少年活泼好动，即使身体已经出现疲劳时，仍然表现出对体育活动的强烈愿望和浓厚的兴趣，对此要适当加以调整或控制。要遵守循序渐进、个别对待等教学训练原则。运动负荷要逐渐增加，在学习新动作时，要注意正确示范，做到从易到难、从简到繁、从分解动作到完整动作的教学(在一节体育课中要把较难的、费力大的动作练习放在基本部分的前面或中间)，练习的强度和重复练习的次数要根据学生的情况区别对待。

3. 认真做好准备活动　剧烈运动前都要认真做好准备活动。准备活动的内容，要根据教学训练和比赛的内容而定，既有一般性准备活动，又有专项活动，使准备活动最后部分的内容与课的(或比赛)基本内容相似。对运动中负担较大和易伤部位，要特别注意做好准备活动，适当地做一些力量性和伸展性练习。

准备活动的量，要根据学生的特点、气候条件和教学训练或比赛的情况而定。一般认为，兴奋性较低、锻炼基础或训练水平较高、运动持续时间较短或天气寒冷时，准备活动的强度可稍大些，时间可稍长些。相反，体育锻炼者的年龄小、锻炼基础较差、运动持续时间较长或天气炎热时，准备活动的强度宜小些，时间可短些。已伤部位的准备活动要谨慎小心。全套准备活动要循序渐进。准备活动的量，以身体感到发热，微微出汗为宜。

准备活动结束距正式运动之间的时间不宜过长，以 1～4 分钟为宜。在运动中若间歇时间过长或教学训练转项时,都要补做准备活动或补做专项准备活动。

4. 加强易伤部位的训练　循序渐进地加强易伤部位或相对较弱部位的训练，提高它们的功能,是预防运动创伤的一种积极手段。例如,为了预防髌骨劳损,可采用“站桩”的方法以增强股四头肌和髌骨功能。为了预防腰部损伤,除加强腰背肌训练外,还应加强腹肌力量训练,有助于防止脊柱过伸而造成腰部损伤。为了预防股后肌群拉伤,要加强股后肌群的力量和伸展性练习等。

5. 加强保护和自我保护　保护在器械体操练习中十分重要,因它是一项复杂多变、空中动作较多的项目,很容易发生技术错误或失手跌下。尤其是儿童少年,肌肉力量弱,判断和控制能力差,在进行器械体操练习特别是学习新动作时,都应该有人做好保护和帮助。

每个参加体育锻炼的人,都应掌握自我保护的方法,如身体失去平衡时,应立即向前或向后跨出一大步,以保持身体平衡。当人体快要跌倒时,要立即低头、屈肘、团身,以肩背部着地顺势做滚翻动作,而不可直臂撑地。从高处跳下时,要用前脚掌先着地并同时屈膝,以增强缓冲作用等。教师要把保护和自我保护的知识与方法传授给学生。

6. 加强医务监督　对学生或经常参加体育锻炼的人,都要定期进行体格检查。参加重大比赛的前后,要进行补充检查或复查,以了解体育锻炼或比赛前后的身体变化。对患有各种慢性病的人,更要加强医学观察和定期或不定期的体格检查。禁止伤病患者或身体不合格的人参加剧烈运动或比赛。要做好自我保健工作,身体若有不良反应时,应认真分析原因,必要时要请医生作医学检查。

要认真地做好运动场地、器械设备和个人防护用具的管理和安全卫生检查,对已损坏的场地设备要及时维修。禁止穿着不合适的服装和鞋子参加运动。

平时要加强体育保健知识的宣传和教育,增强自我保健意识,提高遵守体育卫生要求的自觉性。

第三节　运动创伤的病理生理学基础

一、闭合性软组织损伤的病理、生理学基础

软组织损伤的恢复缓慢,若处理不当,常可留下不同程度的功能障碍。为了做到处理正确对其病理变化和修复过程应有一定了解。闭合性软组织损伤的病理变化过程,可分为急性和慢性两大类。

(一)急性损伤

常因一次较大暴力作用的结果,发病较急,病理较短,病理变化和临床症 状及体征都较明显。当人体某部受到一次较大暴力作用后,局部组织细胞遭到破坏,发生组织撕裂或断裂,组织内的小血管也因此破裂、出血,出现组织内血肿;出血停止后,即出现反应性炎症。此时,坏死组织被蛋白溶解酶所分解,其分解产物使局部小血管扩张、充血、血管壁的通透

性增高。因此，血液中的液体、蛋白质和白血细胞等，透过血管壁形成渗出液。同时，伤后淋巴管发生损伤性阻塞，淋巴循环发生障碍，渗出液不能由淋巴管及时运走。因此，局部除了血肿外，还形成水肿。这种肿胀产生了压迫和牵扯性刺激，使局部疼痛进一步加剧。由于组织的损害、疼痛及因之而发生的肌肉保护性痉挛等，局部出现功能障碍。上述病理变化反应在外表上，则出现损伤早期的局部红、肿、热、痛及功能障碍等一系列急性炎症的症状。

伤后 4 ~ 6 小时，血肿和渗出液开始凝结，形成凝块。伤后 24 小时左右，创口周围开始形成主要由新生的毛细血管和成纤维细胞所组成的肉芽组织，逐渐地伸入到凝块中并开始将其吸收。同时，渗出的白血细胞逐渐将坏死组织清除。邻近的健康细胞发生分裂产生新的细胞和组织，以代替那些缺损的细胞和组织，使受到破坏的组织得以逐渐修复。

肉芽组织形成后，经伤口收缩、再生上皮覆盖或瘢痕形成，完成伤口暂时愈合。经组织重建，肉芽组织转变为正常结缔组织，成纤维细胞转变为纤维细胞而实现最终愈合。

损伤组织的愈合是通过组织再生来实现的。再生的组织在结构和功能上都与原来的组织完全相同，称为完全再生；若缺损的组织不能完全由结构和功能相同的组织来修补，而由肉芽组织代替，则称不完全再生或称瘢痕修复。

损伤组织能否完全再生，首先决定于组织本身再生能力的强弱和损伤的严重程度。人体内各种组织的再生能力差异较大，如结缔组织、小血管及骨的再生能力较强，软骨的再生能力最差。此外，组织再生能力的强弱，还与伤员的全身或局部状况有关，若年龄小、营养良好、健康和功能状况及局部血液供应都较好，即组织再生能力就较强；反之，则再生能力就较差。

治疗过程中采用各种合理的治疗措施，以改善伤员的全身和局部状况，提高损伤组织的再生能力，有利于组织的完全再生，减少粘连与瘢痕的形成。如果伤后处理不当，血肿和渗出液不能迅速地吸收，则可能发生粘连或瘢痕形成过多，不仅丧失原组织的功能，而且可产生瘢痕收缩，引起不同程度的功能障碍，轻者出现酸胀麻痛或无力等后遗症状，重者则出现关节僵直，运动功能明显受限。

（二）慢性损伤

由于急性损伤后处理不当而转变为慢性损伤，或因局部长期负荷过度引起组织劳损，即由微细的小损伤逐渐积累而成。

劳损发病缓慢，其病理变化过程大体可分为三个阶段。1. 早期。由于局部长期负荷过度，引起神经调节功能障碍，组织内部合成与分解失去平衡，组织中糖、类脂和蛋白质的化学结构发生改变，但在组织形态上尚无明显变化。此期的伤员多无不良的感觉，或仅有局部酸胀感，因而常被忽视，若能及时改进教学训练的方法或改善局部状况，损伤可以很快康复。2. 中期。组织中糖、类脂和蛋白质的化学结构长时间遭到破坏，组织细胞营养失调，发生变性和增生。此期伤员虽有局部酸胀、疼痛，但准备活动后症状常可消失，运动结束后症状又出现。外表检查时，可发现伤部组织弹性较差，有硬结或发硬、变厚等。3. 晚期。局部小血管发生类脂样变，管腔变窄，影响血液循环，造成局部缺血。若血管损害较重，或产生血栓，血流被阻断，可引起局部组织坏死。此期伤员的疼痛加重，局部温度下降，有发凉感。

二、骨折修复的病理生理学基础

骨折的修复过程，一般可分为血肿机化期、原始骨痂期和骨痂改造期三个阶段，但此三期不能截然分开，而是依次交织演进的。

（一）血肿机化期

骨折后，因骨和周围软组织的血管破裂出血，在断端之间及其周围形成血肿，血肿于伤后6～8小时即开始凝结成含有网状纤维素的血凝块，局部出现炎症反应。随着红细胞的破坏，纤维蛋白的渗出，毛细血管的增生，成纤维细胞、吞噬细胞、巨噬细胞等的侵入，血肿逐渐机化，肉芽组织再演变成纤维结缔组织，使骨折断端初步连接起来，这叫纤维性骨痂。此期约在骨折后2～3周内完成。

（二）原始骨痂期

骨折1～2天后，在血肿分解产物的刺激下，骨折断端处的外骨膜开始增生、肥厚，外骨膜内层成骨细胞增生，产生骨化组织，形成新骨，称膜内化骨。新骨不断增多，紧贴于骨皮质的表面，填充在骨断端之间，称外骨痂。同时，骨折断端髓腔内的骨膜也以同样的方式产生新骨，填充在骨折端的髓腔内，称内骨痂。在骨折两断端之间还有中间骨痂，它是通过软骨内化骨产生新骨的。

因此，骨性骨痂主要是通过膜内化骨形成的（外骨痂为多，内骨痂次之），其次是软骨内化骨。它们的主要成分是成骨细胞，成软骨细胞，它们来自于外骨膜的内层和内骨膜。内、外骨痂沿着骨皮质的髓腔侧和骨膜侧向骨折线生长，彼此会合，此期约需4～8周。

（三）骨痂改造期

根据功能的需要，梭形膨大的骨性骨痂可进一步改造，多余的骨痂逐渐被吸收，不足的部分长出的骨痂，骨小梁的排列方向逐渐恢复正常，骨髓腔重新开放。经过一定时间后，可以完全恢复骨的正常结构与功能。

骨折治疗过程中，正确的复位与固定是十分重要的，另外还要重视全身和患部肌肉、关节的适当活动，以便更好地促进骨折的愈合和功能恢复。

三、关节软骨损伤的病理生理学基础

正常的关节软骨由软骨细胞和基质构成。软骨细胞分泌基质，基质中的胶原纤维由软骨下骨板向斜上方延伸至软骨表面，不同方向的胶原纤维组成无数个网状拱形结构，并于软骨表面形成一切线纤维膜。当关节面受压后，通过弹性变形使压力减弱，并通过网状拱形结构将压力传至“四面八方”。同时，软骨的受压变形与减压复形又是维持关节软骨营养的主要方式。

关节软骨损伤可因一次暴力急性损伤和逐渐劳损所致。一次急性暴力致伤时，可引起软骨剥脱、软骨骨折，甚至骨软骨骨折。挤压暴力可引起软骨的胶原纤维损伤，软骨细胞坏死，继而发生一系列病变。而劳损伤是软骨经常受到微细损伤积累的病理变化。

关节软骨损伤的范围和程度不一。可由软骨失泽、变黄、不透明到软骨软化、龟裂、剥离、翘起、囊腔、缺损、溃疡、软骨纤维变等。镜下可见软骨细胞排列紊乱，细胞减少、簇聚、核缩、核融、坏死。基质退行性变，出现裂隙空泡等一系列改变。

关节软骨损伤后，胶原纤维破坏，伤部软骨正常弹性降低，所受的压力不能再传递分散，进而伤及软骨下骨，发生骨髓纤维化并可长入软骨层，髓腔开放，骨增生，骨小梁变粗等多种病理变化。软骨弹性的改变又影响软骨的营养，加重了软骨的退行性变。

关节软骨损伤的病理改变是关节软骨、软骨下骨、关节周围滑膜组织及腱止装置等一系列综合病变，这些不同组织的病变相互影响，互为因果，使病变进一步加重。关节软骨损伤后能否修复乃有争议，缺损化生的新软骨一直被认为是纤维软骨，也有人认为，它最终可转变成透明软骨。有实验表明，关节软骨缺损深达骨髓时，应早期活动，否则不会长出新的透明软骨关节面。

四、末端病的病理生理学基础

末端病是指腱或韧带止点部因劳损而引起的组织变性改变，如跳跃膝、网球肘等，多属运动技术伤。

腱和韧带止点的正常结构包括波浪式的腱纤维、纤维软骨层（此时腱纤维呈交叉行走，将软骨细胞裹在其中）、潮线、钙化软骨层和骨五种不同的组织（图 14－3）。腱止点根据其附属结构不同可分为滑车型（如跟腱止点）、牵拉屈曲型（如髌腱止点）和牵拉型（如跖腱膜在跟骨的止点）。

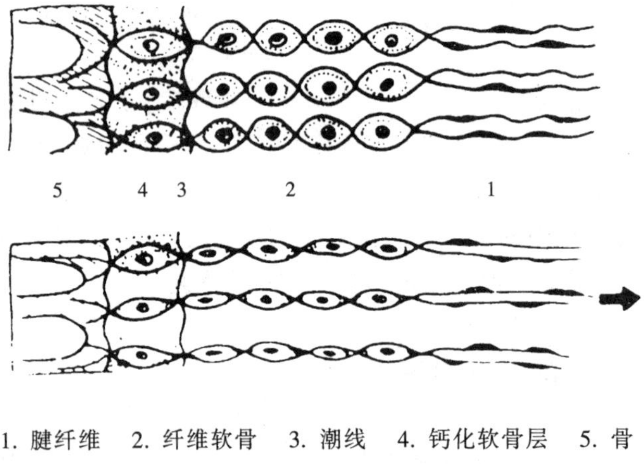

1. 腱纤维　2. 纤维软骨　3. 潮线　4. 钙化软骨层　5. 骨

图 14－3　腱止点结构及功能示意图

腱与韧带止点的主要功能是将肌肉收缩产生的应力，通过止点传递到骨骼而产生运动。它类似于一个缓冲器，使牵拉力的速度逐渐减弱，拉力合理地分散到各组纤维的着力点上。腱止点部的固有结构和附属结构都有应力缓冲作用。但因它是肌力作用时承受应力的集中点，因而易发生损伤。

末端病的病理改变较复杂，以髌腱腱围炎髌尖末端病为例，伤部的腱与腱围组织变黄失泽，有血管侵入。正常的波浪状纤维排列消失，较重者出现玻璃样变、纤维变及截断变，可有血管与脂肪组织侵入腱内，甚至出现软骨岛、骨岛。血管周围可有小圆细胞浸润。腱围组织中血管怒张或毛细血管动脉化等，腱围组织水肿并与腱紧密粘连。此外，纤维软骨带有血管侵入，可出现软骨团；潮线增厚不规则，可有撕脱骨折以及骨髓腔纤维变、髓腔开放等多种病理变化。

实验研究证明，局部血循障碍、牵拉和关节外伤等都是末端病的病因。腱内出现软骨岛、骨岛等，可能与外伤引起局部细胞因子和生长因子的出现有关。腱内注入丹参、可的松及透明质酸酶等都易发生腱病。

第四节　运动创伤的检查与诊断

运动创伤的诊断是预防、治疗和伤后安排康复锻炼的重要依据。要作出正确的诊断，就必须仔细了解病史，进行系统的物理检查，并运用各种新的技术检查手段，但新技术检查方法的应用，不应忽视物理检查，要两者结合相辅相成。

一、了解病史

（一）望诊

首先要观察伤员的全身状况，如精神、面色、身体姿势等，从伤员的行动、表情、步态、脱衣、坐卧过程中，可以初步估计伤病部位、主要体征和功能状况。然后观察伤部情况，例如有无红肿、皮下瘀血、畸形、创口出血或分泌物等。

（二）问诊

主要有两个方面，一是询问受伤的经过，如受伤的项目和动作，受伤的时间与地点，身体哪个部位受到暴力打击，或跌倒时身体哪个部位先着地，以便确定损伤的部位和估计损伤的性质，因为不同的运动项目和动作，发生的运动创伤都有一定的特点和规律，不同的暴力作用机制可发生不同的损伤。二是询问伤员的自我感觉，如身体哪个部位疼痛、受伤时有否听到响声、伤肢能否活动或可否继续训练等。在急救时若伤员昏迷，则应向同伴或其他现场人员扼要地询问伤员的受伤经过。

二、物理检查与诊断

（一）触诊

检查者用手指按压伤部，寻找压痛点，了解肿块的大小、软硬度及其与皮肤、肌腱、骨骼的关系。对肿胀部位要检查皮肤温度，有无可凹性水肿及波动感。注意肌张力检查并与健侧作对比，有无肌腱滑动、关节摩擦及骨折断端异常活动等。

(二)扣诊

有时为了判断有无骨折，以资区别软组织损伤，可用此法。例如沿下肢轴线扣击足跟,或轻扣骨突如棘突、掌骨头、股骨大转子等处来寻找疼痛点。

(三)听诊

当关节主动或被动活动时，可听到一些声音，例如膝关节盘状软骨或肥厚肌腱摩擦骨突的弹响,肌腱通过肥厚腱鞘时的捻发音等。

(四)测量

应包括关节活动度、肌力、肢体轴线、四肢长度与围度的检查，应根据伤情和需要做针对性的测量。骨与关节损伤时,必须了解该关节的活动范围及畸形角度。肌肉麻痹或废用性萎缩时,应检查肌力并采用六级分类判断等级。

(五)特殊试验

根据伤情，有些固有的体征可用特殊的体检方法显示出来。运动创伤的特殊试验在各伤病中均有详细论述。从总体上看,多数检查方法都是重复受伤动作,例如半月板损伤的麦氏征、腕软骨盘损伤时的旋转挤压试验、髌骨劳损的单足半蹲试验等,实质上是损伤动作在临床上的重复。但有些检查方法是根据病理生理特点提出的，例如肩关节脱位的杜格氏征、腰椎间盘突出症时的屈颈与直抬腿试验等。既然有些检查方法是受伤动作的重复,因而检查时手法要轻柔,以免加重伤情,增加伤员的痛苦。

(六)神经系统检查

某些严重的运动创伤，例如脊柱骨折与脱位、四肢骨折与脱位等，要了解有否合并脊髓和周围神经损伤或功能障碍，一般可通过皮肤感觉、肌力、反射等检查判断有无神经损伤。

(七)血管检查

检查四肢血液循环情况是某些创伤临床检查的重要内容。如骨折、脱位或肢体严重肿胀等,可引起血管损伤或受压迫而导致肢体血液循环障碍。一般可通过检查脉搏、肢体肿胀程度和末梢循环来判断。检查脉搏时上肢可触摸桡动脉，下肢可触摸胫前、胫后动脉。末梢血液循环的情况,可由皮肤和甲床的颜色、按压后充盈情况和皮肤温度等反映出来。如甲床和皮肤颜色苍白则为缺血,若呈暗紫色为瘀血,并可与健侧作对比来判断肢体的血液循环状况。

三、影像学检查与诊断

(一)拍摄 X 线平片

拍摄 X 线平片是多年来检查、诊断骨和关节损伤的常用方法。它可根据临床需要拍摄 X 线片，对一般的四肢骨折、关节脱位及某些软组织的病变具有一定的诊断意义。由于它是单一的平面影像，复杂部位及特殊类型的骨损伤不能在平片上清晰显示，因而极易引起误诊或漏诊。

(二)计算机体层摄影

计算机体层摄影，简称 CT。它是 X 线机与电子计算机相结合的产物，即把计算机技术用于 X 线诊断。

CT 的临床应用较广。在运动创伤的诊断中，主要用于各种结构复杂的部位和特殊类型的骨损伤，如四肢的关节内骨折及关节内碎片，椎弓骨折及骨折片移入椎管或神经孔，寰椎骨折等，CT 能清楚地证实这些骨折，并能显示椎管内结构受压变形的情况。对下腰部的腰骶椎骨折及脱位，CT 不但能显示其移位程序，还能了解下腹部及骨盆的软组织损伤情况。严重脊柱外伤的患者，只需仰卧于 CT 检查台上，用横断面扫描及多平面影像重建就能全面观察骨折及脱位的情况。椎间盘突出症的患者，CT 能直接显示突出的椎间盘组织及其对硬膜与神经根的压迫。此外，CT 对肌肉肌腱和韧带撕裂、血肿、半月板破裂等软组织损伤也有一定的诊断意义。

(三)磁共振成像

磁共振成像(简称 MRI)，或核磁共振成像(简称 NMRI)是利用原子核在磁场内共振而生成影像的一种方法。磁共振成像有极高的密度分辨率，因而对软组织的显示甚佳。此外，磁共振成像还可直接作矢状、冠状和横断面图像重建，所以在脊柱、四肢及关节的检查中优于 CT。

除了骨、关节和软组织的运动伤病磁共振成像可助诊断外，近年来在运动创伤中还有新的应用。如，肌肉训练中，经常感到肌肉酸痛，或迟延性肌肉酸痛。如何掌握运动量使肌肉力量真正获得训练效果，不少作者报道利用磁共振成像有助于对训练效果的评定和生理病理界线的划分。1990 年国外报道，离心练习量大时可以造成肌肉损伤，肌肉的特殊蛋白溢出，如肌红蛋白及磷酸肌酸激酶 (CK) 进入血浆产生异常影像。不同肌肉的力量训练的方法不尽相同，可用磁共振成像监测，若同时测定血清磷酸肌酸激酶 (CK) 量更有助于合理安排训练量。此外，对运动员慢性间隔综合征，磁共振成像可辅助诊断。

四、其他检查诊断法

(一)同位素骨扫描

同位素骨扫描的基本原理是利用亲骨性放射性同位素，在骨的病变部聚集较多，并放出 γ 射线，经扫描及闪烁照相将病变显示出来。

骨扫描显影比 X 线片可更早地发现骨和关节的破坏性病变。在运动创伤中较多的用于疲劳性骨折与骨膜炎的早期诊断，其阳性率比 X 线片早一个月左右。示踪剂的集聚还见于小儿正常骨端的骨骺、急性骨髓炎和骨结核等，需结合临床及其他检查方法才能作出正确诊断。

(二)关节镜检查与诊断

关节镜是一个内装光学装置的金属管,一端进入关节端,另一端接目镜和连接摄像头之用。管的中段有连接光源导线的接头以及进出水的管口。有的关节镜还设计了调节焦距、摄像开关等装置,已形成观察、显示、记录、检查及做各种手术应用的一系列的成套仪器。关节镜已成为我国运动创伤的检查、诊断和治疗的重要方法之一。

关节镜可以很方便地直接看到关节内病变,而且可在直视下做关节内手术,几乎可以用于各个关节的检查与治疗,具有手术创伤小、安全、术后反应小、康复快的优点。

关节镜手术的禁忌症较少。但局部皮肤化脓性感染、关节僵硬使关节镜及器械操作困难者应列为禁忌。此外,关节囊韧带严重破裂,冲洗液会大量流入关节外软组织,同时压迫关节滑膜等使关节间隙缩小导致观看不清(尤其是肩、踝等关节),应列为相对禁忌。

关节镜手术只是运动创伤的一种诊疗手段,它不可能取代全部手术治疗。对于有保守治疗指征的关节疾病,亦不宜匆忙使用关节镜手术。

第十五章 运动创伤的急救

运动创伤的现场急救是指对运动现场出现的意外或突发伤病事故进行紧急的、临时性的处理。迅速而正确的急救,不仅能抢救伤员的生命、减轻痛苦和预防并发症,而且可为下一步治疗创造良好条件。本章介绍常用的运动创伤现场急救技术,包括包扎、止血、骨折和脱位的临时固定、搬运、心肺复苏术、抗休克处理等内容。

第一节 急救概述

在运动训练或比赛中,有时会有一些意外事故或突发的伤病发生,往往会对运动员造成较严重的伤害,若不能及时正确地进行现场急救处理,就会贻误病情,引起并发症,甚至造成死亡。

进行现场急救应遵循一定的原则。要以抢救生命为第一,有些严重的损伤如骨折、关节脱位、严重的软组织损伤合并内脏损伤等会由于出血、剧烈疼痛而引起休克,发生溺水、昏迷的伤员可能会出现呼吸、心跳停止等。对这些情况如不及时抢救就会威胁生命,因此在现场急救时应首先注意有无这些情况,做到救命在先。其次,进行急救要有时间概念,即要争分夺秒地进行抢救,做到以最快的速度准确判断病情,迅速进行现场处理,及时转送医院。第三,抢救人员要有高度的责任心、正确熟练的急救技术、沉着冷静的心理素质、良好的组织能力和亲切和蔼的态度,这样在进行急救时才能井井有条、全面周到、争取时间。急救人员切忌急躁粗暴、惊慌失措、顾此失彼,这样不仅延误抢救时间、削弱急救效果,还会对伤员的心理状态产生不良影响。

第二节 包扎

包扎是运动现场急救中常用的重要技术之一,应用十分广泛,急救人员必须熟练掌握。包扎的作用在于:固定夹板和(或)敷料限制伤肢活动,保护创口预防或减少感染,压迫止血防止或减轻伤部肿胀,支持伤肢使之保持舒适的体位,减轻伤员痛苦。在进行包扎时应注意:包扎时要使伤员处于舒适体位,包扎过程中尽可能不要改变伤员的位置。包扎时动作要熟练、柔和,不要触碰伤口,以免加重损伤、加剧疼痛。包扎的松紧度要适中,过紧会妨碍血液循环,过松则起不到包扎的作用。绷带包扎要从伤部远端开始,包扎结束时可用胶布或打结固定,但结不要打在伤口处。包扎四肢时应使指(趾)端外露,以便观察血液循环情况。

常用的包扎材料有卷轴绷带和三角巾。

一、绷带包扎法

环形包扎法　此法适用于包扎额部、手腕和小腿下部等粗细均匀的部位，也用于其他绷带包扎法的开始和结束。包扎时将绷带一头斜放于包扎处，用一手拇指压住将卷带环绕包扎一圈后，再将斜放的带头的一个小角反折过来，继续环绕包扎，后一圈覆盖前一圈，包扎3～4圈即可(图15－1)。

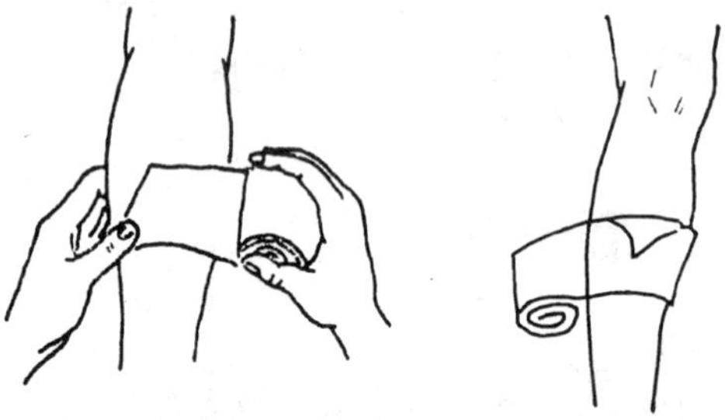

图15－1　环形包扎法

螺旋形包扎法　此法适用于包扎前臂、上臂、大腿下段和手指等肢体粗细差不多的部位。包扎时以环形包扎法开始，然后将卷带向上斜行缠绕，后一圈盖住前一圈的1/2到2/3，将伤处完全包住(图15－2)。

反折螺旋形包扎法　此法适用于包扎前臂、大腿和小腿等肢体粗细相差较大的部位。包扎时以环形包扎法开始，然后用一拇指压住卷带上缘，将其上缘反折(注意要避开伤处)并压住前一圈的1/2到2/3，每圈的折线应互相平行(图15－3)。

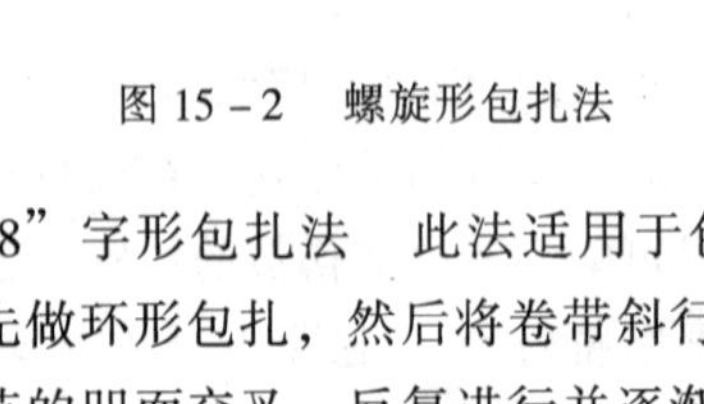

图15－2　螺旋形包扎法

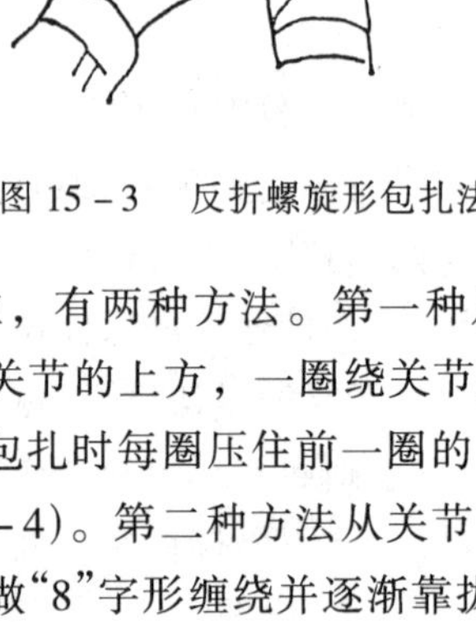

图15－3　反折螺旋形包扎法

“8”字形包扎法　此法适用于包扎关节部位，有两种方法。第一种从关节中心开始，先做环形包扎，然后将卷带斜行缠绕一圈绕关节的上方，一圈绕关节的下方，两圈在关节的凹面交叉，反复进行并逐渐远离关节。包扎时每圈压住前一圈的1/2到2/3，最后在关节的上方或下方以环形包扎结束(图15－4)。第二种方法从关节下方开始，先做环形包扎，然后将卷带自下而上、自上而下来回做“8”字形缠绕并逐渐靠拢关节，最后以环形包扎结束(图 15－5)。

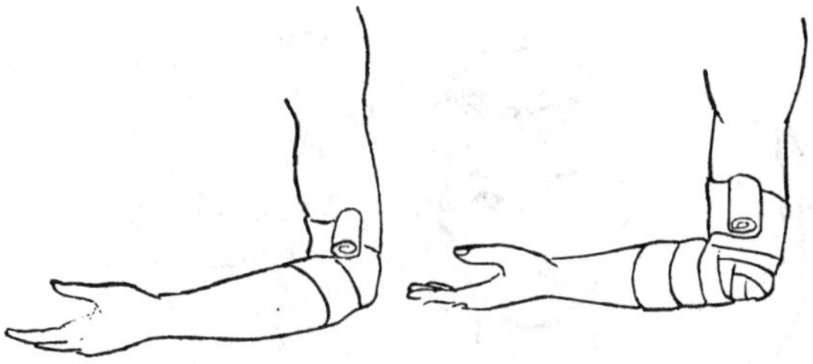

图 15－4　“8”字形包扎法之一

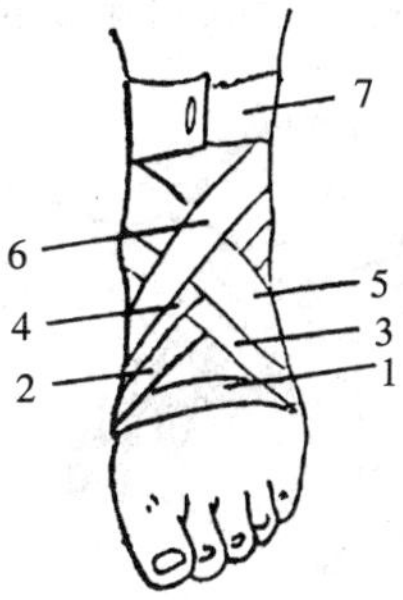

图 15－5　“8”字形包扎法之二

二、三角巾包扎法

三角巾依三角形命名,有顶角、底角、斜边和底边等名称(图 15－6)。

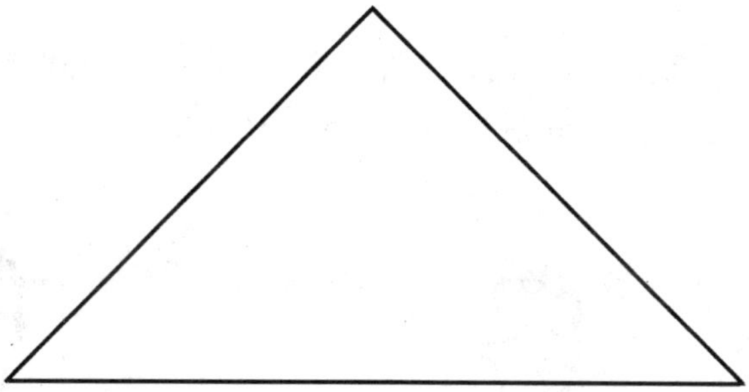

图 15－6　三角巾

手部包扎法　三角巾平铺,将患者手掌向下指尖对着三角巾的顶角,手平放在三角巾的中央,底边横放于腕部,然后将三角巾的顶角向上反折,再将两底角向手腕背部交叉围绕一圈在腕背打结(图 15－7)。

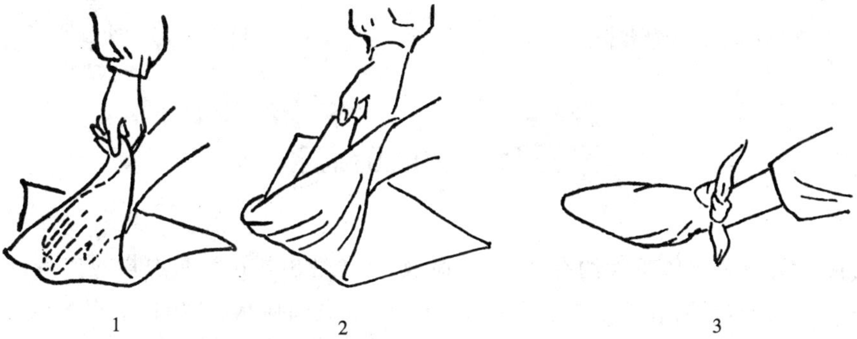

图 15－7　手部包扎法

足部包扎法　与手部包扎法基本相同。

头部包扎法　将三角巾的底边置于前额，顶角朝向头后正中，然后将底边从前额绕至头后，在枕后交叉再绕至前额打结，最后把顶角拉紧并向上翻转固定(图 15－8)。

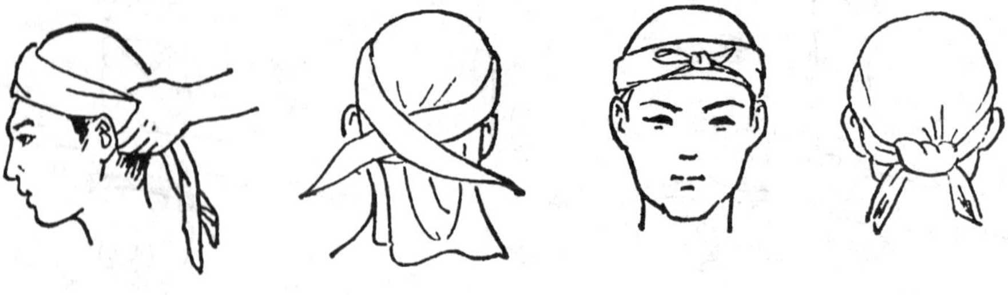

1　2　3　4

图 15－8　头部包扎法

大悬臂带　适用于前臂骨折等上肢损伤，但锁骨和肱骨骨折不能用。将三角巾顶角放在伤肢的肘后，一底角置于健侧的肩上，肘关节屈曲放在三角巾的中央，将下方的底角上折，包住前臂，在颈后与上方底角打结，最后把肘后的顶角折向前面，用橡皮膏或别针固定(图 15－9)。

小悬臂带　此法适用于锁骨和肱骨骨折。将三角巾叠成四横指宽的宽带，其中央置于伤肢前臂的下 1/3 处，两端在颈后打结(图 15－10)。

图 15－9　大悬臂带

图 15－10　小悬臂带

第三节　出血的急救

健康成年人每公斤体重大约有 75 毫升血液。如急性出血达全身血量的 20% 伤员就会出现头晕、口渴、面色苍白、全身乏力等一系列急性贫血的症状，如出血量超过全身血量的 30% 就会危及生命。因此在运动损伤或其他意外引起的急性出血，有时会造成严重后果，甚至危及生命，所以必须进行急救止血。

血液从损伤的血管中外流称为出血,按出血的部位可分为外出血和内出血。外出血是指血液从皮肤创口处流向体外,这种出血较为常见。内出血是指血液从损伤的血管内流出后向皮下组织、肌肉、体腔(包括颅腔、胸腔、腹腔和关节腔等)及胃肠道和呼吸器官内注入。这种出血在初期不易被发现,因此较外出血严重。按出血的性质可分为毛细血管出血、静脉出血和动脉出血。动脉出血时血色鲜红,血液自伤口的近心端呈喷射状流出;静脉出血时,血色暗红,血液缓慢流出,毛细血管出血时,血色介于动脉血和静脉血之间,血液在创面上渗出,常能自行凝固。动脉出血的危险性较大,常因失血过多引起休克,但一般所见的出血多为混合型,单纯的动、静脉出血较少见。

常用的止血方法有抬高伤肢法、加压包扎法、指压止血法、止血带止血法,但无论用哪种方法进行临时止血后都应将伤员迅速送往医院进行处理。

一、抬高伤肢法

将受伤的肢体抬高使出血部位高于心脏,降低出血部位的血压而减少出血,适用于四肢的毛细血管和小静脉出血,在其他情况下只能作为一种辅助方法。

二、加压包扎法

用无菌敷料覆盖出血处,然后用绷带包扎,适用于毛细血管和小静脉出血。

三、指压止血法

在动脉行走中最易压住的部位称压迫点,指压止血法就是在出血部位的上方相应的压迫点上用拇指或其余四指将动脉压在邻近的骨面上,以阻断血液来源而达到止血的目的。动脉出血时这是最迅速的一种临时止血法。用指压止血法时一定要找准动脉压迫点的位置,但不要在正常人体上进行压迫(特别是颈部的动脉),以防引起意外。

颞浅动脉压迫止血点　在耳屏的前方用拇指摸到搏动后将该动脉压向颞骨面,可用于同侧头额、颞部的临时止血(图 15－11)。

颌外动脉压迫止血点　在下颌角前约 1.5 厘米处用拇指摸到搏动后将该动脉压向下颌骨上,可用于同侧面部出血的临时止血(图 15－12)。

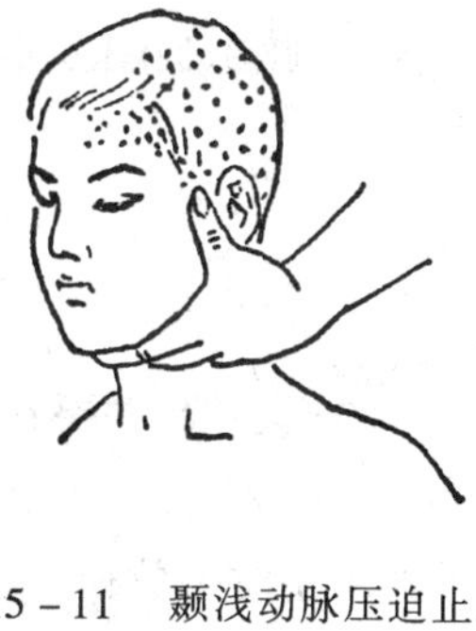

图 15－11　颞浅动脉压迫止血点

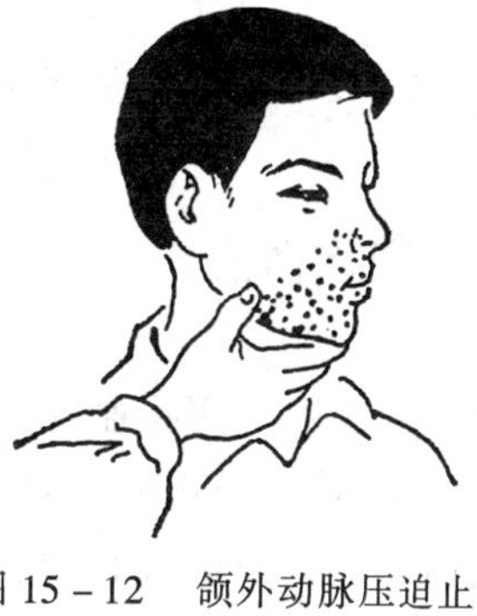

图 15－12　颌外动脉压迫止血点

锁骨下动脉压迫止血点　在锁骨上方、胸锁乳突肌外缘，用拇指摸到搏动后将该动脉向后内正对第一肋骨压迫，可用于同侧肩部和上臂出血的临时止血(图 15－13)。

肱动脉压迫止血点　患臂外展，用拇指或其余四指压迫上臂内侧中部，可用于同侧前臂出血的临时止血(图 15－14)。

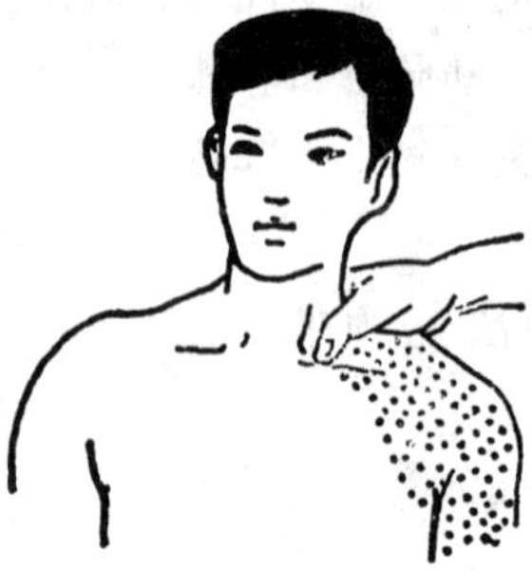

图 15－13　锁骨下动脉压迫止血点

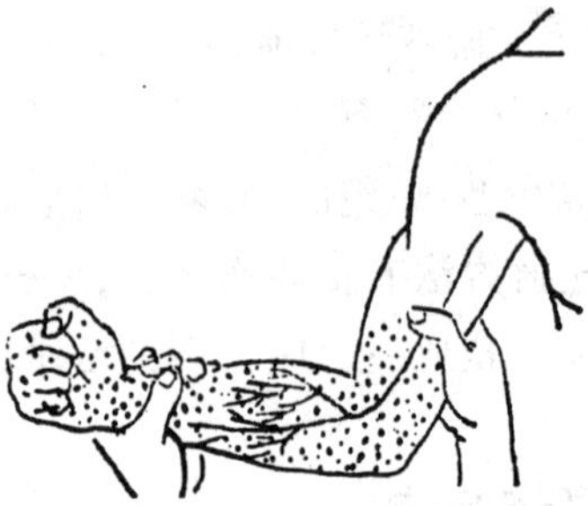

图 15－14　肱动脉压迫止血点

指动脉压迫止血点　在第一指节根部两侧用拇、食指相对夹住，可用于手指出血的临时止血。

股动脉压迫止血点　在腹股沟中点处摸到搏动后用掌或拳向下方的股骨面压迫，用于同侧大腿、小腿出血的临时止血(图 15－15)。

胫前、胫后动脉压迫止血点　用两手的拇指或一手的拇、食指分别按压在内踝与跟骨间和足背横纹的中点，可用于同侧足部出血的临时止血(图 15－16)。

图 15－15　股动脉压迫止血点

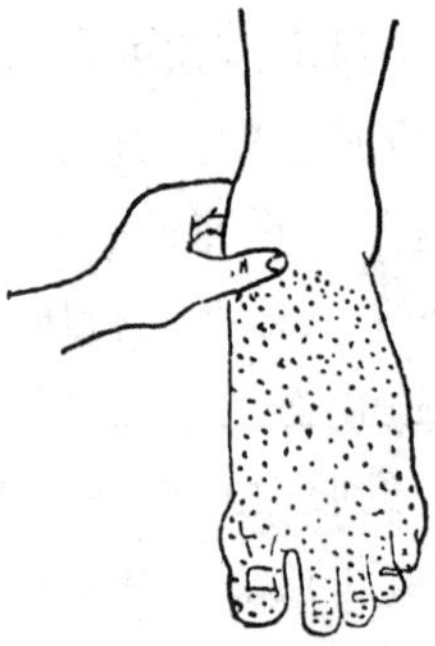

图 15－16　胫前、胫后动脉压迫止血点

四、止血带止血法

适用于动脉出血。用止血带止血时，止血带要绑扎在伤口的近心端，并要在肢体周围垫上软布后再进行。上肢出血时止血带要扎在上臂(但不要扎在中 1/3 处)，下肢出血时止血带扎在大腿靠近伤口的近心端。上肢每隔 30 分钟、下肢每隔 1 小时须放松一次止血带，

放松时间约 2～3 分钟,并暂时改用压迫止血法,以免引起肢体缺血而发生坏死,但上止血带的最长时间不宜超过 3 小时。用止血带后要留有明显的标签,注明用止血带的时间、部位、放松止血带的时间和重用止血带的时间等。

橡皮管止血带止血法　先在要用止血带的部位用三角巾、毛巾或衣服垫好,将止血带的一端留出一部分并用一手的食、中指夹住靠在垫上。另一手将止血带适当拉紧拉长,绕肢体 2～3 圈 (压在留出的那一部分止血带上) 后,将残留端夹在食、中指间拉出即可 (图 15－17)。

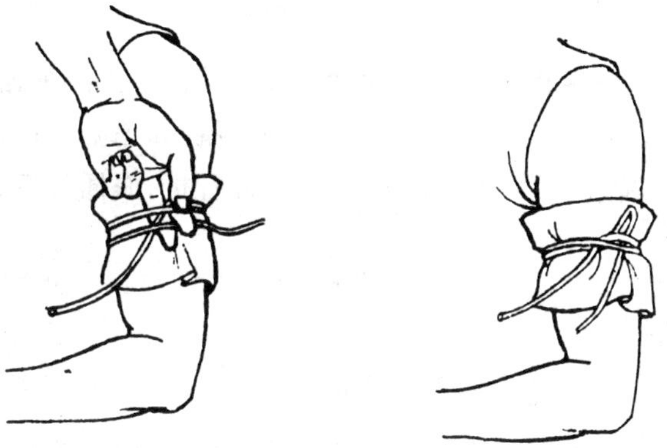

图 15－17　橡皮管止血带止血法

紧扎止血带止血法　在伤口处用绷带、三角巾等勒紧止血,其中第一圈绕衬垫,第二、第三圈分别压在前一圈的上面并适当勒紧,然后打结(图 15－18)。这两种方法常用于四肢动脉出血的临时止血。

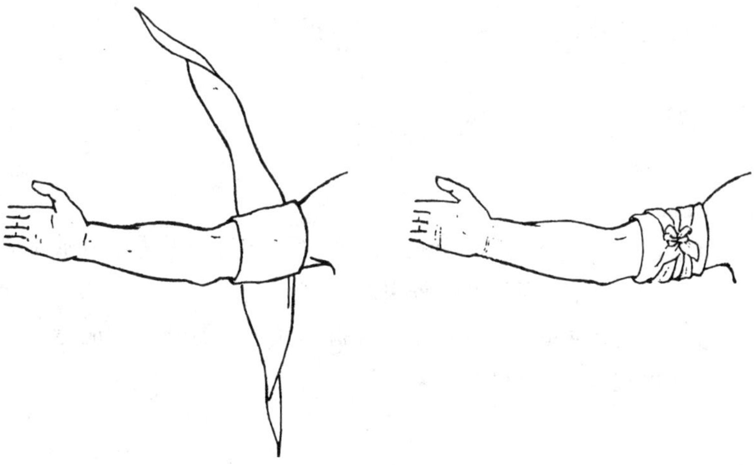

图 15－18　紧扎止血带止血法

第四节　骨折的急救

骨折是指骨或骨小梁的连续性发生断裂，这是一种较严重的运动损伤，发病率约占运动损伤的 1.5%。

一、骨折的分类

根据骨折处是否与外界相通分闭合性骨折和开放性骨折。根据骨折的时间分新鲜骨折和陈旧性骨折。根据骨折的程度及形态分不完全骨折和完全骨折。其中不完全骨折包括裂缝骨折、青枝骨折。完全骨折包括螺旋骨折、粉碎骨折、嵌插骨折、压缩骨折和骨骺分离等。

二、骨折的原因

直接暴力　骨折发生在暴力直接作用的部位，如足球运动中运动员胫骨受对手猛踢而造成胫骨骨折。

间接暴力　骨折发生在身体接触暴力较远的部位，如跌倒时用手撑地，较大的支撑反作用力可能造成尺、桡骨干或肱骨髁上或锁骨骨折等发生。这是引起骨折最常见的原因。

肌肉牵拉力　肌肉猛烈而不协调地收缩或韧带突然紧张引起附着部的撕脱骨折，如股四头肌猛烈收缩引起髌骨或胫骨粗隆的撕脱骨折。

积累性劳损　多次或长期反复的直接或间接作用力造成骨骼某点骨折，也称疲劳性骨折，如反复剧烈跑跳训练过多引起腓骨下端骨折。

三、骨折的征象

（一）全身表现

休克　多见于比较严重的骨折，如股骨骨折、脊椎骨折、严重的开放性骨折等，由于广泛的软组织损伤、大量失血或剧烈疼痛等引起休克。

体温　一般骨折后体温正常，但开放性骨折的伤员体温升高时应考虑是否有感染。

部分伤员还会出现口渴、便秘等现象。

（二）局部表现

疼痛和压痛　骨折处疼痛，一般较剧烈，在活动肢体时疼痛加剧，触诊时骨折处有局限性压痛。

局部肿胀和瘀血　骨及附近软组织的血管破裂出血，若为闭合性骨折则在其周围形成血肿，若为开放性骨折则血液经创口流出，周围软组织肿胀，甚至可在皮肤上产生张力性水泡。若血肿表浅,经 1～2 日后可出现紫色、黄色或青色的皮下瘀斑。

功能障碍　骨折后因疼痛、肌肉痉挛、肌肉失去骨杠杆的作用及周围软组织损伤等,使肢体丧失部分或全部活动功能。

畸形　因暴力作用(和)或骨折后肌肉的痉挛性收缩等造成骨折断端移位引起骨折肢体的缩短、侧凸成角或旋转畸形等。

异常活动和骨擦音　完全骨折后,局部出现类似关节的异常活动,移动肢体时可能会出现骨擦音,这是骨折特有的症状,但在检查时决不能有意去寻找异常活动或骨擦音,以免加重损伤和增加伤员的痛苦。

(三)X 线检查

X 线检查可了解骨折的具体情况,显示临床检查不易发现的损伤和移位等。X 线摄片应包括正、侧位,并且要包括邻近关节,有时还要加拍特定位置或健侧相应部位对比 X 线片。

四、骨折急救的原则和注意事项

救命在先、防治休克　对严重骨折要预防休克的发生,密切观察伤员情况,早期发现休克并及时处理。

早期就地固定　骨折的急救固定可避免骨折断端更多地损伤其周围的软组织、血管、神经或内脏等,减轻伤员的疼痛,便于伤员的转运。固定器材以夹板最好,也可就地取材,如较硬的树枝、木棍、窄木板等,若都不具备,可将受伤的上肢绑在胸部、受伤的下肢绑在健侧下肢上。对没有固定的伤员不可任意移动,在没有把握或条件不充分时,禁止做任何试图复位的动作,以免加重损伤或增加伤员的痛苦。

先止血再包扎固定　对有伤口或开放性骨折造成的出血应根据具体情况采用适当的方法止血,然后再清理创口,预防感染。对暴露在伤口外的骨折端,未经处理不可复回伤口内,以免将污物带入创口深处,应盖上无菌敷料并包扎固定后立即转送医院处理。固定时夹板的长短、宽窄要适当,应能将骨折处上下两个关节都固定,夹板不可直接接触皮肤,要用棉花、绷带或软布包垫,在夹板的两端、骨突处及空隙处要用棉花或软布填塞,避免产生压迫性损伤。绑缚夹板的宽带应先绑在近骨折处的上下端,然后分别绑上下关节,打结打在肢体的外侧,若肢体显著畸形而妨碍夹板固定时,可将伤肢沿其纵轴稍加牵引后再固定,固定要牢固,松紧度要适宜,过松失去固定的作用,过紧则会压迫神经血管。四肢骨折固定时要露出指(趾)端,以便观察肢体的血液循环情况,若发现指(趾)端苍白、发麻、发凉、疼痛或呈青紫色时,应马上松解夹板并重新固定。上肢骨折夹板固定后要用悬臂带将伤肢挂于胸前,下肢骨折夹板固定后要与健肢绑缚在一起后再行搬运。

五、骨折急救的临时固定

锁骨骨折　用三条三角巾分别折成宽带,两条做成环套于双肩,另一条在背部将两环拉紧打结,腋下放置棉垫等松软物以防腋下组织受压,最后以小悬臂带将患肢挂起

(图 15 - 19)。

肱骨干骨折　取两块合适夹板,分别置于伤肢外侧和内侧,用叠成带状的三角巾在骨折的上下两端将夹板固定,再用小悬臂带将前臂挂起,最后用三角巾把伤肢绑在躯干上加以固定(图 15 - 20)。

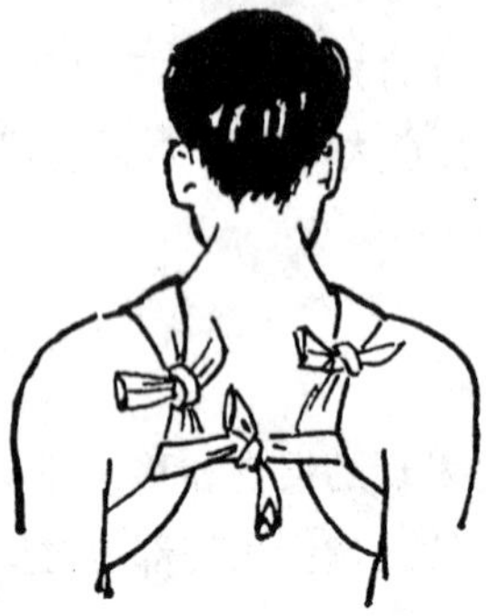

图 15 - 19　锁骨骨折的临时固定

图 15 - 20　肱骨干骨折的临时固定

前臂骨折　前臂处于中间位,拇指朝上,肘关节屈曲 90°,在前臂的掌侧和背侧分别用两块有垫夹板固定 (夹板的长度应超过肘和手腕),用 3 ~ 4 条宽带缚夹板,最后用大悬臂带将前臂挂于胸前(图 15 - 21)。

手腕部骨折　患手握棉花团或绷带卷,将垫夹板置于前臂和手的掌侧用绷带缠绕固定,最后用大悬臂带将患肢挂于胸前(图 15 - 22)。

图 15 - 21　前臂骨折的临时固定

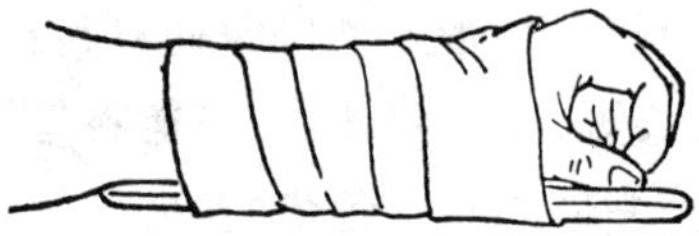

图 15 - 22　手腕部骨折的临时固定

股骨骨折　用两块长夹板分别置于伤肢的内外侧,内侧夹板的长度从大腿根部至足跟,外侧夹板的长度从腋下至足跟,然后用 5 ~ 8 条宽带固定夹板,在外侧打结(图 15 - 23)。

小腿骨折　用两长夹板置于伤肢的内外侧,内侧夹板的长度从大腿中部至足跟,外侧夹板的长度从膝上至足跟,然后用 4 ~ 5 条宽带固定夹板,分别在膝上、膝下和踝部外侧打结(图 15 - 24)。

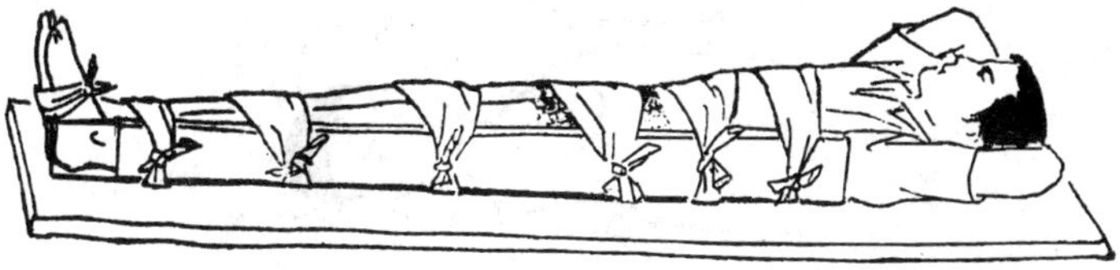

图 15－23　股骨骨折的临时固定

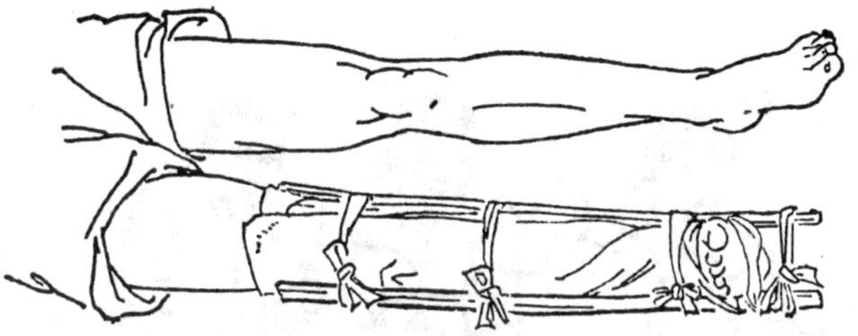

图 15－24　小腿骨折的临时固定

颈椎骨折　对颈椎骨折患者应由三人共同进行处理。其中一人专门负责患者头部的牵拉固定，使患者的头处于伤后的位置，不可屈、伸、旋转，其余两人抬患者的肩、背、腰、腿，三人协力将患者仰放在硬板担架上，在患者颈下放一小垫，头部两侧用沙袋或卷起的衣服固定后用担架搬运(图 15－25，图 15－26)。

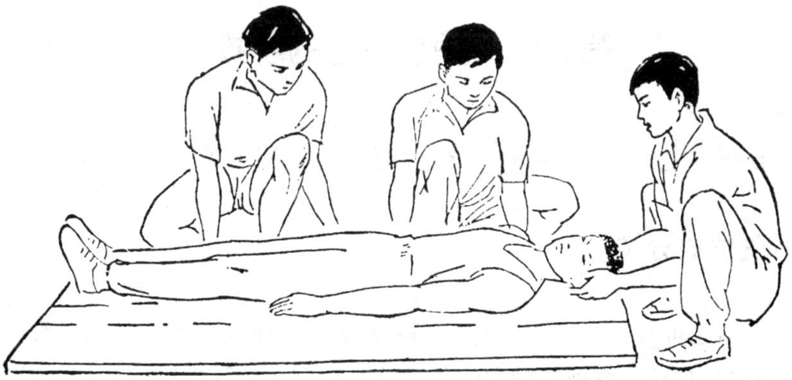

图 15－25　颈椎骨折的搬运

胸、腰椎骨折　对怀疑有胸、腰椎骨折的患者，必须由 3～4 人同时托住头、肩、臀和下肢，将患者的身体平托起来后放在硬板担架上，搬运者同时用力向一个方向滚动患者身体，使其成俯卧位后搬运(图 15－27)。严禁抱头、抬脚式搬运，以免脊柱过度弯曲而加重

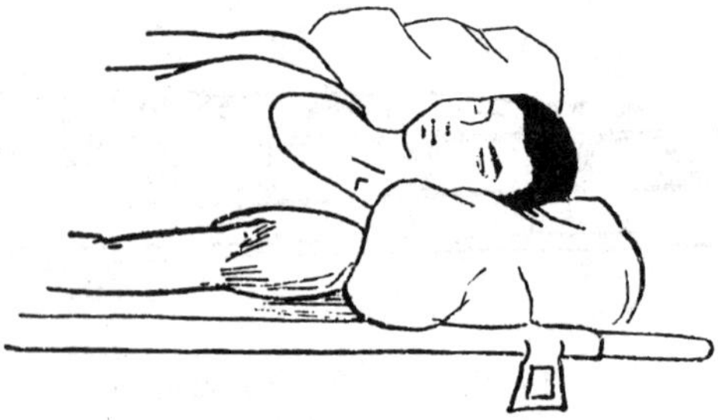

图 15－26　颈椎骨折的头部临时固定

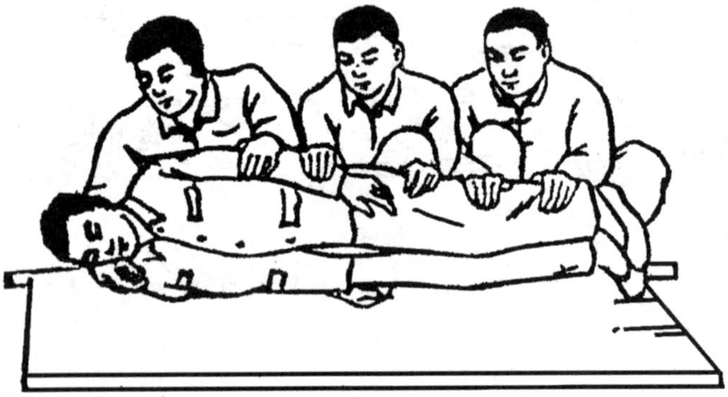

图 15－27　胸、腰椎骨折的搬运

对脊髓的损伤。

第五节　关节脱位的急救

关节脱位是指组成关节的各骨的关节面失去正常的对合关系，也称脱臼。

一、关节脱位的分类

根据脱位的原因可分为：创伤性脱位，即因暴力作用于正常关节引起的脱位。病理性脱位，即因关节的结构被病变破坏后发生的脱位。按脱位的程度可分为：完全脱位和半脱位。根据脱位的时间可分为：新鲜脱位，指发生脱位不到三周者。陈旧性脱位，指脱位后超过三周者。根据关节腔是否与外界相通可分为：闭合性脱位和开放性脱位。

二、脱位的原因

直接暴力　因直接暴力打击引起关节脱位的较少见。

间接暴力　这是引起关节脱位较常见的原因，根据其作用方式和性质可分为传导力和杠杆力两种。

体育运动和日常生活中以肘关节后脱位和肩关节前脱位最多见，髋关节后脱位较少见。

三、关节脱位的征象

局部疼痛与压痛　发生关节脱位后由于局部肌肉、韧带和关节囊等软组织破损引起较剧烈的疼痛和压痛。

局部肿胀　由于受伤关节周围的软组织内血管破裂出血及软组织损伤后的炎症反应,关节脱位发生后短时内就会出现明显的肿胀。

关节活动功能丧失　由于正常的关节结构被破坏,关节失去枢纽作用,同时伴有软组织严重损伤、疼痛和肌肉痉挛等,使损伤的关节失去了正常的活动功能。

畸形　与健侧相比,关节脱位处可发现明显的畸形,肢体形态异常,并可发生肢体展收、旋转或缩短等畸形。

通过X线检查可进一步明确脱位的程度、方向,以及有无合并骨折、陈旧性脱位,有无骨化性肌炎或缺血性坏死等。此外,脱位还可能牵扯和压迫邻近的神经和大血管并造成损伤,检查时应引起重视。

四、脱位的急救原则和注意事项

抗休克　关节脱位或合并其他损伤时,伤员可能会因疼痛、失血等原因而发生休克,急救时要注意预防休克的发生,早期发现休克并及时处理。

固定　用夹板和三角巾固定伤肢后伤员应尽快转送医院,争取尽早复位。没有整复技术和经验的救护者,不可随意做试图复位的动作,以免加重伤情影响功能的恢复。

五、急救固定方法

肩关节前脱位　将患肢肘关节屈曲90°,取两条三角巾,一条用大悬臂带将患肢吊于胸前,另一条折成宽带后,包绕患肢上臂后在健侧腋下打结(图15－28)。

肘关节后脱位　一种方法是将一钢丝夹板弯成135°左右，置于患肘后用绷带缠绕扎紧,用小悬臂带悬于胸前。另一种方法是用两条三角巾折成宽带,一条悬挂患臂后斜挎于胸背部在健肩上打结,另一条则绕过患肢上臂后在健侧腋下打结(图15－29)。

髋关节后脱位　髋关节后脱位可参照股骨骨折的急救固定方法，固定后用担架转送医院进行整复。

图 15－28　肩关节前脱位的临时固定

图 15－29　肘关节后脱位的临时固定

第六节　心跳　呼吸骤停的急救(心肺复苏术)

某些意外情况下,如触电、溺水、一氧化碳或某些药物中毒、严重创伤和大出血引起的呼吸、心跳停止后,造成血液循环停止。脑细胞对缺氧十分敏感,一般在血液循环停止 4～6 分钟后大脑即发生严重损害,甚至不能恢复,所以必须争分夺秒进行心肺复苏术,通过人工呼吸和胸外心脏按压使血液循环得以恢复,从而抢救生命。

现场心肺复苏术主要为徒手操作,许多场合下这是惟一实用的有效方法。病人心跳、呼吸停止后,全身肌肉松弛,口腔内的舌肌后厌也松弛后坠从而阻塞呼吸道。采取头后仰并抬举下颌,可使舌根部向上抬起,使呼吸道通畅,这样就可以用口向病人口内顺利吹气。

心跳停止后,全身的血液循环也会随之停止,脑组织和许多重要脏器得不到氧气及血液的供应,很快就会出现坏死。因此,必须在进行口对口人工呼吸的同时进行胸外心脏按压,人为地维持血液循环,但这必须要在病人肺内有新鲜空气进行气体交换下进行,否则到达脏器的血液含氧量不足,组织仍会发生坏死。因此,在大多数情况下现场心肺复苏术的顺序为:开放气道,人工呼吸,胸外心脏按压。

标准的心肺复苏术包括三部分:A. 判断意识和畅通呼吸道,B. 人工呼吸,C. 人工循环。

一、判断意识和畅通呼吸道

发现昏迷倒地的病人后,轻摇病人的肩部并高声喊叫:"喂,你怎么了?"若无反应,立即掐压人中、合谷 5 秒钟。若病人仍未苏醒,立即向周围呼救并打急救电话,然后将患者放置成复苏体位:即病人仰卧,头、颈、躯干平直无扭曲,双手放于躯干两侧(图 15－30)。

用仰头举颌法开放病人气道:抢救者一手置于病人前额使头部后仰,另一手的食指与中指置于下颌骨近下颌角处，抬起下颌（图15－31），保持呼吸道通畅，同时进行以下步骤的判断和操作，并迅速联系将患者急送医院做进一步的医疗抢救。

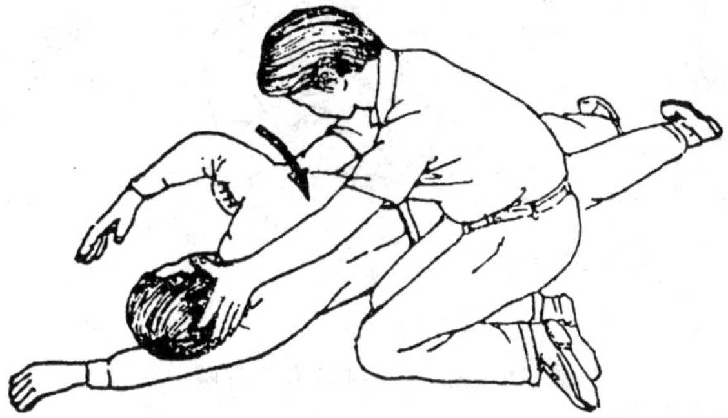

图15－30　病人放置于复苏体位

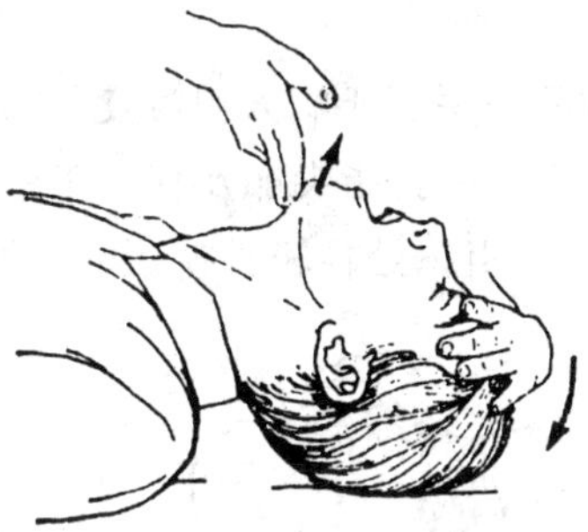

图15－31　仰头举颌法

二、人工呼吸

畅通呼吸道后要立即判断病人有无呼吸，抢救者将脸贴近病人的口鼻，感受有无气息进出，同时眼睛侧视病人胸部，观察其有无起伏，若都无反应则说明病人没有呼吸，要立即进行口对口人工呼吸。

在保持病人呼吸道畅通和口部张开的位置下进行。操作时用按于病人前额一手的拇指与食指捏住病人的鼻孔，抢救者深吸一口气后，张开口紧贴病人的口（要将病人的口全部包住，若有条件可先用一块无菌纱布盖住病人的口），快而深地向病人口内吹气，直至病人胸部上抬。

一次吹气完毕后立即与病人口部脱离，放松捏鼻的手指，以便病人从鼻孔出气，轻轻抬起头部，眼视病人胸部，同时吸入新鲜空气，准备下一次人工呼吸。每次吹入的气量约为800～1200毫升（图15－32）。

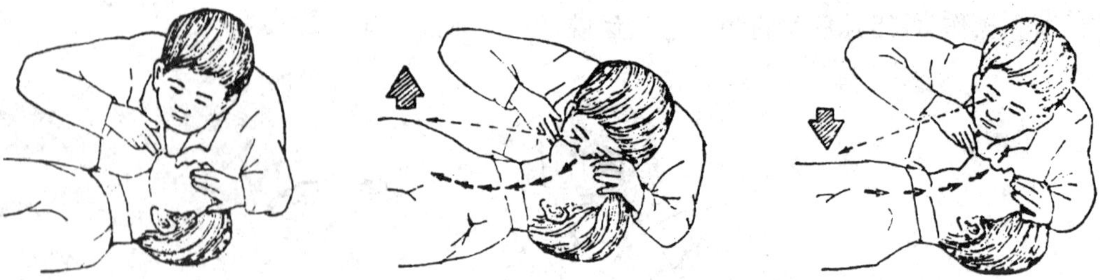

1　　2　　3

图 15－32　口对口人工呼吸

三、人工循环

先判断病人有无脉搏。抢救者一手置于病人前额使其头部保持后仰，另一手在靠近抢救者一侧触摸病人颈动脉，用食指及中指指尖触及气管正中部位(男子可先触及喉结)，然后向旁滑移 2～3 厘米，在气管旁软组织处轻轻触摸颈动脉搏动(图 15－33)。

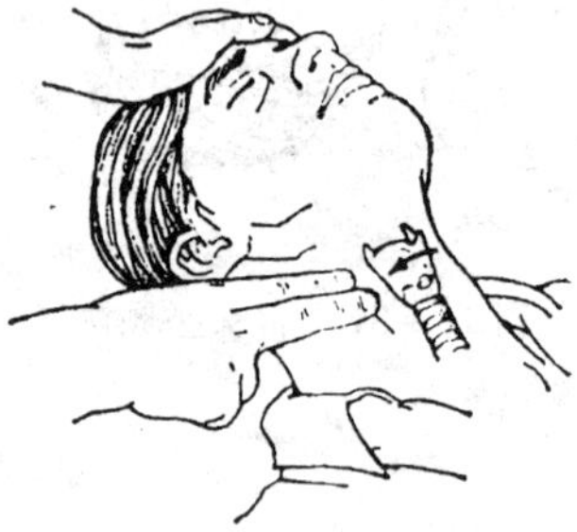

图 15－33　触摸颈动脉

判断病人没有脉搏后应立即进行胸外心脏按压。病人应仰卧于硬板床或地上，在气道开放的位置下先进行两次人工呼吸，然后抢救者应快速找到心脏按压的部位：首先以食指、中指并拢沿病人肋弓处向中间滑移，在两侧肋弓交点处寻找胸骨下切迹(剑突处)，以此作为定位标志(图 15－34)。然后将食指和中指的两指横放在胸骨下切迹上方，食指上方的胸骨正中部位即为按压区。将一手掌根重叠放在另一手背上，但手指不要接触胸壁(图 15－35)。

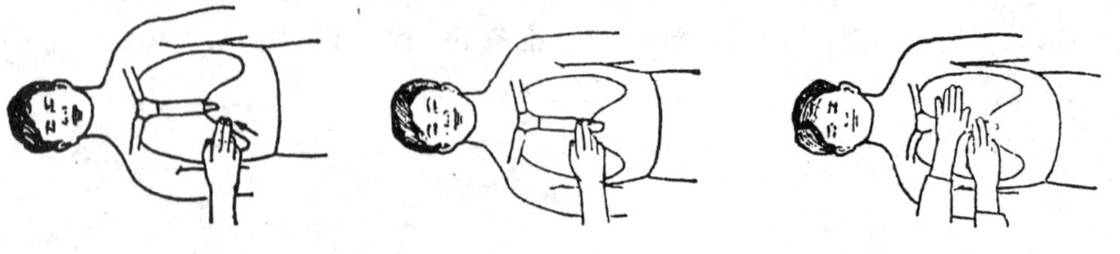

图 15－34　胸外心脏按压的定位

抢救者双臂应绷直，双肩在病人胸骨上方正中，垂直向下用力按压，按压时以髋关节为支点，以肩臂用力(图 15－36)。对成年患者按压的频率为 80～100 次/分，按压深度为 4～5 厘米。

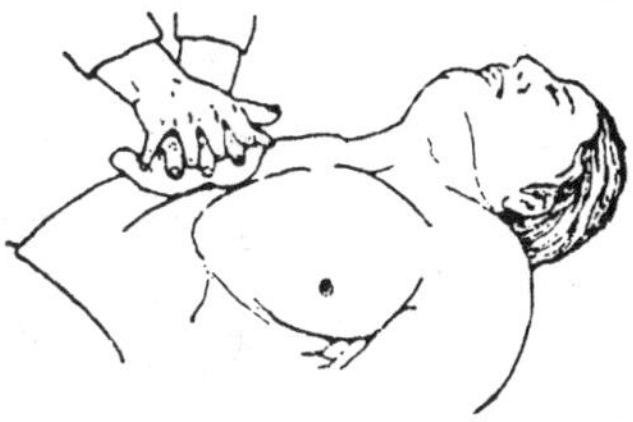

图 15－35　按压时双手位置

图 15－36　按压时的姿势

单人进行心肺复苏术：遵循上述步骤先进行两次人工呼吸，然后进行 15 次胸外心脏按压，即吹气和按压的比例是 2∶15，如此反复进行，直到专业医务人员赶到或病人恢复自主呼吸和心跳。

双人进行心脏复苏术：按上述步骤，一人进行口对口人工呼吸，另一人进行胸外心脏按压。此法要求两人必须协调配合，按压与吹气的比例为 5∶1 或 4∶1，一般是由专业人员进行。

注意事项

(一) 开放气道行仰头举颌法时，注意手指不要压迫病人颈前部、颌下软组织，也不要使颈过伸。

(二) 进行口对口人工呼吸时，每次吹气量不要过大，否则易造成胃内大量充气。

(三) 判断有无脉搏时触摸颈动脉不能用力过大，以免颈动脉受压妨碍头部供血，检查时间不可超过 10 秒钟。

(四) 胸外心脏按压用力应平稳、有规律地进行，不能间断，也不能忽快忽慢，禁止做冲击式猛压，按压时手指不要压在胸壁上，否则易引起肋骨或肋软骨骨折。

(五) 按压时用力应垂直向下 (特别是肘关节要伸直)，不要左右摆动，双手掌要重叠放置，不可交叉放置，按压后放松时定位的手掌根部不可离开胸骨定位点(图 15－37)。

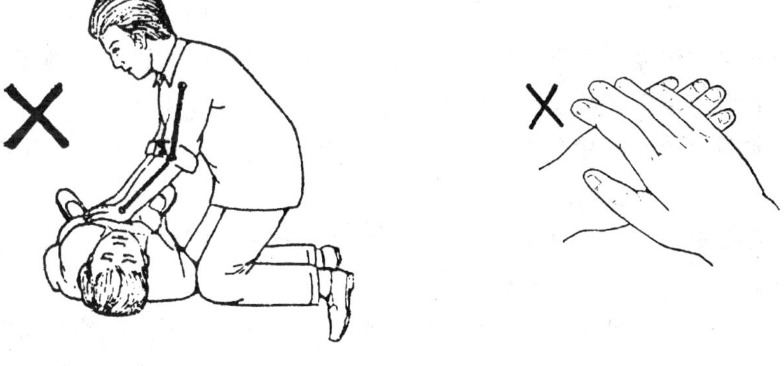

图 15－37　按压时的错误

第七节 休克和抗休克

一、概述

休克是指人体遭受体内外强烈刺激后发生的一种严重的病理状态或全身综合征。由于人体有效循环血量锐减，组织血液灌流量不足引起机体代谢障碍和细胞受损，是临床常见的危重状态之一。虽然引起休克的原因很多，但都有一个共同点，即有效循环血量急剧减少。有效循环血量是指单位时间内通过心血管系统进行循环的血量，不包括贮存于肝、脾和淋巴血窦中或停滞于毛细血管中的血量。

随着科学技术的发展，人们对休克的认识不断地深入和提高。二百多年前，人们首先认识到休克是在机体遭受强烈的病理刺激后而发生的一种危重状态，通过研究又发现，休克发生时血压下降是一个很基本的表现，从而认识到可能是由于循环系统急剧紊乱而导致休克，但经过一系列的临床实践和研究表明，休克发病的关键不在于血压而在于微循环。本世纪60年代提出的这种微循环学说揭示了休克发生的机理，认为是由于生命主要的营养血管灌流量急剧减少而导致休克，因此，治疗的关键不仅单纯在于升高血压，而且还应改善微循环，这个学说为休克的防治提出了重要的理论依据。60年代以来在扩充血容量的基础上，通过解除血管，特别是微血管痉挛等措施来防治休克的方法取得成效。近年来随着研究手段的不断更新，对休克发病机制的研究已由微循环学说发展到了细胞代谢障碍学说，休克发生在细胞分子水平可出现细胞代谢及能量转换的严重障碍、线粒体受损、细胞膜电位降低等，针对这些变化采取一系列病因治疗措施将引起休克治疗学的重大变革。

二、分类

目前对休克的分类尚无统一意见。从临床角度，按病因及病理生理特点，一般将休克分为五类：

（一）低血容量性休克　由于各种原因（如出血、腹泻、呕吐、大面积烧伤等）使血液、体液大量丢失以致血容量急剧减少造成休克。

（二）神经源性休克　可由外伤、剧痛、脑脊髓损伤等引起，由于神经作用使周围血管扩张，有效循环血量减少造成休克。

（三）心源性休克　由于心脏排血功能低下造成的休克，常继发于急性心肌梗塞、各种心肌炎、严重的心律紊乱等心脏疾患。

（四）感染性休克　常见于肺炎、败血症、腹膜炎等疾病，由病原体、毒素及抗体复合物所致。常见的病原体有脑膜炎球菌、大肠杆菌等革兰氏阴性菌，但在革兰氏阳性菌或某些病毒感染的病程中也可发生。

（五）过敏性休克　由于某些药物（如普鲁卡因、青霉素等）或生物制剂（如三磷酸腺苷、丙种球蛋白等）引起机体发生过敏反应所致。

在运动损伤中常见的是低血容量性休克和神经源性休克。由于急剧的大量出血、失液、骨折、脱位、严重的软组织损伤或内脏破裂等常可合并休克。疲劳、饥饿、寒冷、酷暑、剧痛、长时间使用止血带后突然松解等都能诱发或提前休克的发生或加剧休克的程度。

三、表现

休克是一个有时相性的病理过程，虽然休克的病因各有不同，但其病理、生理变化一般是相同的，所以临床表现基本相同。主要有血压下降，其中收缩压降至 10.7kPa（70mmHg）以下，脉压差小于 2.67kPa（20mmHg），心率增快、脉搏细弱、全身无力、皮肤湿冷、反应迟钝、神志模糊和昏迷等。

根据休克的病程变化可分为两个阶段，即休克代偿期和休克抑制期（或称休克前期和休克期）。在休克代偿期，机体失血未超过全身血量的 20% 时，由于机体代偿作用，患者中枢神经系统兴奋性提高，表现为精神烦躁、面色苍白、手足湿冷、心率加快、气促等，血压可正常或稍高。此期时间较短，故易被忽略，但这是抢救休克的关键时期，如果处理得当，休克可以很快得到纠正，如处理不当，则进入到抑制期。抑制期的主要表现有神志淡漠、反应迟钝，甚至昏迷，口唇、肢端发紫，出冷汗、脉细速、血压下降，并可出现进行性呼吸困难，咯出粉红色泡沫样痰等。

四、急救处理

一旦发生严重的运动损伤，如骨折、严重的软组织损伤、剧烈的撞击，以及伴有大量出血、失液的损伤时，都要想到休克发生的可能。因此，在一边进行现场急救处理的同时，应迅速安排运输工具将病人及时转送医院。如等到病人出现血压下降时再送医院，将有可能延误了抢救和治疗。

（一）安静休息：迅速使伤员平卧或半卧位安静休息，并进行安慰和鼓励，消除伤员心理负担。

（二）止血、止痛：如果有外出血，应迅速、正确地进行临时止血。有骨折、脱位或软组织严重损伤者，应给予止痛剂、镇静剂止痛镇静。

（三）保暖和防暑：在不影响伤肢或伤口的情况下，尽可能将伤员穿着的潮湿运动衣除去，并覆以毛毯或大毛巾以保暖。在炎热天气时应注意防暑降温。

（四）饮水和吸氧：对于清醒的伤员可饮用少量的淡盐水，如果有条件可以让伤员吸氧。

（五）针刺穴位：对于昏迷的伤员可针刺人中、合谷、涌泉等穴位。

（六）保持呼吸道通畅：如果伤员昏迷要及时清除其口腔中的分泌物或血块，必要时将舌牵出口外，以保持呼吸道通畅。

另外，在急救过程中应尽量减少搬动或移动伤员，以免造成更大伤害。

第八节　伤员的搬运

一、徒手搬运法

适用于伤势轻和搬运距离较短的伤员。它又可分为单人、双人和多人搬运法。常用的有：

（一）扶持法

急救者位于伤员的体侧，一手抱住伤员腰部。伤员的一手绕过急救者颈后至肩上，急救者的另一手握住其腕部，两人协调缓行（图 15－38）。它适用于伤势轻、神志清醒而又能自己步行的伤员。

（二）抱扶法

急救者一手托住伤员的背部，另一手托住伤员的大腿及腘窝将伤员抱起，伤员的一臂挂在急救者的肩上（图 15－39）。此适用于伤势较轻、神志清醒但体力较差或虚弱的伤员。

图 15－38　扶持法

图 15－39　抱扶法

（三）托椅式搬运法

两名急救者相对而立，各以一手互握对方的前臂，另一手互搭在对方的肩上。伤员坐在急救者互握的手上，背部支持于急救者的另一臂上，伤员的两手分别搭于两名急救者的肩上（图 15－40）。此法适用于神志清醒、足部损伤而行走困难的伤员。

（四）卧式三人搬运法

三名救护者同站于伤员的一侧。第一人以外侧的肘关节支持伤员的头颈部，另一肘置

图 15－40　托椅式搬运法

图 15－41　卧式三人搬运法

于伤员的肩胛下部,第二人用双手自腰至臀托抱伤员,第三人托抱伤员的大腿下部及小腿上部。三人行走要协调一致(图 15－41)。此适用于身体较重、昏迷或肢体骨折后没有担架等情况的伤员。

二、器械及车辆搬运法

(一) 担架搬运法

担架是搬运伤员的常用工具。搬运时,伤员既安全又舒适,搬运者既方便又不易疲劳。使用时将担架张开,可用棉被或毛毯垫好后再将伤员放入,并盖好棉被或毛毯以保暖。若伤员神志不清,需用宽布带将其固定于担架上,如果没有特制的担架或脊柱骨折而不宜使用特制担架时,可采用床板、门板等临时担架。

(二) 车辆搬运法

当伤员的伤势严重、运送的路程较远时,应使用车辆搬运,最好是救护车。运送时,汽车行驶宜慢些,尽量减少颠簸震动。若道路不平或汽车急行转弯时,都应特别照顾好伤员。

第十六章　软组织损伤的处理

软组织的范围一般包括肌肉、肌腱、腱鞘、筋膜、韧带、神经、血管、关节囊、软骨等。发生在这些组织的损伤称为软组织损伤。这类损伤在运动损伤中所占比例较高，根据损伤后皮肤、粘膜是否有创口和外界相通，分为开放性与闭合性软组织损伤两大类。

第一节　开放性软组织损伤的处理

开放性软组织损伤是指受伤部位皮肤或粘膜破裂，伤口与外界相通，常有组织液渗出或有血液自创口流出。这类损伤的处理原则是及时止血和处理创口，预防感染，先止血然后再处理伤口。

体育运动中常见的开放性软组织损伤有擦伤、撕裂伤、刺伤和切伤。

一、擦伤

擦伤是皮肤受到外力摩擦所致，皮肤组织被擦破出血或有组织液渗出。创口较浅、面积小的擦伤，可用生理盐水洗净创口，创口周围用75%的酒精消毒，局部擦以红汞或紫药水，无须包扎，让其暴露在空气中待干后即可。但面部擦伤最好不用紫药水，关节附近的擦伤，一般也不用暴露疗法，因为干裂易影响关节运动，一旦发生感染，也易波及关节。因此，关节附近的擦伤经消毒处理后，多采用消炎软膏或多种抗菌素软膏搽抹，并用无菌敷料覆盖包扎。创口中若有煤渣、细砂等异物时，要用生理盐水冲洗干净，必要时可用消毒的硬毛刷子将异物刷净，创口可用双氧水、创口周围用75%酒精消毒，然后用凡士林纱条覆盖创口，并包扎。若创口较深、污染较重时，应注射破伤风抗毒血清(T. A. T)，并给以抗菌素治疗。

二、撕裂伤

撕裂伤中，以头面部皮肤撕裂伤最为多见，例如篮球运动中，眉弓被对方肘碰撞而引起眉际皮肤撕裂等。若撕裂的创口较小，经消毒处理后，用粘膏或创可贴粘合即可。撕裂创口较大，则须止血，缝合创口。若伤情和污染较重时，应注射破伤风抗毒血清，并给以抗菌素治疗。

三、刺伤和切伤

田径运动中被钉鞋或标枪刺伤，冬季滑冰时被冰刀切伤，其处理方法基本上与撕裂伤相同。

第二节　闭合性软组织损伤的处理

闭合性软组织损伤是指局部皮肤或粘膜完整，无裂口与外界相通，损伤时的出血积聚在组织内。这种损伤在体育运动中最为多见。

一、常见闭合性软组织损伤

常见闭合性软组织损伤有：挫伤，肌肉、肌腱拉伤，关节韧带扭伤，滑囊炎，肌腱腱鞘炎等。

（一）挫伤

由钝性暴力直接作用于身体某部使该处及皮下组织或器官受损，如运动中相互冲撞、被踢打、或身体某部碰击在器械上等。轻者仅是皮下组织（如肌肉、韧带等）挫伤，重者（如头、胸、腹部和睾丸挫伤）常因某些器官的损伤而合并休克。体育运动中较常见的是股四头肌和小腿前部挫伤。

（二）肌肉、肌腱拉伤

由于肌肉主动猛烈收缩，其收缩力超过了肌肉本身所承担的能力，或肌肉受力牵伸时超过了肌肉本身固有的伸展程度，均可引起肌肉拉伤。拉伤可发生在肌腹或肌腱交界处或腱的附着处。由于致伤力的大小和作用性质不同，可引起肌肉、肌腱部分纤维断裂、完全断裂或微细损伤的积累，除肌肉本身的拉伤外，常可同时合并肌肉周围的辅助结构如筋膜、腱鞘和滑囊的损伤。

（三）关节韧带扭伤

由间接外力所致，即在外力作用下使关节发生超常范围的活动而造成。轻者发生韧带部分纤维的断裂，重者则韧带纤维完全断裂，引起关节半脱位或完全脱位，同时可合并关节囊、滑膜和软骨组织的损伤。

（四）滑囊炎

滑囊是结缔组织构成的密封小囊，囊内有少量滑液，多位于关节附近，介于肌肉或肌腱附着处与骨隆起之间，可减轻肌肉、肌腱与骨之间的摩擦。因受到外力的直接撞击使囊壁受到损伤而发生急性创伤性炎症，或因局部活动过多囊壁受到反复磨损而发生慢性损伤。

(五)肌腱腱鞘炎

腱鞘是两层纤维膜构成的长形密封小管，套在肌腱周围，腱鞘的内层覆盖在肌腱的表面，外层附在周围的韧带及骨面上，两层之间有少量滑液可减少肌腱活动时与周围结构间的摩擦。由于肌肉反复收缩，使牵拉的肌腱与腱鞘不断摩擦，引起肌腱腱鞘的创伤性炎症。由于局部鞘管壁逐渐增厚，管腔变窄，有时肌腱渐呈梭形膨大，形成狭窄性腱鞘炎。

二、闭合性软组织损伤的病理过程

软组织损伤的恢复缓慢，若处理不当，常可留下不同程度的功能障碍。为了做到处理正确，对其病理变化和修复过程应有一定了解。这种损伤的病理变化过程，可分为急性和慢性两大类。

(一)急性损伤

常因一次较大暴力作用所致，发病较急，病程较短，病理变化和临床症状及体征都较明显。当人体某部受到一次较大暴力作用后，局部组织细胞遭到破坏，发生组织撕裂或断裂，组织内的小血管也因此破裂、出血，出现组织内血肿。出血停止后，即出现反应性炎症。此时，坏死组织被蛋白溶解酶所分解，其分解产物使局部小血管扩张、充血、血管壁的通透性增高。因此，血液中的液体、蛋白质和白细胞等，透过血管壁形成渗出液。同时，伤后淋巴管发生损伤性阻塞，淋巴循环发生障碍，渗出液不能由淋巴管及时运走。因此，局部除了血肿外，还形成水肿。这种肿胀产生了压迫和牵扯性刺激，使局部疼痛进一步加剧。反应在外表上，则出现损伤早期的局部红、肿、热、痛及功能障碍等一系列急性炎症的症状。

伤后4～6小时，血肿和渗出开始凝结，形成凝块。伤后24小时左右，创口周围开始形成主要由新生的毛细血管和成纤维细胞所组成的肉芽组织，逐渐地伸入到凝块中并开始将其吸收。同时，渗出的白细胞逐渐将坏死组织清除，邻近健康细胞发生分裂产生新的细胞和组织，以代替那些缺损的细胞和组织，使受到破坏的组织得以逐渐修复。

损伤组织的愈合是由组织再生来实现的。再生的组织在结构和功能上都与原来的组织完全相同，称为完全再生。若缺损的组织不能完全由结构和功能相同的组织来修补，而由肉芽组织代替，则称不完全再生或称瘢痕修复。

损伤组织能否完全再生，首先决定于组织本身再生能力的强弱和损伤的严重程度。人体内各种组织的再生能力差异较大，如结缔组织、小血管及骨的再生能力较强，软骨的再生能力最差。此外，组织再生能力的强弱，还与伤员的全身或局部血液供应有关，全身或局部血液供应都较好，则组织再生能力就较强。反之，则再生能力就较差。

治疗过程中采用各种合理的治疗措施，以改善伤员的全身和局部状况，可以提高损伤组织的再生能力，有利于组织的完全再生，减少粘连与瘢痕的形成。如果伤后处理不当，血肿和渗出液不能迅速地吸收，则可能发生粘连或瘢痕形成过多，不仅不具有原组织的功能，而且可产生瘢痕收缩，引起不同程度的功能障碍，轻者出现酸胀麻痛或无力等后遗症状，重者则出现关节僵直，运动功能明显受限。

（二）慢性损伤

由于急性损伤后处理不当而转变为慢性损伤，或因局部长期负荷过度引起组织劳损，即由微细的小损伤逐渐积累而成。

劳损发病缓慢，症状渐起，其病理变化过程大体上可分为三个阶段。1. 早期：由于局部长期负荷过度，引起神经调节功能障碍，组织内部合成与分解失去平衡，组织中糖、脂肪和蛋白质的化学结构发生改变，但在组织形态上尚无明显变化。此期的伤员多无不良感觉，或仅有局部酸胀感，因而常被忽视，若能及时改进教学训练的方法或改善局部状况，损伤可以很快康复。2. 中期：组织中糖、脂肪和蛋白质的化学结构长时间遭到破坏，组织细胞营养失调，发生变性和增生。此期伤员有局部酸胀、疼痛，但准备活动后症状常可消失，运动结束后症状又出现。外表检查时，可发现伤部组织弹性较差，有硬结或发硬、变厚等。3. 晚期：局部小血管发生类脂样变，管腔变窄，影响血液循环，造成局部缺血。若血管损害较重或产生血栓，血流被阻断，可引起局部组织坏死。此期伤员的疼痛加重，局部温度下降，有发凉感。

三、软组织损伤的处理原则

（一）急性损伤

1. 早期　指伤后 24～48 小时内。此期病理变化的主要特点是组织撕裂或断裂后出现血肿和水肿，发生反应性炎症。临床上表现为损伤局部的红、肿、热、痛和功能障碍。因此，该期的处理原则是制动、止血、防肿、镇痛及减轻炎症。处理方法可根据具体情况选用一种或数种并用。

冷敷、加压包扎并抬高伤肢。这种方法应在伤后立刻使用，有制动、止血、止痛及防止或减轻肿胀的作用。冷敷一般使用氯乙烷或冰袋，然后用适当厚度的棉花或海绵置于伤部，立即用绷带稍加压力进行包扎。24 小时后拆除包扎固定，根据伤情再作进一步处理。

外敷新伤药常可达到消肿、止痛和减轻炎症的效果。此外，若伤后疼痛较剧烈可服用止痛剂。如局部红肿显著，可同时服用清热、活血、化淤的中药。

2. 中期　指损伤发生 24～48 小时以后。此期病理变化和修复过程的主要特点是肉芽组织已经形成，凝块正在被吸收，坏死组织逐渐被清除，组织正在修复。临床上，急性炎症已逐渐消退，但仍有淤血和肿胀。因此，该期的处理原则主要是改善局部的血液和淋巴循环，促进组织的新陈代谢，加速淤血和渗出液的吸收及坏死组织的清除，促进再生修复，防止粘连形成。治疗方法有理疗、按摩、针灸、痛点药物注射、外贴或外敷活血、化淤、生新的中草药等，可以选用几种方法进行综合治疗。热疗和按摩在此期的治疗中极为重要，按摩手法应从轻到重，从损伤周围到损伤局部，损伤局部的前几次按摩必须较轻以防发生化骨性肌炎。

3. 晚期　损伤组织已基本修复，但可能有瘢痕和粘连形成。临床上，肿胀和疼痛已经消失，但功能尚未完全恢复，锻炼时仍感到微痛、酸胀和无力，个别严重者出现伤部僵硬或运动功能受限等。因此，该期的处理原则是恢复和增强肌肉、关节的功能。若有瘢痕和粘连应设法软化或分离，以促进功能的恢复。治疗方法以按摩、理疗和功能锻炼为主，配合支持带固定及中草药的熏洗等。

上述三期的辨证施治适用于较严重的急性闭合性软组织损伤，倘若损伤较轻，病程短、修复快，可把中、后期的治疗方法合并使用，把活血生新和功能恢复结合起来。

(二)慢性损伤

主要是改善伤部的血液循环，促进组织的新陈代谢，合理地安排局部的负担量。治疗方法与急性损伤的中、后期大致相同，应将功能锻炼和治疗紧密地结合起来。

第十七章　运动创伤的治疗与康复

运动创伤的治疗应充分考虑到发病的特点和规律，及时采取各种措施，合理安排伤后训练，尽量使用各种保护支持带以防发生劳损、再伤或韧带、肌腱的松弛，加速功能的恢复。

第一节　中草药疗法

中医治疗创伤性疾病，具有独特而系统的治疗法则和丰富多样的治疗方法，有着内外兼治、价廉简便、疗效较佳的特点。

一、中草药治疗创伤的基本法则

整体观　中医十分强调人体是一个统一的整体，认为“肢体损于外，则气血伤于内，营卫有所不贯，脏腑由之不和”。局部损伤会影响整个机体的功能状态，而全身状况又会影响局部创伤的愈合与康复，强调了局部与整体的辩证统一关系。

辨证施治　中医的辨证施治就是要根据不同的伤种、病情、病期、体质状况和年龄、性别等，采取不同的治疗方法与方剂，不可千篇一律，才能收到良好疗效。

二、伤科常用的中草药

中草药的种类很多，治疗创伤的有效药物有数十种之多，可以分为五大类：

活血药　具有活血化淤的作用，如桃仁、红花、血竭、三七、丹参、元胡、当归、乳香、没药等。

理气药　可调理气血，舒畅气机，如黄芪、木香、青皮、香附、檀香、丁香、陈皮、厚朴、麝香等。

续筋接骨药　“肝主筋，肾主骨”。除了传统中医接骨药外，还可通过补肝肾达到续筋接骨的目的，如杜仲、续断、牛膝、龙骨、自然铜、骨碎补、接骨木等。

祛风寒湿药　骨、关节和软组织损伤后遭受风寒湿侵袭者，可加用辛散温燥药以祛风、逐寒、除湿、止痛。如羌活、独活、防风、麻黄、细辛、秦艽、苍术、五加皮等。

清热药　伤后血管破裂出血形成血肿，淤血凝滞，血淤化热。若加用寒凉药物，则可化淤清热，如大黄、黄柏、黄连、黄芩、丹皮、生地、金银花、栀子等。但用药不可太过以免引起气血凝滞。

三、中草药治疗运动创伤的具体应用

中草药治疗创伤的法则是在长期的医疗实践中形成的，是由跌打损伤的特点决定的。中医认为，伤后气血凝滞，欲治其痛，先行其淤，欲消其肿，必活其血。同时又指出“不通则痛，通则不痛。”因此，行气活血法贯穿于运动创伤治疗中的各个阶段和各个环节。

（一）运动创伤初期——组织损伤及出血期

运动创伤发生后组织撕裂或断裂，血管破裂出血，组织液、淋巴液渗出，此时可见皮下淤血、肿胀，形成血肿块，出现疼痛。此时宜用活血化淤生新剂，例如急性闭合性软组织损伤外敷1号新伤药，骨折者可外敷1号接骨药等，并根据局部和全身状况，注意外敷药的加减和内服药的使用。如口服强筋丸，每次1丸，每日2次；或铁弹丸，每次1～3丸，每日2次等。

（二）炎症反应及肿胀期

此时局部出血已停止，出现反应性炎症。局部血管扩张，吞噬细胞增加，同时因淋巴管有损伤性阻塞，渗出液不能由淋巴管排出，因而除血肿外，还有水肿。此时宜用清热消炎、活血化淤、行气通络药，例如外敷2号新伤药、消肿散等。

（三）肉芽组织机化期和瘢痕期

伤部血肿开始吸收，肉芽组织已形成，最后形成瘢痕，或发生瘢痕收缩可引起关节运动功能障碍和局部组织变弱。此期宜用温经通络、活血化淤、强筋壮骨药。例如外敷旧伤药或熏洗药等。

四、治疗运动创伤的常用方剂

中医治疗创伤分内治与外治各种方剂。在内治法中有各种丸、散、汤、丹、酒剂等，外治法中有各种外敷、外搽、外贴、熏洗药等。近些年又研制了针剂、渗透药、超声波或直流电导入药等。现介绍几种常用的外用药，以供选用。

（一）1号新伤药（郑怀贤方）

黄柏40g，延胡索、血通各15g，白芷、木香各12g，羌活、独活各8g，血竭4g。主治急性闭合性软组织损伤早期，伤部有红肿热痛者，具有清热消炎、活血化淤、消肿止痛的作用。上药研末，使用时取适量药粉加水或蜂蜜调成稠糊状，摊在油纸或塑料纸上外敷于伤部，每日更换一次。

（二）消肿散

生大黄150g，山枝、血竭、地鳖虫、蒲公英、乳香、没药各30g。主治和作用及用法同1号新伤药。

（三）活血生新剂

官桂 15g，生川乌、生草乌、生南星、乳香、没药、木香、木通、续断各 9g，土鳖、红花、刘寄奴各 12g。主治急性闭合性软组织损伤中期，具有逐寒、活血、化淤、消肿、止痛的作用。使用时取适量药粉加水、少量酒精和凡士林调成糊状，煮沸后冷却至 50℃左右，趁热外敷于伤部（防止烫伤），两日更换一次。

（四）2 号新伤药（郑怀贤方）

红花、血竭、牛膝、木通、檀香、羌活、独活、海桐皮、元胡各 9g，大黄、川芎、木香、白芷各 15g，黄柏 30g。主治急性闭合性软组织损伤有红肿热痛者，用法同 1 号新伤药。

第二节　针灸疗法

常用的针灸法，包括针刺法、灸法和其他针法。“针”是指“针刺”，是一种利用各种针具刺激穴位来治疗疾病的方法。“灸”是指艾灸，是一种用艾绒在穴位上燃灼或熏熨来治疗疾病的方法。针灸具有疏通经络、调和阴阳、扶正祛邪的作用。有资料报道针灸对扭伤的治愈率达 81%。

一、方法

针灸的方法很多，常用的有针刺法、电针法和灸法。

（一）针刺法

毫针是常用的针具。通过针刺穴位并给以一定量的刺激，可以“通其经络，调其气血”。进针后，针刺部位出现酸、胀、重的感觉，称为“得气”或针感。一般地说，针感迅速则效果好，针感慢则效果差。针刺时，应正确选用治疗穴位，熟练掌握操作方法，做好滞针、弯针、断针和晕针等意外情况的预防和处理。

（二）电针法

针刺得到感应后在针上通以电流，利用电流对穴位的刺激而加强治疗作用。其优点可代替长时间的持续运针，节省人力，能较准确地调整刺激量。

（三）灸法

把艾绒制成艾炷或艾条点燃后直接或间接地作用于穴位或某一部位并给予一定的温热刺激，通过经络的调整作用而达到治病目的。灸法可分为直接灸和间接灸，间接灸又可分为隔姜灸、隔盐灸、隔蒜灸和温和灸等。运动创伤治疗中多用艾条灸和温针灸，常用于软组织损伤、关节痛等。

二、取穴原则

(一)就近取穴

根据穴位局部主治性和邻近主治性的规律,选用损伤部和邻近部的穴位,如肩痛时选用阿是穴即压痛点、肩髃、肩髎、臑俞穴等。

(二)循经取穴

根据受伤部位属于何经循行,即可在本经远端部位针刺1~2个大穴。如腰痛时可在足太阳膀胱经上针刺委中、昆仑穴。肩痛可加刺外关穴、关冲穴等。

三、针灸治疗运动创伤举例

(一)肩部软组织损伤

针刺法常用穴为阿是穴、肩髃、肩髎、臑俞、肩内陵、天宗,备用穴为臂臑、病侧的外关、阳陵泉穴。也可用艾条灸以局部皮肤红润为度。每日或隔日一次,7~10日为一疗程。

(二)网球肘

网球肘针刺常用穴为阿是穴、曲池、肘髎。以阿是穴为主,也可在阿是穴的上下左右约距1寸处各刺一针,称阿是穴梅花针。还可在压痛最明显处隔姜灸(灸3炷),或艾条灸。

(三)膝关节扭伤

膝关节扭伤常用穴为膝眼、委中、阿是穴,备用穴为阴陵泉、阳陵泉、足三里。侧副韧带伤以阿是穴为主,交叉韧带伤以膝眼、委中穴为主。此外,也可用艾条温灸局部10~20分钟。

(四)踝关节扭伤

踝关节扭伤常用穴为阿是穴,备用穴为悬钟、丘墟、昆仑等,先用中等强度刺激常用穴,再用较强度刺激备用穴。亦可用艾条温灸局部10~20分钟。每日或隔日一次。

第三节　拔罐疗法

拔罐疗法俗称拔火罐。它是以杯罐为工具利用火的燃烧排除罐内的空气产生负压吸附在皮肤上来治疗疾病的方法。

一、拔罐的作用

溶血作用　拔罐时因罐内形成负压吸力较强引起局部毛细血管充血，甚至使毛细血管破裂而产生淤血，淤血在消退过程中发生自身溶血，释出的血红蛋白通过末梢感受器对大脑皮质是一个良好的刺激，从而提高大脑皮质的功能使大脑对各器官系统的调节功能得到改善，因而有利于机体功能的恢复。

穴位作用　在穴位上拔罐对穴位是一种刺激，有疏通经络、宣通气血、扶正祛邪、平衡阴阳的作用。

温热作用　拔罐时局部皮肤有温热感，温热刺激能促进局部血液循环，具有热疗的作用。

二、拔罐的方法

(一)点火法

常用的有投火法、闪火法及贴棉法。

投火法　用小纸片或酒精棉球点燃后投入罐内迅速将罐罩扣在应拔的部位。此法适用于侧面横拔，火罐的圆肚在下方，可以积聚燃后的灰烬和未燃尽的纸片或酒精棉球，可避免烫伤皮肤。

闪火法　用镊子夹住点燃的酒精棉球在火罐内壁的中段绕一圈后迅速退出，并立即将火罐罩扣于施拔的部位。此方比较安全，是临床上最常用的拔罐方法，但棉球蘸酒精不要太多，防止燃烧的酒精滴下烫伤皮肤。

贴棉法　用一小块棉花略蘸酒精后用粘膏将其贴在罐内壁上，用火柴点燃后罩扣于施拔的部位上。此法简便易掌握，但棉球蘸酒精不宜过多，以免酒精沿罐壁流下而烫伤皮肤。

(二)拔罐的临床应用

留罐法　亦称坐罐法，拔上的火罐要留置一段时间。留罐时间应按罐的大小和吸力强弱而定，一般为 5～15 分钟。罐大吸力强的留罐时间可短些，吸力小的则留罐时间可稍长。气候炎热时留罐时间可缩短，以免发生水疱；气候寒冷时留罐时间可稍延长。一般以皮肤颜色变为红紫色为度(用玻璃罐时)。此法是最常用的方法。

闪罐法　火罐拔上后又立即起下再拔，反复吸拔多次，直至皮肤潮红为止。

走罐法　亦称推罐，一般用于面积较大、肌肉丰厚的部位，如腰背、大腿部等。施术时应选择罐径较大、罐口平滑的玻璃罐，并在罐口上涂一些润滑油。火罐拔上后用手握住罐底部将罐略提起后慢慢向前、向后作来回推动，直至皮肤潮红为止。

刺血拔罐法　先用碘酒、酒精棉球作局部皮肤消毒后，再用三棱针或皮肤针在病变部位浅刺出血，然后在该部拔火罐(坐罐)以加强刺血疗法的作用。

三、适应症和禁忌症

拔罐疗法适用于闭合性软组织损伤，如挫伤、拉伤、扭伤、腰痛、坐骨神经痛等，以及慢性关节炎。但皮肤过敏、浮肿、出血性疾病的患者，皮肤有破损、感染和大血管的部位，孕妇的下腹部与下腰部等均不宜拔罐。

四、注意事项

拔罐时伤员应处舒适体位，不要移动以避免火罐脱落。注意保暖防止受风着凉。拔罐时动作要快、稳、准。拔罐的部位一般选择肌肉丰满、富有弹性的部位，毛发和骨骼凹凸部位不宜使用。点火时不要烧烫瓶口，以免发生烫伤。火罐拔上后，若伤员感到局部紧而痛或灼痛时，应立即起罐，检查是否烫伤或皮肤过敏，若系烫伤应更换部位，如属皮肤过敏应停止拔罐。若出现头晕、恶心、面色苍白等，应立即起罐，让伤员平卧，服饮热茶或热开水，不久即可恢复。

第四节　按摩疗法

按摩疗法是治疗创伤性疾病的重要方法之一。它是手法治疗的总称，方法简便易行，疗效较为满意，只要方法运用得当不会产生任何副作用。

一、按摩治疗的作用原理

（一）调节内脏功能

按摩是一种良好的物理刺激，对神经系统可起兴奋或抑制作用，并通过神经反射影响各器官的功能，促进机体功能的提高或抑制机体功能亢进，使兴奋与抑制过程相对平衡。这些作用与病情的轻重、患者体质的强弱、治疗部位的选择、手法刺激量的大小、手法操作的方向有关。如用推法自第四腰椎推向尾尖部，顺时针方向推摩腹部，能改善肠蠕动，促进排便功能。按摩背部的胃俞和脾俞穴可促进胃蠕动增强，但若胃蠕动原处于亢进状态时则引起胃蠕动抑制。

（二）增强体质

按摩能增强体质，提高机体抵抗力。如对类风湿关节炎患者按摩治疗后，不但强直的关节逐渐松动，疼痛减轻，而且面色变红润，食欲好转，体重增加。据有关实验报道，按摩后血液中的红细胞、白细胞、白细胞的吞噬能力和血清补体效价等指标都比按摩前增加，说明按摩能反射性地提高免疫功能。

（三）舒筋活络，宣通气血

祖国医学认为："气为血之帅"，血的运行主要靠气的推动，气行则血行，气滞则血淤，气血在全身的运行必须畅通。损伤后经络不通、气血凝滞。按摩能疏通经络、宣通气血，促进创伤愈合和功能恢复。

（四）解除痉挛，镇痛移痛

按摩能缓解伤部的血管痉挛和反射性的肌肉痉挛，并可使周围神经的高度兴奋性降低，因而能使伤部疼痛逐渐减轻或消失。祖国医学认为，按摩有"移痛"的作用。如踝部扭伤后局部疼痛，可在损伤部位的附近取一穴位用强手法刺激后，伤部的疼痛就会明显减轻。"移痛"的原理可能与大脑皮质的内、外抑制机制及大脑皮质的兴奋优势法则有关。

（五）活血化淤，消除肿胀

按摩能使局部血管扩张，血液和淋巴循环增强，血流量增加，伤部的物质代谢提高，因而可促进淤血与渗出液的吸收和消除肿胀。

中医"血淤"的现代病理学概念有八个方面，即局部缺血、血循环障碍淤血、出血后的淤血、局部水肿、组织增生及变性、神经系统的障碍、组织糜烂和溃疡、炎症改变。

（六）疏通狭窄，松解粘连

伤后因渗出、出血或因炎症渗出后逐渐吸收、机化而产生的硬结、粘连是引起长期疼痛和关节活动受限的原因。按摩能使粘连硬结而狭窄的腱鞘松解，使肌肉与筋膜、韧带与关节囊的粘连分离，消除疼痛，逐渐恢复功能。

（七）顺筋正骨，整形复位

古代伤科推拿八法中的摸、按、端、提四法就是整形复位的手法。通过按摩能使关节脱位者整复，肌腱滑脱者复位，神经、肌纤维、韧带微细错位者理正，消除病因，促进功能恢复。

二、按摩治疗的基本手法

我国按摩流派较多，按摩手法有约110多种，其中最常用的手法有20～30种。如推、擦、揉、滚、揉捏、搓、按、摩、拍击、抖、运拉、刮、掐、弹筋、拨、理筋等都是治疗运动创伤的常用手法。同时，经穴按摩对疾病的防治具有独特的效果。体育保健康复系学生在了解中医经络脏腑学说的基础上，必须掌握按摩基本手法和经穴按摩知识与技能。

第五节　局部药物注射疗法

局部药物注射疗法是治疗运动创伤的常用方法。据北京运动医学研究所统计，局部药物注射治疗各种急慢性软组织小创伤的有效率可达85%，其中对创伤性腱鞘炎、滑囊炎、肘内侧副韧带捩伤、肌肉拉伤、肩袖损伤等治疗效果最佳。

一、常用药物及其药理作用

临床常用的有普鲁卡因、醋酸氢化可的松、强的松龙及透明质酸酶等。

(一)普鲁卡因

有抑制神经纤维传导和扩张微血管的作用，毒性小对局部组织无刺激。常用1% ~ 2%溶液。单独在痛点使用，除了可以止痛外，还可帮助鉴别诊断和判断注射部位是否正确，如若注射部位正确，注射后局部压痛及活动时疼痛消失，否则应重新作检查诊断及改变注射点。

(二)醋酸氢化可的松和强的松龙

这两种激素的局部作用主要是消炎和抗变态反应。此种药物局部注射后能使结缔组织发生生理和结构的改变。结缔组织包括纤维母细胞和非细胞部分，后者如基质、纤维与基膜等，这两种药物对纤维母细胞起抑制作用，能保护基质不受破坏，维持毛细血管的正常渗透性。因而局部注射后能抑制炎症反应，减轻炎症细胞浸润和防止或减轻水肿。

从临床治疗各种创伤的效果看，强的松龙比醋酸氢化可的松好。注射剂量视伤种和部位而定，一般均采用与1% ~ 2%的普鲁卡因混合液作局部注射。

(三)透明质酸酶

透明质酸酶能使纤维母细胞活性增强，毛细血管的数目和毛细血管壁的通透性增加，使基质中的透明质酸分解成为水溶性物质。因此，透明质酸酶可引起组织炎症、水肿和瘢痕。据资料表明，除睾丸外组织的变态反应和创伤均可产生透明质酸酶。从药理作用机能上看，副肾皮质激素和透明质酸酶似乎矛盾(表17－1)，但若应用方法得当都有消肿的实际效果。

表17－1　透明质酸酶与副肾皮质激素的作用

透明质酸酶	副肾皮质激素
1. 使纤维母细胞的活性增强	1. 对纤维母细胞起抑制作用
2. 破坏基质	2. 保护基质不受破坏
3. 血管扩张，使毛细血管壁的通透性增加	3. 维持毛细血管壁的正常通透性
4. 引起水肿	4. 防止水肿

二、注射方法

（一）用药剂量　应根据损伤组织的种类和损伤部位而定。单纯检验诊断是否正确时，用1% ~2%的普鲁卡因即可。用于治疗运动创伤时，常用醋酸氢化可的松或强的松龙与1% ~2%普鲁卡因的混合液局部注射。治疗腱鞘炎和滑囊炎时，一般用0.25 ~0.5毫升的副肾皮质激素(每毫升含25毫克)和1%的普鲁卡因1 ~1.5毫升。治疗肌肉拉伤时，用副肾皮质激素0.5 ~1毫升和1%普鲁卡因3 ~4毫升或更多。每5 ~7天注射一次，每处连续使用一般不超过3次。

（二）操作方法　注射方法和部位是否正确对疗效的影响很大。

先用普鲁卡因稀释液作皮肤过敏试验，阴性者才可在严格无菌消毒下进行注射。注射前应仔细摸清压痛点并作好标记，再用碘酒和酒精棉球消毒患者伤处皮肤和术者左手拇指。然后术者左手拇指按住压痛点，再连同皮肤向后或侧移，使针尖沿着左手拇指尖相当于压痛处刺入（若属腱鞘炎只刺入腱鞘，切勿刺伤肌腱），在伤员感到酸痛后，稍回抽吸一下针管，确定无血液抽出后，再将药物徐徐注入。这种注射方法，用较短的针头可刺达较深的组织，并可固定受伤组织以避免移动，在针尖未拔出前还可检查注射部位是否正确，若仍有压痛可将针头转换方向将余药注入。

注射后疼痛即可消失，但几小时后因普鲁卡因药性已过，局部疼痛又可复发，甚至比注射前更重些。但一天后疼痛逐渐减轻并消失，应嘱咐伤员两天内暂停患部运动。

三、注意事项

运用副肾皮质激素治疗运动创伤，已被国内外广泛采用，但要避免滥用。临床资料统计，此激素对创伤性腱鞘炎、肘内侧韧带捩伤、上下肢和腰腹肌拉伤、创伤性滑囊炎及肩袖损伤的治疗效果较好。脊椎棘突骨膜炎、踝关节韧带捩伤、髌骨软骨病的疗效较差，只能减轻症状，不易治愈。因此，对急性小创伤或慢性损伤可以采用激素局部注射，但注射的药量、次数都要严格控制，并掌握正确的注射方法。关于应用副肾皮质激素治疗运动创伤有无不良影响的问题，说法不一。大多数学者认为应用此激素时，纤维母细胞的形状会变得不整齐，而且细胞中形成空泡。因而，对急性病例若有组织断裂者，使用此激素会影响组织修复，即使不影响组织愈合时间，也会影响组织的韧度。若有血肿或水肿严重者，使用此激素会影响肿胀消退速度。因此，对急性损伤有组织断裂、血肿或水肿严重者，均不宜使用。

副肾皮质激素与透明质酸酶若使用方法得当都有消肿的实际效果，否则会使肿胀加重，炎症的消退减慢。注射透明质酸酶于伤部，可使血管扩张，促进血肿的吸收，但注射后必须加压包扎以免加剧肿胀（也有人认为，应在受伤48小时后注射，否则会引起出血）。而副肾皮质激素使血管保持正常渗透性以防止水肿。透明质酸酶与副肾皮质激素与普鲁卡因三者合用治疗运动创伤时，应用透明质酸酶的目的主要是利用其血管扩张的作用，使激素的作用面较广，但使用前应作透明质酸酶的皮肤敏感试验，混合使用时的用量不宜太大，局部注射后必须加压包扎。

第六节　物理疗法

应用自然或人工的各种物理因子作用于机体以达到预防和治疗疾病的方法，称为物理疗法，简称理疗。

理疗的种类很多，常用方法如下：

一、冷冻疗法

冷冻疗法是应用比人体温度低的物理因子(冷水、冰、蒸发冷冻)刺激治疗伤病的方法。

(一)作用

冷冻疗法能使局部血管收缩减轻充血，降低组织温度，抑制神经感觉，具有止血、退热、镇痛、预防或减轻肿胀的作用。适用于治疗急性闭合性软组织损伤的早期，如挫伤、关节韧带扭伤、肌肉拉伤等，伤后立即使用。

(二)方法

冷敷法　将浸透冷水后的毛巾放于伤部，两分钟左右更换一次，或用冰袋(可将冰块装入热水袋或塑料袋内)作局部冷敷，每次约20分钟。在天气不冷的季节，可用冰块直接擦摩伤部，或将伤部浸泡于冷水中，但时间应短些。

蒸发冷冻法　利用容易蒸发的物质接触体表，吸收热量而使局部温度迅速降低。常用的有氯乙烷、好得快等。从瓶口喷射的氯乙烷细流应与皮肤垂直，距皮肤30~40厘米，喷射8~12秒至皮肤出现一层白霜为止。有时为了加强治疗作用，隔20秒后再喷射一次，但喷射次数不能过多，以免发生冻伤。

注意面部损伤不宜采用蒸发冷冻法。冷冻疗法结束后伤部应作加压包扎。

二、温热疗法

温热疗法是应用比人体温度高的物理因子(传导热、辐射热)刺激治疗伤病的方法。

(一)作用

热疗能使局部血管扩张，改善血液和淋巴循环，增强组织新陈代谢，缓解肌肉痉挛，促进淤血和渗出液的吸收，具有消肿、散淤、解疼、止痛、减少粘连和促进损伤愈合的作用。适用于治疗急性闭合性软组织损伤的中期和后期以及慢性损伤。

(二)方法

热敷法　将浸透热水的毛巾放于伤部，热敷的温度以47℃~48℃为宜，每次约30分钟,每日 1~2 次。此外也可用热水袋作热敷。

石蜡疗法　将白色可塑的石蜡放在套锅内熔化，加温至 70℃~80℃后倒入盘内（盘底先放 1 厘米左右厚的冷水),厚约 2 厘米,大小按治疗部位而定。待冷却成饼后取出(蜡温保持在 50℃~55℃),擦干蜡面水珠将蜡饼敷于伤部,外面包以塑料纸后再用棉垫包裹保温。每日一次,每次 30~40 分钟。蜡疗的热作用深而持久。

红外线疗法　将红外线灯预热 2~5 分钟后移至伤部的斜上方或侧方(有保护罩的可垂直照射),灯距一般为 30~50 厘米。伤部应裸露,体位要舒适。照射剂量以伤员有舒适的热感、皮肤出现桃红色均匀红斑为宜。若过热应调整灯距,如有汗液要擦去。每日 1~2 次,每次 15~30 分钟。

(三)注意事项

热疗时要防止发生烫伤。蜡疗时若有皮肤过敏（皮疹）或红外线治疗时若有头晕、心慌、疲倦等应停止治疗。红外线治疗时应避免直接照射眼部,如皮肤出现红紫或灼痛要立即停止照射。高热、活动性肺结核、恶性肿瘤和有出血倾向者不宜进行热疗。

三、直流电药物离子导入疗法

通过直流电的作用将药物离子经过皮肤或粘膜导入体内以达到治疗疾病的目的，称为直流电药物离子导入疗法。由于它兼有直流电和药物的作用,故而疗效比单纯的直流电疗法要佳。

直流电药物离子导入疗法的操作方法与直流电疗法基本相同。但必须注意:带阴离子的药物应由阴极导入,带阳离子的药物应由阳极导入,在主电极板的衬垫与皮肤间放置由药液浸湿的 1~3 层纱布,另一不放纱布的称副电极板。中草药制剂因成分复杂,治疗时除极性已明确的药物外,最好两个电极板下都放置由药液浸湿的纱布(表 17-2)。

表 17-2　几种常用药物的极性、浓度和作用表

导入的离子	极性	采用的药物	浓　度	主　要　作　用
钙	+	氯化钙	2%~10%	刺激交感神经,降低细胞膜渗透性和感觉神经兴奋性,消炎,脱敏
镁	+	硫酸镁	2%~10%	解除平滑肌痉挛,使血管扩张,血压降低,利胆
钾	+	氯化钾	2%~10%	提高神经系统兴奋性,促进血液凝固,消炎
锌	+	硫酸锌	0.25%~1%	降低交感神经兴奋性,收敛,杀菌,促进肉芽生长
氯	-	氯化钠	2%~10%	软化瘢痕,促进慢性炎症吸收
水杨酸	-	水杨酸钠	2%~10%	镇痛退热,抗风湿,杀灭霉菌
普鲁卡因	+	盐酸普鲁卡因	2%~5%	镇痛
川乌或草乌	+	川乌或草乌酊	10%	祛风湿,舒经散寒,止痛
延胡索	+	延胡索液	10%	镇静,止痛

第七节　固定疗法

常用的固定方法较多，如布类固定、粘胶固定、夹板固定、石膏固定、支架固定、牵引固定和手术内固定等。治疗运动创伤时应根据病情和制动程度的不同要求来选用。

一、布类固定

常用的有绷带、三角巾、弹力绷带和弹力带等，一般运用于对制动要求不高的损伤，如关节扭挫伤、创伤性滑膜炎、关节半脱位整复术后和伤后关节稳定性差等。

二、粘胶固定

常用的粘胶有粘膏、粘膏绷带、膏药等。适用于伤后关节、韧带松弛以及需限制关节、肌肉、肌腱活动范围时。治疗运动创伤后训练中正确使用保护支持带，对促进创伤愈合、防止再伤有着重要价值，它能保护关节的稳定性，限制关节、肌肉发生超常范围的活动使伤部组织得以适当休息，因而有利于创伤的愈合。常用的保护支持带的使用方法如下：

指间关节扭伤后将伤指与健指固定在一起（图 17－1），两条粘膏的位置不要妨碍关节的屈伸运动。

第一掌指关节扭伤　粘膏支持带的缠绕方向应防止第一掌指关节过伸与外展（图 17－2）。

图 17－1　指间关节扭伤粘膏支持带

图 17－2　第一掌指关节粘膏支持带

蚓状肌损伤　铅球运动员练习时用，为布制支持带（图 17－3）。

腕部损伤　用膏药及绷带制成。膏药除有治疗作用外还起固定与限制关节活动的作用。常用于腕关节及下尺桡关节扭伤、三角软骨盘损伤及腕部腱鞘炎（图 17－4）。

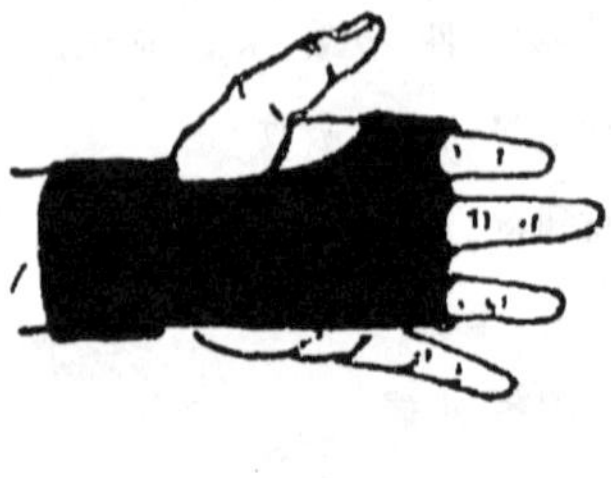

图 17－3　蚓状肌损伤支持带

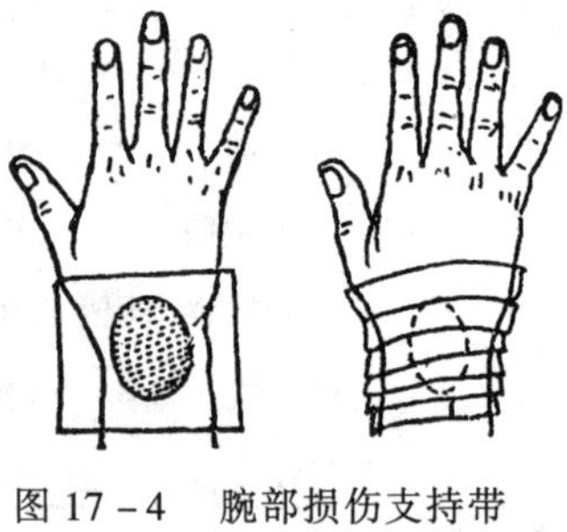

图 17－4　腕部损伤支持带

膝关节前交叉韧带损伤　用两条粘膏由腘窝部交叉绕至膝部前面固定(图 17－5)，常用于陈旧性损伤、股四头肌无萎缩者。

胫骨粗隆骨软骨炎　用粘膏将膝固定于伸直位 3～4 周(图 17－6)。

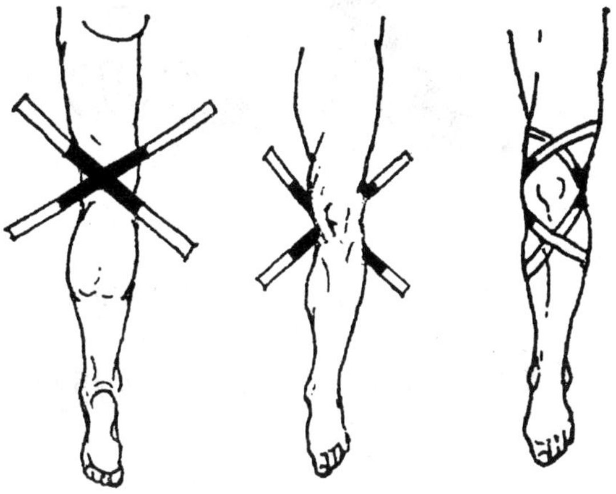

图 17－5　膝关节前交叉韧带损伤支持带

图 17－6　胫骨粗隆骨软骨炎支持带

大腿肌肉拉伤　大腿肌肉拉伤后再训练时必须用弹力护腿，以限制肌肉收缩的范围，避免再伤(图 17－7)。

胫腓骨疲劳性骨膜炎　用弹力绷带由足向小腿方向包扎(图 17－8)。

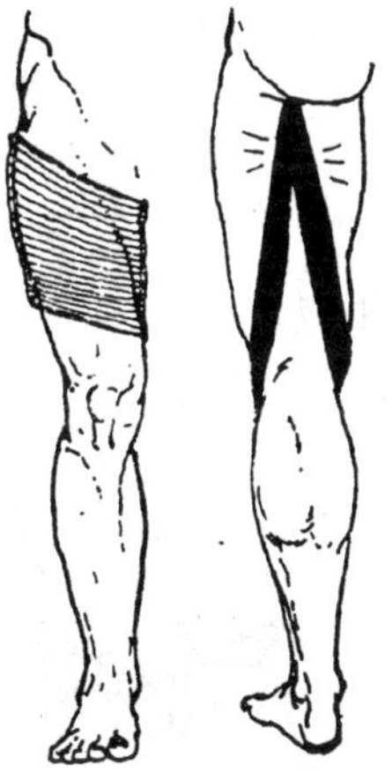

图 17－7　大腿肌肉拉伤的弹力护腿

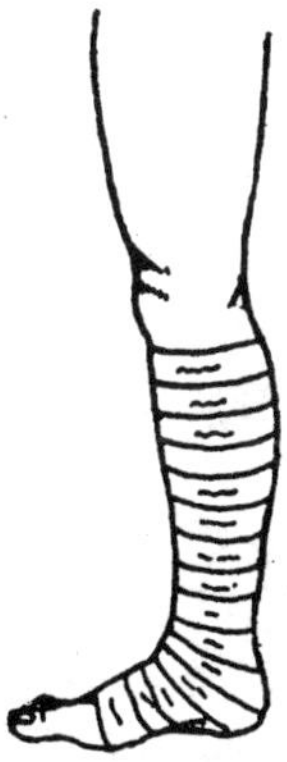

图 17－8　胫腓骨疲劳性骨膜炎的弹力绷带

跟腱腱围炎或捩伤　用粘膏带将踝微背伸位 (80°) 固定，使跟腱得到保护和休息 (图 17－9)。

踝关节距腓前韧带损伤　用数条粘膏将踝关节固定于外翻位，然后再用弹力绷带包扎(图 17－10)。

图 17-9　跟腱损伤粘膏支持带

图 17-10　距腓前韧带损伤粘膏支持带

足球踝　用弹力绷带固定,防止并限制踝关节的异常屈伸和内外翻活动(图 17-11)。

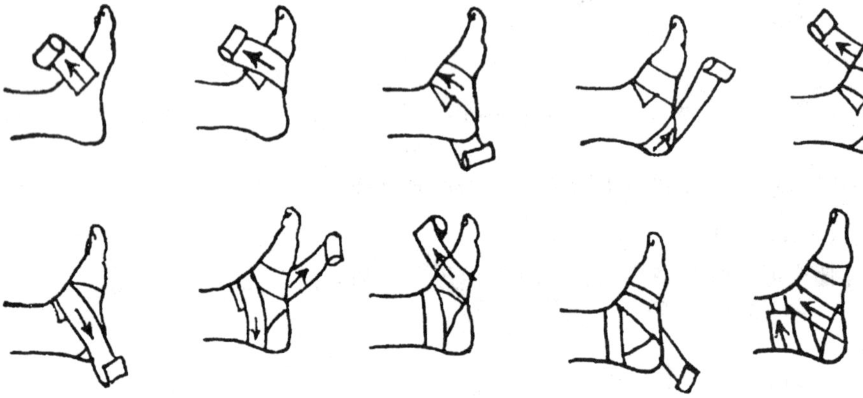

图 17-11　足球踝保护支持带

跖腱膜拉伤　先用粘膏固定,然后再裹上弹力绷带(图 17-12)。
腰椎棘突骨膜炎　用软皮围腰固定(图 17-13)。

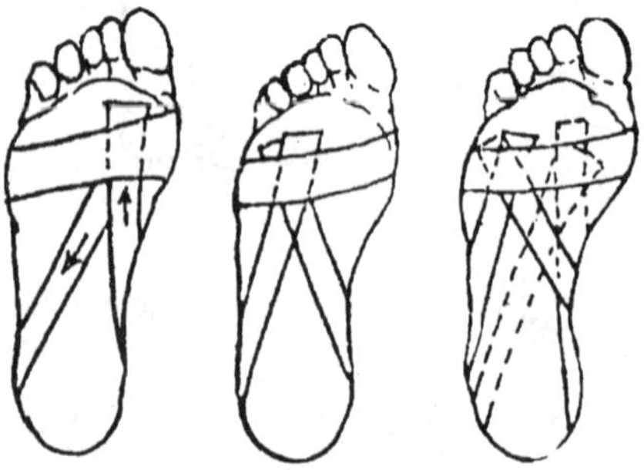

图 17-12　跖腱膜拉伤粘膏支持带

图 17-13　软皮围腰

三、小夹板固定

（一）小夹板固定材料

小夹板固定时所需的材料有小夹板、固定垫（棉垫或纸垫）、横带（扁布带）、绷带、棉花、胶布等。小夹板的木质要有一定的塑性、韧性与弹性，常用的材料有杉树皮、柳木、椴木和竹片等。除关节附近的骨折外，小夹板的长度以不超过上下关节为宜，数块小夹板的宽度总和应略窄于伤肢的周径。固定垫应垫放在小夹板内，作用是防止骨折端再错位，但不可以垫的挤压作用代替手法复位，以免造成压迫伤。垫的大小、厚度和硬度均应适宜，垫的数量和安放位置应根据骨折情况而定（图 17－14、17－15、17－16）。

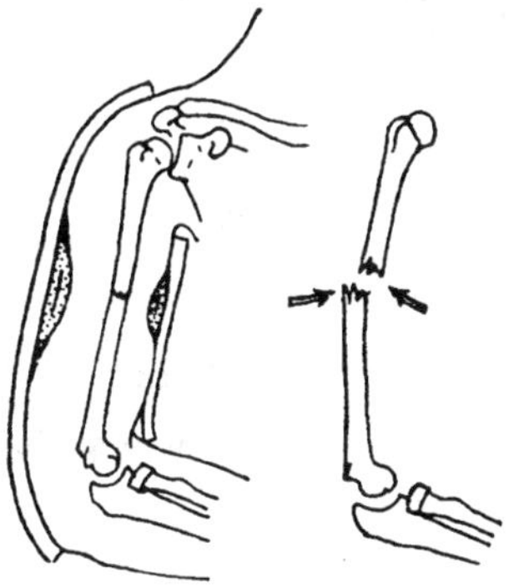

图 17－14　双垫固定法

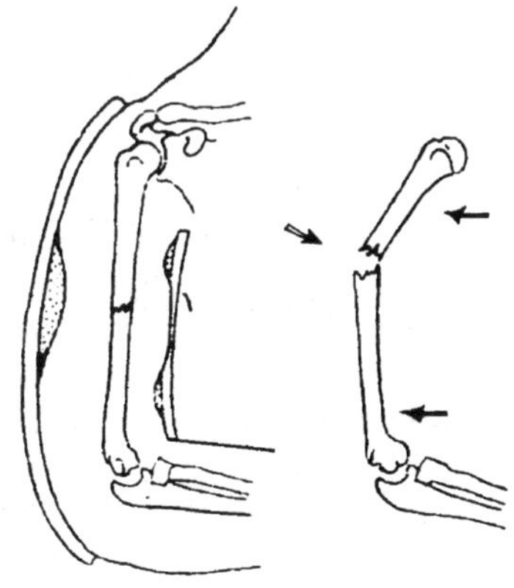

图 17－15　三垫固定法

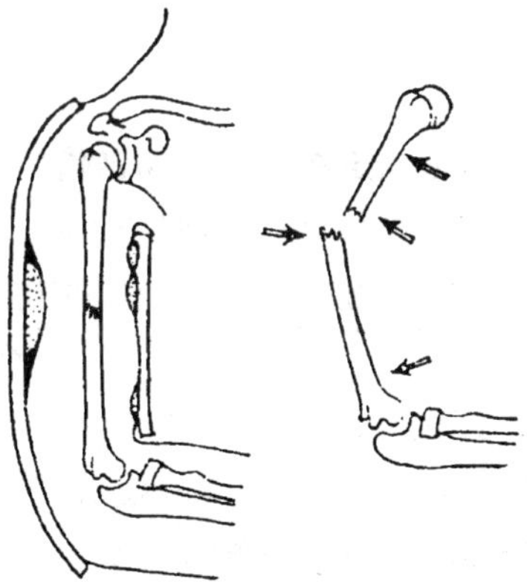

图 17－16　四垫固定法

（二）小夹板固定包扎方法

小夹板固定包扎方法分为续增包扎法和一次包扎法两种。

续增包扎法　骨折复位后先用绷带自远端向近端缠绕 1～2 层作为内衬以保护皮肤，然后再安放小夹板。此时应先放置对骨折固定起主要作用的两块小夹板，用绷带缠绕两圈后再安放另两块小夹板，在小夹板外再用绷带包扎覆盖，以保持各层小夹板的位置。最后，由近侧到远侧用3～4条横布带缚扎，每条横布带应绕肢体两周后结扎。横带有调节小夹板松紧度的作用，一般在结扎后能不费力地上下移动1厘米为松紧适度。

一次包扎法　骨折复位后内衬绷带然后将几块小夹板一次性安放在伤肢四周，最后用3～4条横布带捆扎固定。此法小夹板位置易移动，应经常检查。

（三）注意事项

小夹板固定后应注意被固定部位的变化。密切观察伤肢的血液循环情况，尤其是固定后的1～4天内更应注意肢端动脉搏动、温度、颜色、感觉及肿胀程度，若有循环障碍应立即松解并重新包扎固定。嘱患者抬高伤肢以利于消肿。经常调整小夹板的松紧度，若压垫部出现疼痛要及时检查和处理，并指导患者及时进行功能锻炼。

四、石膏固定

（一）石膏的特性

临床上使用的是脱水硫酸钙（$2CaSO_4 \cdot H_2O$），由含水硫酸钙（$CaSO_4 \cdot 2H_2O$）研成粉末后，再加热至100℃～200℃制成。使用时加水即还原呈针状结晶体，相互交织非常坚固。一般10～20分钟凝固，24～72小时干燥。

（二）石膏绷带的制作

将石膏粉撒在稀孔的纱布带上即成石膏绷带。纱布必须是脱脂纱，一般1厘米有12根纱线。制成15厘米或10厘米宽、5米长，或7厘米宽、3米长的石膏卷，也可折叠成8层的石膏带。

（三）石膏固定在治疗运动创伤中的应用

石膏固定是治疗运动创伤常用方法，如骨折、脱位、肌腱或韧带断裂、半月板撕裂或手术后等。用石膏绷带浸水后缠绕在伤肢上即成石膏管型，或制成石膏托，对伤肢起固定作用。

进行石膏固定时，把石膏卷平放在温水桶中（根据操作速度每次放1～2卷），待气泡出净后取出，双手握石膏卷两端，挤出多余水分即可使用。石膏卷不可浸泡过久，或从水中取出后等待过久以免石膏凝固。

（四）注意事项

石膏内最好不用绷带以免石膏凝固时将绷带固定拉紧而影响血液循环。上石膏前应将皮肤洗干净，将肢体的关节保持在功能位，或根据需要将某个关节保持于一定的角度。预防和及时处理石膏固定可能引起的合并症，如石膏压迫疮、神经压迫伤、肢体的缺血性坏死及挛缩、石膏过敏等。

五、支架固定

常用支架有前臂托板、颈托、围领、围腰等。支架的固定作用比石膏固定差,但具有轻巧、简便的特点,可根据需要定时佩带和取下,一般适用于不需持续固定的伤病患者。

六、手术内固定

常用的内固定有髓腔钉、钢板螺丝钉、钢丝、指骨钉等。一般适用于外固定不易保持固定作用的骨折病人。

第八节 牵引疗法

牵引是应用力学上作用力与反作用力的原理对某些骨伤科疾病进行治疗的一种方法。

一、作用

牵引治疗具有复位、固定、解除肌肉痉挛与挛缩、减轻神经压迫和纠正关节畸形的作用。它适用于对某些骨折(如颈椎骨折与脱位、四肢不稳定性骨折、骨盆骨折等)、急性或慢性损伤引起的腰部或颈部疼痛、肌肉痉挛与挛缩引起的功能障碍或畸形的治疗。

牵引治疗腰腿痛和颈椎病时能否开大椎间隙和椎间孔的问题各家说法不一。目前多数认为,牵引能缓解肌肉痉挛,使神经根得以制动与休息,促进水肿的吸收,改善神经根与椎间孔之间的位置关系,使症状缓解。

二、牵引的种类

牵引的种类较多,归纳起来可分为皮肤牵引、布托牵引和骨牵引三种。

(一)皮肤牵引

通过皮肤间接牵拉肌肉和骨骼,方法简便易行,但牵引重量不能超过5公斤,时间不宜过长,皮肤破损者不宜采用。

操作方法　局部皮肤洗净后(如汗毛较多应予剃除),涂以复方安息香酊,以增加皮肤的粘着性,保护皮肤,预防感染。关节与骨突周围应放置纱布加以保护。根据肢体粗细、长短选用适宜的胶布。一般宽为5~8厘米,下肢自大腿的上中1/3至足底,小腿自膝下至足;上肢自肘关节至手指端。下肢的胶布贴在内、外侧,上肢的胶布贴在前、后面,粘贴要平整,然后再用绷带包扎。胶布的近端应稍露出绷带外,以便观察胶布有无滑脱。胶布的远端经折叠后穿入扩张板两侧的夹头中，在扩张板的中央钻一小孔，穿入牵引绳，牵引绳按照牵引方向穿入滑车后悬挂一定重量以作牵引，须将床脚一端垫高，利用身体重量作反牵引，并保持肢体处于适宜位置。皮肤牵引时间一般不超过 4～6 周。

适应症　肱骨髁上骨折（经手法复位失败，肿胀严重，屈肘固定会引起血循障碍者）、股骨粗隆间骨折、儿童股骨骨折、股骨手术整复内固定者、髋关节或膝关节化脓性关节炎、拇指第一掌骨基底骨折脱位者。

（二）布托牵引

枕颌牵引　分仰卧位和坐位两种。仰卧位牵引时患者头高脚低将枕颌带套入患者头部并缚住。床头置一附有滑车的牵引架将布托系于牵引绳上，通过滑车后挂上重量作牵引。连续牵引的重量约为 2～3 公斤，一般不超过 3 周；间歇性牵引时重量可达 5～10 公斤，每日 1～2 次，每次 30 分钟至 1 小时。

坐位牵引时，重量一般为 5～10 公斤。颈椎病牵引时头颈宜前倾 20°牵引的效果较佳。因此种体位的牵引力多作用于颈椎关节和椎体后缘，使颈椎后缘的间隙距离牵开更大些，对神经起到减压作用（图 17－17）。

图 17－17　颈椎牵引法

枕颌牵引适用于无移位的颈椎骨折、颈椎小关节半脱位、颈椎病等。

骨盆牵引　分骨盆悬吊牵引和腰部牵引两种。前者适用于耻骨连合分离、对位良好的耻骨骨折、严重的骶髂关节分离、髂骨翼骨折等。后者适用于腰椎间盘突出、腰部肌肉筋膜炎、骶髂关节半脱位、脊椎小关节半脱位等。

（三）骨牵引

在骨骼所需的部位上穿入不锈钢针或钢钉，可系上较大的重量维持较长时间的牵引。但需要一定的技术、设备条件。

第九节　手术疗法

手术治疗是运动创伤的重要治疗方法之一。某些运动创伤对一般人可采取保守治疗，但运动员常需手术治疗以保证运动功能的恢复。运动创伤的手术治疗方法较复杂，现简要介绍几种常用方法。

一、修补术

常用于肌腱、韧带和支持带的断裂。如跟腱断裂、肱三头肌断裂、膝关节内侧副韧带断裂等。

二、缝合术

常用于肌肉、筋膜断裂和各部位的撕脱骨折。如腓肠肌撕裂、腰背筋膜裂隙、肱骨内上髁撕脱骨折等。

三、切除术

常用于骨折、骨软骨骨折、副骨损伤、骨赘、软骨软化、软骨破裂等。如距骨后突骨折片切除,半月板切除等。

四、剥离松解术

常用于肌肉与筋膜、腱与腱围组织间发生粘连而严重影响运动功能者,以及间隔综合征等。如髌腱腱围炎、腰背肌肉筋膜炎、胫前间隔综合征等。

五、腱鞘切开术

用于手、足部的创伤性腱鞘炎。某些病程较长、腱鞘增厚而交锁较重、经保守治疗无效者,则需手术治疗。

六、整复术

用于骨折、脱位的各种手术整复和内固定。

第十节　伤后的康复锻炼

运动创伤的康复除了及时进行诊断和治疗外,还涉及到宣传教育、合理安排生活作息和营养,以及伤后的康复锻炼。

康复锻炼要根据创伤特点、功能损害情况和专项运动的特殊要求,由医生与教师或教练员协同进行。

一、康复锻炼的目的和任务

(一) 维持心血管功能及代谢的运动适应性：例如适当的运动训练可使最大摄氧量增加5% ~25%，一旦停止运动这种增加即迅速消退。有报告指出，停训2周即开始下降，停训4~12周可消退50%，停训10周至8个月即下降到或接近于训练前水平，以后要经几个月的训练才能恢复。

为了维持心血管及代谢的运动适应，要保持一定的耐力运动。根据美国运动医学会建议，应做60% ~90%最大贮备心率或50% ~85%最大摄氧量的耐力运动，每次15~60分钟，每周3~5次。上肢损伤者可做跑步、阻力自行车、蹬楼等运动，下肢损伤时可做拉力器、扩胸器、哑铃、手摇功率计等运动，也可做适当的腹背肌体操。保持运动员已经获得的良好训练状态，伤愈后即能参加正常训练。

(二)防止因停止训练而引起的各种疾病。如运动员因伤突然减少或完全停止训练，常会引起各种条件反射性联系的破坏，产生严重的功能障碍，如神经衰弱、胃扩张、胃肠道功能紊乱等，有人称之为"停训综合征"。

(三)防止废用性肌肉萎缩和骨与关节的变化。伤后康复锻炼能改善伤部血液循环，增强组织的新陈代谢，加速淤血和渗出液的吸收，促进受伤组织的愈合，防止组织粘连、关节囊和韧带挛缩。增强关节稳定性，避免因肌肉萎缩和受伤组织的松弛而导致关节不稳引起再伤 。

(四)运动创伤与技术动作密切有关，多为慢性小创伤，治疗时应减少或暂停受伤动作的练习，防止再伤。

(五)某些文体项目如体操、舞蹈，伤后康复锻炼可以防止体重增加，缩短恢复训练的时间。

二、实施康复锻炼应采取的措施

(一)实施康复过程中应采取多方面的综合措施，如理疗、按摩、针灸、牵引和保护支持带的应用等。康复锻炼的重要环节是尽量不停止全身或局部的活动，伤部肌肉训练越早开始越好。

(二)仔细检查、正确诊断以便采取正确的训练手段。检查内容有心肺功能、局部肌力、关节活动范围、肌张力等。

三、急性损伤的康复锻炼

一般认为，伤后要尽量保持全身和未伤部位的锻炼，如上肢损伤时锻炼下肢，下肢损伤时锻炼上肢，并适当配合做腹背肌体操。但注意负担量适当，不可单纯以加大未伤部位的训练量代替已伤部位的功能负荷。急性损伤的早期伤处可暂不活动，以利于促进急性症状的消退，症状减轻后在不引起疼痛或疼痛明显加重的原则下，应及早进行康复锻炼。

(一)韧带损伤

膝关节侧副韧带捩伤者伤后1~2天即可在粘膏带保护下开始练习屈伸活动。韧带部分断裂应固定3周,韧带完全断裂术后应固定4~6周并立即开始做股四头肌等长收缩练习,负重直腿抬高练习,逐步增加负荷重量。拆除固定后循序渐进做膝关节活动度练习,着重恢复股四头肌和股后屈肌的力量以增强关节稳定性。前交叉韧带损伤时要注意加强股后肌群的力量。后交叉韧带损伤时,要着重增强股四头肌力量。

踝关节韧带捩伤轻者伤后1~2天即在粘膏支持带保护下练习行走与慢跑,7~10天后可恢复训练。较严重的韧带捩伤可用石膏管型固定1~2周,但应带石膏练习行走。韧带断裂后不论手术与否都应固定4~6周,做脚趾屈伸和踝的等长练习,7~10日后带着有跟石膏靴行走,拆除石膏后做踝关节屈伸及足的内、外翻活动度练习和屈伸肌力练习。一般2~3个月后可参加训练。

(二)肌肉肌腱断裂

肌肉完全断裂缝合后固定3~4周,同时做周围肌肉的等长练习,2周后做缝合肌肉的等长练习,去除固定后做增强及牵伸损伤肌肉的练习。

肌腱断裂(以跟腱断裂为例)缝合后固定3周可做足部等长练习,去除固定后在坐、卧位活动踝关节,下地时仍带石膏靴,5周后着中跟鞋步行,并逐渐降低鞋跟,以后做跟腱牵伸练习,恢复踝背伸活动度,约8周可练习双足提踵,3个月可练慢跑,6个月可全力踏跳。

肌肉肌腱部分断裂不需手术修复时应将患肢维持于使损伤肌肉充分伸长的位置,防止挛缩。一般一周后开始牵伸及加强受损肌肉的练习。

(三)关节软骨损伤

非负重关节和负重关节非负重区的软骨损伤,如肱骨小头的骨软骨骨折,股骨远端脂肪垫区骨软骨骨折等,摘除游离片,切口愈合即可负重,做活动度及肌力练习,1个月后可参加训练。

关节负重区的骨软骨骨折无错位或复位后固定4~6周,做周围肌肉等长练习及邻近关节活动,去除固定后做活动度练习及肌力练习,负重练习从缓进行。负重区病灶清除术后,新生的肉芽创面通过压磨才能化生成玻璃软骨,但过度运动可引起组织脱落或出血,故术后2周应做不负重的关节运动,4~5周下地负重,半年后才可参加正规训练。

四、慢性损伤的康复锻炼

慢性损伤的康复锻炼一般应根据病理和症状安排。若仅做某一动作时痛、活动开后不痛者可参加正常训练。平时疼痛、活动开后不痛者应减量训练。平时疼痛、准备活动后仍痛者,应停止局部练习。

此外,注意纠正易致伤的错误动作,避免反复损伤。如投掷肘患者应学会投掷时前臂旋前屈腕出枪,防止肘关节过伸与外展。要充分发展代偿功能,如投掷肘症状较重、肘关节不能完全伸直者,应重点发展前臂、肩、腰腹和膝部的肌肉爆发力。注意加强维持关节稳定性的肌肉力量,如髌骨劳损者要加强股四头肌的力量,练习高位站桩等。慢性腰痛的患者应加强腰背肌和腹肌力量,保持脊柱周围肌力平衡。要合理安排局部负荷量,避免过多练习致伤,可暂时改变动作形式,促进损伤康复。如胫腓骨疲劳性骨膜炎者可在仰卧位下练习踏车动作。跟腱腱围炎者可练习全脚掌着地慢跑,由100米逐渐增至2000米。这有助于改善局部血液循环和消除粘连,缓解症状,促进康复。

五、恢复训练时机的判定

恢复训练时机的判定比较复杂。若伤后过早恢复训练，将会妨碍创伤的痊愈或使创伤加重,由急性损伤转变成慢性损伤,并可引起其他损伤。但过迟恢复训练，又会影响运动成绩。因此,正确判定恢复训练的时机是运动创伤康复治疗中的重要问题。

恢复训练的时机,一般由以下几个因素来决定:

伤肢基本功能的恢复情况。主要是伤肢的肌力、关节活动度、肢体围度等是否与健侧相近。一般地说,伤肢的关节活动度应恢复正常,肌力的恢复应达到健侧的95%以上,活动时应无疼痛。某些损伤还需做特殊功能检查，例如膝关节韧带损伤时检查单足曲线跳的能力,股后肌群损伤时要做双肢直腿抬高试验,以检查伤肢股后肌的韧性。

损伤的轻重程度。韧带捩伤和肌肉拉伤时恢复训练的时间明显早于韧带与肌肉断裂。

损伤与运动项目的相互关系。某些运动创伤与专项技术的特殊要求有关，常引起运动中负荷较大部位的损伤,对训练的影响较大,因而专项训练的恢复应较迟些。

此外,伤后康复的快慢有个体差异。同时还应考虑患者的心理状态,患者害怕训练可能说明创伤尚未康复,忘记有伤可能说明恢复较完全。

第十八章　肩部损伤

肩关节是人体中活动度最大的关节。它是由大而圆的肱骨头与小而浅的肩胛盂构成的球窝关节，关节囊松弛，韧带薄弱，故具有“高度灵活性”，可完成较复杂的大范围的动作，如吊环、单杠、投掷等转肩动作。由于肩关节稳定性差而易受损伤，如在外力作用下易发生脱位。肩关节稳定性的维持有赖于关节周围肌肉的作用，肩关节外侧的肌肉分为两层，外层为肥厚坚强的三角肌，内层为肩袖。肩袖由冈上肌（外展上臂）、肩胛下肌（内旋上臂）、冈下肌和小圆肌（外旋上臂）四块肌肉组成。这些肌肉的肌腱扁平，部分腱纤维与肩关节囊交织在一起，远端分别止于肱骨大小结节，形似袖口样包裹肱骨头，故名肩袖（也称腱袖或旋转袖）。它具有悬吊肱骨、稳定肱骨头的作用，起着关节韧带的作用，故是稳定肩关节的最重要因素，肩袖又有协助肩部其他肌肉完成上臂的外展和不同方向旋转的作用。肩袖与外层的三角肌及肩峰之间有肩峰下滑囊，其作用是减少肩关节活动时肩袖与三角肌及肩峰间的摩擦力。

在肩胛盂上结节处有肱二头肌长头腱附着，肌腱在肩关节内下行，通过结节间沟穿出关节囊，肌腱外有腱鞘。结节间沟较窄，沟上有横韧带固定，以防肌腱滑脱。二头肌收缩时腱并不滑动，只有当肩关节活动时该腱才滑动。

由于腱鞘较窄，所以容易磨损引起腱鞘炎。

肩部运动创伤，多见于体操、投掷、排球、举重、游泳等项目。其中以肩袖损伤最为多见，肱二头肌长头肌腱腱鞘炎次之，肩关节脱位也较常见。

第一节　肩袖损伤

肩袖损伤是指肩袖肌腱和肩峰下滑囊的创伤性炎症，亦称肩撞击综合征。一般原发性损伤在肩袖肌腱，以后继发肩峰下滑囊炎。此损伤多发生于体操、投掷、排球、乒乓球、游泳、举重等运动中。

一、损伤机制及病理

主要是由于肩关节反复地超常范围的急剧转动，特别是上臂外展引起肩袖肌腱和肩峰下滑囊受到肱骨头与肩峰或喙肩韧带的不断挤压、摩擦和牵扯所致。由于冈上肌处于肩袖的中央，当肩关节外展，尤其是略带内旋情况下的外展时，肩袖肌腱特别是冈上肌肌腱不断地与肩峰发生摩擦与挤压，所以冈上肌肌腱受损伤的机会最多。当上臂外展至60°～120°时，这种摩擦与挤压最为严重，而外展超过120°以后，因肩胛骨随之发生上回旋，使冈上肌肌腱与肩峰间的距离增大，此种摩擦和挤压现象随之缓解或消失(图 18-1)。

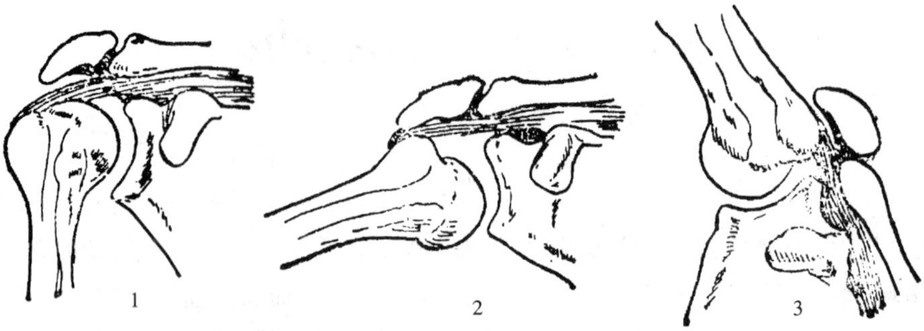

1、3. 上臂悬于身侧时或外展超过 120°，冈上肌未受肩峰挤压

2. 上臂外展 60°~120°时冈上肌受肩峰挤压明显

图 18-1 冈上肌损伤范围

体育运动中单杠、吊环和高低杠的转肩动作，投掷标枪和垒球的出手动作，举重抓举时肩的突然背伸，蝶泳时的转肩划水，排球扣杀和发大力球动作，乒乓球的扣杀和提拉动作等都是引起肩袖损伤的典型机制。多数患者有一次或多次外伤史，如未及时合理处理继续重复损伤动作，最后可变成慢性，部分患者症状渐起无明显损伤史。

肩袖损伤的病理变化最先出现于肩袖肌腱，主要是冈上肌肌腱。肌腱纤维出现玻璃样变性、断裂或部分断裂，有时腱纤维中可出现钙化和骨化，在裂隙中充满坏死组织或瘢痕组织，小血管周围有圆细胞浸润，呈慢性炎症。肩峰下滑囊在损伤当时可出现急性滑囊炎，也可随着肌腱炎症的发展引起慢性炎症改变，如囊壁肥厚，玻璃样变性，滑膜表面有点状缺损及纤维素，绒毛膜增生及粘连等。损伤晚期病例，肱骨的肌腱附着点有纤维软骨化呈玻璃样变性，骨质硬化或出现囊性变，关节软骨退行性变，表面粗糙或有缺损。

二、症状与诊断

肩袖损伤的主要症状是肩痛，其次是肩关节活动受限，肌肉痉挛和肌肉萎缩。因病程长短、发病缓急不同症状表现程度不一。

(一)慢性损伤

肩一般情况下不痛，做一般活动或臂外展、内外旋克服阻力时也不痛，只在某一特殊动作时才痛。如标枪运动员的肩袖损伤常于臂上举做反弓投枪姿势时才痛。

(二)亚急性损伤

常因为多次损伤逐渐形成，在肩袖损伤中最为常见。主要症状是主动或被动外展上臂 60°~120°时或内外旋转时疼痛，但继续外展上臂超过 120°后或用力牵拉上臂后再开始外展动作时，疼痛常可缓解或消失。当上臂从 180°上举位放下至 120°~60°时出现疼痛，小于

60°后疼痛缓解或消失。即出现肩峰下疼痛弧试验阳性(图 18－2)。这是肩袖损伤,尤其是冈上肌损伤的重要征象。如损伤较轻,上臂内外旋时不痛或准备活动之后不再疼痛。

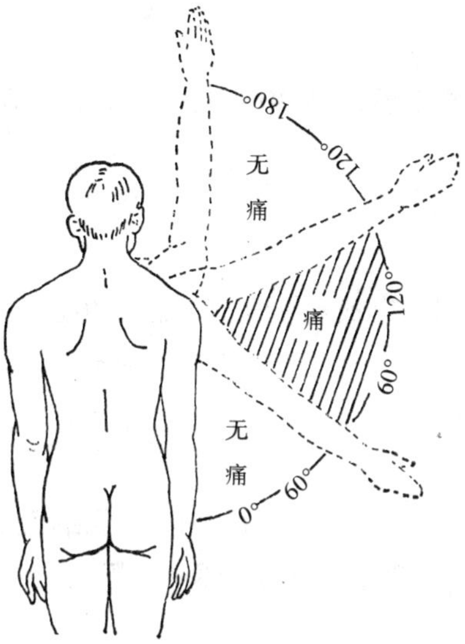

图 18－2　上臂外展时出现痛弧

检查时可见压痛点多在肩峰下和肱骨大结节处。若用普鲁卡因作痛点注射后肩部活动可恢复正常。患肢上举做反弓投掷姿势时出现肩痛,即反弓痛。上臂抗阻外展痛及内外旋痛,外展受限。病程较久者冈上肌及三角肌出现萎缩。

(三)急性损伤

常因为一次扭伤或运动过度突然发生，主要表现为急性肩峰下滑囊炎症状。肩部疼痛、活动受限、肩外侧肩峰下有剧烈压痛,肩的外形也常因滑囊肿胀使肩部轮廓改变,肩关节各方向的抗阻活动时都有疼痛。

肩袖损伤早期 X 线摄片无明显改变，晚期有时可见肱骨大结节部有骨质硬化、囊性变或肌腱钙化等。

亚急性和急性肩袖损伤都有肩外展受限,常需与冈上肌肌腱断裂相鉴别。冈上肌肌腱完全断裂时受伤瞬间自觉有断裂声,肩峰下剧痛,肩关节不能活动,常用健肢扶持,局部肿胀,皮下淤血,患肢肱骨大结节的尖部压痛明显,三角肌不发达者在锐痛处可摸到断裂的凹陷,主动外展极为困难,被动外展至 90°时有锐痛,肩关节内造影检查对诊断意义很大。冈上肌肌腱部分断裂时症状与创伤性肌腱炎相似，最好的鉴别方法是用普鲁卡因作局部注射,肌腱炎注射后上臂能外展,并能抗阻力外展而不痛。肌腱部分断裂者注射后也能外展上臂,但肌力下降,不能抗阻力外展。

三、治疗与伤后训练

(一)固定

急性损伤时疼痛剧烈,应将上臂外展30°固定,减少上臂活动,防止损伤加重,减轻疼痛。

(二)封闭疗法

在痛点或滑囊内注射普鲁卡因(或利多卡因)加强的松龙(或氢化可的松)混合液,局部封闭有较好的消炎止痛作用。

(三)其他方法

根据损伤程度和病程时间可进行针灸、理疗和按摩等治疗。大多数患者经上述保守治疗后都能痊愈,极少数病例经保守治疗无效而需手术。肌腱完全断裂者应送医院手术处理。

(四)伤后训练

损伤急性期过后应及时开始肩关节的回环及旋转运动,但应避免做引起疼痛的动作。如身体前屈90°,上臂下垂,肩部肌肉放松,进行主动的钟摆样动作,肩关节可在大范围内活动,但不会引起疼痛及损伤,这样既可防止肩部肌肉萎缩,又可防止关节粘连。

慢性损伤者除可进行以上练习外,同时应加强三角肌力量练习,方法是肩外展90°位负重静力练习。

亚急性损伤者可以从事一般身体练习,但应暂停专项转肩动作练习,改为肩部肌肉小力量练习,以不引起明显疼痛为准。如用哑铃练习肩部肌群的活动,以改善血液循环,增加肌力,防止肌肉萎缩。

四、预防

肩部剧烈活动前应进行肩部准备活动,尤其是在气温较低的情况下。如进行无负荷的大范围肩关节活动或伸展练习也可进行肩部按摩,以加强柔韧性,防止损伤发生。运动时注意动作要领,如投掷时不要光用臂力,应配合腿、腰等的力量,并注意动作的协调性。平时注意加强肩部肌肉力量练习和柔韧性练习。在急性损伤后应及时制动和治疗,以防加重病理变化而致慢性改变。治愈后恢复锻炼时应循序渐进,防止再度受伤。

第二节　肱二头肌长头肌腱腱鞘炎

肱二头肌长头肌腱及腱鞘的创伤性炎症多见于标枪、吊环、单杠、排球及举重等运动中。

一、损伤机制及病理

肱二头肌长头肌腱在上臂外展上举过程中有防止肱骨头自肩盂上滑的作用，对肩关节起一定的稳定作用。当肩关节超常范围活动，如吊环、单杠、高低杠中的转肩，或上臂反复外展外旋，或上臂上举后又突然后伸，使肌腱在结节间沟内反复纵行和横行滑动。反复摩擦而引起损伤。另外，上臂上举时肌腱被肩峰及肱骨头冲击挤扎也可引起损伤性炎症。

病理变化是肌腱与腱鞘的创伤性炎症，可发生肌腱、腱鞘充血、水肿、增生，肌腱磨损，部分撕裂。

二、症状与诊断

受伤时有不适感，随后产生疼痛并加剧，疼痛向三角肌下扩散。在结节间沟肌腱处有剧烈压痛，肩关节活动明显受限。提物或使二头肌收缩并克服阻力，如屈肘或前臂旋后时都有疼痛。

慢性劳损患者，三角肌部位疼痛，压痛点局限于结节间沟。肩关节的活动除上臂外展上举再向后伸做反弓动作时疼痛外，其他方向的活动多不疼痛。

在结节间沟腱鞘内注射普鲁卡因或利多卡因可使疼痛暂时消失，有助于确立诊断。

三、治疗与伤后训练

急性期应停止引起损伤的专项训练，用三角巾将上臂悬吊略作固定。用普鲁卡因加强的松龙混合液作局部封闭 1－2 次，疗效较好，并对慢性损伤患者有效。可配以针灸、理疗和局部按摩。

急性期过去后即可进行上身前屈、上臂悬垂做回环运动的练习。一般应在局部无疼痛或活动时无痛的情况下才允许从事专项训练。

四、预防

合理安排训练，避免单一训练方式，防止局部负担过重、过多。运动前充分做好准备活动，在运动中或运动后进行局部按摩和热敷。

第三节　肩关节脱位

肩关节脱位是指肱骨头与肩胛盂之间失去正常的连接关系，即构成肩关节的骨端对合面的移位。由于肩关节具有“高度灵活性”，故很容易脱位，以肩关节前脱位最常见。初次脱位后如处理不当可导致习惯性脱位。

一、损伤机制及病理

运动中摔倒时肩关节处于上臂外展、外旋位，手或肘着地都有可能发生肩关节前脱位。当上臂在外展位突然过度背伸或过度外旋及肱骨头后方受打击也可能发生前脱位。以上姿势可使肱骨头移向肩胛盂下方，使关节囊的下部处于紧张牵扯状态，一旦外力过大,肱骨头即可由关节盂前方脱出。在上臂极度内旋情况下肱骨头转向后方,如此时摔倒时肩关节前方着地，应力作用于肱骨头可使其向后脱出造成肩关节后脱位，但发生率很低。

根据脱位时肱骨头是否穿破关节囊，病理类型大致分为囊外脱位和囊内脱位。囊外脱位一般有关节囊或周围肌肉撕裂,肱二头肌长头腱由结节间沟脱出,位于大结节上面,有时合并肱骨结节撕脱骨折。囊内脱位的病理变化可有关节囊在肱骨头的下部撕裂、盂肱韧带撕裂、肩胛盂的盂唇剥离、肩袖损伤特别是肩胛下肌损伤、肱二头肌长头腱脱位、肩胛盂的前盂喙骨折、肱骨头后外侧楔形凹陷。有时脱位可引起腋神经损伤,造成一定时间的三角肌麻痹和该部皮肤知觉减退。

二、症状与诊断

伤后主要症状是肩部剧痛和运动障碍。

前脱位时,检查可见上臂稍外展、内旋,固定于 25°~30°角；肩部呈“方肩畸形”(图 18－3),关节盂空虚,常在喙突下或锁骨上触及脱位的肱骨头。患侧手不能触到健侧的肩部,肘不能贴近胸壁,即“杜格氏征”(Dugas)阳性。

X 线摄片后,可确诊脱位方向及是否合并骨折。

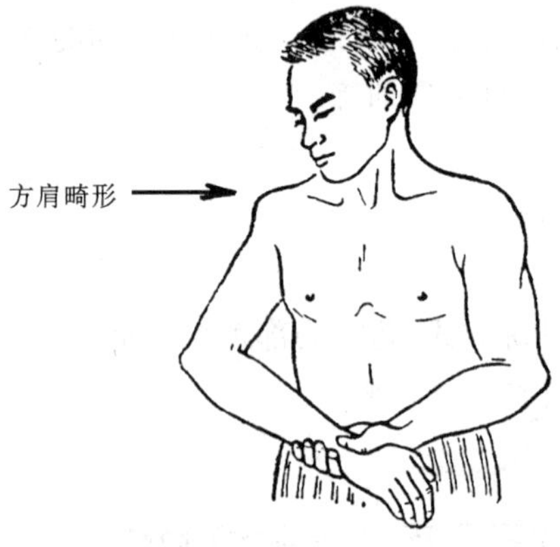

图 18－3　肩关节前脱位的姿势及方肩畸形

三、治疗与伤后训练

(一) 复位：明确诊断后应及早复位，复位时应先用 2% 普鲁卡因 10 毫升作关节内局部麻醉,或行颈丛加臂丛麻醉以便于复位,特别是肌肉发达者。

1. 足蹬复位法:伤者仰卧,术者足跟蹬于伤者腋窝内,双手握住腕部向下牵引,同时足跟用力蹬推腋部,逐渐增加牵引力量,并逐步内收、内旋,即可复位(图 18－4)。复位时常可感到有一弹跳感,复位后伤者肩部疼痛减轻,肩部恢复饱满外形。

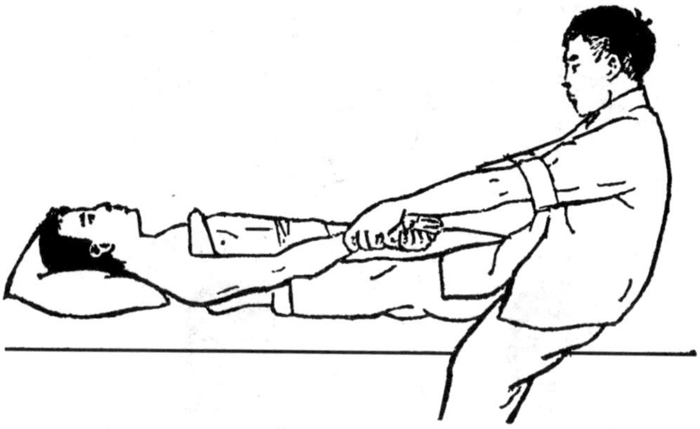

图 18－4　足蹬复位法

2. 旋转复位法:伤者坐位或仰卧位,术者一手握住患者腕部,另一手握住肘部,然后按以下四个步骤进行复位:(1)患肢屈肘 90°沿上臂畸形方向做牵引。(2)沿肱骨长轴持续牵引并将上臂外展、外旋。(3)持续牵引在肩外旋位上内收上臂使肘关节贴近胸壁并横过胸前。(4)内旋上臂使患肢手掌搭于对侧肩上(图 18－5)。

(二)固定复位后将肩关节置于内收、内旋位屈肘 90°,患侧腋窝处放一大棉垫用胶布和绷带固定,前臂用三角巾悬吊固定 3 周。

(三)其他治疗:解除固定后用中药熏洗、理疗及按摩治疗,可促进恢复。

(四)伤后训练:在固定期间可进行手指、手腕的屈伸活动。固定解除后鼓励伤者进行主动锻炼,肩关节向各方向活动,如上臂爬墙外展、爬墙上举、屈上体垂臂旋转、滑车带臂上举等,以促使肩关节功能恢复。但应避免强力被动牵拉以防再度损伤。

四、预防

加强准备活动和运动技能掌握,防止意外跌倒。

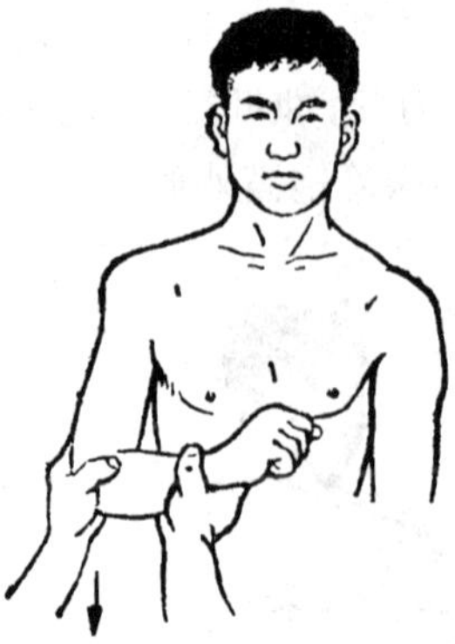

1. 向下牵引

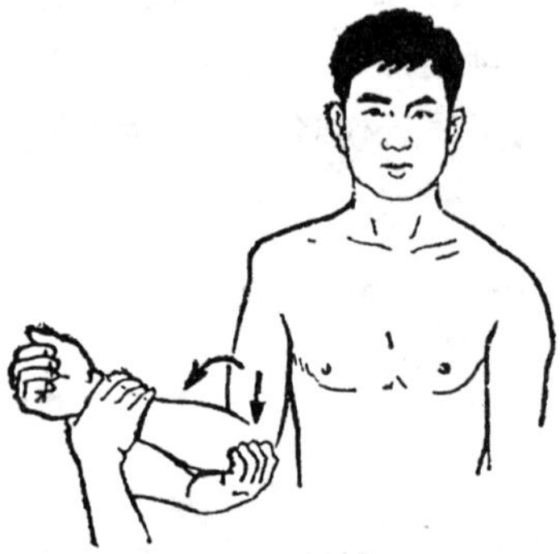

2. 外展、外旋

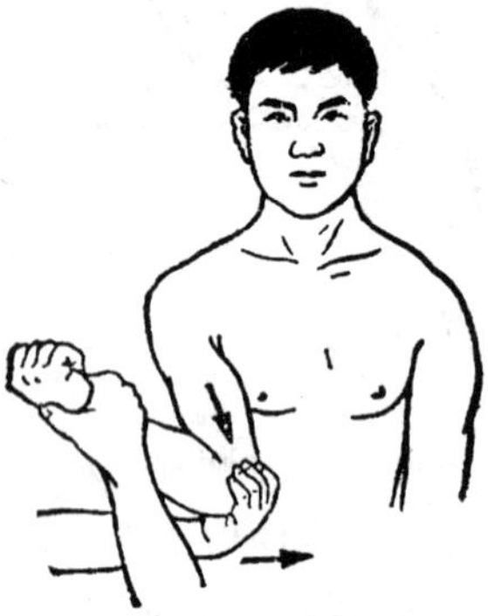

3. 内收

4. 内旋将伤肢手掌搭于健侧肩上

图 18－5　旋转复位法

第十九章　上臂及肘部损伤

肘关节由肱骨滑车、肱骨小头、桡骨小头、尺骨半月切迹及关节囊、韧带组成，包括肱尺、肱桡、尺桡3个关节。关节的活动有伸屈及旋转运动。肘关节两侧有尺侧和桡侧副韧带加强以防止肘关节过度内收和外展。由于尺骨半月切迹前端冠状突较短小，关节囊前后壁没有韧带加强容易产生肘关节后脱位。肱骨内上髁是前臂屈指、屈腕、旋前圆肌的附着处，外上髁是前臂伸肌群的附着处。尺骨鹰嘴是肱三头肌的止点，肘关节屈曲90°时肘后三角呈等腰三角形，伸直时肱骨内外上髁及鹰嘴呈一条直线(图19－1)。此三角形骨性标志有无改变，对诊断肘关节脱位及骨折有重要价值。肱骨下端髁上部扁而宽，前面有冠状窝，后面有鹰嘴窝，两窝之间仅有一层薄的骨质，所以髁上部易发生骨折。

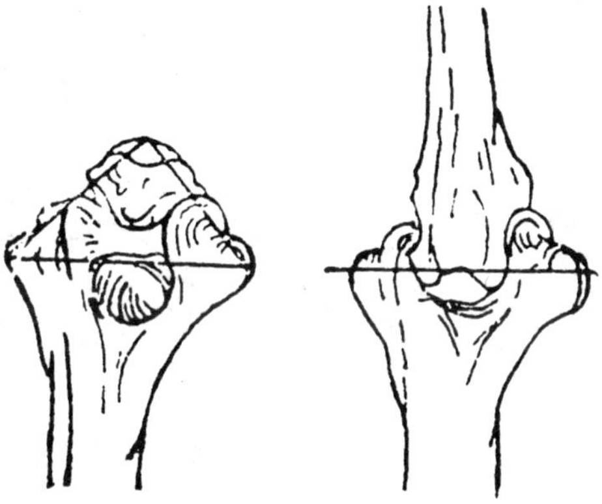

图19－1　正常肘后三角骨性标志

肘关节屈90°内外髁及鹰嘴呈三角形

肘伸直时三点呈一横行直线

第一节　肱骨髁上骨折

肱骨髁上骨折常见于小儿，但也是体育运动中特别是体操运动中常发生的损伤。由于肱动、静脉及正中神经由肱二头肌腱膜下通过而进入前臂，故髁上骨折时在肘窝前部处的动、静脉及正中神经易被骨折端刺伤，或被挤压在腱膜与骨折端之间，引起前臂缺血性挛缩或正中神经损伤。由于骨折部位和方向不同也可损伤桡神经和尺神经。

一、损伤机制及病理

（一）伸直型

最为常见。其发生机制是摔倒时，肘关节处于半屈或全伸位，手掌着地，暴力经前臂传达到肱骨的下端，将肱骨髁推向后上方。同时由上向下的体重和冲力将肱骨干下部推向前下方，使肱骨髁上最薄弱处发生骨折。骨折线从前下方斜向后上方，骨折的近端向前下方移位，常穿破或穿断肱肌，有时也会损伤肱动脉、正中神经或桡神经（图 19－2）。

（二）屈曲型

跌倒时肘关节屈曲，肘后着地，暴力由后下方向前上方撞击尺骨鹰嘴和肱骨下端使肱骨髁上薄弱处骨折，骨折线由后下方斜向前上方，远侧段向前上方移位，很少发生血管神经损伤（图 19－3）。

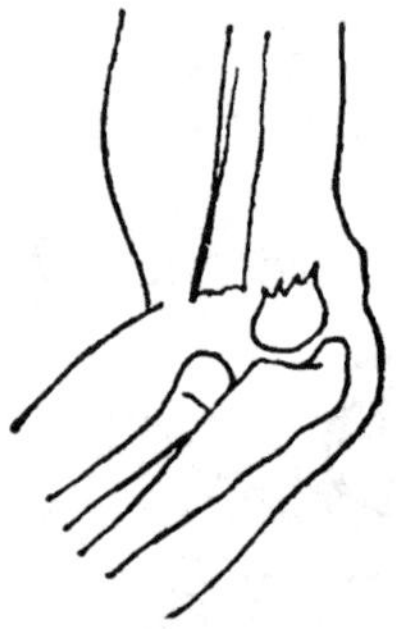

图 19－2　伸直型髁上骨折

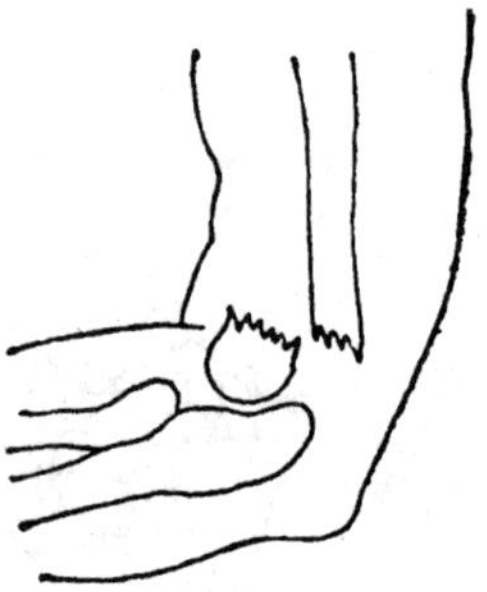

图 19－3　屈伸型髁上骨折

二、症状与诊断

外伤发生后肘部肿胀压痛，移位较小者肿胀较轻，肘后三角关系正常。伸直型骨折时肘关节向后突出及半屈位畸形，骨折近端向前移位，肘窝的软组织向前突出。此外，骨折移位时还可有骨擦音、反常活动，可能触及骨折端。

血管损伤大多为挫伤和压迫后发生血管痉挛。早期症状为剧烈疼痛，桡动脉搏动消失，手部皮肤苍白、发凉、麻木。如处理不及时可发生前臂肌肉缺血性坏死，纤维化后形成缺血性痉挛，导致爪形手畸形，造成严重残疾。伤及神经时可有相应的神经功能缺损。

肱骨髁上骨折，特别是伸直型，由于损伤机制及症状与肘关节后脱位相似，故需要与肘关节后脱位相鉴别。脱位时无骨擦音和反常活动，不能触及骨折断端，最重要的是肘后三角关系不正常。

X 线摄片可确诊骨折及其类型。

三、治疗与伤后训练

骨折发生后要预防休克的发生，应该早期就地实施固定制动。针刺人中、十宣，平卧保暖，可防止休克的发生。

固定制动的目的是防止骨折断端再损伤血管神经及软组织，减轻疼痛，防止休克，便于送医院处理。固定的方法有两种：一是直角夹板法，即将两根 3～6 厘米宽的木板先绑成一 L 型的直角，将上肢于肘关节 90°状态下用绑带或布条固定在直角木板上，绑带应扎在肱骨上端及前臂，不要绑在肱骨下段的骨折发生处。另一种方法是将上臂用绑带固定在躯干上。

固定完毕后应急送医院进行复位固定。固定时间约 3 周。固定解除后可进行局部理疗和中药熏洗，有舒经活络、通利关节的作用，可防止关节强直，加快功能恢复。

固定未解除前可做手指和腕关节的伸屈活动和肩关节的主动活动锻炼。固定拆除后做肘关节伸、屈活动，随肌力增加可逐步增加负荷。

四、预防

正确掌握动作要领，训练复杂动作时要循序渐进，由易到难，防止意外跌倒。跌倒时应注意自我保护，尽量不用手去撑地。体操等易跌倒的运动中应注意保护。加强运动器械、垫子等的安全检查。

第二节　肘关节内侧软组织损伤

肘关节内侧软组织损伤包括关节囊、尺侧副韧带、肱骨内上髁部屈肌或其附着点损伤、肱骨内上髁炎等。常见于投掷、体操、举重、羽毛球等项目。

一、损伤机制及病理

运动中使肘关节被动外翻、过伸的动作或前臂屈肌、旋前圆肌突然主动收缩都可能造成肘内侧软组织的损伤。

投标枪出枪动作时，枪的反作用力迫使前臂突然外展会引起内侧副韧带损伤。出枪后肘的爆发式过伸也常常引起鹰嘴窝滑膜的损伤。

在体操运动中的后手翻或摔倒时的手撑地动作时前臂旋后，肘关节于微屈曲位突然外展可引起内侧副韧带的部分或完全断裂。吊环的十字支撑练习时屈腕肌在最初处于紧张收缩状态，长时间支撑疲劳时易发生肌肉拨伤和内侧副韧带损伤。

举重提铃时屈腕肌突然收缩，致使屈肌内上髁的附着点拨伤。提铃后“翻腕坐肘”时由于肘关节突然屈曲，腕突然背伸也能被动地使屈腕肌在内上髁的附着点拨伤。

羽毛球运动时反复地扣杀和反手扣杀动作使肘部反复快速外翻和内旋，牵拉肘内侧副韧带、屈腕肌及附着点，引起韧带、肌肉损伤和肱骨内上髁炎。这种损伤大多是慢性积累劳损或是急性损伤后未经正确处理造成的。

以上这些损伤大多是慢性积累性劳损或是急性损伤后未经正确处理造成的。

肌肉、韧带损伤时撕裂的局部有充血、出血、肿胀、周围组织呈反应性炎症。较大暴力引起的急性损伤可有肌肉韧带的完全断裂。慢性损伤时可有韧带松弛，韧带或关节囊出现钙化，肌肉附着点有骨质增生或骨化。

二、症状与诊断

主要症状是重复受伤动作时肘部疼痛。慢性损伤者常在准备活动后不痛，而重复受伤动作过度用力时疼痛。运动成绩下降或不能正确完成肘的动作。有时出现突然“软肘”现象。

检查体征因损伤病理而异。肘内侧副韧带前束损伤时肘于伸直位前臂被动外翻时疼痛。后束损伤时肘于90°屈曲被动外翻前臂时疼痛。在肘关节内后方和内侧副韧带附着部常有压痛点。尺侧肌肉韧带完全断裂时检查可见肘关节尺侧肿胀、压痛明显，可能触到肌肉断端及有下凹阶梯感，外翻尺侧疼痛加重，并有松弛开口感，外翻角度加大，即外翻试验阳性，抗阻屈腕疼痛加重。

为明确诊断可作X线摄片检查，未发生肌肉韧带断裂时摄片无异常。断裂时肘外翻位正位片可见尺侧关节间隙增宽。

三、治疗与伤后训练

急性损伤时患肢停止活动，早期用三角巾悬吊固定，肘关节置于屈曲90°功能位以限制肘关节活动，固定时间约2周。

固定的同时在疼痛局部可用普鲁卡因加强的松进行封闭治疗1~3次。伤后24~48小时后可配合理疗、按摩、针灸及中药熏洗。

慢性损伤和内上髁炎应减少肘关节活动量，活动中控制引起损伤的动作，减轻局部负荷。局部痛点进行封闭注射。同时配合理疗、按摩等治疗。症状严重且久治不愈的内上髁炎可进行剥离松解手术。

单纯尺侧副韧带断裂不必手术，可用石膏托固定3周。如韧带断裂伴关节囊等嵌入关节间隙、肌肉断裂、肌肉韧带同时断裂患者均应进行手术缝合及固定，以免影响关节的稳定性及功能。

急性损伤后2~3周可开始活动肘关节，并逐步增加活动量，使关节粘连机化逐步松解。如果做被动屈伸活动，必须轻柔，防止被动粗暴屈伸活动。肘关节活动应以不引起肘关节明显疼痛为标准。

四、预防

加强运动医务监督,保证器械安全可靠,加强运动保护,防止意外跌倒发生。加强运动技术训练,矫正不正确姿势。平时训练时注意加强肘部及腕部肌肉力量。运动前做好肘关节的准备活动。反复损伤动作后,应进行局部按摩和理疗。

第三节　网球肘

网球肘又名肱骨外上髁炎。其特点是肘及肱骨外上髁的创伤性炎症,多见于网球、乒乓球等运动项目,大多数属慢性劳损。

一、损伤机制及病理

损伤是由于肱骨外上髁伸肌总腱起点处的慢性劳损及反复牵扯引起的。如网球、乒乓球运动中正手扣球时,腕关节须猛烈掌屈尺屈,伸肌总腱处受到猛烈被动牵拉。反手扣球时腕关节猛烈背伸桡屈,因此,伸肌群必须主动猛烈收缩,伸肌总腱及附着处又将受到猛烈牵拉。长时间反复此类动作易引起慢性损伤。

病理表现主要是呈典型的末端病改变。外上髁伸腕肌腱起始部纤维断裂、撕脱,镜下骨折,肌腱变性血管增生,继发肌腱止点骨质增生或腱的钙化骨化,腱周围筋膜粘连、血管增生,腱下疏松组织肉芽增生,外上髁骨膜炎,肱桡关节处局限性滑膜炎。

二、症状与诊断

主要症状是肘关节外侧在活动中疼痛,可向前臂外侧远处放射,在前臂旋后及伸肘动作时加重。初始时运动停止后疼痛可缓解,以后随损伤发展疼痛加重,逐渐变为持续性疼痛,甚至于夜间疼痛影响休息和睡眠,严重者握物无力容易掉落东西,握拳屈腕时肘外侧疼痛。

检查体征:外上髁或腱止点处、桡骨小头、肱桡关节间隙处有明显压痛。伸肌腱牵拉试验阳性。方法是肘伸直,握拳,屈腕,然后将前臂旋前,发生肘外侧部疼痛即为阳性(图 19－4)。

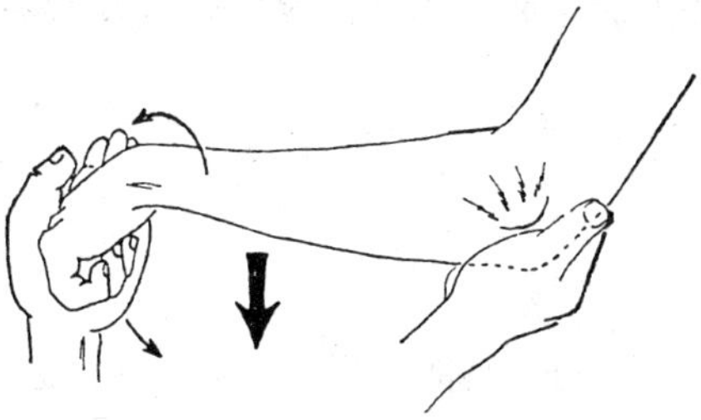

图 19－4　伸肌腱牵拉试验

三、治疗与伤后训练

早期应停止局部活动,较严重者可用石膏托或三角巾悬臂固定 2～3 周。部分患者经休息可自行缓解。

在压痛最明显处用强的松加普鲁卡因作局部封闭，并要注入腱止点及腱膜下间隙，有消除炎症、抑制纤维组织增生粘连的作用。症状严重者可配以口服非激素类抗炎药物。

按摩治疗在早期有良好效果。一般先用推揉手法缓解前臂伸肌的痉挛和疼痛，然后在肱骨外上髁及附近痛点用点压及揉按手法消肿止痛。配合局部理疗、针灸及中药熏洗有一定疗效。

对以上保守治疗无效严重影响训练和生活的患者,可采取手术治疗。

四、预防

避免反复过度压腕、翻腕大力扣杀动作。应加强腕、肘、肩部的力量配合,防止单纯用腕力。运动前后在前臂伸肌处及外上髁处按摩,使伸肌放松,局部温度升高,血液循环加快,防止劳损发生。

第四节　肘关节脱位

肘关节脱位是运动中最常见的脱位,无明显项目特异性。其中后脱位多见,前脱位很少见。

一、损伤机制及病理

一般由间接暴力引起。任何外力只要能使肘关节过度伸展或外展都可引起后脱位。如跌倒时上肢外展、手掌着地暴力沿尺骨纵轴上传,伸肘过伸,尺骨鹰嘴尖端抵在肱骨鹰嘴窝处成为支点,使半月切迹脱离肱骨滑车,移向后方,尺骨上端和桡骨小头同时滑向后上方,肱骨前下端突破薄弱的关节囊前壁,向前移位,形成肘关节后脱位。

主要病理是关节囊、侧副韧带、骨膜、肌肉肌腱等被撕裂,产生血肿。

青少年中常因肘外翻暴力产生肱骨内上髁撕脱骨折及肘关节后外侧脱位，有时可合并髁上骨折和神经牵拉伤。

二、症状与诊断

肘关节脱位时有疼痛、关节肿胀、功能障碍等一般症状。后脱位还有以下特征;肘部有明显畸形,即肘前部膨出,肘关节前后径增大;肘关节弹性固定于 45°左右半屈位,肘后三角失去正常关系，鹰嘴移向后上方，肘前方可摸到肱骨远端，肘后可摸到尺骨鹰嘴，前臂缩短。

X线摄片检查可确诊脱位情况及有无合并骨折。

三、治疗与伤后训练

明确诊断后应争取早期复位。复位时伤者坐位或仰卧位，用2%普鲁卡因溶液10毫升注入关节内进行局部麻醉。后脱位时，助手把持上臂作对抗牵引。术者一手握患肢腕部，顺原有畸形方向持续牵引，另一手拇指在肘前方将肱骨下端向后推压，余指在肘后将鹰嘴突向前提拉，即能复位（图19-5）。但注意不能在肘关节完全伸直位或屈曲成直角位时牵引，以免增加上臂肌肉损伤或断裂。合并骨折时，需手术切开复位。

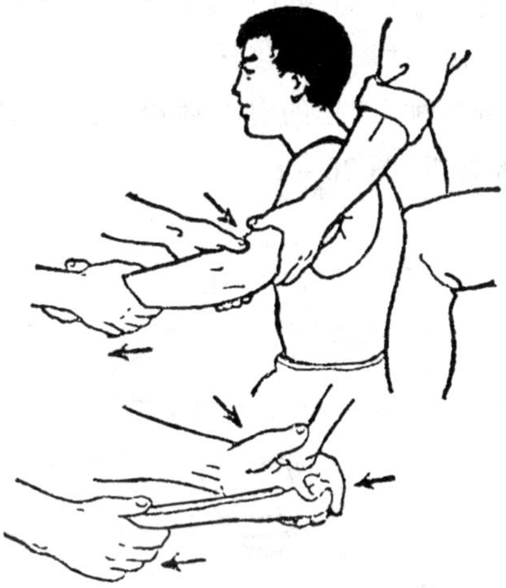

图19-5　肘关节后脱位复位方法

复位后用超过肘关节的夹板或石膏托将肘关节固定于屈曲90°位，掌心向内、向下再用三角巾悬吊臂2~3周。拆除固定后在功能锻炼基础上，可配合按摩、热水浴、理疗和中药熏洗等治疗，以促进恢复。

早期固定时可进行肩、腕、手指各关节活动，但避免肘关节活动以防损伤加重及关节内、周围反复出血。固定解除后应及时练习肘部伸、屈及前臂旋转主动活动，以防关节粘连。练习的幅度随关节活动度恢复而逐步加大，但以不发生疼痛为准。

恢复早、中期应避免进行悬吊动作（如单杠）或使前臂外展的动作（如体操的后手翻）。不要进行肘关节粗暴被动的牵拉活动，以防再次损伤，发生骨化性肌炎和关节炎。伤后3个月才可参加专项运动训练。

四、预防

加强运动医务监督，保持运动场地和运动器械的完好。加强运动保护，防止运动中意外跌倒。掌握运动技能，加强自我保护意识，特别是在跌倒时尽量不要用手撑地。

第二十章　前臂　腕及手部损伤

腕关节由尺、桡骨的远端及腕骨组成。桡骨远端变为膨大，由松质骨构成，是一薄弱部位，易发生柯雷氏骨折。桡骨的尺骨切迹与尺骨头相应组成下尺桡关节。尺骨头的远侧有一软骨盘呈三角形。位于尺骨小头远端与月骨、三角骨之间，称腕软骨盘。软骨盘基底部附着于桡骨的尺骨切迹远侧缘，尖端向内并附着在尺骨茎突根部，是桡腕关节的一部分，它将腕骨与尺骨头隔开，使之不能直接接触，同时也将下尺桡关节与桡腕关节分开。在前壁旋前时，软骨盘背侧束较紧张，旋后时掌侧束较紧张。

腕骨共8块，分近侧和远侧两排。近排的舟状骨较窄长，纵跨两排腕骨之间，过度背伸时易受“剪力”作用而造成舟骨骨折(图20－1)。

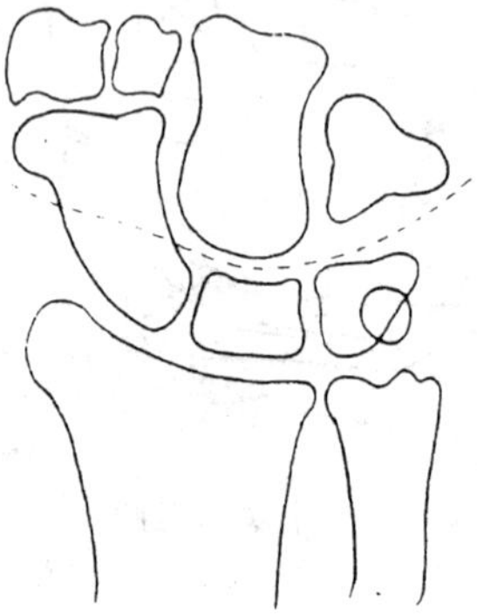

图20－1　腕部应力线穿过舟骨

掌指关节由掌骨头与近侧指骨基底组成，除拇指外，均为球窝关节，故可做伸屈、内收外展及圆周运动。掌指关节两侧均有副韧带加强，伸直时韧带松弛，屈曲时韧带紧张。指间关节属滑车关节，只能做屈伸运动，不能做侧向及旋转运动。两侧也有副韧带加强，指间关节伸直时韧带紧张，屈曲时松弛。关节囊的掌侧较紧，背侧较松，故屈曲范围大而背伸受限制。当关节囊或韧带损伤断裂时，关节活动可超过正常范围。

在手与腕部背侧、掌侧均有腱鞘。它是由两层纤维构成的长管形，其外层附着于肌腱周围的韧带及骨面上，为骨纤维性鞘。内层长管状滑液鞘包绕在肌腱的表面。两层之间有滑液。腱鞘在肌腱活动时有滑动作用，以减少肌腱的磨损，同时可防止肌腱被拉紧时向侧方移动。在腕背侧有6个腱鞘，各伸指伸腕肌腱由此穿过进入手背侧。在掌侧有5个屈指肌腱骨性纤维鞘，屈指肌腱通过这些腱鞘到达手指掌侧。肌腱与腱鞘之间长期、反复、快速、用力摩擦会使腱鞘发生损伤，产生腱鞘炎。

第一节　柯雷氏骨折

桡骨下端为松质骨。桡骨下端易发生骨折，最常见的是发生在桡骨下端3厘米内的伸直型骨折，称柯雷氏骨折。该骨折无明显运动项目特异性。

一、损伤机制及病理

柯雷氏骨折多由间接暴力引起。各种原因引起跌倒时，前臂旋前，腕关节背伸，手掌着地，可引起桡骨下端骨折。骨折后桡骨的远端向背侧及桡侧移位（图20－2）。严重时可有重叠移位。桡骨下端关节面向掌侧倾斜度可减小，向尺侧的倾斜度也可减小，且常合并下尺桡关节分离、尺骨茎突骨折或三角软骨盘损伤，所以柯雷氏骨折是一种联合损伤。

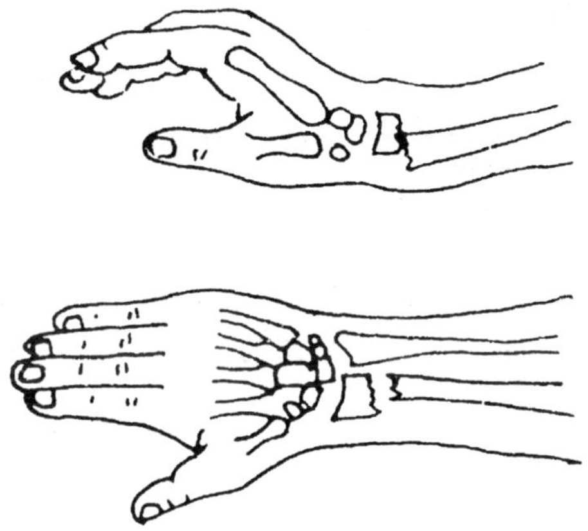

图20－2　柯雷氏骨折典型移位

二、症状与诊断

外伤后腕关节有明显肿胀、压痛和功能障碍。有典型的畸形，远侧端移向背侧。侧面可见典型的“锅铲”畸形（图20－3）。又因远端向桡侧移位，手掌正面观可见“枪刺状”畸形（图20－4），如手指肌腱及神经损伤会出现相应征象，应注意检查。X线摄片检查可确诊骨折的情况。

三、治疗与伤后训练

骨折后应就地用树枝、竹片等作简单固定，以防骨折断端移位，加重损伤。然后急送医院行手法复位。复位后用小夹板或石膏托固定4周。

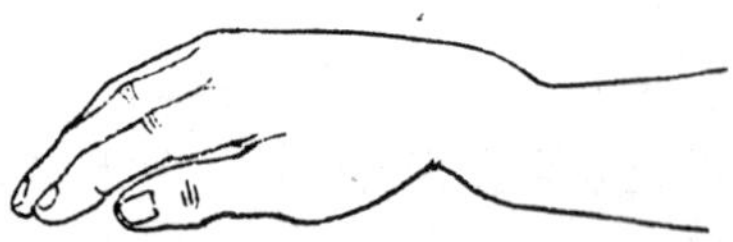

图 20－3 “锅铲”畸形

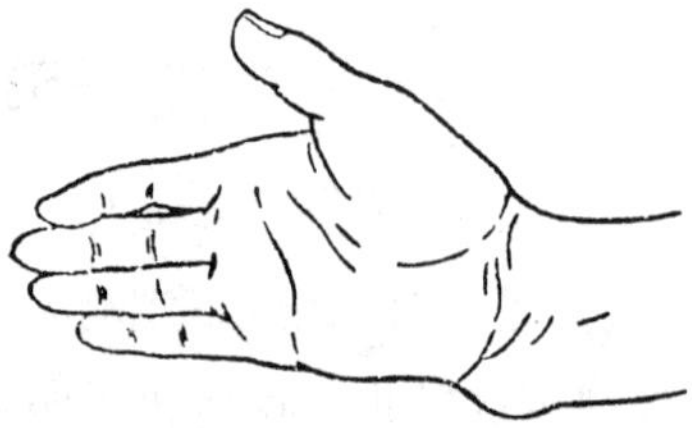

图 20－4 “枪刺状”畸形

复位、固定后可进行手指、肩及肘的伸屈活动。两周后可做腕关节轻微活动。固定拆除后积极练习腕关节的伸屈和前臂旋前活动。伤后3个月可以参加腕部的体育训练活动。

四、预防

加强运动医务监督和运动保护。加强运动技能训练，提高自我保护意识，尽量避免意外跌倒及跌倒时不用手掌撑地。

第二节 舟骨骨折

舟骨在腕骨中最易发生骨折。其发生率在运动损伤中占首位，但易漏诊而治疗不当，常造成腕关节永久性功能障碍。其发生无明显运动项目特异性，相对较多见于摔跤、足球、滑冰等运动中。

一、损伤机制及病理

损伤机制与柯雷氏骨折相似。当前臂旋前、腕关节背伸、手掌部着地跌倒时可发生舟骨骨折。可合并桡骨远端骨骺分离（儿童）或合并柯雷氏骨折。新鲜骨折一般不发生移位，两骨折端间只有一条缝隙，出血较少。骨折后如未及时处理，1个月以上可变为陈旧性骨折。此时断端骨质被吸收，肉芽组织形成，骨折缝隙加宽。3～4个月后由于缝隙加宽，骨折端边缘硬化，结缔组织填充，在骨折线中部可出现圆形或椭圆形的囊状变。

位于舟骨近1/3段的尾部骨折时，其近侧骨折块常由于血液循环受损而发生缺血性坏死。

二、症状与诊断

骨折后腕关节桡侧疼痛是主要症状，但多数患者疼痛轻微。检查可见腕部鼻烟窝肿胀，鼻烟窝和舟骨结节处压痛，腕背伸和沿拇指纵轴有间接挤压痛，腕关节背伸受限，陈旧性骨折患者背伸受限更为明显。

X 线摄片检查是确诊舟状骨骨折的主要依据。新鲜骨折时在 X 线片上多数为一线状阴影。陈旧性骨折时 X 线片上可见骨折处由于吸收而出现囊状阴影或不愈合断面硬化或近侧骨折块由于缺血性坏死所致的密度增高。

三、治疗与伤后训练

凡早期新鲜的骨折都必须进行固定，常采用短臂圆衬管形石膏固定，保持腕背伸30°,拇指于对掌位,石膏包至远侧掌纹及拇指近节(图 20－5)。舟骨腰部或体部骨折固定时间 8～12 周,结节部骨折固定 6 周左右。

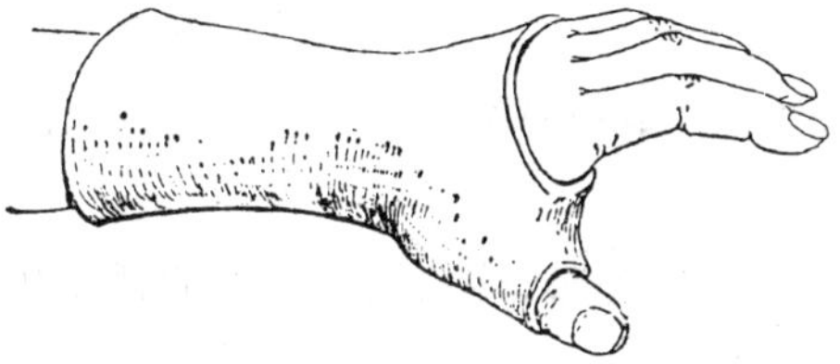

图 20－5　舟骨骨折石膏固定位置

陈旧性骨折 1～2 年内的患者,如骨折面尚未硬化,也可行石膏或皮革夹板固定,固定时间需 4～6 个月。近侧骨块缺血性坏死时,如骨块没有出现塌陷变化,骨折面未硬化,也可进行固定,时间 6 个月左右,部分患者能愈合。

由于新鲜舟骨骨折未及时正确诊断和治疗而失去早期治疗的机会，可变为难愈合的陈旧性骨折而影响腕关节功能。因此,早期诊断和治疗非常重要。

拆除固定后才可进行腕关节功能锻炼,关节活动范围及负荷应循序渐进,逐步增加。

四、预防

加强运动医务监督,加强运动中保护及自我保护意识,防止意外跌倒及跌倒时尽量不用手掌撑地。急性损伤后应及时治疗以防变为陈旧性骨折。

第三节　腕软骨盘损伤

此伤多见于体操、排球、乒乓球、网球等运动。可由一次急性损伤引起,也可由慢性劳损所致。此损伤也常伴有下桡尺关节损伤。

一、损伤机制及病理

(一)一次急性损伤　腕背伸位下前臂过度旋转使尺、桡骨远端趋向分离,软骨盘被拉紧，如旋转力过大或发生超常范围的旋转时软骨盘的附着处可发生撕裂或本身撕裂，同时可发生桡尺远侧关节的韧带损伤、关节分离或脱位。腕掌屈位受旋转应力也可致伤。在柯雷氏骨折时也可合并此伤。

（二）慢性劳损　多见于体操等运动。在腕部支撑体重时重心偏向尺侧，反复旋转前臂和腕部可使软骨盘受到长期碾磨或牵扯，导致软骨盘退行性变以致破裂。或在反复旋转中，软骨盘边缘附着处和背侧、掌侧的桡尺韧带受到不断地牵扯，引起软骨盘的创伤性炎症和劳损，如鞍马、单杠的转体动作。排球、羽毛球扣球时的大力压腕动作都易引起软骨盘损伤。

二、症状与诊断

主要症状是腕背尺侧部疼痛，主动或被动前臂旋转疼痛，尤以腕背伸支撑旋转时疼痛更明显，腕部软弱无力，握力下降。

检查时可见下尺桡关节或尺侧肿胀，桡尺远侧关节的背侧和掌侧、尺骨茎突的背面桡侧和掌面桡侧有压痛，前臂旋转疼痛，腕背伸疼痛，主动、被动尺侧倾痛，抗阻力旋前痛、旋后痛，抗阻力桡侧倾痛，下尺桡关节松弛或关节半脱位，主动旋转腕关节时常有响声。软骨盘挤压试验阳性，即先将患者腕关节极度掌屈、旋前并偏尺侧，然后旋转挤压，不断顶撞尺骨小头，在尺骨小头远端有疼痛或出现响声为阳性。

X线摄片可帮助排除骨折、脱位等其他损伤。腕关节碘液造影可帮助诊断软骨盘的损伤情况。

腕软骨盘损伤应与腕尺侧副韧带损伤鉴别，前者在做悬垂动作时和腕关节被动桡侧偏时均不痛，而后者出现疼痛。

三、治疗与伤后训练

急性损伤时应固定制动，固定时间3～4周以促进愈合。由旋前动作致伤的主要损伤软骨盘背侧部分，应采用前臂旋后位长臂石膏固定。反之，采用前臂旋前位长臂石膏固定。这样可使受牵拉损伤的部分放松，以利愈合。也可采用两夹板将腕关节固定于功能位。同时配以中药外用或理疗能促进恢复。

急性损伤早期固定等处理后仍有症状者及慢性损伤者，可用强的松龙加普鲁卡因进行局部封闭，每隔5～7天一次，连续3次。注射部位在尺骨茎突掌侧以及背侧根部的边缘和下尺桡关节掌侧、背侧远端处软骨盘边缘的压痛点处，针头要达到软骨盘边缘。配合按摩、理疗及中药外用效果更好。慢性损伤者如症状加重时也可做短期固定制动。

对非手法治疗无效果，有明显下尺桡关节脱位、半脱位或经常绞锁者，症状重严重影响关节功能时可进行手术治疗。

急性损伤者解除固定后可在无痛的情况下逐步进行腕关节功能锻炼。慢性损伤者以及症状较轻者在治疗时不必停止腕部活动，但应减少或停止引起疼痛的动作，待症状缓解后，再逐步加大腕关节活动范围和运动量。在治愈前，腕部活动时最好用5～7厘米宽的布带缠紧腕部以限制活动范围，避免软骨盘受过大牵扯，减轻症状，促进恢复。

四、预防

正确运用训练方法，避免单打一的训练方法。急性损伤后要及早正确处理以防变为慢性。腕部动作练习后，应做局部按摩和理疗以帮助恢复。

第四节　手指关节扭挫伤

手指关节损伤包括掌指关节和指间关节扭挫伤，是运动中常见的软组织损伤，尤以篮、排球运动中多见。

一、损伤机制及病理

当手指受到侧向的暴力冲击或在手指伸直位暴力冲击自掌侧向背侧推压，使手指过度背伸时均可引起指间及掌指关节扭挫伤。如篮球、排球运动中手指受球的冲击，特别是排球拦网动作易造成损伤。损伤后，有侧副韧带和关节囊的捩伤或撕裂，一般多发生于第一掌指关节和其他各指的近侧指间关节。可伴有撕脱骨折和关节脱位。

二、症状与诊断

损伤时有关节疼痛，关节周围红肿，运动功能障碍，如伸屈困难。检查可有局部压痛，做侧方被动活动时疼痛加剧，一侧韧带断裂时出现手指轻度侧弯畸形和异常侧向运动。X线摄片有时可显示指骨基底部的撕脱骨折。

三、治疗与伤后训练

急性损伤后应立即冷敷，然后局部外敷新伤药并固定。

指间关节韧带扭挫伤时应将伤指与邻近健指做环形胶布固定，这样健指起夹板作用（图 20－6）。但拇指、小指尺侧和食指桡侧韧带损伤时须用夹板固定 2～3 周。

如指间关节韧带断裂侧方活动时，应将伤指用铝制夹板屈曲位固定 3 周。如指间关节韧带断裂后侧向运动比较明显或撕脱骨片嵌入关节时应手术治疗。

并发关节脱位者可立即用手法复位，术者一手的拇指和食指捏住伤者患指远端。先做畸形方向的牵拉，另一手的拇指向远侧推压伤指的近端，双手的动作要协调配合以矫正移位，然后使该关节屈曲即可复位。复位后固定 2 周。急性期过后可配合按摩、中药熏洗治疗。

固定解除后即可开始手指屈伸练习，如关节较僵硬可在每次练习前进行局部热敷。随关节功能恢复逐步参加训练活动。禁止做猛烈被动屈伸活动以防再度损伤或损伤加重。

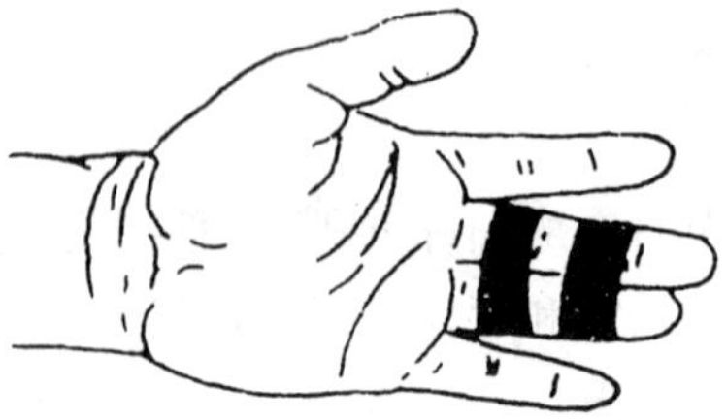

图 20－6　指间关节韧带挫伤时胶布固定法

四、预防

运动前做好手指各关节的准备活动。特别是气温较低时手指动作僵硬，更应在做全身准备活动基础上做好前臂和手的准备活动。

第五节　手部创伤性腱鞘炎

创伤性腱鞘炎是常见的运动损伤，属慢性劳损。常见于举重、摔跤、射击、体操运动员，其中以桡骨茎突部、手指屈肌腱、肱二头肌长头腱的腱鞘炎最多见。本节介绍手部多发的腱鞘炎。

一、损伤机制及病理

多数损伤是因训练安排不当，局部过度使用所致，发病部位与运动项目密切相关。由于肌肉反复收缩使肌腱与腱鞘发生过度摩擦而引起慢性创伤性炎症。

（一）桡骨茎突部腱鞘炎：此伤是拇短伸肌及拇长展肌总腱鞘。该鞘外面覆有腕背韧带，内侧为桡骨茎突部的纵形窄沟，管腔狭小且无弹性。当两肌腱在同一狭窄坚硬的腱鞘内反复用力滑动相互摩擦，久之即可发生创伤性腱鞘炎。如小口径步枪射击时的托枪动作和举重时的杠铃锁腕动作都使手腕背伸并向桡侧倾斜，使拇短伸肌和拇长展肌肌腱在桡骨茎突部弯曲约 105°，并在狭窄的沟内反复来回滑动，不断地相互摩擦而产生腱鞘炎。其他使拇指与腕部活动过多地运动和工作均可引起该损伤。

（二）手指屈肌腱腱鞘炎：指浅屈肌与指深屈肌肌腱行至掌骨颈部。两个肌腱挤入一个狭窄的由骨和韧带包绕的腱鞘，再到达拇指或第二、三、四、五指。如在运动中或劳动中手指反复用力抓持重物都可因肌腱与腱鞘频繁地摩擦而引起损伤，如举重、摔跤运动。按摩医生和家庭主妇中也多见拇长屈肌腱鞘炎。

腱鞘炎的主要病理变化是腱鞘肥厚，无弹性，且紧紧包压肌腱并有浆液渗出，肌腱与腱鞘之间有轻度粘连。肌腱表面粗糙无光，有时在腱鞘狭窄部变细，其两端可水肿肥厚。肌腱和腱鞘均呈慢性炎症。

二、症状与诊断

主要表现为疼痛、肿胀、压痛和功能障碍。

(一)桡骨茎突部腱鞘炎：有腕或拇指周围的疼痛，严重者疼痛可向前臂和肩部放射。拇指及腕部活动障碍，活动时产生局部疼痛。

检查可见桡骨茎突部轻度肿胀、局部压痛敏锐。可触及肥厚发硬的腱鞘，呈肿块样。严重者在伸、外展拇指时有摩擦音和弹响声。可出现芬氏试验阳性，即屈拇指握拳后向尺侧倾斜时发生剧痛(图 20－7)。

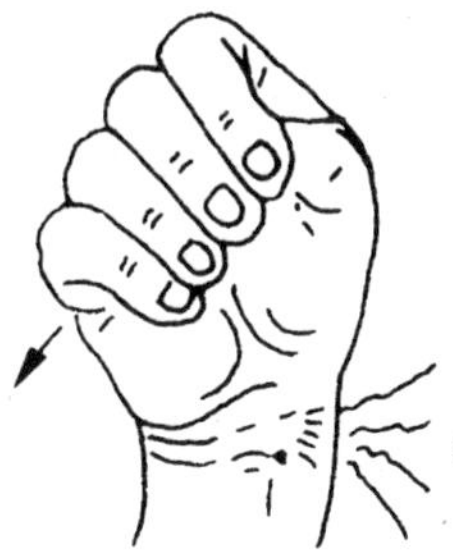

图 20－7　芬氏试验阳性

(二)手指屈肌腱腱鞘炎：有掌指关节掌侧疼痛，疼痛可向腕部放射，手指活动时疼痛加重或活动困难，进而手指不能伸直和屈曲。扳动手指时因强迫肌腱的膨大部挤过腱鞘狭窄处而发生弹响并有局部压痛，可触及肌腱肥厚而成的小结节。病程较长者疼痛可以完全消失只遗有绞锁或弹响现象，故称“扳机指”或“弹响指”。

腱鞘炎时 X 线摄片一般正常，但可与早期结核、骨骺炎、骨膜炎相鉴别。

三、治疗与伤后训练

急性期及病程不超过一个月的患者应暂停手腕部的专项练习，可采用局部固定制动 2～4 周。强的松龙腱鞘内注射对腱鞘炎有较好疗效，可每周 1 次，共 3～4 次。同时可进行中药外敷或熏洗、理疗。每日进行局部按摩治疗也有一定疗效。

经以上保守治疗无效或病程较长影响活动时可进行手术治疗。

固定解除后暂不进行手腕专项训练，可进行缓慢无负荷的手指、手腕屈伸运动。待症状消失后逐步增加专项训练。

四、预防

避免手腕部屈曲动作的单一练习。手腕部反复用力屈曲练习后可进行局部按摩有助于恢复，防止或延缓损伤发生。

第二十一章　髋　臀及大腿部损伤

骨盆是由左右两侧的髋骨及后侧的骶尾骨组成，向上与脊柱相连，向下和股骨近端构成髋关节。髋骨由髂骨、坐骨及耻骨三个部分构成。髂骨前部的髂前上棘（缝匠肌起点）和髂前下棘（股直肌起点）是运动中常见的损伤部位，坐骨结节是半腱肌、半膜肌及股二头肌长头的起点，也是易伤部位（图 21－1、21－2）。

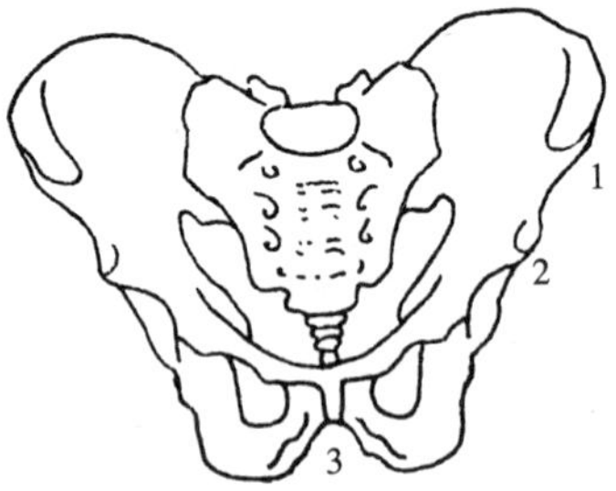

1. 髂前上棘　2. 髂前下棘　3. 耻骨联合

图 21－1　骨盆结构

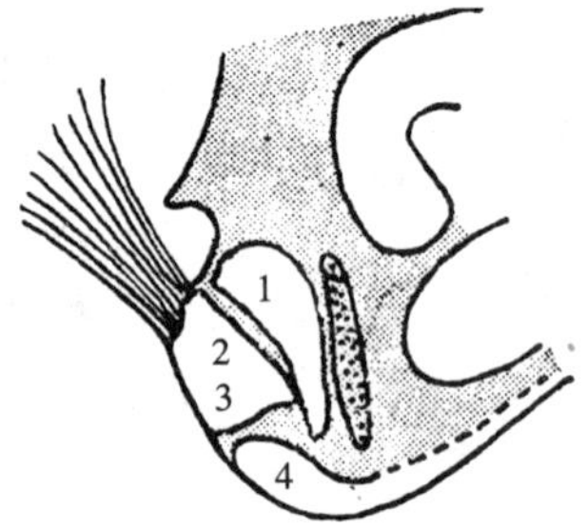

1. 半膜肌　2、3. 股二头肌及半腱肌　4. 内收大肌

图 21－2　坐骨结节的肌止点

髋关节运动及主要参与的肌肉是 1. 外展：臀中肌、臀小肌。2. 外旋：梨状肌、髂腰肌。3. 屈曲：髂腰肌。4. 内旋：阔筋膜张肌（髂胫束）。5. 内收：内收肌群及耻骨肌。6. 背伸：臀大肌。

大腿前侧肌肉主要是缝匠肌和股四头肌，前者起自髂前上棘，向内下方斜行止于胫骨上端内侧面，具有屈髋屈膝的作用，一般不易受伤。后者由四个头组成（股直肌、股内侧头肌、股外侧头肌、股中间头肌），各有起点，向下经髌骨形成髌韧带止于胫骨粗隆。其中股直肌跨越髋膝两个关节，其余只跨越膝关节。股四头肌的功能是屈髋伸膝，是维持人体直立、行走及跑、跳的主要肌肉。

大腿后部肌肉主要有 1. 股二头肌：其长头起于坐骨结节，短头起于股骨嵴外侧，两者融合一起止于腓骨小头及其前部筋膜，功能为伸髋屈膝，并有轻微外旋作用。2. 半腱肌：起点同股二头肌，止点与缝匠肌相同即止于胫骨上端内侧面，具有伸髋屈膝及使膝内旋的作用。3. 半膜肌：起自坐骨结节止于胫骨内踝，作用与半腱肌相同。4. 内收大肌坐骨部：起自坐骨结节的下部，止于股骨内收大结节。大腿后部主要肌肉如图 21－3 所示。

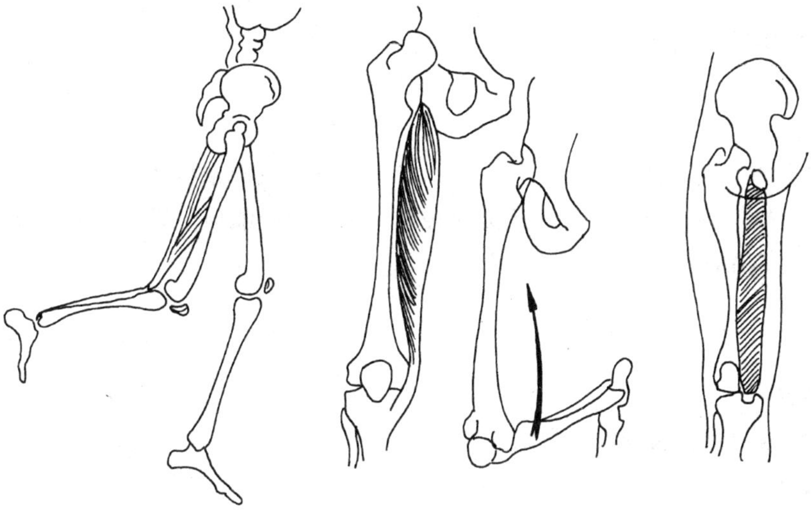

图 21－3　大腿后部主要肌肉腘绳肌

第一节　梨状肌损伤综合征

梨状肌起于第 2、3、4 骶椎前面，向外通过坐骨大孔进入臀部，止于股骨大粗隆后方，它将经过坐骨大孔的臀部的血管和神经分为上下两部分。从梨状肌上缘穿出的有臀上动、静脉及臀上神经（支配臀中、臀小及阔筋膜张肌），由其下缘穿出的是臀下动、静脉及臀下神经（支配臀大肌）、坐骨神经、会阴部神经及股后皮神经（图 21－4）。梨状肌的主要作用是使股骨外旋。梨状肌受 L4—S2 神经支配。

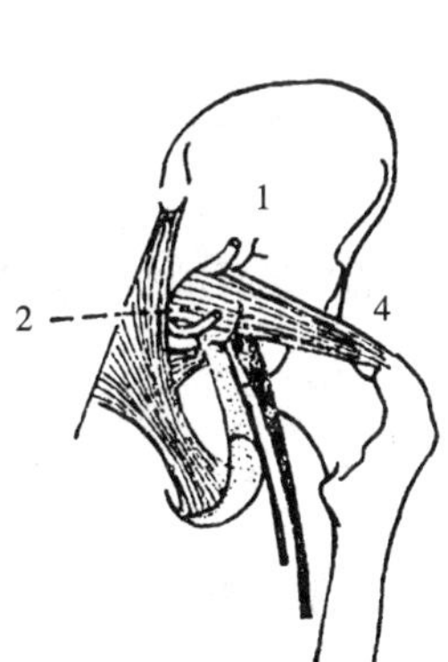

1. 臀上神经与血管　2. 臀下神经与血管　3. 坐骨神经　4. 梨状肌

图 21－4　梨状肌周围神经与血管关系

一、损伤机制及病理

(一) 原发

1. 急性损伤　下肢在外展位的状态下下蹲或起立将肌肉牵拉致伤。

2. 慢性劳损　髋关节反复外展造成对神经、肌肉的微细损伤累积而成，特别是腓总神经由梨状肌穿出的人群更易出现症状。

3. 受风寒

(二) 继发

梨状肌附近的组织病变波及梨状肌和神经。

1. 盆腔炎

2. 骶髂关节炎

3. 椎间盘突出　突出的椎间盘压迫 L4—S2 神经根。

4. 神经变性　由于各种原因导致 L4—S2 神经发生变性，引起梨状肌痉挛或肌营养不良而出现症状。

二、症状与诊断

梨状肌受伤后除肌肉本身出现症状外，常波及其上下的神经和血管，从而引起臀上、臀下神经以及它们所支配的肌肉的症状，坐骨神经也常出现症状。

(一) 症状及体征

1. 疼痛　主要位于腰臀部并向大腿外侧及会阴部放射，严重者臀部可出现跳痛。

2. 功能障碍　患者多呈屈曲体位，患侧下肢呈屈曲畸形。

(二) 检查

1. 按压　如腰部有压痛则多为继发，否则为原发病变，在髂后上棘及尾尖的连线中点处可触及肿胀的梨状肌，有索条感，压痛明显。

2. 直腿抬高　60°前疼痛明显，超过 60°有所减轻。若抬腿同时做髋内收、内旋易诱发出疼痛(梨状肌试验)。

(三) 诊断

多有受伤史，如抬重物及在起立或下蹲时扭伤史，部分病人有在夜间臀部受凉的历史，结合症状检查可作出诊断。

三、治疗与伤后训练

(一) 原发性

1. 急性期　以制动休息为主,必要时可进行局部封闭疗法。
2. 慢性期　运用理筋、顺筋等按摩手法缓解痉挛及松解粘连。

(二)继发性

以治疗原发病变为主,再配合局部对症治疗。

四、预防

训练中防止大腿位于外展状态下突然起立或下蹲，掌握正确的技术动作以及合理的运动量。

第二节　股后肌群损伤

股后肌群又称腘绳肌,包括半腱肌、半膜肌、股二头肌。损伤多见于短跑、跨栏、跳远及武术、羽毛球等项目的运动员。损伤后对运动员的踏跳、摆腿及后蹬技术有较大影响。

股后肌群除股二头肌短头起于股骨粗隆外侧唇下部外,其余均起于坐骨结节,股二头肌止于腓股小头及胫骨外侧踝筋膜，半腱肌与缝匠肌等共同构成“鹅掌”止于胫骨内踝的前侧,半膜肌止于胫骨内踝的后侧,三块肌肉均跨髋、膝两个关节,运动中容易受伤。

股后肌群的主要功能是屈小腿,在膝关节伸直状态下伸髋,在膝关节屈曲位时半腱肌及半膜肌可使小腿内旋,股二头肌使小腿外旋。

一、损伤机制及病理

(一) 损伤病因

1. 股后肌群的力量弱、韧性差，正常情况下股后肌群的力量约为其拮抗肌（股四头肌)的 1/2,若训练中忽视股后肌群力量练习就会造成平衡失调。

2. 准备活动时未充分伸展股后肌群，其韧性较差，或准备活动时用暴力牵拉肌肉造成损伤。

3. 肌肉疲劳,多有肌肉发硬、酸胀的先兆。

4. 气温过低,肌肉未活动开、僵硬。

(二) 分型与损伤机制

股后肌群损伤可分为急性损伤与慢性劳损两种类型。

1. **急性损伤**

有明确的损伤史，具体原因可分为主动拉伤与被动拉伤两种。

(1) 主动拉伤

股后肌群强烈主动收缩时使肌肉本身受伤，伤部多在肌腹或其与远端肌腱的连结处。常见于100米起跑或途中加速用力后蹬腿时，跳远运动员在踏跳时也需下肢用力后蹬，也可造成股后肌群主动拉伤。目前的研究认为，下肢后蹬时股后肌群处于高度紧张状态，同时膝由屈变伸，特别是在股四头肌突然用力伸膝时可牵拉股后肌群致伤。

(2) 被动拉伤

多是肌肉已经处于伸展状态下再度被牵拉而致伤。如运动员训练肌肉韧性常采用的"压腿""劈叉"，跨栏时摆动腿前伸再突然弯腰，短跑时屈曲向前摆腿等动作都可损伤股后肌群。损伤部位多在坐骨结节的肌腱附近及其止点上。

2. **慢性劳损**

由微细损伤积累而逐渐发病。

1. 坐骨结节腱止点末端病：与髌尖末端病相似，多合并有慢性滑囊炎。

2. 肌腹部肌肉劳损：在大运动量训练后出现，大腿后部有劳累酸胀感，并有较为广泛的压痛。

二、症状与诊断

(一) 症状及体征

1. 疼痛：为本症的主要症状。

(1) 急性损伤　疼痛主要取决于伤情，轻者只在重复损伤动作时出现疼痛，重者行走时即可出现疼痛，并有"跛行"现象。肌肉如出现断裂则多处于屈曲状，行走严重障碍。

(2) 慢性劳损　在重复损伤动作时疼痛，大多不很明显，但对训练影响较大。如坐凳子时疼痛，说明坐骨结节损伤较重，特别是合并有滑囊炎时。

2. 压痛：急性损伤早期压痛较为局限，多位于损伤处，肿胀后压痛较为广泛。慢性损伤多需在肌肉做抗阻收缩时才能确定压痛点。

3. 肿胀：肿胀程度主要取决于血管损伤的情况。

4. 响声：急性损伤时出现，为肌肉断裂的声音，音响高低不一，重者可如弓弦断裂。

5. 畸形：如肌腹中部完全断裂则出现双驼峰畸形，断端在肌肉收缩时呈球状，部分断裂时只出现凹陷。

6．硬索条：晚期病人伤部常可触及到较硬的索条。

(二) 检查

1. 肌张力检查：患者平卧于床上，双膝屈曲90°，检查者用双手触摸股后肌群的张力，并作双侧对比，如张力明显减退或消失则说明肌肉已大部分断裂，甚至完全断裂。

2. 屈膝抗阻力试验：仰卧、俯卧均可检查，出现疼痛者为阳性。

3. 肌肉长度检查：由于肌肉挛缩，肌肉长度缩短，这对需要肌肉韧性项目的运动员影响较大,检查方法是测量直腿抬高的高度。

(三) 鉴别诊断

要与坐骨神经痛相鉴别,可用屈膝抗阻力试验。

三、治疗与伤后训练

(一) 急性期: 立即用冷敷、加压包扎和抬高患肢的急救方法，较轻的损伤 24 小时后可用轻按摩手法,也可用理疗(如蜡疗、间动电疗和超短波等),还可找到压痛点后用针刺、封闭,较重的部分断裂和完全断裂需尽早手术缝合。

(二) 慢性期: 主要采用按摩和理疗等方法，也可用封闭，严重影响训练的可考虑手术。

(三) 伤后训练:伤后应立即停止正常的训练和比赛,待症状减轻后可逐渐开始慢跑,轻度损伤 1 ~ 2 周后可恢复正式训练。恢复期可做伸展大腿后部肌群的练习。

四、预防

(一) 正式训练前,做好准备活动。

(二) 加强股后肌群的力量及柔韧性练习。

(三)合理安排运动量,纠正错误的技术动作。

第三节　股四头肌挫伤

股四头肌位于大腿前部,是全身最大的肌肉,在大腿表面占有较大面积。股四头肌挫伤系由外力冲撞所致,与肌肉断裂不同的是它不足以使肌肉的功能完全丧失。此伤多见于足球、篮球、摔跤及体操运动员。

一 、损伤机制及病理

本伤系由钝性外力直接作用在大腿前部所造成的，也即大腿前部直接被硬性物体冲撞或打击。如足球运动员的大腿前部被对方用足球鞋踢伤,篮球运动员跳起落地时大腿前部被对方膝部顶伤,举重运动员在抓举时失手杠铃落在大腿上。它与肌肉断裂不同,肌肉的功能未完全丧失,挫伤较重者,晚期多发生骨化性肌炎。

二、症状与诊断

按症状的轻重可分为轻度、中度与重度三种类型。

（一）轻度挫伤

压痛局限，膝可屈曲到 90°，轻度跛行。

（二）中度挫伤

局部肿胀明显，可触及肿块，膝不能屈曲到 90°，上楼、站起时有疼痛感，跛行。

（三）重度挫伤

肿胀广泛，膝不能屈曲到 135°，较剧烈的疼痛，必须依靠拐杖方能行走，膝关节有时有积液，明显跛行。

三、治疗与伤后训练

（一）治疗

1. 急性期　指伤后 24 小时以内。此期的主要目的是止血，可采用冷敷、抬高患肢、止动休息，也可采取加压包扎的措施，但不可热疗、按摩，同时膝关节禁止做屈伸活动。此期还可外敷新伤中药。

2. 中晚期　指伤后 24 小时后。可采用热疗、按摩等手法。

（二）伤后训练

一般伤后 48 小时后（轻度损伤 24 小时后）即可开始做股四头肌静力性抽动练习，但要待伤情稳定，患者可控制股四头肌的收缩时再开始做膝关节的轻微屈伸活动。应先从伸膝练习开始，对屈膝要根据病情缓慢而逐渐地进行。开始需在床上进行练习（大腿与小腿在一个平面上），当膝关节可屈曲 90°，且下地无需借助拐杖时再做抗阻力的屈伸练习，再后还可逐渐进行一些辅助性的训练，最后逐渐过渡到完全恢复正式的训练和比赛。

四、预防

（一）加强裁判工作，防止不合理的故意犯规动作。

（二）对已经发生的挫伤要及时治疗，防止组织粘连及骨化性肌炎的发生。

第二十二章　膝部损伤

膝关节是由股骨、髌骨及胫骨组成，它是全身最大的关节，其关节面浅而宽，属屈戌关节。其上缘为髌上囊的顶部（相当于髌骨上四横指部），下缘在胫股关节的稍下部。腓骨小头与胫骨组成上胫腓关节，但不参与膝关节的活动。

膝关节是机体主要的持重关节，且位置表浅，两端杠杆长，周围肌肉少，是容易发生运动损伤的部位。较多见的有韧带损伤、半月板损伤、髌骨损伤、滑囊炎等，也可见到骨折与脱臼。膝部运动损伤对训练有较大的影响。

膝关节的主要功能是屈伸，同时在屈膝时小腿内旋，伸膝时外旋。与此同时，膝关节屈曲时髌骨沿股骨滑车由外上向内下滑行，伸膝时正好相反。

股四头肌位于膝关节的前方，止于髌骨上缘，其肌腱参与构成关节囊的前部。股四头肌是伸膝的主要装置，当其收缩时牵拉髌骨向上，既可防止髌骨向外滑脱，又可拉紧膝前腱膜阻止脂肪垫嵌入关节间隙。股四头肌在膝关节屈曲150°时其四个头的合力最大，此时股骨与髌骨间的力矩最大，因而运动发力的许多动作如踏跳等都是在膝关节屈曲150°左右时发力。

膝部运动损伤可见于各种运动项目，以篮球、排球、体操、田径及足球运动员较为多见。

第一节　膝侧副韧带损伤

膝关节的韧带分为关节内和关节外韧带，侧副韧带属于后者，它又可分内侧韧带与外侧韧带两条，作用是防止膝关节的侧向运动，稳定膝关节。

内侧韧带宽而长，分为前后两股。前股（又称前纵束）起于股骨内收肌结节，止于胫骨上端内侧面，前股的深部纤维与内侧半月板相连，作用是防止膝外展，在膝关节完全伸直和完全屈曲时都处于紧张状态。而在膝屈曲150°时较为松弛。后股纤维呈斜形，又分后上斜束和后下斜束，前者起于前纵束的后部，止于胫骨内踝后缘和内侧半月板的后缘。后者是半膜肌下端肌腱的一部分（图22－1）。由于上述的解剖特点，内侧副韧带损伤时可以合并内侧半月板损伤。

外侧韧带呈圆柱状，起于股骨外踝的外侧，止于腓骨小头，作用是防止小腿内收和旋转，屈曲是处于松弛状态，伸直到150°时开始变紧，膝关节完全伸直时最紧张（图22－2）。外侧韧带与外侧半月板间有腘肌腱，不直接相连，因而外侧韧带损伤时一般不累及有外侧半月板。

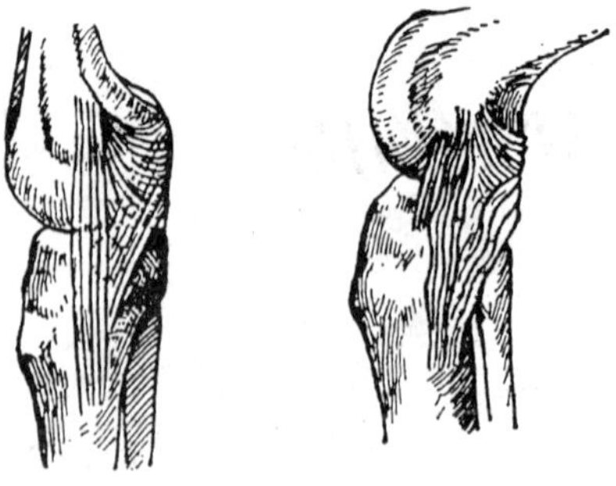

图 22－1　膝关节内侧副韧带及滑囊

1. 膝关节伸直时紧张，常有副韧带下滑囊

2. 膝关节半屈曲时松弛

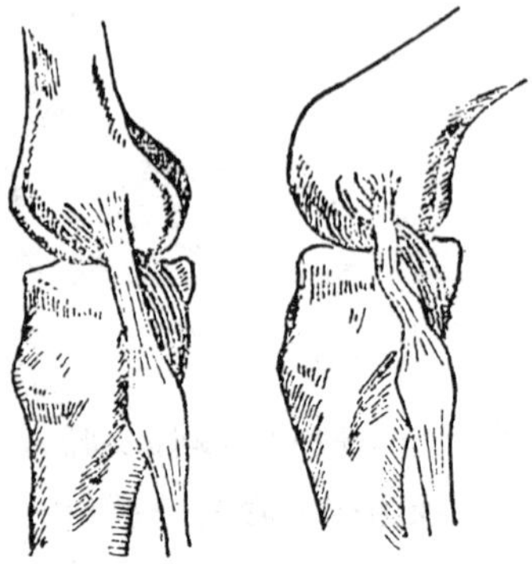

图 22－2　膝外侧副韧带(其下为腘肌腱)

1. 伸直时紧张　2. 半屈曲时松弛

膝侧副韧带损伤在运动中较为多见，特别是多见于足球，其次是滑雪、滑冰、篮球、排球及体操等。损伤因外力大小及方向的不同，病情也有很大差异，轻者仅是韧带受到过度牵拉，也可是部分或全部断裂，甚至可以造成起止点附着处的撕脱骨折。

一、损伤机制与病理

（一）内侧副韧带损伤

如前所述，该韧带在膝关节完全弯曲和完全伸直时都较紧张，而在膝关节屈曲 130°～150°时韧带处于松弛状态，胫骨有较大的外展和旋转余地，如这种力量使膝关节过度内翻就会损伤内侧副韧带(图 22－3)。

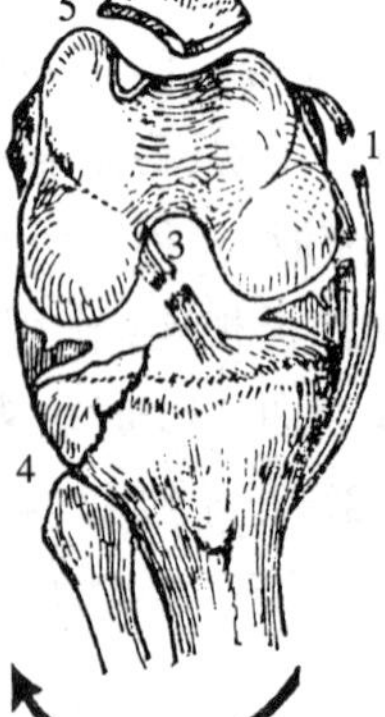

图 22－3　膝外翻扭伤(小腿外旋外展)的损伤病理示意图(联合损伤)

1. 内侧副韧带全断裂 2. 半月板损伤(内外侧均可)

3. 前十字韧带断裂 4. 胫骨外髁压缩骨折 5. 髌骨或股骨切线骨软骨骨折

小腿突然外展外旋或小腿固定，大腿突然内收内旋，都将使膝关节过度外翻而损伤内侧副韧带。如足球运动的“两人对足”，守门员向一侧倒地救球，跳箱落地时两腿未并拢而向一侧倾倒（图 22－4）。膝外侧直接受外力的作用也可以使膝关节强制外翻而伤及内侧韧带。

图 22－4

1. 踢足球时膝损伤机转(伤内侧副韧带及半月板)
2. 跳箱落地不正确扭伤左膝内侧副韧带及半月板

损伤程度依受力大小而异，轻者只是韧带过度牵拉部分断裂，重者可造成韧带完全断裂并合并内侧半月板及十字韧带损伤，甚至可出现胫骨内髁撕脱骨折。

（二）外侧韧带损伤

当膝关节屈曲时，小腿突然内收内旋或在足与小腿固定的情况下，大腿突然外展外旋或膝的内侧受到直接外力的冲击，均可使膝关节过度内翻损伤外侧韧带。如剪式跳高落地不稳，身体向侧方摔倒(图 22－5)。

图 22－5　剪式跳高的膝外侧副韧带损伤机转

由于膝的外侧有髂胫束、股二头肌及腘肌腱的保护，加之外侧韧带又较坚固，因此，侧韧带的损伤机会较内侧少。但如出现严重损伤就会合并有髂胫束、关节囊、腘肌腱及股二头肌的损伤，甚至伤及腓总神经而造成垂足。

二、症状与诊断

（一）内侧韧带损伤

部分断裂时，膝内侧出现疼痛，受伤当时不明显，尚可继续运动或在用绷带固定后继续运动，但随后疼痛加重。膝关节可由于半腱肌和半膜肌的保护性痉挛而处于屈曲状态，被动伸之有抵抗感。膝关节伸直时外展小腿疼痛加剧。伤处有压痛。

完全断裂时除具有上述症状并且较重外，患肢由于疼痛不敢活动，膝屈曲 150°时膝关节内侧有开口活动感并无抵抗，局部肿胀明显并有关节积血。

（二）外侧韧带损伤

膝关节外侧有局限性疼痛和肿胀，损伤处有压痛，如为完全断裂在膝伸直状态下内收小腿，膝关节外侧有开口感(图 22－6)。

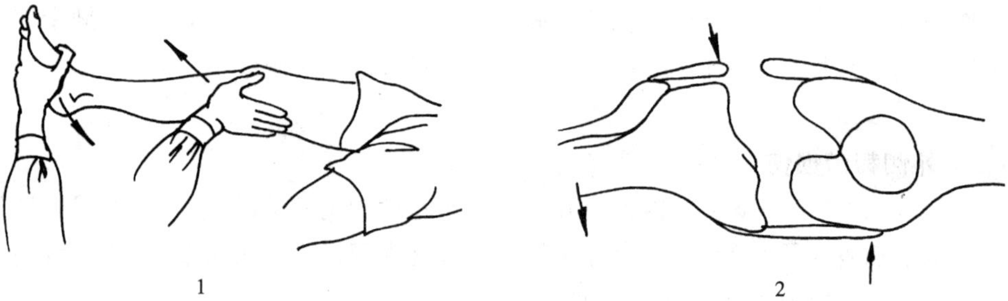

1　　　　2

图 22－6

1. 膝外侧副韧带损伤的检查法　2. 膝外侧关节隙裂开

三、治疗与伤后训练

（一）治疗

1. 内侧韧带损伤　损伤早期的治疗，主要以止血防肿为目的。可用弹力绷带将伤肢包扎固定于微屈位，在患处实施冷敷并抬高患肢。待出血停止后局部可用热疗及外敷中药，按摩一般要在 72 小时后才可在伤处施用，并以不引起疼痛为原则。

韧带完全断裂时要进行手术缝合。

2. 外侧韧带损伤　一般都要进行手术探查，根据情况进行缝合，可配合使用包扎固定、物理疗法、按摩。

（二）伤后训练

轻度拉伤 72 小时后可在支持带保护下进行行走练习。

部分断裂者在疼痛缓解后先在床上进行股四头肌功能训练,如绷劲(肌肉冲动)、直抬腿(图 22－7)。一周后可在固定下站立或扶拐行走,两周后可解除固定进行关节的屈伸活动,并在支持带的保护下练习行走。

完全断裂者在手术三天后可开始在床上做股四头肌功能训练,一周后可进行不负重的扶拐行走,两周后可不扶拐行走。四周后进行下肢肌肉的力量和柔韧性练习。

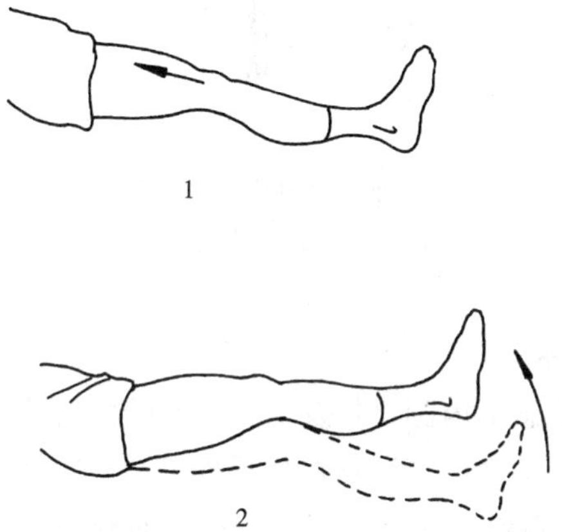

1. 肌肉冲动　2. 直抬腿

图 22－7　膝的医疗体育练习(3、4、5、6 为阻力练习)

四、预防

(一) 认真做好准备活动。

(二) 加强膝部肌肉力量练习,增强膝关节的稳定性。

(三) 掌握正确的技术动作要领,避免粗暴的动作。

第二节　膝关节前十字韧带损伤

前十字韧带由后外束和前内束两束组成,起于胫骨棘的前侧,止于股骨外髁的内侧面,该韧带有防止胫骨向前移位的作用。前内束在膝关节屈曲状态下较紧张,膝外翻时易断。后外束在膝伸至 150°后较紧张,膝内翻时易断(图 22－8)。在膝关节伸屈的过程中,两束韧带交叉扭转,这可增强其稳定膝关节的作用。

一、损伤机制及病理

前十字韧带损伤可单独出现,但更多的是与侧副韧带及半月板同时受伤。

图 22－8　前十字韧带于屈曲时

1. 前内束紧张　2. 后外束松弛

(一) 膝内翻或外翻受伤

在膝关节接近伸直的状态下内翻可伤及前十字韧带的后外束,在膝屈曲 90°左右可损伤前内束。如暴力过大,上述的两种情况均可使后外束与前内束全断裂。一般情况下,膝过度外翻受伤时,首先伤及内侧副韧带,但在膝屈曲 90°时外翻,由于此时副韧带较为松弛,可以首先伤及前十字韧带。

(二) 膝过伸受伤

此机转下,多数情况是先伤及关节囊的后部和后十字韧带,再损伤前十字韧带,但也有前十字韧带单独受伤的时候。

足球运动中的大力正脚背踢球而又未踢到球时,以及膝关节前部受到冲撞等情况时都可使膝突然过伸。

(三) 膝关节屈曲支撑位受伤

在膝屈曲约 90°时,如大腿前部受到冲撞而使股骨髁向后错位或胫骨后部被撞向前错位,均可单独损伤前十字韧带。一般见于足球运动。

二、症状与诊断

(一) 急性损伤史:单纯的前十字韧带损伤都有明显的受伤史,运动员常有关节内组织撕裂感。

(二) 疼痛:疼痛较重时可出现肌肉的保护性痉挛从而使患肢处于屈曲状态。

(三) 关节不稳:不能完成正在进行的动作。

(四) 肿胀:程度不一,部分断裂时出血较少,肿胀也较轻。

(五) 检查:“抽屉试验”是检查前十字韧带损伤的最有效的办法,伸直或屈曲 150°以上时,阳性则说明后外束断裂;屈曲 90°时出现阳性是前内束断裂的标志;若两种情况下都呈阳性则为全断裂(图 22－9)。

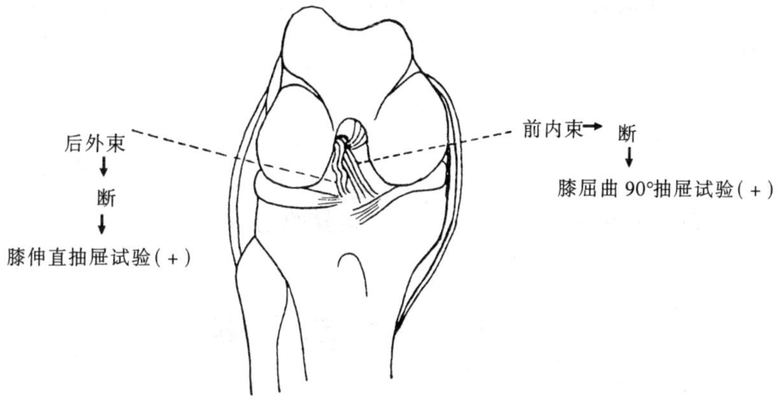

图 22-9　膝屈曲 90°位时前十字韧带前内束紧张,如断则抽屉试验(+)

检查时根据需要用一手或两手上下移动胫骨,手法如图 22-10 所示。

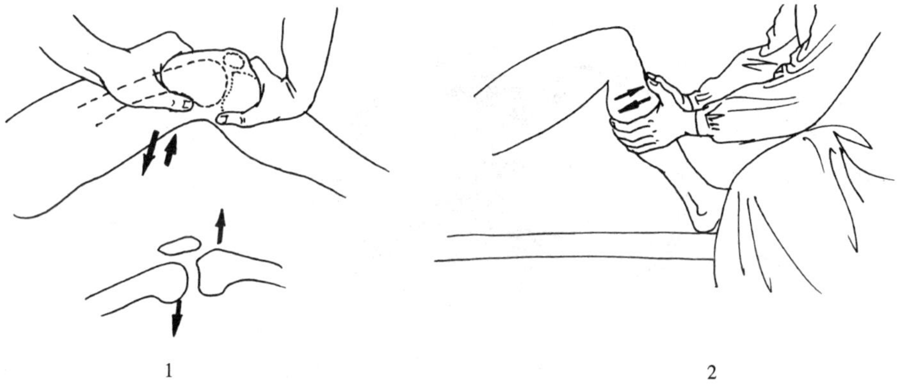

1. 膝屈 150°位抽屉试验　　2. 膝屈 90°位抽屉试验

图 22-10

(六) 鉴别诊断

以下两种情况时抽屉试验也可出现阳性反应,需作鉴别。

1. 膝的前外旋不稳：主要是由腘肌腱受伤造成的，鉴别的方法是将足稍外旋再检查。

2. 膝的前内旋不稳：内侧副韧带损伤时可出现，鉴别的方法是将小腿内旋后再作检查。

三、治疗与伤后训练

部分断裂用石膏托固定即可,全部断裂需手术缝合。

术后固定 6~8 周后，可在 120°~150°间进行活动，10~12 周后拆除固定可逐渐做股四头肌的各种力量练习。

四、预防

主要是在训练中掌握正确的技术,防止粗暴的动作。

第三节　膝关节半月板损伤

半月板分内外侧两个，位于股骨髁与胫骨平台之间，是由纤维软骨组成，其作用不仅可以稳定膝关节，而且还可缓冲冲击力，分布滑液、防止周围软组织挤入膝关节。内侧半月板为 C 型，边缘与内侧副韧带相连，其活动范围较小。外侧半月板呈 O 型。与外侧副韧带不相连，因而活动范围较大(图 22－11)。

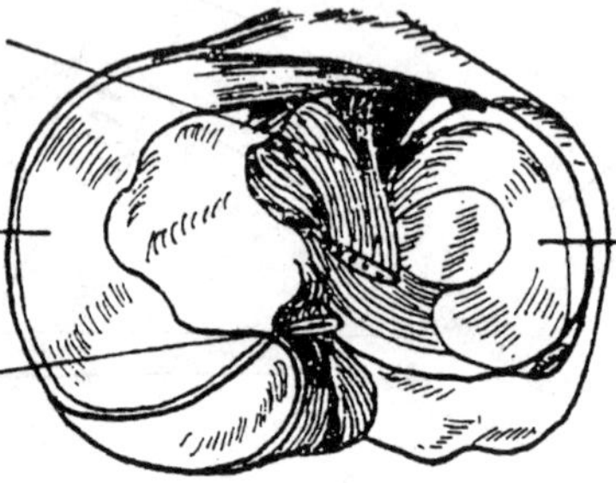

图 22－11　右膝内、外侧半月板

膝关节单独屈伸运动时，两个半月板是在做同方向的运动，即屈曲时半月板向后，伸直时向前，在站立位时膝旋转则两侧的半月板运动方向是不一致的。如大腿内旋(或小腿外旋)时，内侧半月板向后移动，外侧半月板向前移动，如在旋转的同时有屈伸动作，则会使一侧半月板的前后角受到不同方向的力量作用，达到一定程度即可损伤半月板。这种现象被称为半月板的“矛盾运动”。

半月板损伤多见于足球、篮球、体操及田径等运动项目。

一、损伤机制及病理

欧美学者报道内侧半月板损伤较外侧多见，而我国及日本学者则发现外侧多于内侧。

损伤多为间接暴力所致，是在屈伸过程中加上旋转的动作使半月板出现矛盾运动。当膝关节屈曲，小腿位于外展、外旋位，大腿突然内收、内旋并伸膝即可损伤内侧半月板。若小腿在内收、内旋位，大腿突然外展、外旋并伸膝可使外侧半月板受伤。如篮球运动中运动员的切入投篮、争球，排球运动的转身救球，投掷运动中出手前的旋转动作都可损伤半月板。

膝关节突然猛力过伸，也可损伤半月板的前角，如足球正脚踢球时的漏脚。

二、症状与诊断

（一）受伤史：多数患者都有较确切的外伤史。

（二）疼痛：半月板受伤时多合并有滑膜伤，因而疼痛较重，特别是在伤侧。

（三）关节肿胀：由积血、积液而造成。

（四）响声：关节活动时伤侧可有清脆的响声。

（五）关节绞锁：即关节在活动时突然被卡住，这是由于破碎的半月板卡在股骨髁与胫骨平台间而造成的。

（六）股四头肌萎缩：一般出现在慢性病例中。

（七）检查方法：半月板损伤可通过以下方法发现阳性体征。

1. 浮髌试验　患者平卧，膝伸直放平并肌肉放松，检查者用一手置于髌骨上方髌上囊处轻轻挤压，将滑液挤入关节腔内使髌骨浮起，另一手间断地按压髌骨，若髌骨与股骨髁有撞击感为阳性（图 22－12）。

2. 膝扭转屈伸试验　患者仰卧位，充分屈膝、屈髋，检查者用一手握患肢踝部，另一手扶膝上，使小腿内收、内旋并缓缓伸直膝关节，若关节内侧出现疼痛则说明内侧半月板受伤。若以上方法反方向进行膝外侧出现疼痛则说明外侧半月板受伤（图 22－13）。

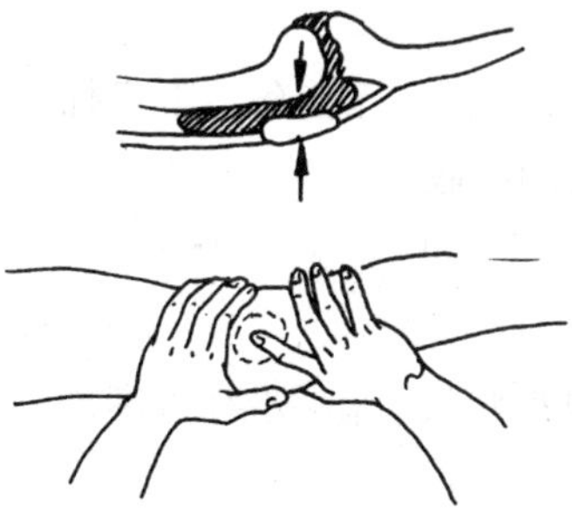

图 22－12　浮髌试验

图 22－13　膝扭转屈伸试验

3. 研磨试验　可鉴别侧副韧带损伤与半月板损伤。患者俯卧位并将健肢伸直，患膝屈曲 90°，助手按住患侧大腿，检查者两手握患足向下加压研磨。若有疼痛说明是半月板损伤，如向上提拉时疼痛则是副韧带损伤（图 22－14）。

4. 摇摆试验　检查者一手握住患侧小腿，另一手拇指按住上侧关节间隙并左右摇摆小腿，如能触及半月板松弛地进出，同时伴有疼痛响声即为阳性（图 22－15）。

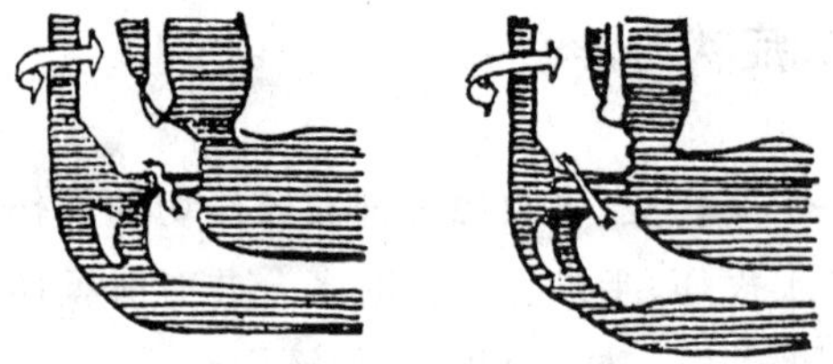

图 22－14　研磨试验

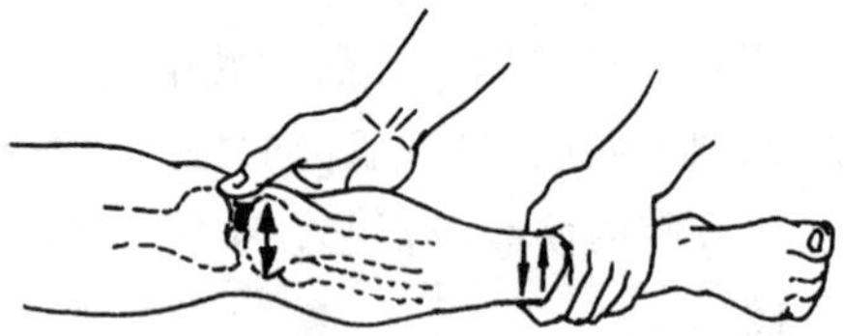

图 22－15　半月板摇摆试验

三、治疗与伤后训练

(一) 急性期

主要是治疗急性滑膜炎,以制动、消肿、止痛为主要原则,在无菌条件下可抽出关节积液。需固定 2～3 周,在 2～3 天后可用超短波促进积液的吸收。

(二) 慢性期

陈旧性半月板损伤虽无法愈合,但可不出现症状或症状较轻微,治疗方案需结合运动项目和损伤情况确定。

症状严重，经常绞锁妨碍训练者可考虑手术切除，半月板切除后一般对运动没有影响。

症状不明显对运动训练影响不大的要结合运动项目考虑，球类及体操项目对膝关节要求较高,半月板破裂后应早日切除,以免引起骨关节病。

(三) 伤后训练

术后三天,疼痛缓解后即可在膝关节伸直固定位进行股四头肌的“绷劲”“抽动”练习,一周后可直腿抬高,两周后可扶拐站立、膝关节轻微屈伸,3～4 周后可下地练习行走并逐渐加大强度,三月后可参加训练。术后训练期间可配合理疗、按摩、中药等措施。如训练过程中出现关节积液则说明运动量过大,需减量或停止训练,待积液吸收后再进行。

四、预防

(一) 加强股四头肌的力量练习,增强膝关节的稳定性。
(二) 做好准备活动,提高关节的灵活性。
(三) 掌握正确的自我保护技术。
(四) 避免在疲劳状态下做高难度动作。
(五) 伤后治疗期间禁止参加训练。

第四节　髌骨劳损

髌骨劳损是指髌骨软骨软化症和髌骨张腱末端病,这两种损伤发病原理基本相同,且症状相似,故合并述之。

髌骨位于膝关节的最前端,它与股骨滑车构成髌股关节。髌骨关节面由七个高低不等的平面组成,这是为了适应髌骨围绕股骨滑车转动的需要。当股四头肌用力收缩使膝关节完全伸直时,髌骨基本位于髌上囊部,膝屈曲时髌骨才进入股骨滑车,屈曲的角度不同,髌股间的接触面也不同。

髌骨功能主要有保护股骨关节面,传递股四头肌的力量,增加股四头肌的作用力矩,在半屈曲状态下稳定膝关节(此时两侧的副韧带、十字韧带及两侧的肌肉都较松弛)。

当膝关节从屈曲小于90°的状态下伸直时,开始时仅有股四头肌的直头起作用,超过90°后其余三个头才参与伸膝,在130°~150°时伸膝力量最大,因而大多数跑跳动作都是在此角度发力。髌骨在此角度承受的压力最大,同时髌骨在此时与股骨的关节面也最大。这些解剖特点成为髌骨软骨在半屈曲位容易受伤的潜在因素。

髌骨劳损多见于篮球、排球运动员及舞蹈演员。

一、损伤机制及病理

发病的主要原因是由于髌骨受到长期反复的微细磨损,也有因局部受到一次冲撞或牵拉致伤。膝关节在半蹲位时,周围的韧带肌肉都较松弛,稳定膝关节主要靠髌骨和股四头肌。在此情况下膝关节反复的屈伸扭转使髌股关节面产生磨擦、撞击,久之即可影响到软骨细胞的功能,使软骨失去弹性,发生变性。软骨常见的改变有龟裂、纤维化、增生、剥离等。

篮球运动中的滑步防守与进攻、急停起跳,排球运动中的跳起扣球及滚动救球,短跑中的起跑,跳高、跳远中的踏跳,体操运动中的跳跃等动作都可能使髌骨受损。

此外,髌骨劳损还与下列因素有较密切的关系。膝部的专项训练过多,超出了机体的合理负担水平,股四头肌力量较弱,运动员急于求成而违反训练原则。

二、症状与诊断

(一) 膝痛:早期在大运动量训练或做半蹲动作时疼痛,休息后可减轻。较重者在上下楼梯时出现疼痛,严重者在走平路甚至静坐时也有疼痛感。

(二) 膝软:患者可感到膝部发软使不上劲,甚至出现坐下或摔倒的现象。

(三) 股四头肌萎缩:见于病程长且严重者。

(四) 检查手法:

1. 髌骨压迫痛　患肢膝关节微屈，检查者一手握住胫骨，另一手掌置于髌骨上并上下左右错动髌骨,髌下有疼痛为阳性(图 22－16)。

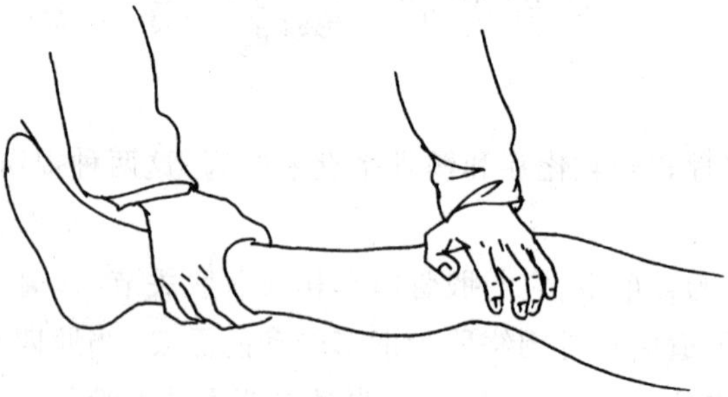

图 22－16　髌骨压迫痛

2. 髌骨边缘指压痛　患肢伸直并放松股四头肌,检查者一手将髌骨向下方或侧方托起,另一手拇指或示指按压髌骨边缘,出现疼痛则为阳性(图 22－17)。

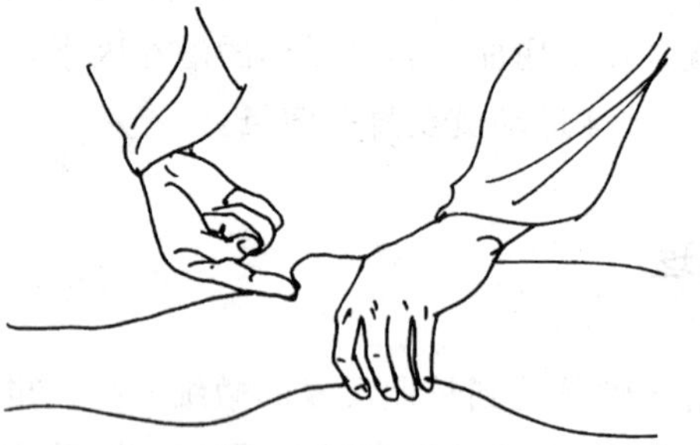

图 22－17　髌骨边缘指压痛

3. 伸膝抗阻试验　检查者一手在患膝后方托住大腿，另一手握患肢踝前方并给小腿于一定的阻力,令患肢由屈曲逐渐伸直并对抗阻力,膝伸至 110°～150°之间时出现疼痛为阳性(图 22－18)。

4. 半蹲试验　患者患肢单独支撑体重并逐渐下蹲，出现膝软和疼痛为阳性(图 22－19)。

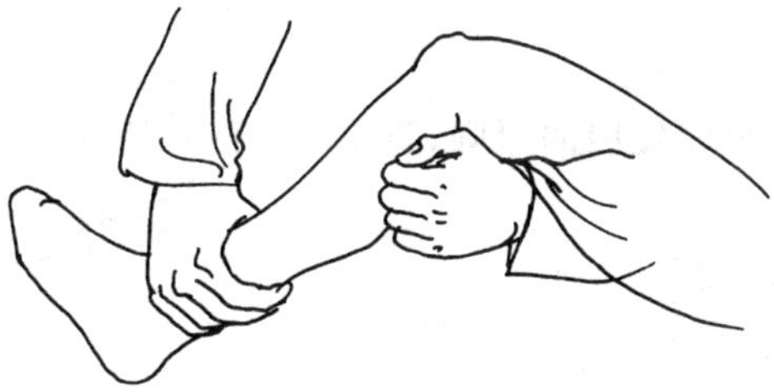

图 22－18　伸膝抗阻试验

图 22－19　半蹲试验

（五）鉴别诊断

1. 半月板撕裂　髌骨劳损可有伸膝痛及关节间隙压痛，可能误诊为半月板撕裂。另外，这两种损伤也可合并出现，此时需分清主次。鉴别主要依靠症状和体征，必要时可作关节造影。

2. 类风湿性关节炎　可从病史及受伤史，有无游走性关节疼痛，是否为周期性发作等方面进行鉴别。

3. 脂肪垫损伤　髌骨劳损可引发脂肪垫周围出现炎症反应，但单纯的脂肪垫损伤只有伸膝痛及脂肪垫压痛而无髌骨症状。

三、治疗与伤后训练

（一）理疗：可用超短波及直流电药物离子导入方法。

（二）中药：一般采用外敷方法。

（三）封闭：不宜过多采用，否则会使软骨损伤加重。

（四）按摩：先在小腿的上 1/3 到大腿的下 1/3 间用推摩、捏揉、搓等手法，然后再将髌骨固定，用拇指在髌骨边缘疼痛部位用刮法并点压髌骨周围的穴位。

（五）手术：对于采用上述疗法无效且症状较重或严重影响训练者可考虑手术，手术方案主要有局部软化灶清除术、髌骨部分切除术及髌骨张腱松解术等。

（六）伤后训练

根据损伤程度差异，可采用不同的训练方法。

1. 轻型　病情对运动训练基本没有影响，此类患者可以参加训练，但膝关节负荷大的专项训练要适度减少。

2. 中型　走路不痛，上下楼梯或半蹲位时疼痛，适度活动后疼痛减轻，但较大运动量后又加重。此类患者要控制运动量，改变训练内容，避免以膝半蹲为发力的各种动作的练习。

3. 重型　走平路甚至静坐时也有疼痛感，此类患者要停止训练进行治疗。

四、预防

(一) 训练要遵循循序渐进、个别对待、全面发展的原则，防止“单打一”训练模式。

(二) 加强股四头肌的力量练习。

(三)加强髌腱周围腱止点的适应性牵拉练习。

(四)训练后充分进行膝关节周围的自我按摩保健。

附：膝关节功能练习方法

膝关节功能练习对预防和治疗髌骨劳损均具有重要意义，它可预防膝关节周围的肌肉，特别是股四头肌的萎缩，改善膝部的血液循环，缓解症状。

1. 练习方法　绷劲、直抬腿、蹬台阶、静力半蹲、负重蹲起、抗阻力关节活动、站桩及高位静力半蹲练习。

2. 练习的原则

(1) 症状较重的患者应从不负重练习开始。

(2) 负重及抗阻力练习要由小逐渐到大。

(3) 每次练习反应最迟应在第二天清晨消失，否则应减少练习量。

(4) 练习后可采用按摩、热敷、温水浴等方法帮助恢复。

第二十三章　小腿、踝及足部损伤

胫骨是长骨，位于小腿的内侧。腓骨细长，位于小腿的外侧。胫骨上端的平台关节面与股骨内、外侧髁关节面组成膝关节。胫骨下端的内踝与腓骨下端的外踝构成踝穴，骑跨在距骨体上，组成踝关节。胫骨与腓骨上下端互为关节，彼此紧密连结，上端有胫骨的腓骨关节面与腓骨头关节面构成微动关节，关节外除有很紧的关节囊外，还有腓骨小头韧带加固。下端为韧带连结，胫腓横韧带和胫腓前、后韧带。两骨体间借骨间膜连结，能够传递胫腓骨干受到的外力。

小腿的肌肉群分为前群肌、外侧群肌和后区群肌。前群肌包括内侧的胫骨前肌、外侧的趾长伸肌和中间的踇长伸肌。外侧群肌包括腓骨长、短肌。后区群肌分浅深两层，浅层有腓肠肌和比目鱼肌，腓肠肌腱和比目鱼肌腱共同组成人体最粗大且坚强有力的跟腱，止于跟骨结节；深层有四块肌肉，上方的腘肌和其下方自内向外依次排列的趾长屈肌、胫骨后肌和踇长屈肌。

踝关节又叫距上关节，属滑车关节。由胫腓骨下端和距骨构成。胫骨下端内侧的骨性突起是内踝。后缘略向下突出是后踝。腓骨下端是外踝。内、外、后三踝和胫骨下关节面构成踝穴，跨于距骨体之上，形成踝关节。踝关节囊前后比较松弛，无韧带附着，有利于足的背伸、跖屈。踝关节的内外侧分别有内、外副韧带附着，内侧副韧带坚强，外侧副韧带力量薄弱。

小腿、踝及足的损伤在运动创伤中比较重要，其中踝及足损伤发生率仅次于膝，病伤虽小，但却经常长期影响训练及运动成绩。这一章重点介绍几种常见的运动损伤。

第一节　胫骨前挫伤

胫骨前挫伤是一种常见的运动损伤。多见于足球运动中。

胫骨是坚强有力的管状骨，为小腿承受身体重量的主要支柱。胫骨上中段呈三棱形，下段呈四方形，胫骨有前、内、外三个嵴和内、外、后三个面，前嵴最明显，向前外突出，胫骨的前内侧位于皮下。胫骨上端前方的结节处有股四头肌借助髌韧带附着，内侧有半腱肌和半膜肌附着。小腿的肌肉多位于胫骨的后侧及外侧，内侧为胫骨前肌。胫骨骨干下 1/3 处无肌肉附着，腓骨周围有较多的肌肉附着。

一、损伤机制及病理

主要因小腿遭受直接暴力引起，例如足踢、球击、腿被撞等都可发生。挫伤多位于胫骨内侧板面与皮肤之间。当血肿较大时可向下、向内流注,越过胫骨内后缘,形成血肿。

二、症状与诊断

运动员都有运动中直接受损伤史,受伤当时多有剧痛,但稍缓又能继续比赛,赛后才发现胫前出现波动的疼痛血肿,伤初内容为血性,如未及时处理,则内容变为黄色粘液,表现为滑囊炎症状。时肿时消,经久不愈,局部疼痛(在胫骨面)且有波动感,有时可以触到肥厚的囊壁或凝集的游离小结。有时可继发感染。

X 线照像有时可见到胫骨反应性骨膜化骨,呈骨膜炎改变。

三、治疗与伤后训练

受伤后如在比赛中应立即以弹力护腿压迫。如可以离开场地,应以氯乙烷喷涂降温止血,然后,局部置海绵垫再以弹力绷带压迫止血并局部抬高,卧床休息。已有积血的应立即抽出,再压迫包扎。一般至少需一周的局部休息才有可能愈合。已成为慢性的可局部抽液注入强的松龙,再压迫包扎,卧床休息。保守治疗无效且囊肿较大者可手术切除。

愈合后开始训练,训练时,应以海绵圈环绕伤部外并用护腿固定以防再伤。

四、预防

足球训练及比赛激烈对抗中,除尽量避免直接冲撞外,更重要的则是训练或比赛中都应着带毡垫的护腿以防受伤。

第二节　胫腓骨疲劳性骨膜炎

胫腓骨疲劳性骨膜炎,又名应力性损伤。这种损伤多见于田径、篮球、足球等运动,舞蹈演员中亦有发生,而且一旦发生,常由于疼痛影响训练和成绩提高。

胫骨是连接股骨下方支撑体重的主要骨骼,腓骨是附连小腿肌肉的重要骨骼,并承担 1/6 的承重。胫骨与腓骨上下端互为关节,通过上下胫腓关节连结和骨间膜(由十字交叉纤维构成),将胫腓骨接合成为一个整体,增强下肢的持重力量。在小腿后区有深浅两层肌肉,浅层的比目鱼肌起于胫腓骨的上端,是典型的羽状肌,力量大,与腓肠肌一起共称小腿三头肌,所有三个头向下组成跟腱止于跟骨。是踝关节跖屈(上提足跟)的主要肌肉,对于行走、跑跳和维持直立姿势都起重要作用。深层的趾长屈肌位于胫侧,起自胫骨后面,为半羽状肌。蹞长屈肌起自腓骨后面,为羽状肌,是小腿后群深层肌中最强大的肌肉,此肌在支撑腿处于远侧支撑时(如在跑跳,足最后离地时),发挥巨大作用(使足尖最后蹬离地面)。在小腿的前区主要为胫骨前肌,起于胫骨外侧骨间膜,使足背屈,并可使足内翻。此外,位于小腿外侧主要有腓骨长短肌分别起于腓骨外侧面之上半及下半,共同使足外翻,并协助足跖屈和维持足弓。

一、损伤机制及病理

运动员训练水平差,动作不正确,训练方法组织不当,以及运动量突然加大,或运动场地太硬等原因都可能导致本病的发生。

此病受伤机理尚未完全清楚,一般无直接外伤史。大多数学者认为是由于小腿的肌肉附着点部长期受牵扯捩伤或紧张所致,骨膜撕裂,胫腓骨骨膜及其骨膜血管扩张,充血,水肿或骨膜下出血,血肿机化,骨膜增生等骨膜炎改变,有的认为是当跑或跳前足落地时,地面的反作用力使胫骨肌紧张所致(图 23－1),有的认为是小腿屈肌的反复收缩所致。近年来也有人认为,其发生与小腿后间隔缺血有关。骨膜炎发生后如果处理不及时,病情会进一步发展,造成疲劳性骨折。

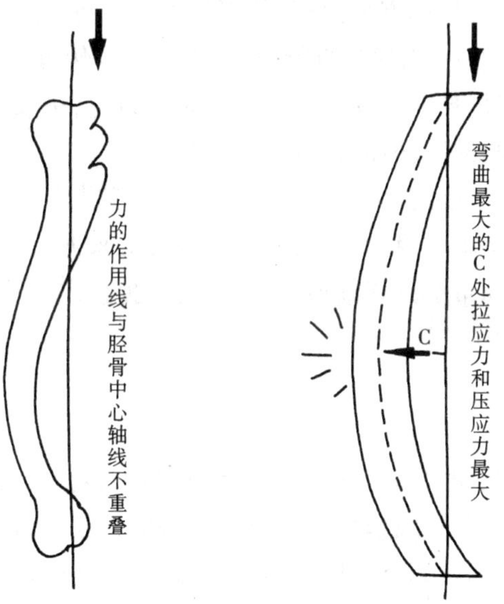

图 23－1　胫骨疲劳性骨膜炎发病示意图

二、症状与诊断

(一) 伤者无明显受伤史,逐渐发病。

(二) 胫骨疼痛:轻者运动后疼痛,经休息后减轻。重者训练时疼痛,训练后加重,并有跛行。个别病例于运动或夜间疼痛。

(三) 局部灼热:早期皮肤可出现发红,灼热感。

(四) 肿胀:约 1/3 的病例局部软组织有轻度可凹陷性水肿。

(五) 压痛:在骨面上能触摸到压痛点,有的较局限,有的较分散。压痛点一般都与肌肉附着点无明显关系。

（六）后蹬痛：当患者用力向后蹬地时，胫骨即发生疼痛。而用一般的抗阻力试验（趾及踝关节屈肌跖屈抗阻）时不发生疼痛，因此，后蹬痛是诊断此病的重要指征，并可说明此病的发生是由于趾踝关节屈肌的作用，而非因胫前肌的收缩作用。

（七）X线检查：早期X线像上多无改变，晚期且反复发作的严重病例可有骨膜的增生，骨皮质边缘粗糙，增厚成层状。X线摄像时，在小腿内旋使胫骨的前面的骨板压痛点与胶片垂直位时，容易照出骨膜改变（图 23－2）。如出现骨质稀疏，骨纹理紊乱，则可能发生疲劳性骨折。

图 23－2　胫骨疲劳性骨膜炎

三、治疗与伤后训练

早期较轻的病例不需特殊方法治疗，仅用弹力绷带将小腿裹扎，改做少用下肢活动的运动项目，减少运动量，2～3 周症状自行消失，大多数病例可痊愈。

症状较重的病例应休息并用弹力绷带裹扎小腿，抬高患肢，用普鲁卡因、碘离子透入、按摩等，促进局部血液与淋巴循环与渗出液的吸收。

晚期反复发作病例如已有骨膜下骨质增生，有局部刺激症状，如疼痛、压痛或运动后疼痛者，也应暂时改变运动项目，并以普鲁卡因或强的松龙局部封闭治疗。

治愈后训练时，运动量必须逐渐增加，以免再发损伤。

四、预防

遵守科学训练原则，防止突然连续加大运动量的训练，避免长时间过分集中跑 、跳、后蹬、支撑等练习。及时纠正错误动作，训练前准备活动充分，训练后充分地放松或做小腿自我按摩，热水浴，放松肌肉以利消除疲劳。加强运动场地的管理和维修，注意保持跑道的正常硬度，避免在过硬的场地上做过多的跑、跳、后蹬等练习。

第三节　创伤性跟腱周围炎

跟腱周围炎又名跟腱腱鞘炎。是由于足踝部的过度屈伸运动，跟腱反复牵拉引起的一种无菌性炎症。此病多发于田径中的跳跃运动员，其次是篮球、排球、体操和羽毛球运动员及演员。是运动创伤中病期长且治疗较困难的创伤之一，对训练影响很大。

跟腱是人体最大的肌腱，其近端是腓肠肌及比目鱼肌的肌腹，远端止于跟骨后下方。在跟腱背侧与深筋膜之间约有 4～8 层滑润层，每层之间有结缔组织连接，都有血管进入，这些润滑层构成了腱围组织，即“腱围”。各滑润层之间可以相互滑动，以适应踝关节的伸屈活动。跟腱的主要作用是跑、跳、走时提踵（即跖屈），运动员一次有力的踏跳，其力量最高可达780公斤，可见跟腱所承受的拉力显然是巨大的。所以运动员在跑、跳训练中跟腱受到不断的牵拉是造成它易被损伤的重要因素。

一、损伤机制及病理

大多数是跑跳过多、跟腱局部劳损所致伤，其次，一次激烈运动中出现拉伤或挫伤也能导致跟腱周围炎。另外，也有学者认为，运动鞋的局部磨损也可能引起此症。

跟腱局部过度劳损使跟腱及其周围组织出现一系列的病理改变（图23-3），主要表现为腱围组织血管增生及管壁肥厚，纤维结缔组织增多，小圆细胞浸润。腱组织本身有的呈玻璃样变，有的呈纤维变，有的呈脂肪样变或截段样变，也有的出现钙质沉着、钙化和骨化。其原因说法较多。国外有人认为跟腱过劳时，腱的基质首先改变，腱的基质是高分子聚合物，劳损以后，基质结合的水分下降，即成此症。也有人认为，长时间跑后跟腱组织中粘多糖增加，并认为这是疼痛的原因。关于腱的脂肪变，多数作者认为其产生是由于腱的血流下降和腱的“第二腱束”新陈代谢降低（第二腱束中无血管，其营养是依靠弥散作用），并指出其改变早期是腱的脂肪沉着，然后，在腱束中出现腱的粥样硬化，并可进一步由于脂肪变及同时产生的血管硬化局部缺血引起钙质沉着，产生钙化性跟腱炎。

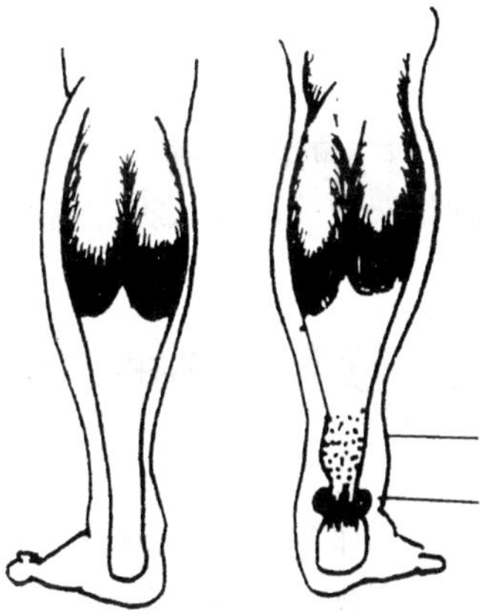

图23-3　跟腱腱围炎病理示意图

至于腱围的变化，试验表明，主要是血管受损所致。即反复牵拉撕裂腱围各层与结缔组织之间的血管，液体溢至层间，破坏了各层之间的正常弥散功能，影响粘多糖的吸水与放水作用，致润滑力降低，摩擦力增加。至于腱围肥厚和粘连则为不断劳损，或外伤撕裂及出血后结缔组织增生或机化的结果。

二、症状与诊断

（一）一般逐渐起病，少数有急性损伤史。

（二）跟腱疼痛，最初感觉跟腱在运动前或运动后疼痛，大都在准备活动后即消失，也有的仅在某一负荷较大的动作时才疼。后期症状较严重，以致走路，甚至不负重的伸屈踝关节时也痛，疼痛多为持续性，训练后加重。

（三）蹬地、踏跳或者起踵时疼痛加重。

（四）检查：早期跟腱两侧缘压痛，晚期跟腱部常出现梭形肿大，触诊时能摸到跟腱粗大而硬。抗阻跖屈试验跟腱部疼痛加重。

三、治疗与伤后训练

（一）急性期：早期应用肾上腺皮质激素有效，同时应使用支持带或穿高跟鞋以免再伤，跑跳练习也应暂时停止，约两周后再开始练习。

（二）慢性病例：治疗以改善血液及淋巴循环为主，可采用理疗及按摩等，也可使用肾上腺皮质激素局部治疗，但效果一般，只能防止病情的发展，而不能使之治愈。伤后训练以安排慢速全脚掌着地跑，并逐渐增加距离，效果好。对于慢性病例，经上述保守治疗后已变跟腱硬化症者，应手术治疗，将粘连变性的腱围斜形切除，或将硬化的肌腱部分切除。手术后一般效果良好。

四、预防

训练前后充分做好小腿后群肌肉的准备活动和放松活动。如跟腱部疼痛时，应尽早进行治疗并使用跟腱保护支持带进行训练，训练时应根据患者情况随时调整训练量。

第四节　踝关节韧带损伤

踝关节韧带损伤非常多见，在关节韧带损伤中占第一位。其中以外侧韧带损伤为多，尤其以距腓前韧带损伤更为常见，此类损伤在篮球、足球、滑雪、体操、田径等运动中最常见。

踝关节主要韧带有外侧副韧带、内侧副韧带和胫腓韧带联合。外侧副韧带有三条，即距腓前韧带、距腓后韧带和跟腓韧带。距腓前韧带起于外踝前缘，止于距骨颈。距腓后韧带起于外踝后面，止于距骨后方外侧粗隆。跟腓韧带起于外踝尖，止于跟骨外侧面。其功能是防止足跟内翻及距骨异常内翻及前后错动（图 23－4）。内侧副韧带又称三角韧带，分深浅两层，包括距胫前韧带、距胫后韧带、跟胫韧带和舟胫韧带四条。这四条韧带都起于内踝，呈扇形张开，跟胫韧带位于浅层，止于跟骨载距突。距胫前韧带、距胫后韧带和舟胫韧带位于深层，分别止于距骨和足舟骨。内侧韧带纤维致密坚韧，面积大，其功能是防止足跟外翻及距骨异常外翻及前后错动（图 23－5）。胫腓韧带联合包括胫腓骨间韧带和下胫腓韧带，下胫腓韧带分前后两部分（胫腓前韧带和胫腓后韧带）将胫腓骨连结在一起。当踝背伸时，距鞍较宽的前部进入踝穴，胫腓骨可稍分开，跖屈时相互靠近。

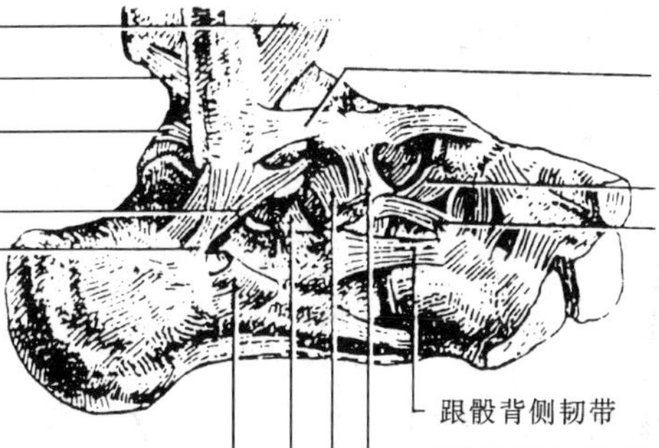

图 23－4　踝外侧韧带

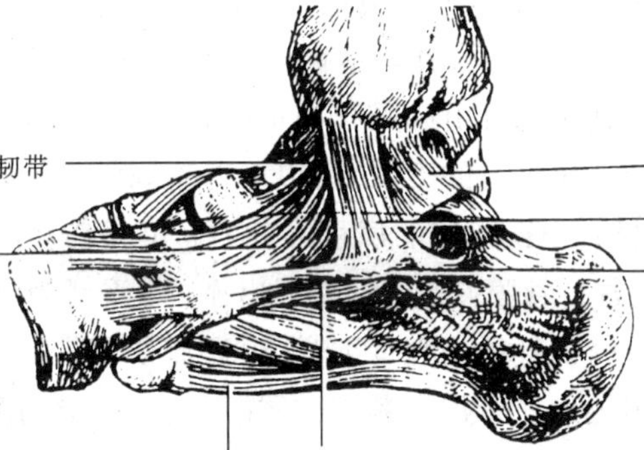

图 23－5　踝内侧三角韧带、跳跃韧带及跖长韧带

一、损伤机制及病理

由于外踝较为内踝窄，长(0.5 厘米)，且稍靠后方，距骨体前宽后窄，当足背伸时，较窄的距骨体前部进入踝穴中，踝关节较稳固。而当足跖屈时，较窄的距骨体后部进入踝穴内，允许有一定的侧向运动和较大的内翻运动，踝关节显得较不稳定，足的内翻肌群(腓肠肌、比目鱼肌、胫后肌、胫前肌、趾长屈肌、踇长屈肌)的力量大于足的外翻肌群(腓骨长肌、腓骨短肌、胫骨前肌、趾长伸肌、踇长伸肌)。此外，内侧副韧带比外侧副韧带坚强，这些解剖生理上的特点，使踝关节容易发生过度内翻而引起外侧副韧带的损伤。另外，在运动中，当跑跳离开地面以后，由于足的屈肌力量大于伸肌，在腾空阶段足呈自然跖屈内翻。如果落地时重心不稳、向一侧倾斜或踩在他人的脚上或踩在球上、陷入坑内等情况下，就会以

足的前外侧着地，内翻而导致外侧副韧带损伤（图 23－6），这类损伤中，距腓前韧带最易受伤，力量再大，跟腓韧带则相继受伤。如果断裂，损伤的外力仍继续增加时，则同时损伤跟距关节间的骨间韧带。

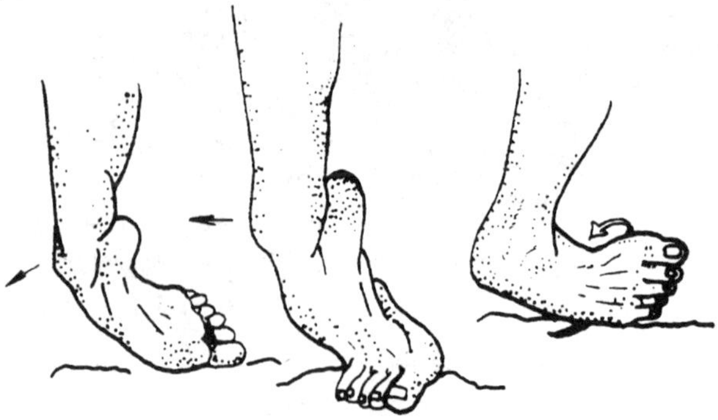

图 23－6　几种常见的踝旋后损伤（外侧韧带损伤）姿势

踝的内侧副韧带面积大，韧带纤维较细密而强韧，而且胫前肌较强，足不易发生旋前损伤，所以踝的内侧副韧带损伤比较少见。但是，一旦损伤却较严重。如发生断裂，一般都引起一定程度的关节不稳，且多同时合并其他韧带损伤和骨折。胫腓韧带联合强韧，不容易受伤，滑雪运动中，踝外翻扭转可引起胫腓韧带联合撕裂损伤。

由于外力作用的大小和受伤姿势的不同，可以引起不同的韧带损伤，其病理变化轻重也不尽相同。踝关节韧带损伤，根据损伤的病程可分为新鲜损伤和陈旧性损伤。根据损伤的严重程度，轻者为韧带附着处骨膜撕裂，骨膜下出血；较重者为韧带纤维部分撕裂；重者，韧带完全断裂，并常伴有撕脱骨折或距骨半脱位。距腓前韧带撕裂，多有踝关节囊及关节滑膜的撕裂，关节积血。内侧副韧带深层断裂，断端可嵌入关节间隙内。踝关节的反复扭伤可导致创伤性骨关节病。

二、症状与诊断

踝外侧副韧带损伤者有明显的足突然内翻受伤史，引起外侧副韧带的过度牵扯、部分断裂或完全断裂（图 23－7）。其主要症状及诊断要点有以下几项：

（一）症状

1. 疼痛　损伤后踝关节外侧疼痛，走路和活动关节时最明显。

2. 肿胀　损伤后局部出血、渗液明显，如不及时压迫，踝关节的外侧将迅速出现肿胀，并延及踝关节的前部。如果韧带断裂部与腓骨肌腱鞘通连，则腱鞘也同时肿胀。如果这时按压关节腔的肿胀部，腓骨肌腱的鞘囊随即膨起，即说明外侧副韧带为全断裂。如合并跟骰，4、5 跖骰韧带损伤时，其相应部分也有肿胀。

3. 皮下淤血　韧带、关节囊等撕裂后则毛细血管破裂皮下出血。伤后 2～3 天淤血青紫最明显。

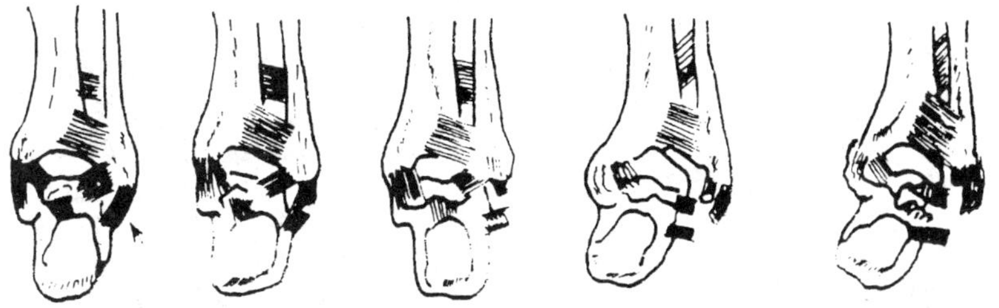

1、2. 韧带捩伤及部分断裂　3. 完全断裂无脱位　4. 完全断裂合并胫距关节脱位（以上为单纯韧带损伤）　5. 韧带完全断裂合并跟距间韧带损伤及跟距关节脱位(联合损伤)

图 23－7　踝外侧韧带损伤示意图

4. 跛行　出血积覆于关节间隙或软组织，特别是断裂的韧带嵌入关节内，致使走路疼痛，患足不敢着地，勉强行走也只能用足的外缘着地。

（二）体征和检查

1. 压痛　压痛点主要在踝关节的外侧，距腓前韧带伤。压痛点在外踝前下方，跟腓韧带伤。压痛点在外踝尖偏后下约一横指处，合并有胫腓下联合韧带，副舟骨损伤。在相应部位有压痛、有撕脱骨折者，在踝部或踝尖能扪及压痛与骨折片。

2. 踝关节被动内翻时外侧痛　检查时重复受伤动作，在外侧相应的损伤部位即出现疼痛。如果同时踝的内侧也痛，则应寻找是否有副舟骨损伤，或损伤了内侧的距胫韧带；如为陈旧性损伤则为合并创伤性滑膜炎有滑膜嵌入关节。

3. 检查踝关节有无不稳现象　目的检查外侧副韧带是否全断裂。检查应于受伤即时进行，因局部休克疼痛轻，尚无踝关节两侧的肌痉挛，所以较易查出阳性体征。一旦呈出血肿胀，疼痛明显，则必须普鲁卡因局部封闭后再检查或于 3～5 日肿胀消退后检查。检查方法有：(1)踝关节强迫内翻试验（图 23－8）：检查者一手握住踝关节上方固定小腿，另一手握住足外缘将踝关节内翻。两侧对比，如果伤侧距上关节在外侧“开口”较大，即为踝外侧距腓前韧带断裂，或与跟腓韧带同时于止点断裂。(2)踝关节前抽屉试验（图 23－9）：患足稍跖屈，检查者一手握小腿，一手握住足跟向前推拉，使距骨后前错动。两侧对比，如果活动范围大即属阳性，说明踝外侧副韧带完全断裂。踝关节内侧韧带损伤或胫腓下联合韧带损伤，同样在其相应的位置出现疼痛、肿胀压痛等，并注意检查距骨有无侧向不稳、外翻不稳及前后不稳，以明确诊断。

三、治疗与伤后训练

（一）现场急救处理

现场急救时，应立即用拇指指腹压迫痛点止血。并在局部疼痛尚轻、肿胀未明显、还没有出现踝关节两侧肌痉挛时，同时做强迫内翻试验及踝抽屉试验，检查是否有韧带全断

图 23－8　踝关节强迫内翻检查

1. 踝关节强迫内翻检查，照像方法
2. 照像结果踝外侧关节隙变宽，说明外侧韧带断裂

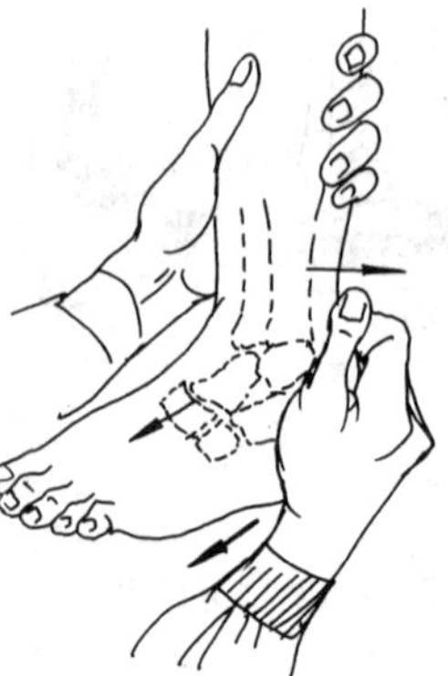

图 23－9　踝关节前抽屉试验检查
在此位置照侧位像，如明显松动说明踝内侧或外侧韧带全断裂

裂。如有条件，可用冰敷或氯乙烷喷湿的棉花球压迫以加速止血。然后用较大的棉花或海绵垫加压包扎并抬高患肢。绷带包扎的方向应与受伤作用方向相反，使受伤组织处于松弛状态，如外侧副韧带损伤应将踝关节包扎于轻度翻位。

(二)治疗

受伤 24 小时后，根据伤情可选用新伤药外敷、理疗、针灸、按摩、药物痛点注射及支持带固定等，并应尽早进行功能锻炼，如走路、踝关节屈伸运动、提踵等。对较严重的韧带捩伤，也可采用石膏管型固定。韧带完全断裂的患者，经急救固定后送医院作进一步的治疗。如合并有关节骨折或关节不稳等后遗症时，可考虑手术治疗。

(三)伤后训练

急性期应固定抬高患肢，休息。一旦肿胀、疼痛缓解，要积极进行踝关节周围肌肉力量练习及屈伸活动。解除固定后，在弹力绷带或护踝的保护下，逐渐参加一般锻炼。重压患处无疼痛，踝关节强迫内翻试验亦无疼痛时，可完全去除支持带恢复正常训练。

四、预防

平时重视踝关节周围肌肉力量和关节协调性训练，如负重提踵、跳绳、足尖走路等练习。做好运动场地医务监督，准备活动要充分，提高落地动作的技术水平。防止撞人犯规动作。

第二十四章　头及躯干部损伤

第一节　脑震荡

在头部损伤中，头皮、颅骨和脑三部分的损伤程度经常不成比例，严重的脑损伤往往发生于颅骨完整或头皮损伤较轻的人。因此，头部损伤轻重程度以脑损伤之程度为诊断标准。

运动损伤中，急性颅脑损伤是运动中的较严重的创伤。其中脑震荡是脑损伤中最轻而又较多见的一种急性闭合性损伤。多发生于公路自行车、摩托车、马术、拳击及体操项目中。

头部头皮较厚，分为皮肤层、皮下层、帽状腱膜、腱膜下层及骨膜层五层。前三层借皮下层的致密结缔组织紧密相连，受伤时经常一起裂开。皮肤层厚而致密，有丰富的血管，含有大量的毛囊、汗腺和皮脂腺。皮下层为脂肪和纤维组织构成，有许多纵行纤维膈，紧密连接皮肤和帽状腱膜。头皮的主要动静脉位于皮层与帽状腱膜之间，神经与血管并行。头皮内的静脉通过导静脉与板障静脉和颅内静脉相通。帽状腱膜层为坚韧而有弹性的结缔组织，前连额肌，后继枕肌，两侧延伸于颞浅筋膜。此腱膜有一定的张力，如有断裂应当缝合。颅骨外膜在骨缝处与颅骨紧密相连，易致颅骨剥离。骨膜下血肿，常以骨缝为界。头皮的血液供应丰富，伤后愈合和抗感染力较强，但损伤时容易出血。

脑颅骨可分为颅盖和颅底两部分。颅骨大部分由致密的内外板组成，其间为板障，内有红髓及板障静脉。颅腔容纳和保护大脑组织。脑组织分大脑半球、间脑、小脑和脑干几部分。脑的表面有三层膜覆盖，分别为软脑膜、蛛网膜、硬脑膜。当暴力过大时，可引起颅骨骨折，乃至脑组织损伤。

一、损伤机制及病理

脑震荡是指头部受外力打击后，脑神经组织普遍受震荡所引起的意识和功能的一时性障碍。运动创伤中多发生于摩托车、公路自行车、拳击、冰球、足球等项目。如头部被足球、棒球打击或摩托车高速行驶时摔倒，体操运动中从高处跌下时头部撞地等都可发生脑震荡。受伤时即刻发生短暂的意识障碍，而无明显解剖病理改变。

二、症状与诊断

头部多有明显外伤史，伤后立刻发生意识障碍，表现为神志不清或完全昏迷，持续数秒、数分钟、十分钟，但一般不超过半小时。在意识障碍期间，可有皮肤苍白、出汗、血压下降、心动徐缓、呼吸浅慢、肌张力降低，各生理反射迟钝或消失等表现，但很快随意识恢复而趋于正常。清醒后不能回忆受伤当时乃至伤前一段时间内的情况，但对往事记忆犹新，这种记忆缺失称为逆行性遗忘。伤后数天内可消失。此外，还可出现情绪不稳、易激动、不耐烦、注意力不集中、耳鸣、心悸、多汗。此后可有头痛、头昏、恶心、呕吐、失眠等一系列植物性神经功能紊乱症状。通常在短期内自行好转。神经系统检查无阳性体征可见，腰椎穿刺脑脊液压和细胞数正常。

三、治疗与伤后训练

急救时应让伤员平卧、安静，不可坐起或立起。头部冷敷，身上保暖。若有昏迷可指掐人中、内关穴，呼吸发生障碍时，可施行人工呼吸。

伤者昏迷时间超过 4 分钟以上，或两侧瞳孔大小不对称，或耳、鼻、口内出血及眼球紫，或伤员清醒后剧烈头痛、呕吐或再度昏迷者，都说明损伤较严重，应立即送医院进行处理。

伤员在转送医院时要平卧，头部两侧要用枕头或衣服垫起使之固定，避免颠波振动。意识不清者，要注意保持呼吸道的通畅，伤员侧卧，以防止呕吐物吸入气管或舌头后坠而发生窒息，密切观察病情的变化。

对无严重征象、短时间意识丧失后很快恢复的患者，短期内卧床休息，严密观察，以免遗漏颅脑其他病变，一般休息 1～2 周。

伤后不宜过早训练，否则易造成头痛、头晕，经久不愈，一般在症状完全消失和自我感觉良好时，且罗姆伯格(Romberg)试验正常时即可开始训练。

第二节　肋骨骨折

胸部损伤中肋骨骨折最为常见。在运动损伤中，好发于篮球、足球、摩托车等运动项目。可为单根或多根肋骨骨折。同一肋者又可在一处或多处折断。

胸廓是由 12 对肋骨、12 个胸椎和一个胸骨通过关节和韧带连结成的一个骨性笼状支架，可分为四个壁，前壁为胸骨和肋软骨，后壁为胸椎和肋角内侧部分，两侧壁为肋骨的其余部分，胸廓除参与呼吸运动外，还具有保护心、肺等内脏器官的作用。肋骨是胸廓的重要组成部分，第 1～3 肋骨较短而小，且有锁骨、肩胛骨和肌肉的保护，很少发生骨折。第 4～7 肋骨较长且固定，最易折断。第 8～10 肋骨较长，但下胸骨直接连接，弹性较大，不易折断。第 11～12 肋骨前端游离不固定，故也不易折断。儿童的肋骨富有弹性，承受暴力的能力强,不易折断。成年和老年人的肋骨钙质较多,脆性较大,容易发生骨折。由于肋间神经和血管行于肋骨的肋沟内,当肋骨骨折时可能伤及血管和神经。

一、损伤机制及病理

直接暴力或间接暴力都可引起肋骨骨折。因暴力或钝器撞击胸部,直接施压于肋骨,使承受打击处向内弯曲而折断,折片多向胸内移位。若此暴力过大,则可产生一骨双折。篮球、足球运动中相互冲撞,摩托车竞赛时,高速行驶中遇到障碍,运动员胸部受到猛烈撞击而致骨折。在胸部前后受挤压的间接暴力作用,则可使肋骨向外过度弯曲处折断,骨折端多向外突。此类损伤多见于车祸、矿井或坑道内塌方等事故所致。

此外,老年人偶尔因咳嗽或打喷嚏引起肋骨骨折。有转移性恶性病灶的肋骨,亦可发生病理性骨折。

根据骨折后的病理变化,可分为闭合性骨折和开放性骨折。由于肋骨上下缘均有肋间肌,并有其他肋骨支撑的缘故,骨折移位不大。肋骨骨折时,如尖锐的骨折端向内移位,可刺破壁层胸膜和肺组织,产生气胸、血胸、皮下气肿或引起血痰、咯血等。断端亦可撕破肋间血管,引起大量出血。多根多处肋骨骨折后,局部胸壁尤其在前侧因失去肋骨的支撑而软化,出现反常呼吸运动现象:即吸气时,软化区的胸壁内陷,而不随其余胸廓向外扩展,呼气时则反之,软化区向外鼓出(图 24－1),这类胸廓又称连枷胸。如果软化区范围较广泛,在呼吸时由于两侧胸膜内压力不平衡,使纵隔左右扑动,引起体内缺氧和二氧化碳潴留,并影响静息血液回流,严重的可发生呼吸和循环衰竭。

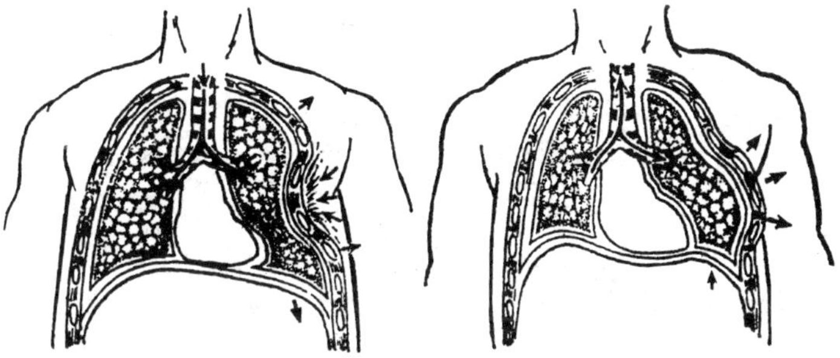

1. 吸气　　　　2. 呼气

图 24－1　胸壁软化区的反常呼吸运动

二、症状与诊断

有明显外伤史。局部病痛,尤其在深呼吸、咳嗽或转动体位时加剧,起卧困难,转侧不利,有时痰中带血或咯血。按伤情尚可出现不同程度的呼吸困难。

体格检查　受伤的局部胸壁有时肿胀,有压痛,甚至可有骨摩擦感。胸廓挤压试验阳性。用手挤压前后胸部,能引起局部疼痛加重甚至产生骨摩擦音,即可判断肋骨骨折。这可与软组织挫伤鉴别。若系多根多处肋骨骨折的病人，伤侧胸壁有反常呼吸运动。

严重病人，应注意是否伴有气、血胸等合并症。合并有气、血胸时，病人面色苍白、呼吸困难、心慌、发绀，甚至休克。气胸叩诊呈鼓音，血胸叩诊则呈浊音。胸膜腔穿刺，可抽出积血。

胸部X线检查发现肋骨骨折线和断端的错位，即能明确诊断。同时有助于判断有无气胸、血胸的存在。但前胸肋软骨折断不能显示其X线征象。

三、治疗与伤后训练

（一）闭合性单处肋骨骨折

骨折的断端因有上、下完整的肋骨和肋间肌的支持而较少发生移位，多能自行愈合。治疗的重点是止痛、固定和防治并发症。一般在局部胸壁贴大号伤膏药或用胶布固定胸壁，可收到止痛、固定的效果，同时需口服镇痛、镇静等药物。亦可用1%普鲁卡因溶液进行肋间神经或骨折处封闭。鼓励病人咳嗽、排痰，以减少呼吸系统的并发症。

胶布固定胸壁的方法：病人取坐位或侧卧位。上肢外展，手掌按在头顶，用宽约7~8厘米的胶布于病人深呼气后屏气时，紧贴于胸壁，后端起自健侧脊柱旁，前端越过胸骨。从胸部下缘开始，依次向上粘贴胶布条到腋窝下方，上下胶布条重叠1/3宽度，成屋瓦状（图24-2）。

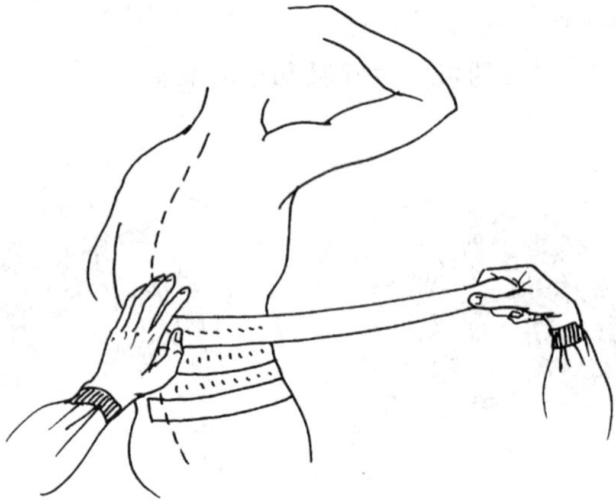

图24-2 胶布固定胸壁方法

（二）闭合性多根多处肋骨骨折

若胸壁软化范围较小，除止痛外仅需局部压迫包扎。大块胸壁软化或两侧胸壁有多根多处肋骨骨折时，因反常呼吸运动，呼吸道分泌物增多或血痰阻塞，病情危急，要采取紧急措施，消除呼吸道分泌物，保证呼吸道通畅。对咳嗽无力、不能有效排痰或呼吸衰竭者，要作气管切开，以给氧，抽吸痰液和施行辅助呼吸。

（三）开放性肋骨骨折

对单根肋骨骨折病人的胸壁伤口需彻底清创，修齐骨折端，分层缝合、包扎。如已穿破胸膜，尚需作胸腔引流术。多根多处肋骨骨折者，于清创后行内固定术。

四、预防

(一)加强体育道德教育，遵守运动规则，避免粗暴的冲撞动作。

(二)对一些易发生意外事故的运动项目，应强调安全教育，提高自我保护能力。

第三节 急性腰扭伤

急性腰扭伤包括肌肉、筋膜、韧带和椎间关节等软组织的损伤，有明确的外伤史，伤后立即或一两天后发生腰痛，祖国医学也称为“闪腰”。其中约90%的病例发生在腰骶部及骶髂关节。腰骶部为人体躯干连接下肢的桥梁，负重大，活动多，为身体活动的枢纽。发生损伤的机会也较多，腰部的骶棘肌、腰方肌、腰大肌和腰背筋膜常被损伤。骶棘肌位于躯干背面，从骶骨到枕骨，纵列于棘突的两侧，是强大的脊柱背伸肌。腰方肌位于腰椎外侧，在第12肋与髂棘之间。腰大肌位于腰方肌的前面，胸12和腰部椎体的两侧。此二肌有使脊柱侧弯及屈曲的作用。体育运动和日常劳动生活中此二肌受外伤的机会多，且多发生于青壮年。

一、损伤机制及病理

(一)负荷重量过大，超过了躯干一时所能承受的能力。最常见的是在提起重物时突然引起，在弯腰屈髋、伸膝位置提起重物时，负荷量过大或骶棘肌力量不足。例如举重时，强行用力，常引起腰骶部肌肉、筋膜或韧带撕裂。提举过重的杠铃，或提杠铃时动作不正确，不能发挥髋和膝关节协同克服重力的作用，甚至采取直腿弯腰的错误姿势(图24-3)，势必加大阻力臂，使重力全部落在腰上，易引起肌肉筋膜撕裂伤，或者举重时，腰腹肌力量不足，支持不住重物，使身体重心不稳而发生突然扭转引起腰部扭伤。

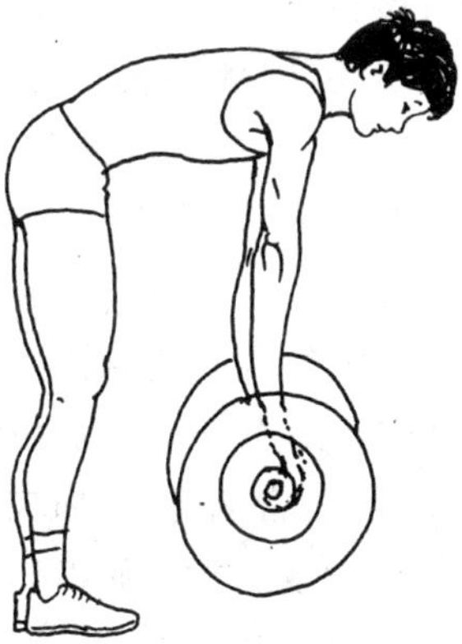

图24-3 不正确的提铃动作

（二）脊柱运动一时超越了正常的生理范围，技术动作错误或疲劳时易发生损伤。如跳马腾空、挺身式跳远和排球跳起扣球时过分伸腰，举重上挺时过分挺腰、塌腰，跳水入水时下肢向后弯曲，体操做“桥”时挤压胸膜或提腰等（图 24－4），都可能发生腰部棘间软组织挤压和突间的相互撞击，引起棘突间韧带损伤和棘突症，甚至因关节突然撞击椎板而导致椎板骨折。

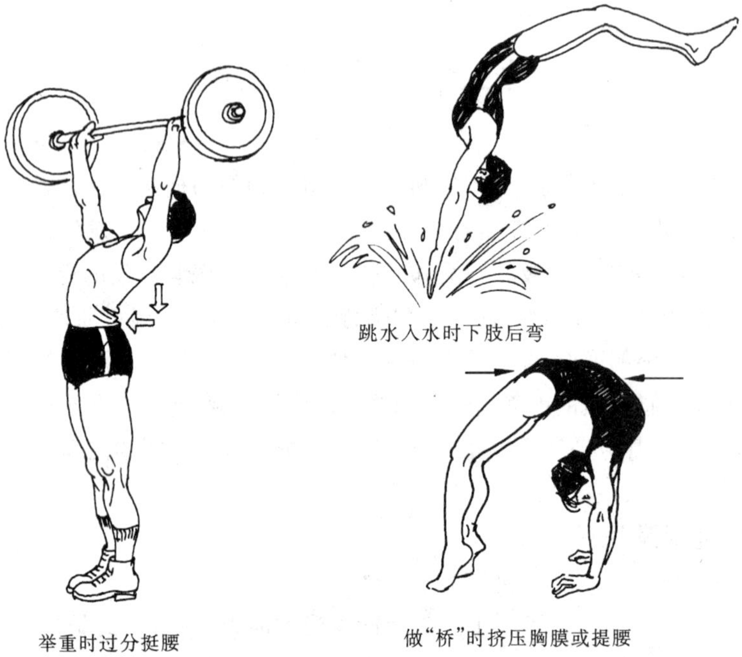

图 24－4　引起脊柱运动超越正常范围的错误动作

（三）缺乏身体上和思想上准备。脊柱运动时，躯干肌肉的协调收缩和紧张，保护着韧带和椎间小关节。肌肉的这种收缩和紧张，必须在脊柱运动开始以前做好准备，如缺乏准备，肌肉过于放松，在转身、弯腰、腾空时，肌肉发生不协调的收缩或腰部受到力的作用而发生突然的不协调运动，即可引发腰扭伤。甚至在无精神准备的情况下，某些日常小动作如弯腰拾物、扫地、打喷嚏等，也可引起“闪腰”。

二、症状与诊断

具有明显的急性外伤史。症状轻者，受伤时常无疼痛感，运动结束后或次日晨间起床时才感到疼痛。症状重者，伤后立即感到疼痛。有的在受伤瞬间感到像“断了腰”似的或听到响声，疼痛也较剧烈。腰部运动受限，常因疼痛、肌肉痉挛，破坏了脊柱前后左右诸肌肉的力学平衡，导致脊柱生理弯曲度的改变。常见的损伤有以下几种：

（一）腰肌拉伤：局部肿胀压痛，不能弯腰。

（二）棘间韧带捩伤，局部压痛不能弯腰。

（三）小关节扭伤，疼痛位置较深，由于关节常因伤肿胀，各个方面均不能活动。

(四)小关节滑膜嵌顿或轻度绞锁,多因小的腰部动作偶然致成,腰突然不能活动,伸腰痛尤重,往往经推拿突然缓解。

(五)骶髂关节扭伤,常因弯腰或扭转受伤。伤后走路时患侧腿不敢持重,跛行。坐时患侧臀部也不敢持重。立位时不能弯腰,坐位时弯腰痛轻,盖氏试验阳性(病人平卧,健肢屈曲由病人自己抱住,术者将伸直的患肢放在床边下压使之过伸,如骶髂疼痛即属阳性(图24-5)。"4"字试验可呈阳性(图24-6)。在髂骨后上棘的内缘稍下相当受伤关节部压痛。

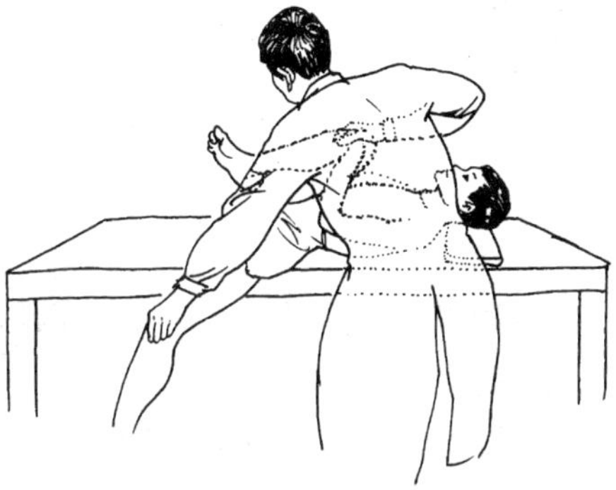

图24-5　盖氏试验

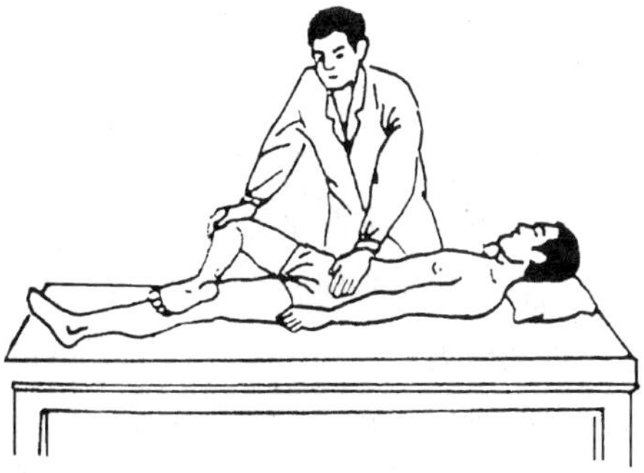

图24-6　"4"字试验

以上各类损伤,由于该部属腰神经后支支配,伤后刺激或肌肉牵拉,致使下肢或臀部反射痛,而腱反射正常。当封闭后疼痛即消失,可进一步确诊。另外,由于疼痛,病人常表现为不同类型的脊柱弯曲姿势,封闭使痛点消除后即可伸直。

三、治疗与伤后训练

急性腰损伤病人一般都应卧床休息。用木板床,腰后垫一小褥,使肌肉韧带松弛。针刺腰痛穴大都可以止痛并使腰部活动增加。此外,还可适当给予止痛及安静剂消除肌肉痉挛,如30%~60%赤包酊10毫升,每日三次,局部封闭等,另外,火罐疗法、针灸疗法,均有较好疗效。

对腰骶关节骶髂关节扭伤推拿及按摩常有很好疗效。其手法为:第一手法,用拇指或掌按摩脊椎两旁肌肉,并经环跳、腘窝至小腿,舒筋活络。第二手法:病人俯卧,术者一手按住患侧,另一手提起同侧足部上提一两次。第三手法:重复第一手法。第四手法:打击,自上而下并在患处叩打3~4次。第五手法:自肩向腰按摩3次。最后一次至足。

在骶髂关节及小关节扭伤,上面的第三手法也可改为侧扳手法(伤员侧卧,上方的下肢屈曲,下方的下肢伸直。按摩者双手分别按在患者的肩部和臀部并做反方向的运动,当腰转到最大范围时,稍稍施一重力,常可听到"哒"一声(图24-7),症状常可因此缓解。

四、预防

(一)运动和劳动时要集中注意力,对将要进行的运动和承担的负荷要有思想准备。

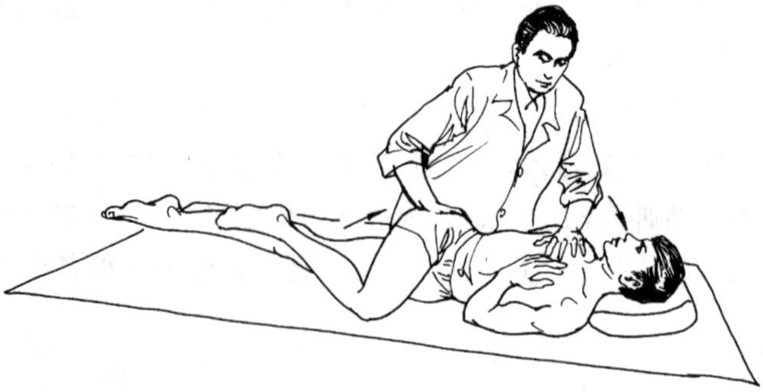

图 24－7　腰部侧扳法

(二)要做好充分的准备活动,提高腰腹部肌肉的力量和协调性。

(三)注意搬运重物或提杠铃的正确姿势,要屈髋屈膝,用腿部发力,不要直腿弯腰提重物,提重物时要把重物靠近身体,可以减轻腰部负担。

(四)正确掌握技术的动作和合理安排运动量,避免技术上的错误和在疲劳情况下练习,腰部的高难度动作力量练习时,适当使用护腰带。

(五)注意加强腰腹肌力量的训练,增强肌肉韧带的伸展性。

第四节　腰背肌肉筋膜炎

腰背肌肉筋膜炎是运动损伤中的常见病,在运动员中发病率很高,约占腰痛病人的60%,许多运动项目都可能发生。该病是腰背部疼痛的重要原因,由于病因至今尚未十分清楚,因此,文献中曾又有称为腰肌劳损、腰背部纤维炎、腰背筋膜疼痛综合症、风湿症或精神性风湿症等。该病发生后有的仅影响训练及成绩提高,但病情严重者常需长期休息。

腰背筋膜系指包绕骶棘肌的筋膜。较厚,分为深浅两层,浅层起自胸腰骶椎的棘突和棘间韧带,下止于髂骨嵴,外侧缘止于肋骨角;深层分隔骶棘肌与腰方肌,而紧张于腰椎横突、髂骨嵴,第十二肋与髂腰韧带之间。深浅两层在骶棘肌的外侧缘相会合,成为较厚的腰背筋膜,构成骶棘肌鞘,并向腹侧形成腹横肌筋膜。腰背筋膜下的脂肪组织有一基本分布区(图 24－8),国外学者认为,腰背筋膜与腰痛时的敏锐压痛点的分布密切相关。颈、胸及腰部脊神经的后支,支配腰背部长短的固有肌及皮肤,均与腰背项疼痛有关。

一、损伤机制与病理

库普曼(Copeman)1947 年曾对青年士兵进行观察,认为此病的发生与外伤及发烧有关。希克曼(Hickman)曾认为与缺乏维生素 E 有关。内藤在工厂调查发现铸工中患者较多,因而认为与劳动强度和工作性质有关。

运动员中多系急性腰扭伤后治疗不彻底即投入训练或逐渐劳损所致。其次,训练中过多过密的腰部活动,腰肌负担过重,导致局部组织的微细损伤,逐渐积累而发病。训练中出汗受凉，风寒湿侵入机体，使经络阻滞，气血运行不畅，影响肌肉的营养和代谢，也是重要原因之一。另外，腰椎有先天性畸形和解剖缺陷者，如腰椎骶化、骶椎腰化、椎弓崩裂与腰椎滑脱、先天性隐性脊柱裂等，都可以引起腰背肌力平衡失调，产生腰痛。

腰背肌筋膜炎，其病理改变多种多样，包括神经、筋膜、肌肉、血管、脂肪及肌腱的附着区（如横突、髂后嵴）等不同组织的变化，其疼痛发生的机理也不完全相同。库普曼(Copeman)曾认为筋膜破裂，脂肪小叶水肿膨出成疝，是疼痛的重要原因。丹森(Danson)认为，劳损引起血液循环障碍出现纤维素发生粘连能引起疼痛，一为粘连的牵扯，一为粘连部大都有脊神经后侧皮支走行，运动时粘连或粘连的神经被牵扯出现疼痛或串麻现象。因此，切除粘连疼痛消失。木村认为，筋膜裂隙部形成瘢痕压迫其中的神经是疼痛产生的原因。内藤认为，除裂隙外，神经支的解剖畸形以及肌肉的炎症影响其邻近的神经也是产生疼痛的重要原因。柏特曼(Bateman)指出，肌纤维脂肪变性或痉挛影响神经末梢也是疼痛的原因。另外，曲绵域认为，髂后嵴及脊椎横突部产生疼痛的原因与网球肘相同，属末端病改变。

二、症状与诊断

一部分病人有急性腰扭伤未彻底治疗的病史。部分病人有腰部活动过多、密度过大或长期弯腰工作或受风寒湿的病史。日后出现腰部自发性疼痛、运动痛等症状。

(一) 自发性疼痛，患者一般都感觉腰骶部一侧或两侧局部酸、胀、疼痛、软弱无力、怕做弯腰动作。最常见的疼痛部位是腰椎3、4、5两侧骶棘肌鞘部或胸背部肩胛骨之间。不少患者同时感觉有疼麻串向臀部或大腿外侧(腰部受害者)，或串向颈后和上肢(颈背)。疼痛于坐站较久或走路多时加重，清晨3~4点钟时加重，更换体位、按摩或扣打可减轻症状。疼痛还与天气变化有关，遇寒冷和潮湿，腰部酸胀痛明显(图24-9)。

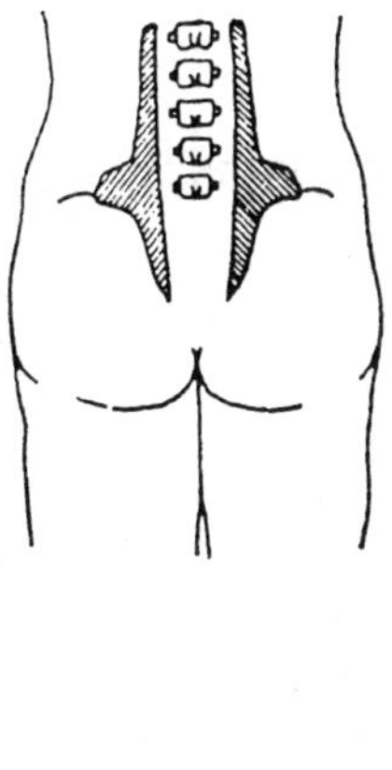

图24-8　腰部筋膜下脂肪的基本分布区

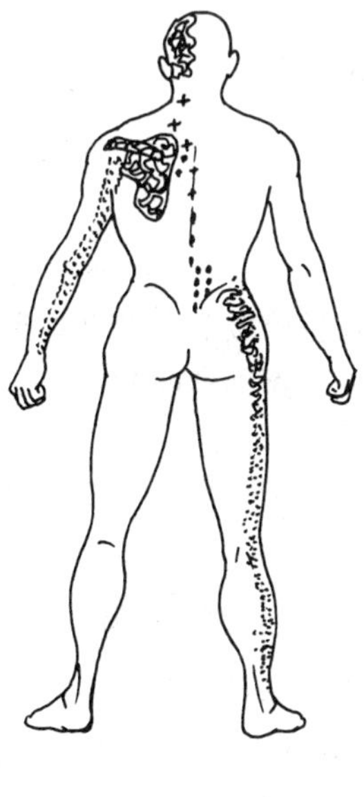

图24-9　腰背肌肉筋膜炎的锐敏痛点及串麻部位

（二）疼痛与运动的关系。大部分患者尚能坚持中小运动量的训练，往往表现为训练前后的疼痛，准备活动后疼痛减轻，运动训练后加重，经休息又减轻。

（三）检查：大部分患者脊柱曲线正常，活动范围良好，但脊柱活动过程中，特别是前屈，常在某一角度范围内出现腰痛。或于提肩胛成内收时背痛。腰背痛的局部可有硬结，或骶棘肌痉挛。腰背部可触到明显的压痛点，常在第5腰椎的第1骶椎棘突之间，髂嵴后1/4和骶骨背面骶棘肌附着处。另外，直腿抬高试验有的可呈阳性。

有时触诊有坐骨神经区放射痛，易被误诊为椎间盘脱出症，鉴别的最好方法是疼痛部以0.5%普鲁卡因封闭，本病于封闭后疼痛应立即消失，或明显减轻。

三、治疗与伤后训练

（一）非手术治疗

1. 理疗　热疗及超声波，拔火罐及水罐。

2. 按摩　应采取重手法治疗，常用手法有推摩、擦摩、揉、滚、叩打、弹筋、按压、搓等。

3. 针灸　背部阿是穴，腰部可取志室、肾俞、大肠俞、环跳、殷门、委中穴。

4. 封闭　应痛点封闭。常用药物有生理盐水、肾上腺皮质激素类、普鲁卡因、10%葡萄糖液、当归液等。

5. 喷氯乙烷　痛点用。

6. 口服药物　维生素E、保太松、消炎痛、布洛芬、芬必得等。

7. 中药治疗　内服术桂散或虎潜丸，外贴活络膏。

8. 使用保护带（围腰）。

9. 体疗　加强腰背肌、腹肌锻炼，做仰卧举腿、“飞燕”练习。

（二）手术治疗

对于经非手术治疗后效果不佳的顽固病例可手术治疗。

（三）伤后训练

持续性腰痛者暂停腰部负荷及体前屈练习。要根据腰痛严重程度及训练后的反应安排运动量和强度。每次训练时间不宜太长，训练内容多样化，不能“单打一”。

四、预防

（一）及时、彻底治疗急性腰伤。

（二）合理安排训练量，避免腰部过劳，注意佩戴护腰或宽腰带。

（三）在全面训练的基础上加强腰、腹肌练习。提高腰腹肌力量，保护脊柱。

（四）经常保持良好姿势，避免长期固定于一种体位。正确的坐姿对棋类运动员和学龄儿童都十分重要。对于某些需要弯腰工作的工种，应该坚持工间操，以消除腰部疲劳。

第五节　脊柱骨折

脊柱骨折和脱位约占全身骨折的5% ~6%，伤情较严重复杂，对劳动力影响很大，甚至危及生命，须注意积极预防，正确治疗。

脊柱是构成人体的中轴，由颈椎、胸椎、腰椎、骶椎、尾椎共33个椎骨借助椎间盘、韧带和关节连结而成。头颅、四肢、胸腹腔的脏器都间接或直接附着或悬挂在脊柱上。脊柱中央为椎孔连成的椎管，内藏脊髓，脊柱两侧有23个椎间孔，有脊神经和血管通过。因此，当脊椎发生损伤时，多波及内脏的解剖和生理，脊椎的骨折和脱位也可造成脊髓损伤，重者引起瘫痪或死亡。

椎骨分椎体和附件两部分。椎体前方有前纵韧带，后方有后纵韧带，棘突尖端有棘上韧带等。主要是这三条长韧带自颅骨底部至骶尾部，连接各椎骨形成脊柱。由于椎间盘的弹性和关节突关节的微动，再加上脊柱的肌肉群的牵拉，使脊柱产生了运动。因椎间盘的厚度不一和各段椎间关节面的方位不同，从而使脊柱各段的运动幅度存在差异。脊柱的颈椎和腰椎的活动范围较大。胸椎的上十节活动度小，较为稳定。骶椎融合成一整体，称骶骨，两侧与髂骨相连，较易固定。躯干某处受暴力作用时，暴力沿脊柱传导，常在脊柱稳定部分和活动部分交界处的椎骨形成损伤。胸、腰段(胸11、12 ~ 腰1、2)交界处脊柱活动较多，最易受伤。

各个椎骨的椎孔相连成椎管，自枕骨大孔通向末节骶椎。脊髓在椎管内通过，并从每一节段发出一对脊神经。胎儿1 ~ 3个月脊髓与椎管长度一致。自胚胎第4个月起，脊髓与椎骨的生长不一致，椎骨生长速度快而脊髓慢，终使脊髓的节段与椎骨的平面不相符。新生儿脊髓的下端平对第三腰椎，至成人则平对第一腰椎下缘。第二腰椎平面以下是马尾神经。一般计算脊髓分节平面的方法是：颈脊柱部位脊髓分节平面等于颈椎数加1；胸脊柱1 ~ 4部位等于胸椎数加2，胸脊柱7 ~ 11部位等于胸椎数加3；胸柱10 ~ 12是整个腰脊髓各节段，与腰椎1相对应的包括整个骶髓各节段(图24 - 10)。了解各个椎骨与脊髓节段间的关系，对于判断脊髓损伤的平面有指导意义。

脊柱骨折绝大多数是由间接暴力引起。如从高空落下，头、肩或足、臀部着地，身体的重力遇到地面的阻挡，使身体猛烈屈曲常致颈椎或胸、腰段交界处椎骨骨折。弯腰工作时，重物落下打击头、肩或背部等，使脊柱急剧屈曲，也可产生同样的损伤。作用于脊柱的暴力，可分为垂直分力和水平分力。垂直分力越大越容易发生压缩骨折，水平分力越大，越容易发生脱位(图24 - 11)。

常见的脊柱骨折有胸腰椎及颈椎骨折。

一、胸腰椎骨折与脱位

(一)损伤机制及病理

运动员中发生胸腰椎骨折的较少。多系由高处“掉下“臀部着地间接暴力引起，如单杠

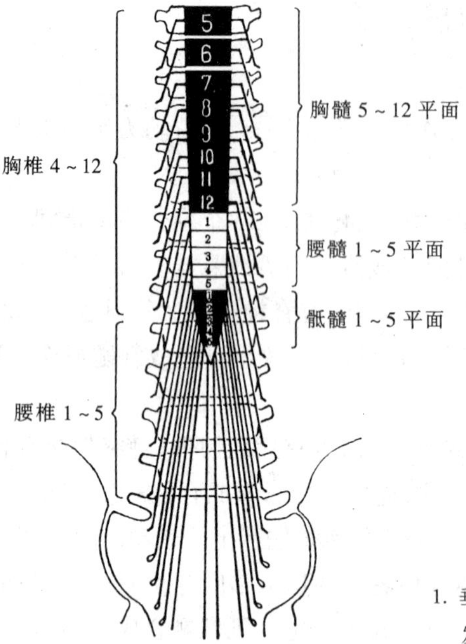

图 24－10　脊髓节段与椎体平面关系

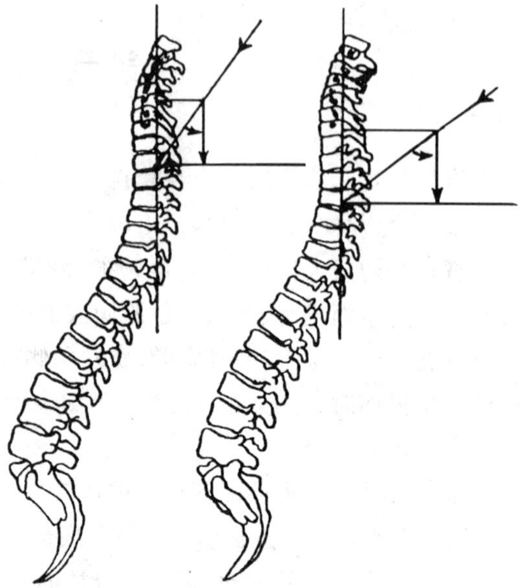

1. 垂直分力较大,容易发生压缩骨折　2. 水平分力较大,容易发生脱位

图 25－11　脊椎骨折脱位与暴力方向的关系

失手、跳伞落地技术不正确等(图 24－12)。这种间接暴力的方向可为纵行挤压,产生椎体的压缩骨折如楔形骨折,也可因脊柱的突然屈曲力产生。这时,除椎体压缩变形成粉碎性骨折外,常同时合并小关节脱位和棘突骨折或棘间韧带撕裂。另外,身体突然暴力扭转(可发生横突骨折)、突然过伸(引起椎板骨折)等也是运动中较易发生的损伤机理。至于胸或腰部受水平暴力冲撞(产生间接的剪状应力)导致椎弓椎体骨折脱位,根据骨折的稳定性通常将胸腰椎骨折分成两类(图 24－13)。1. 稳定型胸腰椎骨折:(1)椎体楔形压缩骨折;(2)横突骨折;(3)第五腰椎以上的椎板骨折。2. 不稳定型胸腰椎骨折:(1)椎体骨折合并小关节脱位或绞锁;(2)椎体与关节突骨折、脱位;(3)第五腰椎椎板骨折;(4)严重的椎体粉碎性骨折;(5)椎体严重楔形压缩骨折合并棘间韧带断裂或棘突骨折;(6)脊椎骨折合并脊髓神经损伤。

(二)症状与诊断

1. 有严重的外伤史。

2. 如无脊髓损伤,则伤时感觉胸椎或腰椎部剧痛,腰背部肌肉痉挛,感觉腰部软弱无力,不能起立、起坐、翻身困难。由于腹膜后血肿对植物神经的刺激,肠蠕动减慢,常出现腹胀、腹痛、大便秘结等症状。合并脊髓损伤时,则因损伤的轻重出现程度不等的神经症状,严重的出现截瘫。

3. 畸形:多为脊柱后凸畸形,重者直观可以看出,轻者在手摸时才可发生伤部棘突向后突起。

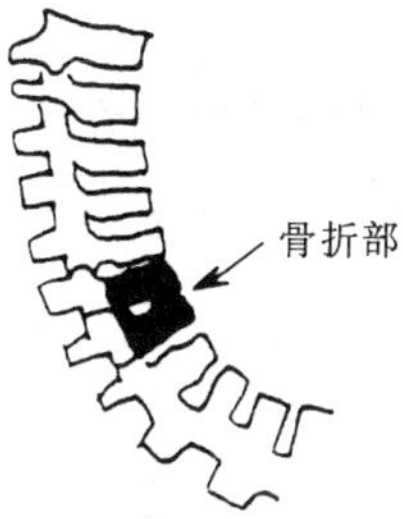

图 24－12　跳伞引起脊椎骨折的机理

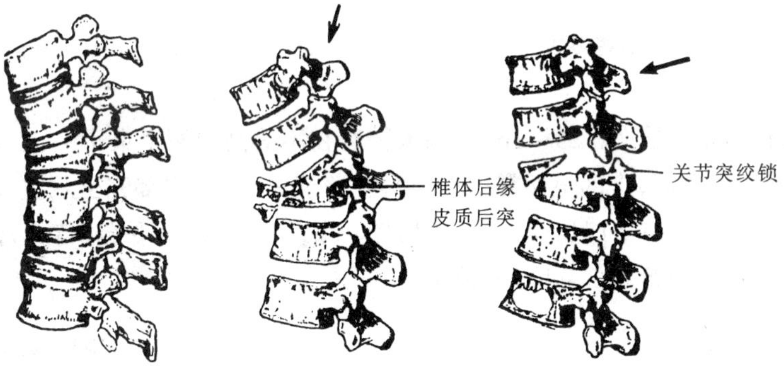

1. 椎体单纯压缩骨折　2. 椎体粉碎压缩骨折　3. 椎骨骨折脱位，关节突绞锁

图 24－13

4. 检查：用手指从上至下逐个按压棘突，如为横突骨折伤部多肿胀、压痛和叩击痛。椎体骨折合并棘突骨折或棘间韧带损伤时，局部肿胀，明显压痛，棘突间隙增宽。如为单侧小关节跳跃（脱位绞锁），则棘突有侧方移位。

5. X 线检查对于明确诊断，确定损伤部位、类型和移位情况，以及指导治疗有重要意义。

（三）治疗与伤后训练

1. 稳定型骨折　目前处理稳定骨折的方法有两种意见：

（1）单纯功能锻炼　伤后先卧硬床休息，在骨折部垫厚枕使脊柱过伸，伤后 1 周左右，腰痛减轻，即可开始进行背肌锻炼、俯卧练习腰的背伸活动或仰卧做桥训练皆可。利用背伸肌的强大肌力及背伸的姿势，使脊柱过伸，借椎体前方前纵韧带及椎间盘纤维环的张力可使压缩的椎体自行复位，恢复原状。在背肌有力（患者俯卧背伸，医生按压患者足部，这时如头同时翘起，即说明背肌非常有力）时开始下床，但这时病人仍不应弯腰。2～3个月后骨折已愈合，再开始练习腰的屈伸与转体活动（图24－14）。

(2)复位加功能练习

①自动复位法　病人仰卧，脊柱后凸部垫高，并逐渐加高，使骨折自动复位。复位后逐渐开始背肌练习。

②悬足复位法（图24－15）　全麻后，病人俯卧，将足用布带缓缓吊起，使腰过度背伸，利用脊椎前纵韧带的拉力将骨折复位，然后上一石膏背心固定。

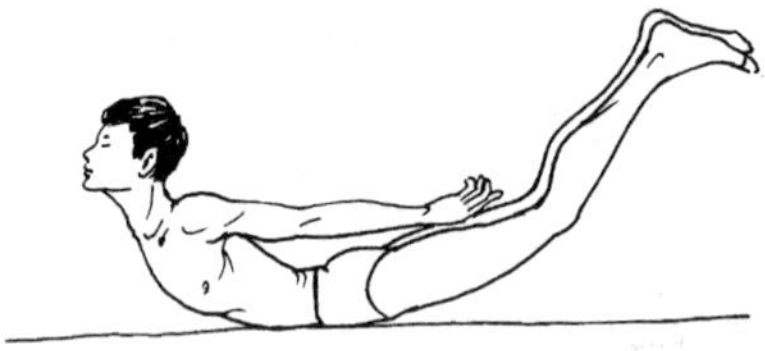

图24－14　背肌练习法

图24－15　悬足复位法

③双桌移动复位法（图25－16）　病人俯卧在不等高的两个桌子上，上肢伏于高桌边缘，低桌置于大腿根部，腹部垫矮凳。勿需麻醉，将凳移开，使腰部完全悬空并背伸，然后急速上一石膏背心（图24－17）。其上缘达胸骨上缘，下缘抵耻骨联合，待石膏干燥后，次日即应开始练背肌。石膏约3～4个月除去。

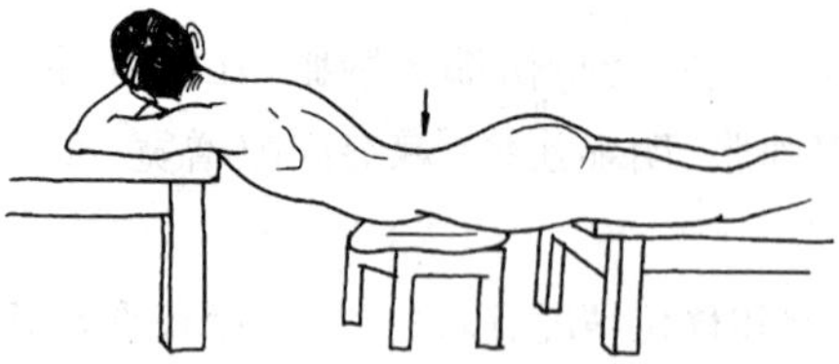

图24－16　双桌复位法

图24－17　石膏背心
（上自胸骨柄上，下抵耻骨）

2. 不稳定型骨折

多主张行切开复位脊椎融合术。术后卧床 3～4 周后，改用石膏背心固定 3～4 个月。这一类骨折的治疗，如仅是粉碎性骨折或小关节半脱位，近年来也有人主张以功能练习治疗，而不手术或复位。如同时合并截瘫，宜手术复位，椎板切除减压治疗。不可逆的截瘫应注意伤后褥疮、肺炎、泌尿系感染等的预防及治疗。

二、颈椎骨折脱位

此伤在运动创伤中比较少见，一旦发生常较严重，合并脊髓损伤者多致残或致命。有时，受伤当时病情不重，但由于急救处理失当，造成严重后果者却屡见不鲜，应引起注意。

此伤多见于体操（单杠和自由体操）、跳水、京剧和杂技运动中。受伤动作主要是头部受撞或高空落地时，头部撞地，颈部突然屈曲或伸展所致。

（一）损伤类型

1. 寰椎外伤性前脱位

（1）损伤机制及病理

枕部着力使颈部突然屈曲，致使寰椎前齿突向后错动损伤横韧带，并随着力量及错位的增大撕断翼状韧带及副韧带。脊髓如同时受伤则出现四肢瘫痪或因伤及呼吸循环中枢引起急死。因此，在运动场上发生颈的"前屈"或"后仰"头部着地受伤时，都有可能发生寰椎前脱位的可能，切不可忽略（图 24－18）。受伤项目：高台跳水入水时颈部突然前屈，京剧、杂技、体操翻筋斗时，头着地突然屈颈。

（2）症状与诊断

受伤时即出现完全或不完全的四肢瘫痪者，易于诊断。不合并瘫痪者则易遗漏。一般轻者受伤后多有上颈疼痛、颈僵、后头或颈部麻木或有神经刺激症状，吞咽时咽部痛。有的还有上肢半麻无力，手指不灵，甚至步行障碍。检查时，头有程度不等的伸屈畸形、颈 2 棘突压痛，咽后壁压痛，有时下肢腱反射亢进，上肢出现病理反射，X 线检查有助于诊断。

2. 枢椎齿状突骨折

（1）损伤机制及病理

头部受力突然使直伸的颈椎屈曲成伸展都可以使齿状突发生骨折。齿状突骨折时，其营养血管损伤（主要由副韧带带来的）因骨折损伤程度及骨折位置的高低而不同，骨折位置较高者，常常产生齿状突无菌性坏死、骨折迟延愈合或不愈合。齿突骨折约 40% 合并头部外伤。

（2）症状与诊断

症状与寰椎脱位相同，关键是颈椎 1、2 的 X 线片检查（图 24－19），一般较少发生瘫痪。

3. 颈椎脱位

多由突然屈颈、剪状暴力所引起。下一椎体的前缘被压缩后，脱位之椎体向前移位，一侧或两侧椎间小关节可发生绞锁，脊髓常被挫伤或压迫。

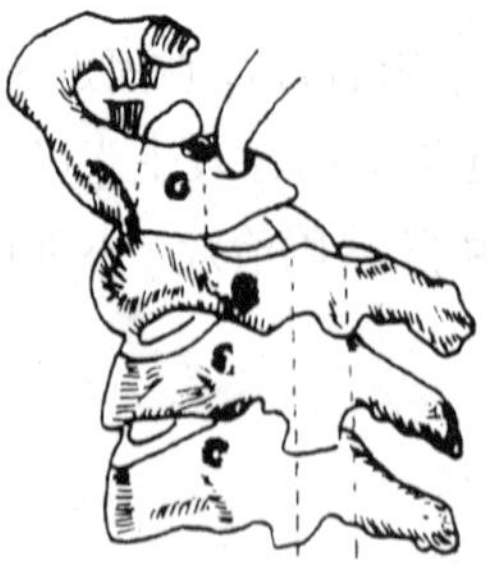

图 24－18　寰椎外伤性前脱位的病理

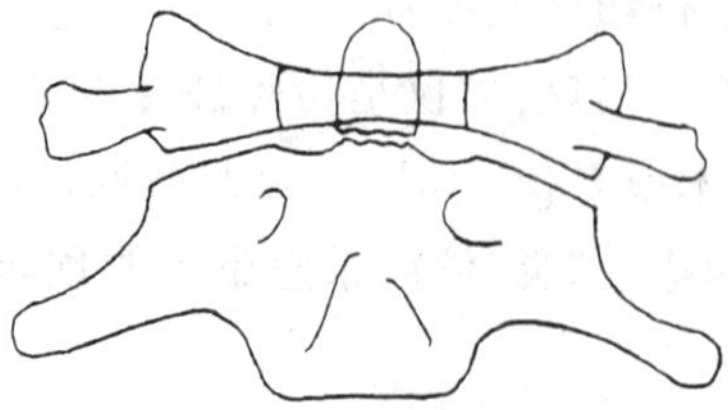

图 24－19　齿突骨折开口像

4. **颈椎椎体骨折**

易发生于颈 5～7 椎体。多因颈屈曲暴力所致,颈椎椎体压缩骨折。轻型:椎体成楔形或压扁,未累及小关节,因而椎体并不发生脱位。一般也不发生截瘫。重型(属粉碎性骨折):由于压碎的骨片由椎体后缘突入椎管,所以常常引起脊髓急性压迫或破坏,晚期也可因骨质增生压迫脊髓。这类骨折,骨折片突入椎管时,部分病例表现为受伤平面以下四肢瘫痪,温觉、痛觉、触觉障碍,但立体感、运动感和震动感等深部感觉仍保存或仅部分丧失。

(二)治疗与伤后训练

1. 压缩或移位轻者,用颌枕吊带在卧位牵引复位(图 24－20)。牵引重量 3～5 公斤。复位后随即用头颈胸石膏固定,时间约 3 个月。石膏干硬后即可起床活动。

2. 有明显压缩或移位,或有半脱位者,用持续颅骨牵引复位(图 24－21)。牵引重量 3～5 公斤,必要时可增加到 6～10 公斤,及时做 X 线片复查,如已复位,即用头颈胸石膏固定,时间同前。

图 24－20　颌枕带牵引

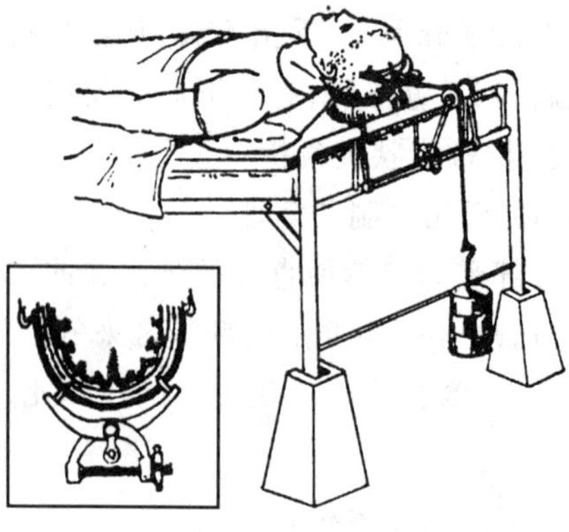

图 24－21　颅骨牵引

3. 颈椎骨折脱位有关节突绞锁者,病情较复杂,危险性较大。须行闭合或切开复位,但要特别谨慎。

（三）颈椎损伤的现场急救

运动现场往往医疗条件简陋，不可能拍X线片。因此，应根据受伤动作机理和初步检查来判断。疑及或不能除外颈椎骨折脱位时，应按此类损伤处理。为防止继发损伤，最好是保持头部原位不动的状态，将伤员移至硬板上，头颈周围垫好，防止摇晃移动，然后再送医院。如果有神经压迫或刺激征象，可考虑适当初步处理，复位并解除对神经的压迫。手法是沿畸形的方向将颈椎纵向牵引，必要时稍加小范围轻柔旋转手法，一两下即止。此时，由于肌肉痉挛尚未出现，有利于复位，也不会造成新的损伤。如麻痹症状无改善则停止牵引。

三、脊柱损伤的预防

（一）加强思想教育，加强安全、组织性、纪律性的教育，加强防伤观念教育，训练比赛中思想高度集中，不随意，不马虎应付。

（二）学新动作时不要随意脱保，较难动作脱保时，运动员、教练员甚至有关领导应参加共同研究，决定时机并解决保护措施。学习难新动作时必须使用保险带、厚海绵垫或海绵坑。

（三）加强场地器材的检查与管理。

（四）对初学跳水者应加强教育，不要任意跳水，同时应强调跳水及入水的技术要领。

第六节　椎间盘突出症

椎间盘突出症指椎间盘发生退行性变，或因某种原因纤维部分或完全破坏连同髓核一并向外膨出压迫神经成脊髓，引起一系列神经症状者。其中腰椎间盘突出症是一种常见的腰腿痛疾病，好发于20~45岁的青壮年，颈椎间盘突出症多见于中年。在运动创伤中，可见于举重、体操、跨栏、排球、投掷、游泳等运动员。

椎间盘是上下椎体间的软骨性组织。由软骨板、髓核和纤维环组成。1. 软骨板是厚约1毫米的透明软骨，连接于椎体和椎间盘之间，有许多微孔，为椎间盘内水分、营养物质和代谢产物的出入通道。无神经和血供。2. 髓核为胶冻样的胶原物质，中有软骨细胞和胶原纤维网状结构。髓核含水分80%，富于蛋白粘多糖，具有弹性和膨胀性能。3. 在髓核周围有纤维环，共分三层，外层为胶原纤维，内层为纤维软骨，其纤维的深浅层呈束状方格样排列，这一结构不仅可加固上下椎体的联系，加大上下椎体的分离范围，而且可以防止椎体间的过度旋转（图24-22）。髓核被环包在中心，是一种半液体组织，含有网状纤维结构及小量细胞成分。由于髓核内的水分具有不可压缩的特性而纤维环有韧性与弹性，故髓核具有轴承和液压作用。所以，椎间盘的作用是防震并通过髓核的流体作用完成脊柱的自由活动。屈曲时髓核后移，背伸时前移，扭转时也相应移动。

椎间盘的厚度在脊椎各段并不一致。腰椎最厚，胸椎最薄。骶椎的长度不算在内，椎间盘的总厚度约占脊柱全长的1/4。椎间盘自身无营养血管，其营养来源于椎体海绵组织的渗透作用，因此，很易变性。变性后疼痛主要是因为刺激了附近的韧带或神经根出现水肿粘连所引起(图 24－23)。

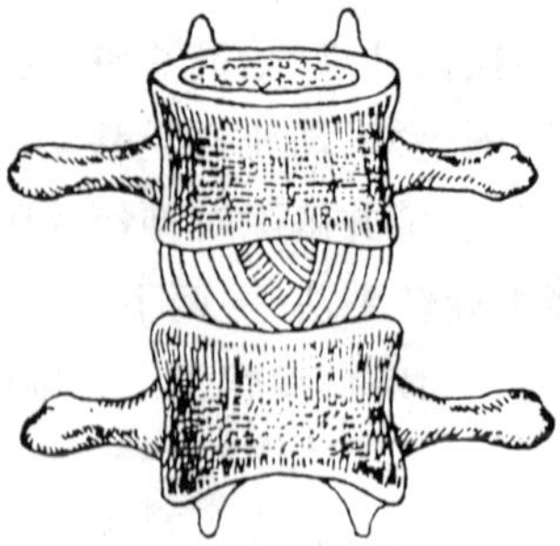

图 24－22　纤维环的方格状纤维排列

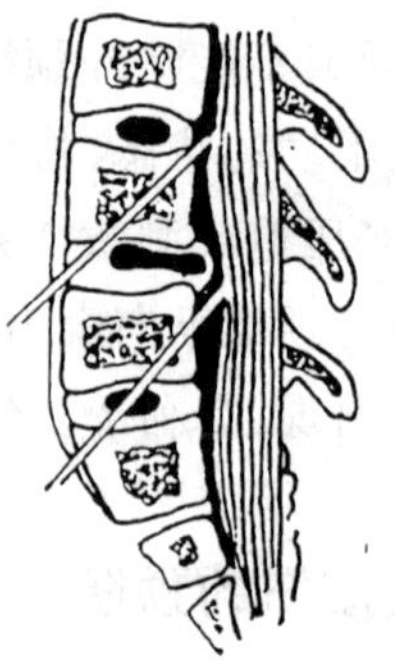

图 24－23　椎间盘突出压迫神经根

一、腰椎间盘突出症

主要是指下腰椎，尤其是腰 4～5，腰 5、骶 1 和腰 3～4 椎间盘的纤维环破裂和髓核组织的突出，压迫、刺激相应水平的一侧或两侧坐骨神经根所引起的一系列症状和体征。约 60% 的病人都有举抬重物或剧烈运动的外伤史。

(一)损伤机制及病理

椎间盘的生理性退变从 20 岁起即已开始，可视为诱因。在伤力的作用下易发生退变和突出，突出的部位多在一侧或两侧后外侧，也可以是中间突出。中间突出一般都压迫马尾(S3、4、5)，属马尾型。根据突出程度的不同，椎间盘突出可分为三类，即：1. 完整型；2. 骨膜下型；3. 椎管内突出(破裂)型。突出后多刺激压迫一侧或两侧神经根或马尾，或有粘连充血水肿，神经变性产生坐骨神经痛或马尾神经症状。致痛因素主要为：1. 由破裂组织释放的组织胺所引起的化学性炎症。2. 由体循环隔绝的髓核组织的突出所引起的自身免疫性炎症。3. 由压迫坐骨神经根所引起的创伤性炎症。另外，椎间盘突出后，该节段即失去了稳定。初期由椎旁肌的痉挛，使其稳定。以后椎间盘的退变加重，椎间隙和椎间孔变窄，也使相应的小关节和它的韧带改变了正常的关系，引起小关节炎，椎体缘发生骨赘，黄韧带与后纵韧带等的损伤与肥厚，以及腰肌慢性损伤，成为慢性腰痛和压迫马尾神经的另一原因。

国外学者曾按病理的发展过程将椎间盘突出分为三期：第一期为变性期，由髓核的含水成分改变及核形成的死块始，渐渐侵犯纤维环，并最终破裂。第二期为髓核形成的“死块”经破口突出。第三期为修复期，破出的髓核(死块)代之以纤维瘢痕组织。

(二)症状与诊断

1. 症状

依照发病的不同时期和突出的不同部位而不同。最显著的自觉症状是剧烈的下腰痛和单侧的坐骨神经痛。

(1)腰痛:腰椎间盘突出以前,常有一段时间的腰痛,反复发作,常伴臀部感应痛。

(2)单侧坐骨神经痛:疼痛多向臀部大腿、小腿外侧及足部放射。咳嗽、打喷嚏和大便用力时都使疼痛加重。严重时需手杖助行,有的间歇性跛行。卧床休息常能使疼痛减轻。

(3) 慢性和复发性。这种疼痛的发作多属突然性、周期性,即经休息痊愈后又突然发生。

2. 体征

(1) 约 80% ~90% 的病人脊柱有明显的"S"形侧弯,腰部正常前凹曲线消失,板平或轻度后凸(图 24-24)。

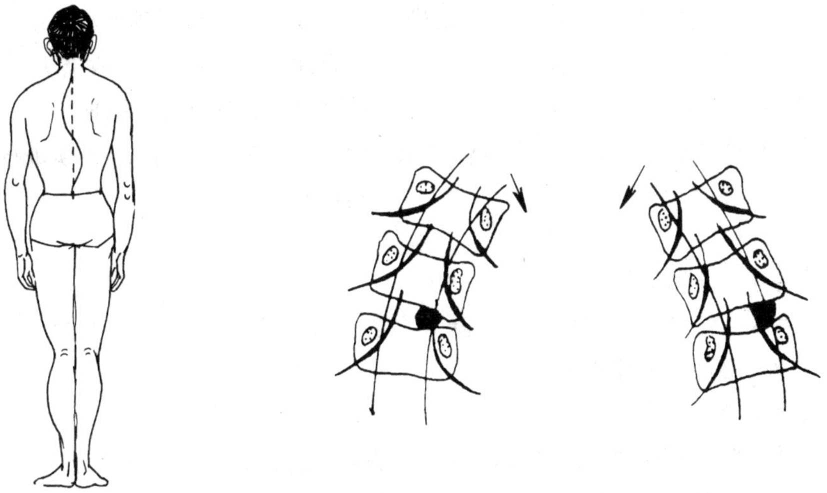

1. 腰椎间盘突出症的脊椎侧弯

2. 突出在神经根内侧,腰弯向患侧
突出在神经根外侧,腰弯向健侧

图 24-24

(2) 突出间隙的棘上韧带有压痛及压串,病人俯卧,用一指按压突出的椎板间隙时如出现串麻即为阳性。

(3)弯腰时,叩击突出间隙的椎旁软组织时,可引起或加重坐骨神经痛,称椎旁叩击征阳性,有定位意义。

(4) 俯卧时,沿坐骨神经的行经有压痛,上起坐骨切迸处,经大腿后侧和腘窝正中,至小腿后侧正中和腓骨颈处。

(5) 坐骨神经牵拉试验:常用的有直腿抬高试验和加强试验(图 24-25),仰卧,膝伸直,被动抬高患侧下肢至出现坐骨神经痛时为止。正常,抬高至 60°~70°时才感到腘窝处不适,特殊职业者可抬至 90°尚无不适。椎间盘突出症患者,抬至 20°~40°时已有坐骨神经痛,称为试验阳性。再做加强试验,方法同前,待出现坐骨神经痛后,略微降低患肢抬高角度至疼痛减轻或刚消退时,再将踝关节被动背屈,如出现坐骨神经痛,则为阳性。

(6)感觉,运动和腱反射改变:早期为痛觉过敏,稍后为减退。腰 5 神经根受累者,感觉

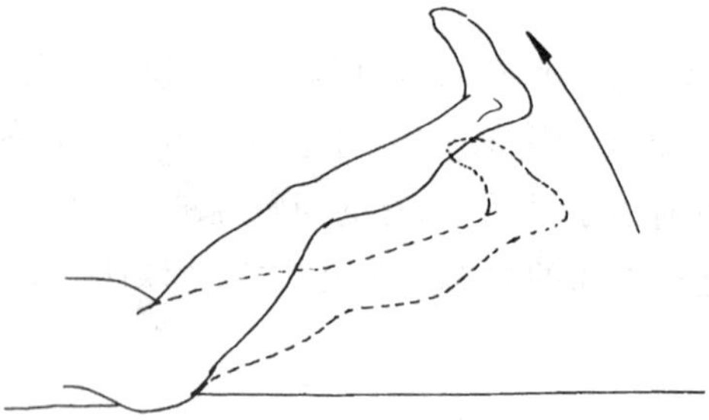

图 24－25　直腿抬高试验和加强试验(实线为直腿抬高试验,虚线为加强试验)

改变在小腿前侧和足的内侧,并可伴有的背伸乏力或不能。骶 1 神经根受累者,感觉改变在外踝部和足的外侧,可伴有趾的跖屈乏力或不能,跟腱反射可减弱或消失。压迫马尾神经者,马鞍区有感觉消失或减退,以及膀胱肛门括约肌功能障碍的体征。

根据上述症状和体格检查,典型病例即可确诊。对非典型病人,还须进行 X 线检查、肌电图、CT、脊髓造影或核磁共振等检查,以明确诊断。

(三)治疗与伤后训练

分非手术治疗和手术治疗两种。绝大多数病人经非手术疗法(康复治疗为主)可以收效,尤其初发。另外,治疗必须结合预防,才能巩固疗效,避免复发。

1. 非手术治疗

主要目的在于使椎间盘的突出部分和受刺激的神经根的炎性水肿加速消退,松解粘连从而减轻或解除神经根的压迫,使疼痛减轻或消失。

(1) 卧硬板床休息和制动　卧位时椎间盘内压最低,而且肌肉松弛,有利于突出物的还纳和椎间盘的修复,缓解疼痛。采取卧木板床,自由体位,一般以 3 周左右为宜。牵引、推拿后也均应卧床休息,离床时宜用腰围保护,使疗效得以巩固。

(2)牵引　牵引治疗腰椎间盘突出症效果显著。牵引的作用主要是使下段腰椎间隙增大,产生负压,另外,还使后纵韧带紧张起到向前推压的作用。有利于髓核还纳。牵引还可改变突出物与神经根粘连的关系,减轻或消除神经根受压和激惹。牵引还能使痉挛的肌肉受到牵伸而松弛,从而缓解疼痛。

牵引具体种类方法很多,卧位持续牵引应用最广,病人卧硬床,用两个牵引套分别固定骨盆和胸部或腰部进行对抗牵引。牵引重量可 15～40 公斤,每日 1～2 次,每次 30～40 分钟。孕妇或合并高血压、心脏病者禁用。如能坚持治疗,3～4 周内可望缓解。

(3)推拿　推拿治疗对不少病例效果良好。目前对其作用机理认为有以下三点:A. 迫使突出物还纳。B. 松解神经根粘连,使突出物移动位置与神经根脱离接触。C. 将突出的髓核挤破弄碎,使其内容物逸出,进入硬脊膜外腔,因而解除压迫。推拿时,病人先取俯卧位,在患侧腰腿部进行推、揉、滚等手法,并配合穴位按摩,使肌肉放松后再进行手法对抗牵引或颤抖手法,然后改取健侧卧位,做斜扳和引伸手法,最后做放松手法。每次推拿约 15～20 分钟,每日或隔日一次。

(4) 物理治疗　可酌情选用超声波、干扰电、超短波等疗法，缓解肌肉痉挛，促进突出部位水肿消退，松解粘连，减轻炎症使病情好转。

(5) 运动疗法　当症状和体征好转后，即应开始进行增加腰背肌和腹肌的肌力训练和下肢的一般训练。

2. 手术治疗

经严格的非手术疗法而无效的确诊病人，或反复发作者，或中央型突出或脱出者，可考虑手术摘除突出或脱出的椎间盘。

（四）预防

预防包括两层意义：1. 预防发生。2. 预防复发。

主要注意以下原则和措施：1. 平时注意站、坐、行和劳动姿势。2. 加强腰腿部肌肉锻炼，维持脊柱稳定性。3. 预防机体和组织老化等。

二、颈椎间盘突出症

（一）损伤机制及病理

其发生类似腰椎间盘突出症，主要有两种情况。1. 颈长期屈曲劳损。如排球救球滚翻、游泳等引起椎间盘变性，再由某一颈椎的动作突然发病，也有的是症状逐渐出现，因此，和颈椎病很难区别。2. 急性损伤。颈挥鞭损伤，伤了颈椎间盘，突然发病。约有 20% 的运动员高下法落地头颈屈曲受伤，也可导致此症。

依其病理可分为以下两种。

1. 纤维环破裂型：核突出或脱出，其症状因核脱出的位置不同而不同。(1) 中间突出，多压迫脊髓。(2) 中侧方突出，压迫脊髓及神经根。(3) 侧方突出，压迫神经根。这种突出都可因同时压迫了椎间盘的周围组织，如韧带而产生颈、肩及肩胛部疼痛。

2. 坚硬的椎间盘型：有骨唇，增生的横梁，间突关节骨刺或颈椎变的一些改变。有人认为此型是前一型的延续，也有人认为是椎间盘变性，勾突关节变性引起而不是破裂，因此把它归类于颈椎病。

（二）症状与诊断

属急性伤，如颈挥鞭损伤型突然椎间盘破裂者，突出物较多，有时引起四肢瘫痪。

一般其症状可分为根性、脊髓和血管症状三种。1. 根性症状：有肩臂疼痛、颈僵痛（如落枕）。约 10% 为突然发生。检查颈 4 以下有轴心压串（颈压轴试验阳性，图 24 – 26）。臂丛神经牵拉试验阳性（图 24 – 27）。臂丛及椎间孔压痛。这些症状因病变部位不同而不同，如表 24 – 1。2. 脊髓症状：多系一次外伤突然发生。慢性者可能系颈过伸时椎板或椎间盘或骨刺挤压所致。主要表现是椎体束症状及上肢知觉改变。霍夫曼（Hoffmam）征阳性，肌肉纤颤，有电击感，下肢无力呈痉挛性麻痹，似多发性侧索硬化。3. 血管症状：多系慢性，主要系勾突关节骨刺刺激椎动脉的交感神经网，引起脑的基础动脉痉挛产生症状，如头晕、头痛、意识障碍、视觉症状（复视、视力减退、模糊等）。

表 24－1　　颈椎间盘突出根性症状定位

伤部	$C_{5\sim6}$(根 C_6)	C_6-C_7(根 C_7)	C_7-T_1(根 C_6)
根性症状	1. 疼痛部位： 颈 肩 肩胛内缘有时前胸 上臂外侧、前臂背侧 2. 麻木：拇指和食指 3. 反射：肱二头肌无力，反射下降	1. 疼痛部位： 同左 2. 麻木：食指和中指 3. 反射，肱三头肌无力，反射下降	1. 疼痛部位： 颈 肩 肩胛内缘有时前胸 上臂内侧、前臂内侧 2. 麻木：中指、环指和小指 3. 反射：肱三头肌反射下降

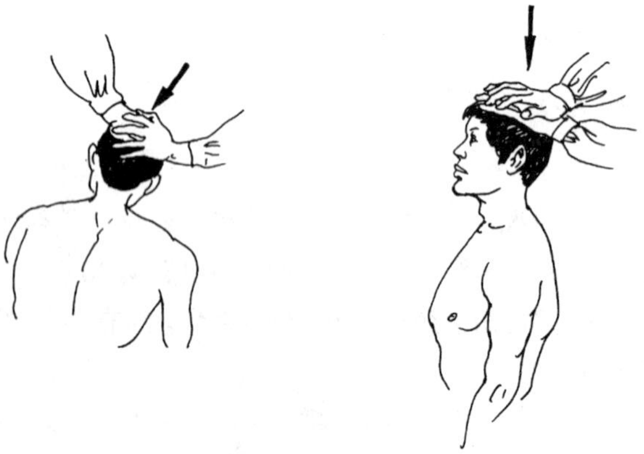

图 24－26　颈压轴试验

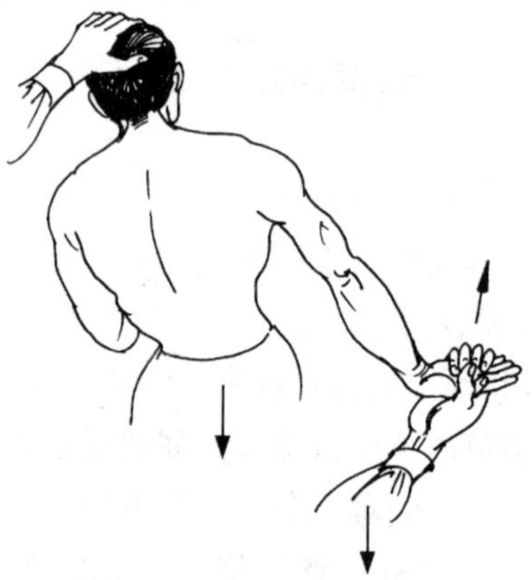

图 24－27　臂丛神经牵拉试验

X 线诊断：可照颈的屈伸侧位相，如果颈椎正常曲线变直或有成角即有诊断意义。晚期出现椎间隙变窄和骨唇形成。照斜侧位相多有椎孔变形。最好的方法是行椎管碘油造影 CT 或 MRI 检查。

（三）治疗与伤后训练

1. 非手术治疗

（1）颈椎牵引　通常采用颌枕吊带牵引，坐位，头稍前屈，约前倾 20°，并以病人感觉舒适且能减轻症状为准。牵引重量一般主张稍大而牵引时间稍短，常以 3～5 公斤开始，增至 8～10 公斤或多，但以不超过体重 1/4 为宜，通常以取得疗效而又能为病人所耐受为度。一般每日 1～2 次，每次 15～30 分钟。坚持数周，效果较好。

（2）推拿按摩　是应用普遍且效果良好的治疗方法。手法要求正确恰当，严禁暴力强行屈伸扭转，以免造成颈椎骨折、脱位损伤脊髓引起意外事故。

（3）物理治疗　应用各种热疗和冷疗，亦可应用超声波疗法、干扰电疗法等。通过理疗，能改善局部血液循环，放松痉挛肌肉，消除炎性水肿和局部硬结，使疼痛得到缓解。

(4)运动疗法　加强颈项部肌肉力量练习,保持和恢复颈项部活动范围的练习。

2. 手术治疗

根据情况决定行脊椎固定、椎板切除减压术或椎板成型术。多于脊髓及脊神经根部压迫,症状急剧恶化时选用。

(四)预防

主要注意以下原则和措施:1. 平时注意站、坐、行和劳动姿势。2. 加强颈部肌肉锻炼,维持脊柱稳定性。3. 预防机体和组织老化等。

第二十五章　骨骺损伤

骨骺是儿童青少年生长发育时的重要组织结构，随着现代竞技体育的发展和全民健身活动的普及，儿童青少年发生骨骺部的运动疾患越来越多见。据统计，骨骺损伤约占16岁以下儿童青少年长骨骨折的6%～15%，且男孩多于女孩。

人体在早期胚胎时期，全身骨骼并非由骨组织构成，最初模型由软骨组织构成。后来随胚胎的成长，全身骨骼中各主要长骨逐渐由骨组织代替。这种现象，称为“化骨”。约在胚胎的第三个月时，长骨的软骨雏形的中段，软骨细胞先出现增生，肥大，软骨基质减少，随之有钙盐沉积，首先呈现化骨区，称为“原发化骨中心”。随着软骨雏形的不断生长，“原发化骨中心”的成骨过程也陆续从骨中向骨骺的两端伸展。

长骨在增长发育的过程中并非是一个完整的骨骼，在骨的两端称为骨骺，开始也是软骨成分。随着年龄的增长，长骨两端的软骨组织内也相继出现化骨区，这种骨骺部的化骨区，称为“次发化骨中心”。当骨骺全部化骨时，它与长骨干之间只剩下一片暂不骨化的软骨，称为骺板(或骨骺软骨板)。到全身发育停止时，该处的软骨也为骨组织所代替，这种化骨现象称为“骨骺封合”，通常发生在18～22岁之间(图25－1)。这时长骨由骨干到骨端就变成一个完整的骨骼。

骨骺有两种类型，即“受压骨骺”和“牵拉骨骺”。受压骨骺位于长骨的两端，承受由关节传来的压力。它是一个关节骨骺，它的骺板司长骨的增长，因此，如果生长受碍，即影响肢体的长度及关节的外形。牵拉骨骺位于大肌肉的起点或止点，如股骨大小粗隆或胫骨结节部的骨骺承受的是拉力而不是压力，它不提供骨的纵轴生长，也不影响肢体的长度(图25－1)。

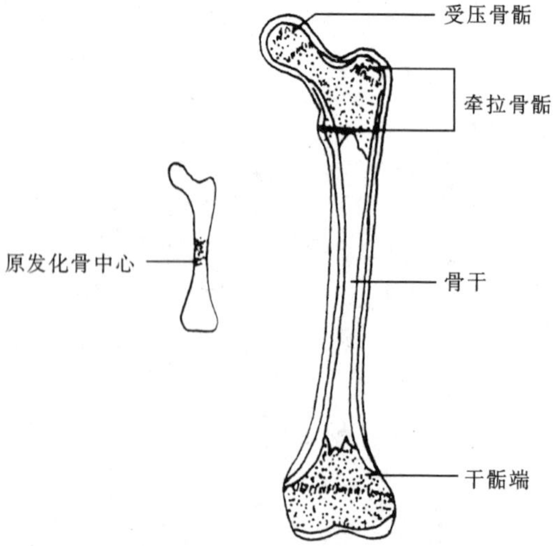

图25－1　骨骺化骨类型

正常骺板的组织学结构，可分为四层，即静息层、生长层、转化层和化骨层（图 25－2）。生长层内，细胞分裂，间质增长，细胞渐成栅柱状排列，其表层为静息层，细胞水平排列。转化层又称钙化层，细胞肥大变性，基质内出现钙质沉着，继而细胞死亡。由于细胞大，功能丧失，周围的软骨基质相对减少，软骨变得较为脆弱，所以容易折断。一般骺板骨折部发生在此处。化骨层内的软骨溶解，其基质已基本钙化，软骨组织被骨所代替。一般此处不发生骨折。

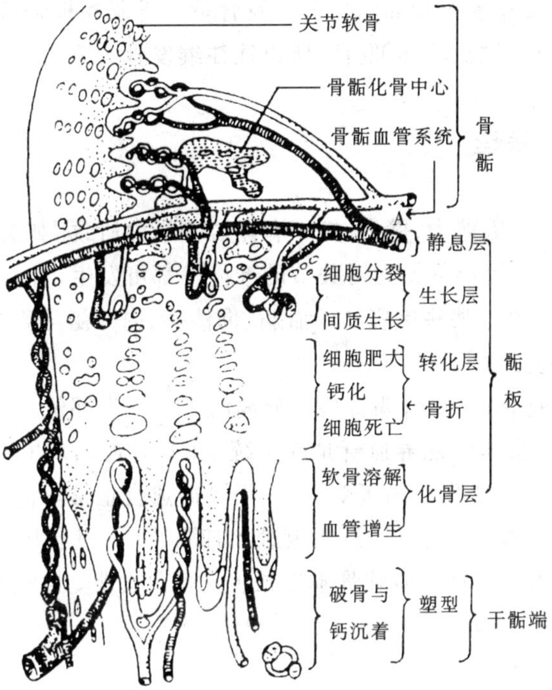

图 25－2　骨骺、骺板的组织结构及两种血管供应系统

受压骨骺的表面都覆盖着一层关节软骨，因此，其营养来源一般由关节液滋养软骨，而血管都在有骨的一侧。骨骺滋养血管的进入有两种途径。较多见的是滋养血管在远离骺板处穿透骨骺的边缘进入（直接进入）。较少见的是滋养血管通过骺板的边缘进入骨骺（间接进入）。后者在骨骺分离时血管常被损伤。骺板的血液供应分为骨骺和干骺两个不同的系统，前者血管通过骨骺的骨板后终止于骺板的静息层，后者起源于骨干的髓腔，终止于骺板的化骨层（图 25－3）。

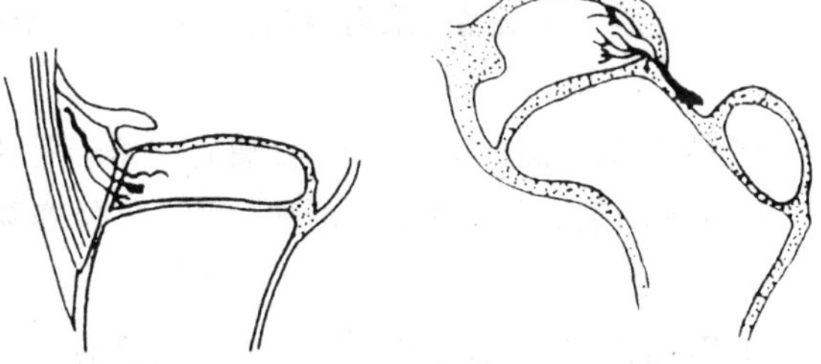

图 25－3　骨骺血管供应的两种类型

由于骺板较正常的肌腱及韧带强度弱2～5倍，同时也不及关节囊那样牢固。因此，骺板在力学上是个弱点，成人常引起韧带断裂或关节脱位的损伤，儿童常可发生骨骺分离。

第一节　受压骨骺损伤

受压骨骺损伤主要指受压骨骺骺板分离及骨折。骨骺骺板骨折的诊断及治疗都较特殊，其预后，由于损伤常影响骨骺的发育，所以往往继发骨关节畸形。

一、损伤机制及病理

骺板分离或骨折，多因剪力、劈力、挤压和撕脱等暴力所致。如关节过度扭曲或遭到外力打击，以及来源于肢体远端的暴力对关节的冲撞等都可发生。体育运动中此类损伤常发生在桡骨和胫骨远端骨骺。某些疾病如坏血病、佝偻病、内分泌障碍等，也使其容易发生损伤，运动训练中应引起注意。

骺板的脆弱点在钙化层，是骨骺骨折和分离的主要发生部位。骨折时大部骺板都附着在骨骺上，由于大部分骺板的滋养血管是骺系统，来自骨骺，所以多数骨骺骨折不损害血管，也不影响骨骼的发育，受伤后骺板变宽，三周后即愈合正常。但少数如股骨头骨骺、肱骨内外髁及桡骨小头骨骺，血管是通过骺板进入骨骺的，一旦骺板骨折，则断绝血运引起这些骨骺坏死。骺板由于血运障碍软骨不生长也变薄。软骨变性骺端也变得不规则，最后骨骺变形。

二、症状与诊断

这种损伤常有急性损伤史，局部出现红、肿、疼痛、压痛及功能障碍等。儿童在发生骨端骨折脱位现象时，或关节扭伤时，首先应想到骨骺骺板骨折。确诊必须依靠X线检查。但常需照两侧对比相。同时也应注意，有的骨骺板骨折错位后立即复位，则X线表现多正常。这时就需仔细检查压痛位置及骨擦音。

临床上根据伤力作用方向，骺板生长细胞与骨折线的关系，并考虑到治疗方法及预后，常将受压骨骺损伤分成五种类型(图25－4)。

I型：骨骺完全分离型：骨膜一般完整，系剪状应力所致。此型治疗最容易，不影响骨骺及骺板的发育。

II型：此型较常见。X线上见骨骺分离带有干骺端的三角形骨块。系剪状应力再加上屈曲力所致。伤后其一侧骨膜断裂，另一侧骨膜正常。手法复位容易，血运正常，不影响骨骺及骺板生长发育。

III型：这一型是关节内骺板骨折，关节面破坏，是因关节的剪力造成的。好发于胫骨远端。由于骺及骺板血运未破坏，不引起生长畸形。

IV型：是关节内骨折。骨折线从关节面通过骨骺、骺板的全层，再通过干骺端的一部，

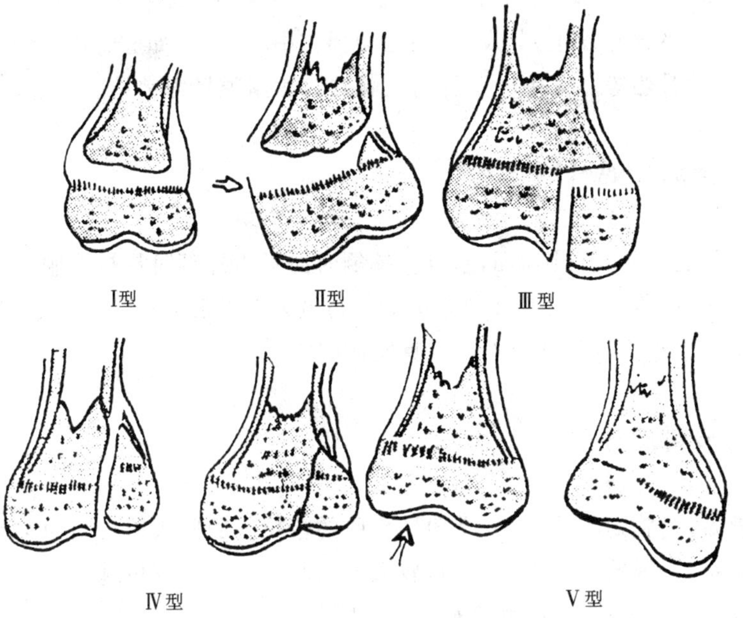

图 25－4　受压骨骺骺板骨折与分离的类型

产生一个完全的劈裂，常见于肱骨外髁骨折。

Ⅴ型：少见。压缩力引起，常见于膝踝，运动员腕部也常见。由于无错位，诊断困难。

三、治疗与伤后训练

骨骺骺板骨折的处理方法基本与骨折处理方法相同，主要采用手法整复或手术复位，但因损伤部位及类型不同，治疗方法也有所变化。其愈合时间与损伤的程度和性质有关。通常情况下，由剪力和撕脱力所致的单纯骨骺分离和骨骺分离伴有部分骨折者，其愈合时间应当等于同年龄小儿骨折愈合时间的一半；由劈力或挤压力所致的骨骺损伤伴有血管损害同时影响骨的生长发育者，则愈合的时间应与骨折愈合的时间相同。

受压骨骺损伤后，局部避免挤压、扭转、撞击和负重。待局部肿胀消退，伤肢无压痛和肢体远端无纵向叩击痛时，方可解除固定，逐渐进行功能锻炼，并安排适当的非持重性练习，增加关节活动范围。

第二节　牵拉骨骺损伤

肌肉的腱止点或韧带止点通过纤维穿入骨内，十分牢固，以致一个突然的牵拉将骨骺由骺板撕脱。牵拉骨骺不提供骨的纵轴生长，所以此骺板的任何生长障碍都不发生畸形。撕脱后如果复位良好，则骨骺与干骺端愈合。如果复位不好有一定的错位则形成纤维愈合。牵拉骨骺损伤常由于关节的异常活动或肌肉的突然猛烈收缩或被动的过度牵拉而致，此外，关节脱位时也可合并发生。其发生，在运动损伤中较常见。如肱骨内上髁、髂骨翼、胫骨结节、坐骨结节的骨骺等。其中以肱骨内上髁的骨骺撕脱最为常见。

一、肱骨内上髁骨骺分离

它是前臂总的屈肌及旋前圆肌的起点。摔倒时肘强力外翻时易被撕脱，体操中最多见。按移位程度不同一般分为4度。严重的骺片可嵌入关节腔，且可合并尺神经损伤。对运动员最好采用手术复位骨膜缝合固定或克氏针固定。

二、胫骨结节骨骺分离

它是舌形骨骺，为髌腱的下止点，受股四头肌的牵拉。股四头肌抗阻力突然收缩时就可能将此骨骺撕脱。撕脱的程度大小不同。较大的撕脱必须切开复位缝合骨膜或以螺丝钉固定。较轻的或小部分撕脱，多用直腿石膏固定即可。

三、股骨小粗隆骨骺分离

它是强有力的髂腰肌牵拉骨骺，但髂腰肌的肌腱还由其扩张部再附着于骨干的骨膜。髋关节的突然外展或过度背伸就可能将此骨骺撕脱，由于还有腱的扩张部附着在股骨干上，所以一般错位不大，预后较好。治疗时将髋关节屈曲卧床休息即可消除症状。此伤多见于跨栏运动员。

四、坐骨结节骨骺分离

它是大腿后面腘绳肌（半腱半膜肌、股二头肌）的起点，突然用力收缩或踢腿被动牵拉时都可将其撕脱。移位不大，卧床休息3周多可获纤维愈合。

伤后训练应注意在固定期间，尽量避免伤处肌肉的主动收缩或被动的牵拉，以防再伤。待骨折愈合后方可解除固定，逐步进行患部关节的功能锻炼，力量和活动范围逐渐增加，痊愈后才可正规训练。

第三节　骨软骨炎

骨软骨炎又称骨骺炎，1967年国际医学分类中将此定名为“幼年儿童骨发育障碍病”或“骨软骨病”。儿童中较多见，多由局部过度负荷或肌肉反复牵扯而引起的慢性损伤。如儿童体操运动员因过多进行跳跃支撑练习，常可发生桡骨远端骨骺炎、肱骨小头骨骺炎和股骨头骨骺炎。肌肉的反复牵扯引起牵拉骨骺炎，如坐骨结节骨骺炎、胫骨粗隆软骨炎等，常见的有以下几种类型。

一 、股骨头骨骺炎

(一)损伤机制及病理

多见于5~11岁活动较多的男孩,或体操运动员。病因说法较多,多数认为是由于炎症或外伤性关节积液、压力较大再使血管阻塞骨骺缺血致成的。文献记载,约5%为双侧,似有家族性。病理表现分为静息期、血管再生期、骨愈合期和残留畸形期。1. 静息期为骨骺缺血的早期表现,骨细胞及髓细胞死亡,骨骺的化骨核即不再生长。而依靠关节液提供营养的关节软骨仍存活并继续生长。此期间骨骺不会变形。2. 血管再生期是指静息期后坏死的化骨核周围出现反应性的血管增生的过程。由于骨的不规则吸收与钙沉着和新骨形成,此期可发生病理性骨折。同时由于股骨头外形的改变,也可半脱位。3. 骨愈合期,骨的吸收停止,但化骨继续进行,纤维肉芽组织逐渐被新生骨所代替,但这种在修复过程中的骨骺,其形状仍具有生物学上的可塑性。其形状可恢复正常,也可产生畸形。其真正轮廓只有在骺完全化骨以后才算定形。4. 残留畸形期,这时由于关节软骨仍保持正常,所以关节活动良好。但由于骨形改变与髋臼不合槽,久之都产生髋的骨关节病。

(二)症状与诊断

1. 静息期:多无症状。

2. 血管再生期:多有疼痛、压痛、关节活动限制和跛行。如不及时处理,大腿肌肉即逐渐萎缩。

3. X线表现:髋关节隙不变窄,甚至变宽,髋臼正常,此点是与髋关节结核的重静息期、血管再生期、骨愈合期和残留畸形期鉴别之处。骨骺的化骨核出现"头中头",截断碎裂现象,有助于诊断,晚期则常有扁平髋半脱位及骨关节病现象。

(三)治疗与伤后训练

本病能自愈,关键是在骨骺坏死的时候如何防止骨骺发生畸形及半脱位。通常采用如下方法:

1. 卧位牵引治疗,约需一年的时间直到骨骺恢复正常为止。

2. 避免患肢持重。常采用扶拐将患肢的膝屈曲,踝用布带悬吊。另一种方法是用带腰的支具通过骨盆持重,须注意的是为了带着支具行走方便,健肢的鞋底必须垫高以便于患者可以下床活动。

3. 已确诊发生髋关节脱位的,应像治疗小儿髋脱位似的上长腿内旋石膏固定。

二、肱骨小头骨骺炎

可见于年龄在11岁以下的体操运动员。其病理如前。

（一）症状及诊断

肘关节痛、肿、活动限制。其 X 线所见呈典型受压骨骺无菌性坏死改变。需注意与肱骨小头剥脱性骨软骨炎相鉴别。

（二）治疗与伤后训练

已经证实为肱骨小头骨骺无菌性坏死，即应停止体操上臂支持动作练习，并以三角巾将上肢吊起。如果早期发现及时处理，预后较好。如果漏诊，并继续体操支持练习，肘可发生外翻畸形。

三、尺桡骨远端骨骺炎

（一）损伤机制及病理

发病年龄多见于 15 岁以下的体操运动员。多因手掌支撑较多所致。如跳马手翻等。也有人认为系使用的护掌影响血运所致。病理变化主要表现在骺板变宽，X 线片骺板的干骺侧不规则，出现有吸收化骨的现象。骨骺本身有压缩变形，骨质密度增高，但不像肱骨头骨骺出现截断改变等现象。晚期骨骺呈杯状畸形，桡骨茎突增生变尖，有的发生疲劳骨折。由于尺桡两骨骨骺受害程度不一，所以晚期多出现下尺桡骨关节分离及半脱位。

（二）症状与诊断

早期多无症状，或表现为腕反应性滑膜炎症状。晚期常有跳马、手翻等腕支撑痛。腕微肿，骨骺部触诊有肥大感，有压痛。有的只在 X 线片上才被发现。如有下尺桡关节分离，则有时表现为三角软骨盘损伤症状。此症须与腕背伸肌腱鞘炎或腕关节创伤性滑膜炎相鉴别。

（三）治疗与伤后训练

此症大部可自愈。捆敷腕部即可训练。发生后可用中药活血通络法治疗，但腕支撑动作必须减少，以免影响两骨的发育造成尺桡关节畸形，直至骨骺完全恢复正常，方可逐渐进行关节功能活动和肢体负重。

第二十六章 周围神经损伤

周围神经损伤是运动中常见的损伤。损伤可单独发生，也可与其他组织损伤合并发生。运动损伤中，严重的神经切割断裂、撕脱等不多见。常见的是周围神经的微细损伤。

由于周围神经损伤发病缓慢，症状隐匿不清，易被忽略为肌肉疲劳而未及时处理，以至后来严重影响运动功能及成绩。此类损伤一般具有运动项目特点，其发生与训练安排不当、运动器材不符合体育卫生要求有关。

周围神经微细损伤的原因主要是牵拉和压迫。

神经结构的基本单位是神经细胞。每一神经细胞伸出一轴突，轴突延伸为轴索，与它外围的髓鞘及许旺氏细胞组成神经纤维。若干神经纤维再组成神经束、神经干。神经纤维结构的完整是其传导运动、感觉兴奋冲动和营养功能的基础。故神经纤维受损时，将引起所支配部位的运动、感觉和营养功能的减退和缺失。神经纤维受到钝性伤引起的震荡后，虽然在组织结构上无明显改变，但可出现传导功能暂时丧失。损伤造成神经纤维结构破坏时，损伤远侧段的轴突及髓鞘即发生变性退化而被吞噬。损伤反应消退后，神经纤维开始再生。如果两断端分离较远，或被其他组织间隔，再生的轴突即无规律地周围生长，与疤痕组织一起形成神经瘤。

第一节 臂丛神经损伤

此伤是由于运动时肩部过度外展引起。当伴有血管压迫症状时，称为肩过度外展综合征，损伤一般发生于乒乓球运动员。

一、损伤机制及病理

臂丛神经及血管束经过锁骨下面，下行至喙突及胸小肌的下面，可由于抬臂时肩过度外展的动作使局部受压引起损伤，结果引起由肩及指的神经症状。当上臂外展时，神经及血管必须以喙突为轴心绕行。而且上臂外展与后伸的角度越大，绕行角越小，喙突对神经干及血管束的压力也就越大。由于运动员的动作以爆发式用力抬臂为主，血管有弹性，因而一过性的压力不易使血管受损。而神经干无弹力，不能伸展，因而易受牵扯和压迫，其病理也以神经损伤为主。

另外，在上臂外展及后伸时，喙突随肩胛骨沿胸壁前后左右摆动而移动，因而喙突还对神经干有摩擦作用。如乒乓球运动时挥臂大力抽杀或仰泳时手臂划动作，都会有可能磨损神经，引起臂丛神经损伤。

二、症状与诊断

运动史中有上臂外展位“发力”过多、过度训练。损伤早期患者在过多训练后或训练中,感觉上肢酸累无力。有的于运动时逐渐出现胸大肌发紧或“抽筋”现象。如果仍反复损伤动作,以后上肢肌力开始减退,并逐步出现神经麻痹症状。

检查时令患者上肢伸直并外展。可发现受损神经的相应部位麻木感加重,少数伴有桡动脉搏动减弱或消失。如同时令患者头向患侧倾斜,则以上症状加重。在叩击喙突部时,有触电感冲击至受损神经所支配的指尖,即为此检查试验阳性,此现象是受损神经轴索再生长出了枝芽,而引起的局部感觉过敏。定期作此项检查试验,可了解神经再生的进度。

该损伤须与下列伤病相鉴别。

(一) 睡眠瘫痪:是由患者睡眠时将臂置于头后所致。受伤机理也是上臂过度外展后伸,胸小肌及喙突对神经干及血管束的静止性压迫,但无磨损,症状以血流受阻为主。受伤史是鉴别的重要依据。

(二) 颈前斜肌综合征:由于颈前斜肌痉挛,致使行走于其后的臂丛神经及血管束受压,产生前臂的麻痹或供血不足的症状。但当头向患侧颈部倾斜或上臂外展时,由于颈前斜肌松弛,神经及血管压迫症状减轻,这点与臂丛神经损伤相反。

(三) 颈椎间盘脱出症:除受损侧上肢有神经症状外,颈部活动明显受限,有较固定的压痛点。X 线摄片或 CT 检查有明显颈椎间盘改变。

三、治疗与伤后训练

改变单一的训练方法,减少肩过度外展动作训练。进行局部按摩、理疗对预防和治疗损伤有一定作用。损伤发生后也可配合维生素 B_1、B_{12} 治疗。

四、预防

注意掌握正确的技术动作,防止局部负荷量过大。

第二节　尺神经损伤

尺神经损伤在运动性神经损伤中较为多见,与运动中手的动作姿势有关,损伤多发生于自行车、射击和羽毛球运动中。

一、损伤机制及病理

一般是由于尺神经或其分支在某一姿势时受到长时间的压迫所致。如自行车运动中,为了减低风速阻力，运动员躬身将重心前移，通过手掌将重量支撑于车把上，而手的支撑点恰好相当于尺神经手掌支行走于豆骨及小鱼际的部位，压迫时间过久，即可引起神经分支麻痹。小口径步枪射击时，枪的重量长时间压迫在左手豆骨部尺神经分支处；时左手托枪，左肘支撑于髂嵴或腰带上，尺神经由肱三头肌内侧穿出入内髁尺神经沟处压迫；固定用的支持皮带牵拉过紧，将上臂上 1/3 部尺神经压迫；立位手枪屈肘 90°，腕 90°，前臂旋后，致使尺神经处于过度牵拉状态，也可使之受伤。

二、症状与诊断

有引起损伤的运动史。有逐步加重的尺神经或分支麻痹症状，如第四、第五两手指发麻，知觉减退，手指活动受限，力量减弱，不能伸直。检查发现第四、第五指肌力减退，叩击豆骨部或内髁尺神经沟处有触电感冲击至尺神经所支配的部位。

三、治疗与伤后训练

暂停引起损伤的专项运动或改变姿势。局部进行按摩、理疗、维生素 B_1、B_{12} 治疗。

四、预防

注意运动训练中姿势动作，如托枪应放于大鱼际上。防止单一训练方式。加强肌肉力量练习，这样腕部不会因无力而过度背伸牵拉尺神经。自行车要使用较软的把套，训练时握把姿势应经常变换，正握与侧握交替进行。

第三节　腓总神经损伤

一、损伤机制及病理

腓总神经损伤多发生于自行车运动中。损伤的原因主要是骑车时膝踝两关节长时间用力屈伸，使腓总神经绕过腓骨头部被牵扯及摩擦所致。另一原因是座垫过硬或不合适，长时间骑车压迫坐骨神经所致。

二、症状与诊断

骑车时小腿外侧发麻，感觉小腿无力，踝关节背伸困难。麻木感觉在停止骑车后减退，但夜间可加重。检查可见：损伤侧腓神经分布区感觉减退，伸踝肌及腓骨肌肌力减退、耐久力下降，叩击腓骨头稍下方有触电感冲击至腓神经所支配的部位。

、治疗与伤后训练

暂停专项运动训练，配以局部按摩、理疗、维生素 B_1、B_{12} 治疗。

四、预防

防止长时间单一骑车动作，经常下车走动，以缓解压迫和牵拉。运动后进行局部按摩理疗有一定预防作用。

主要参考文献

1. 曲绵域等:《实用运动医学》,北京科学技术出版社,1996年
2. 体育保健学编写组:《体育保健学》,高等教育出版社,1997年
3. 全国体育学院教材委员会审定:《运动生理学》,人民体育出版社,1989年
4. 全国体育学院教材委员会审定:《运动医学》,人民体育出版社,1990年
5. 李诚志:《教练员训练指南》,人民体育出版社,1992年
6. 黄光民:《在运动队医务监督工作中应用系统工程方法的尝试》,载《中国运动医学》杂志,1988年7(4)
7. 陈明达主编:《体质学》,中国科学技术出版社,1993年
8. 张人骏主编:《健康学》,中国科学技术出版社,1993年
9. 武汉体院运动生理教研室主编:《儿童少年解剖生理特点与体育运动》,人民体育出版社,1981年
10. 王一镗主编:《心肺复苏术——普及培训规程》,上海医科大学出版社,1994年
11. 体育保健学编写组:《体育保健学》,高等教育出版社,1988年
12. 全国体育学院教材委员会:《运动训练学》,人民体育出版社,1990年
13. 刘献武主编:《运动选材学》,人民体育出版社,1991年
14. 李林静:《学校卫生学》,西南师范大学出版社,1991年第3版
15. 杨锡让、傅浩坚:《实用体育健康医学》,北京体育大学出版社,1995年
16. 刘纪志:《医学心理学》,广东科技出版社,1997年
17. 邵靖方、严启之:《预防医学》,上海医科大学出版社,1995年
18. 中国医学百科全书编辑委员会:《中国医学百科全书》,上海科学技术出版社,1987年
19. 彭文伟:《传染病学》,上海医科大学出版社,1992年第2版
20. 上海医科大学实用内科学编写组:《实用内科学》,人民卫生出版社,1990年第8版
21. 陈中伟:《运动医学》,上海科技教育出版社,1996年
22. 体育词典编辑委员会:《体育词典》,上海辞书出版社,1984年
23. 周新:《医学检验项目与临床意义》,湖北科学技术出版社,1997年第1版
24. 李立铭:《全国医学专科学校教材·内科学》,人民卫生出版社,1993年
25. 阎西艴:《现代实用心脏病学》,中国医药科技出版社,1994年
26. 龙怡道:《实用心电图手册》,江西人民出版社,1985年
27. 裘法祖主编:《外科学》,人民卫生出版社,1989年
28. 丁训杰主编:《急诊抢救手册》,金盾出版社,1992年
29. 陆一农、盛玄霜编著:《创伤急救五大技术及诊治检索程序》,人民军医出版社,1988年